U0911668

◎ 本卷主编

李恭忠 孙 江

亚洲概念史研究

第4卷

商务印书馆
创于1897 The Commercial Press

2018年 北京

图书在版编目(CIP)数据

亚洲概念史研究.第4卷/孙江主编.—北京:商务印书馆,2018.5(2019.1重印)
ISBN 978-7-100-15910-4

Ⅰ.①亚… Ⅱ.①孙… Ⅲ.①亚洲—历史—研究—丛刊 Ⅳ.①K300.7-55

中国版本图书馆CIP数据核字(2018)第042267号

南京大学双一流经费和人文基金资助项目

权利保留,侵权必究。

亚洲概念史研究

第4卷

孙 江 主编

商 务 印 书 馆 出 版
(北京王府井大街36号 邮政编码100710)
商 务 印 书 馆 发 行
江苏凤凰新华印务有限公司印刷
ISBN 978-7-100-15910-4

2018年5月第1版　　开本 787×1092 1/16
2019年1月第2次印刷　　印张 20⅜

定价:78.00元

《亚洲概念史研究》

主　办　方:南京大学学衡研究院

学术委员会:(以姓氏字母为序)

阿梅龙　德国法兰克福大学汉学系
陈力卫　日本成城大学经济学部
陈蕴茜　南京大学历史学院
方维规　北京师范大学文学院
冯　凯　德国汉堡大学汉学系
韩东育　东北师范大学历史文化学院
胡传胜　江苏省社会科学院《学海》编辑部
黄东兰　日本爱知县立大学外国语学部
黄克武　台湾“中央研究院”近代史研究所
黄兴涛　中国人民大学历史学院
李　帆　北京师范大学历史学院
李恭忠　南京大学历史学院
李垌丘　韩国翰林大学科学院
李里峰　南京大学政府管理学院
李雪涛　北京外国语大学历史学院
梁一模　韩国首尔大学自由研究学院
林少阳　日本东京大学综合文化研究科
刘建辉　日本国际日本文化研究中心
闾小波　南京大学政府管理学院
潘光哲　台湾“中央研究院”近代史研究所
彭南生　华中师范大学历史文化学院
沈国威　日本关西大学外国语学部

石　斌　南京大学中美文化研究中心
史易文　瑞典隆德大学中文系
孙　江　南京大学学衡研究院
王宏志　香港中文大学翻译系
王马克　德国埃尔朗根-纽伦堡大学汉学系
王晴佳　美国罗文大学历史系
王月清　南京大学哲学系
王中忱　清华大学中文系
杨念群　中国人民大学清史研究所
张凤阳　南京大学政府管理学院
章　清　复旦大学历史学系
朱庆葆　南京大学历史学院

编辑委员会

主　　编：孙　江

编　　辑：王　楠　于京东　石坤森

助理编辑：徐天娜　闵心蕙　王瀚浩　宋逸炜

开卷语

名不正，则言不顺。言不顺，则事不成。

历经“语言学的转变”之后，由不同学科条分缕析而建构的既有的现代知识体系受到质疑，当代人文社会科学正处在重要的转型期。与此同时，一项名为“概念史”的研究领域异军突起，越来越多的学者注意到，概念史是反求诸己、推陈出新的必经之路。

“概念史”(Begriffsgeschichte/Conceptual History)一语最早见诸黑格尔《历史哲学》，是指一种基于普遍观念来撰述历史的方式。20世纪中叶以后，概念史逐渐发展为一门关涉语言、思想和历史的新学问。从概念史的角度来看，概念由词语表出，但比词语含有更广泛的意义；一定的社会、政治经验和意义积淀于特定的词语并被表征出来后，该词语便成为概念。概念史关注文本的语言和结构，通过对历史上主导概念的研究来揭示该时代的特征。

十年前，本刊部分同仁即已涉足概念史研究，试图从东西方比较的角度，考察西方概念如何被翻译为汉字概念，以及汉字圈内不同国家和地区之间概念的互动关系，由此揭示东亚圈内现代性的异同。当初的设想是，从“影响20世纪东亚历史的100个关键概念”入手，梳理概念的生成历史以及由此建构的知识体系，为展开进一步的研究奠定基石。但是，阴差阳错，力小而任重，此一计划竟迟迟难以付诸实行。

十年后，缘起石城，南京大学人文社会科学高级研究院先后于2010年和2011年主办两次“东亚现代知识体系构建”国际学术研讨会，来自各国的学者围绕概念史的核心问题展开了热烈辩论。本刊编委急切地认识到，要想推进概念史研究，必须进行跨文化、跨学科的努力。

本刊是通向概念史研究的一条小径，举凡讨论语言、翻译、概念、文本、分科、制度以及现代性的论文及评论，皆在刊登之列。通过出版本刊，我们希望达到如下目标：首先梳理中国现代知识体系的生成与流变，继而在东亚范围内进行比较研究，最后在全球史（Global History）视野下，从中国和东亚的视角与欧美学界进行理论对话。

本刊将本着追求学术、献身学术的宗旨，为推动撰写"影响20世纪中国及东亚历史的100个关键概念"做知识和人力准备，诚恳欢迎学界内外的朋友给予关心和支持。我们不敢自诩所刊之文篇篇珠玑，但脚踏实地、力戒虚言，将是本刊一以贯之的态度。

Verba volant，scripta manent（言语飞逝，文字恒留）。

《亚洲概念史研究》编委会

目录

国　族

文 本

书　评

代序：虫之目　鹰之眼

孙　江

我们对中国革命的认识似乎呈现出二律背反现象：一方面，可以说我们的革命知识太少了，已有的革命言说虽多，尚不足以反映革命历史及其时代的和超时代的意义；另一方面，正因为如此，也可以说我们的革命知识不是太少，而是太多了，已有的知识妨碍了我们深入理解革命。要解开这种二律背反的死结，首先要做的似乎不是跨学科研究方法的运用，而是去学科化。所谓去学科化，强调撇开一切预设，借助文本回到历史现场，观察革命的生成过程，继而尝试使用学科方法给予一定的诠释。基于这一考虑，我以为革命史研究不应限于共产主义革命，而应放眼长时段、跨世纪的社会政治变动，将共产主义革命置于其中加以考察，揭示其深远的意义。在此，社会史的视角是必不可少的。

1992年，美国学者华志坚(Jeffrey N. Wasserstrom)在《社会史》杂志发表《中国革命的社会史研究》一文，将16至20世纪中国社会——涉及明代、清代、中华民国和中华人民共和国——发生的变化视为漫长的革命过程，并且使用大写、单数的“中国革命”(Chinese Revolution)这一术语来称呼此过程。他认为，美国学术界于中国革命研究的社会史取向，受到了“新史学”“新社会史”方法和观点的影响，论者多关注妇女地位、城市中的社会紧张、村庄权力关系中的文化要素等问题[①]。华志坚所说的社会史是非常宽泛的概念，按照他的铺陈，社会史追求的目标必定是结构的历史、整体的历史。在该文发表前后，我恰好开始从社会史的角度研究中国革命，在梳理了社会史

① Jeffrey N. Wasserstrom, “Toward a Social History of the Chinese Revolution: A Review”, *Social History*, Vol. 17, No. 1, January 1992。

研究的谱系、特别是吸收了“语言学转向”的成果之后，我理解的社会史，或者径称新社会史，与华志坚以及国内通行的理解大相径庭，乃是一种非结构的、非整体的历史叙述，与其说指称“历史”的某一特定领域，毋宁说是一种思考历史的方法，或可命名为历史现象学方法。

对于这种研究方法，哲学家利科(Paul Ricoeur)在《记忆、历史、忘却》一书结尾之处写下的一段话可为注脚：历史的背后/有记忆与忘却/记忆与忘却的背后/是生/但，书写生则是另一种历史/未完成[①]。历史的背后存在记忆/忘却，后者是构成历史的母胎，而记忆/忘却又是与人的“生”(la vie)紧密关联的，思考历史和记忆就是思考生，这是历史现象学方法的出发点。确实，历史书写是在生与死、现在与不在之间展开的，书写者从自身所处的现在/生去捕捉不在的过去/死，所能借助的是口传和文字，也就是通常所说的史料。书写者之所以知道革命，乃是因为存在着与革命历史有关的话语或文本，它们成为书写者接近革命现场的媒介。

现代意义的中国革命肇始于清末排满运动。1895年10月，兴中会在广州策划反清起事流产后，孙中山流亡日本。多年后，孙中山对陈少白回忆兴中会历史时说，起先并不知道何谓革命，是在神户登岸后看到当地报纸称自己为“革命党”，才知道原来是在干革命[②]。陈少白的记录影响甚大，成为追溯中国革命源头的依据。但是，历史学者手中的史料如同律师递交给法庭的证据，必须经得起检验，否则就不能成为论据。日本学者安井三吉查阅了孙中山抵达神户前后的报纸，结果不要说神户的报纸，就是大阪的报纸，也没有一条关于革命家孙中山的信息，倒是发现了诸如“广东暴徒巨魁”来神户之类的消息[③]。可见，当地报纸并没有将孙中山看作革命者，而是将其视为犯上作乱者。所谓革命，先有其事，后有其名。这个小插曲提示我们，不能随便用后来的术语、概念去解释此前的事情或事件，必须用当时人的术语、概念来理解当时的事情或事件。

实际情形却并非如此。“越是重要的概念，越容易被滥用。”[④]论者在溯及中国革命思想时，每每言及《易经》《尚书》，其中的“顺天应人”革命话语确实反映了中国人对政治的看法，但这个革命话语与《易纬》中的辛酉革命、甲子革令一样，早已成为死语，与实际发生的事情或事件并无关系。翻看《水浒传》可知，即使是吊民伐罪，也自称

---

① Paul Ricœur, *La mémoire, l'histoire, l'oubli*, Paris: Éditions du Seuil, 2000, p. 657。

② 陈少白：《兴中会革命史要》，台北“中央文物供应社”1956年版，第12页。

③ 安井三吉：“「支那革命党首領」孫逸仙考：孫文最初の来神に関する若干の問題について”，《近代》57，神戸大学紀要，1981年12月。参见陈德仁、安井三吉《孫文と神戸》(增补版)，神戸新聞総合出版センター1989年版，第34—35页。

④ Peter Calvert, *Revolution and Counter-Revolution*, Open University Press, 1990, p. 1。

“造反”，而非“革命”。革命这个词语是在近代语境下被重新激活的，甚至可以说是经由日本而来的外来语——revolution。即使革命这个外来概念，也直至18世纪末才被赋予现代意义，按政治学家阿伦特（Hannah Arendt）的说法，因为现代意义之革命的诞生，“历史进程突然重新开始，一个全新的故事，一个不为人们所知或所闻的故事即将开始”[①]。这个故事在中国的开始比欧洲晚了一个世纪，其本土化有一个过程。由陶成章执笔、最终形成于1908年的《龙华会章程》是排满革命党人动员秘密会党的文本，该文开篇即写道：“怎样叫做革命？革命就是造反。有人问我，革命就是造反，这句话如今是通行的了，但这革命两字，古人有得说过么，我答应到有的。《易经》上面，‘汤武革命，顺乎天而应乎人’，就是这两字的出典。”[②]文章继续写道：革命之所以被曲解为“造反”，并被指为“大逆不道”，乃是皇帝和统治者泼给革命的污言秽语[③]。名为《江湖汉流宗旨》的文本出自哥老会，里面有段文字说得十分明白：“革命者，舍命拼命不要命也，未甚要公人革命，只因明了大害，装住一肚皮的忿恨怨气。满清皇帝尽用王亲大臣专权，尽买卖官当道，不顾民本。”[④]

如果不是单从革命之名来理解革命，而是在社会政治变动中去理解革命，那么革命的内涵不但暧昧，其外延也颇为广阔。比如，清政府推行“新政”，将科举制度废止，这是中国皇权文官制度形成以来的大事，堪称一场制度革命。而被归入改良派的，也未必不是革命者，或者更准确地说是有革命倾向的人，康有为一干弟子中欧榘甲就是一个。欧榘甲的《新广东》堪称一份以美国政体为模板的革命宣言，其在政治思想史上的意义尚未引起足够的重视[⑤]。

如果说，横亘于现在与过去、生与死之间的实在距离妨碍了我们的认知，那么，我们对自身境况的不自觉，就让缩短距离的愿望变得遥不可及。在此，我要特别提出的是保持与研究对象的距离对于缩短距离的意义。话者或作者生活在特定的社会文化中，会无意识地接受程式化的认知模式，把很多需要辨析的知识当成如如不动的自明的知识。我这么说是有所指的。放眼望去，关于中国革命的历史研究，有影响的著述大多不是出自中国人之手，而是外国人写的。外国人未必比我们看得多、理解得更深刻，但恰恰是这一弱点能使其对我们习以为常的事物刨根究底，从而有所发现。这里不妨以美国学者裴宜理（Elizabeth Perry）的革命研究三部曲为例。20世纪80年代

① Hannah Arendt, *On Revolution*, Penguin Books, 1990[1963], p. 28。

② “支那革命党及秘密結社”，《日本及日本人》第569号，1911年11月1日，第67页。亦见汤志钧编：《陶成章集》，中华书局1986年版，第129页。

③ 汤志钧编：《陶成章集》，第129页。

④ 《江湖汉流宗旨》，1912年刻，第48页。作者、印刷地不详。

⑤ 张枬、王忍之编：《辛亥革命前十年间时论选集》第一卷（上册），三联书店1960年版。

中期，我在读研究生时就阅读了她的《华北的造反者与革命者》，该书以100年为时段，从生态政治学的角度分别探究了淮北历史上掠夺的捻军、自卫的红枪会和革命的新四军等三种政治样态[①]。我读后很是震动：主题是熟悉的，资料也是熟悉的，但何以中国学者没有如此想问题呢？20世纪90年代，我正在撰写博士论文，内容涉及工人运动与帮会的关系，读到她的《上海罢工》，其中关于产业工人与非产业工人政治意识的辨析，以及二者在工人运动中不同作用的考察，对我的研究很有启发[②]。其时，"冷战"结束不久，革命研究业已失去显学地位。日本学者田原史起回顾道："现在的中国研究者不是在从事现状分析，便是在进行历史研究。对从事现状分析的人来说，革命已经不是'现状'，对历史学家来说，共产党革命与中华民国史等相比，不是那种可以激发研究兴趣的时髦题目。"[③]与日本学界悄无声息的集体出走相比，美国学界以周锡瑞(Joseph Esherick)为代表的学者开始重新检讨革命所带来的"解放"[④]。裴宜理则反其道而行之，关注早期共产主义者在工人、农民及其家属中所进行的普及教育，所发动的高水平的"非暴力罢工"(nonviolent strike)[⑤]。2012年，裴宜理出版了《安源》一书，阅读此书不难发现，在一片寂静中，作者却在寻找革命实践中被遗忘的传统[⑥]。同年5月，我和李里峰教授在哈佛大学曾与裴宜理教授有过一次长谈，当时我劈头就问：你"革命"凡三十载，不疲倦吗？是什么驱动你不断"革命"的？裴宜理闻言大笑。我这么提问，背后是有问题意识的，即从她的研究中可以引申出两个关涉历史现象学的方法论问题：一是书写者如何捕捉革命的"星火"，从而切入革命历史；二是在理解革命历史时，书写者如何反躬自省现在的地平线。

1989年，贺康玲(Kathleen Hartford)和史蒂文·戈德斯坦(Steven Goldstein)共同编辑了名为《星火：中国乡村革命》的论文集。在长篇导论中，二人把美国的中国革命研究划分为四个不断递进的时期：第一个阶段(1932—1949)是充满多元和差异性的观察和研究。当中国共产党不断壮大时，美国关于中国共产党的认识反而脱离了中国革命的现实，由此派生出"冷战"背景下"谁丢失了中国"(who lost China)的讨

① Elizabeth J. Perry, *Rebels and Revolutionaries in North China*, 1845 - 1945, Stanford: Stanford University Press, 1980。

② Elizabeth J. Perry, *Shanghai on Strike: The Politics of Chinese Labor*, Stanford: Stanford University Press, 1993。

③ 田原史起:《二十世紀中国の革命と農村》,东京山川出版社2008年版,第2页。

④ Joseph Esherick, "The Theses on the Chinese Revolution", *Modern China*, 21(1), 1995。

⑤ Elizabeth J. Perry, "Reclaiming the Chinese Revolution?", *The Journal of Asian Studies*, 67 - 4, November 2008。

⑥ Elizabeth J. Perry, *Anyuan: Mining China's Revolutionary Tradition*, Berkeley: University of California Press, 2012。

论。第二个阶段(1949—1962)除费正清等少数人关注中国革命的内部因素外，绝大多数研究都强调国际因素的介入，即列宁主义的“组织化武器”(organizational weapon)和日本侵略的“关键影响”(crucial impact)。第三个阶段(1962—1970)出现了关于中国共产党革命成功的原因是唤醒了农民潜在的民族主义，还是进行了社会改革的大论争。第四个阶段为20世纪80年代，编者认为“我们处在中国革命研究的新的转折点，正在出现的新一代学者试图解决旧的争论，弥合对立的概念，在形式上加入各种独立的分析”[①]。他们借用毛泽东《星星之火，可以燎原》(1930)，形容中国共产党革命如散落在各处的“星火”(single sparks)，在不同时期和不同地区均呈现出不连贯的特征。这样，美国的中国革命研究出现了前述华志坚所说的社会史的视角。

随着社会史视角的导入，论者开始从区域社会(又名地方社会、地域社会)等角度审视革命。但是，一如整体的、自上而下的叙述存在问题一样，我们也不能将区域社会固化为一个恒定不变的空间或场域。作为日本提倡“地域社会论”的一员，岸本美绪指出所谓“地域社会论”实则具有“不确定性”[②]。而杜赞奇关于“权力的文化网络”(cultural nexus of power)的研究，消解了以区域为单位建构历史叙事的意义[③]。确实，如果不将区域社会之类的概念相对化，所谓革命的社会史研究很可能变成一个缩小尺寸的主导叙述，从而屏蔽了革命历史的复杂性和内在的紧张感。

回到革命实践层面，我所理解的社会史视野下的革命研究是从革命与民众的触点——“关系”和“事件”上着手的，反过来说，可以借助这些触点透视不同时期和情境下革命的特征。毛泽东在《论反对日本帝国主义的策略》里有一段很经典的话：“长征是宣言书，长征是宣传队，长征是播种机”[④]。“宣言书”申明行为的正当性，从“造反”到“革命”的话语转化即是正名的过程。“宣传队”旨在进行动员。动员谁？如何动员？需要从既存的人际关系网中寻找突破口。秘密会党曾经是革命与民众结合的媒介，而这个媒介随着革命斗争的展开最终必定被整合到匀质化的政治运动之中。反言之，如果没有这一过程，“播种机”播下的种子是不会发芽的，即使发了芽，也不可能成长起来。上面提到的《星火：中国乡村革命》是很有见地的一本书，但作者刻意忽略革命运动的匀质化过程，从而未能回答：既然革命是散落的星火，何以能聚成熊熊大

---

① Kathleen Hartford, Steven Goldstein, "Introduction: Perspectives on the Chinese Communist Revolution," Kathleen Hartford and Steven Goldstein, eds., *Single Sparks: China's Rural Revolutions*, Armonk, New York and London: M. E. Sharpe, 1989。

② 岸本美绪："序"，载《明清交替と江南社会——17世紀中国の秩序問題》，东京大学出版会1999年版。

③ Prasenjit Duara, *Culture, Power and the State: Rural North China*, 1900－1942, Stanford: Stanford University Press, 1988。

④ 毛泽东："论反对日本帝国主义的策略"，载《毛泽东选集》第1卷，人民出版社2007年版，第150页。

火？这就引出了第二个问题——观察革命"现在的"地平线。

所谓现在的地平线，是指我们观察事物时所处的位置、时间等，随着位置和时间等的变化，看到的光景会有所不同。同样，在观察不在的过去——历史之时，受文化、社会、时代等影响，人们所看到的光景也会不同。回到本文开头，我们关于革命的知识之所以会呈现出二律背反现象，追根究底乃是与我们所处之现在的地平线有关。观察历史需要借助表象历史的史料，史料的局限致使我们的认识即使能够驱使想象力，也不免生出"眼前有景道不得"的慨叹。另一方面，观察者所选取的不同角度——就学科而言，是不同的学科方法——有可能导致完全相反的结果，有道是：看山是山，看水是水；看山不是山，看水不是水。不是吗？很多时候，围绕历史认识的分歧恰恰发生在基本常识问题上。"吾人生今之时，有身世之感情，有家国之感情，有社会之感情，有种教之感情。其感情愈深者，其哭泣愈痛。"[①]刘鹗的《老残游记》把歧异归结为个体内在翻动的情感活动。法国哲学家柏格森（Henri Bergson）则强调个体情感活动的可控性和可选择性。柏格森讲过一个故事，话说有个牧师很会讲道，听得教徒个个落泪。有一个人不为所动，旁人问他为何不哭，此人回答曰：我不是这个教区的[②]。裴宜理关注中国革命研究的世代差异，在《中国政治研究：告别革命》一文中，她批评新生代的研究如"虫目仰视"（worm's-eye view），与研究革命的上两代学者相比，新生代很少关注中国共产党党政系统的运作，有关乡村选举与政治经济的田野调查虽然揭示了不少未知的事实，但很难从中推导出它们与国家制度之间到底存在何种关系[③]。作为上一代学者，裴宜理似乎更加推崇"鹰眼俯瞰"式的革命研究，这种研究关注革命自身的演变逻辑及与其背后情境的关系。无论是"虫目仰视"，还是"鹰眼俯瞰"，都是深化革命认识的方法，旨在对革命进行表象化呈现，因为只有凭借文本和口传的表象与建构，实在的事实才有可能在主观间性上得到认可。在此意义上，历史是一个反省性的概念，每个革命故事的书写者都须牢记孙中山的遗言：革命尚未成功，同志仍须努力。

---

① 刘鹗：《老残游记》，陈翔鹤校，戴鸿森注，人民文学出版社1982年版，第2页。

② 柏格森：《笑》，徐继曾译，北京十月文艺出版社2005年版，第4—5页。

③ Elizabeth J. Perry, "Studying Chinese Politics: Farewell to Revolution?", *China Journal*, No. 57, January 2007。

基本概念

“主义”概念的哲学面向*

史易文**

谢　任　译，王　楠　校

就哲学层面而言，“主义”是如何成为现代中国文化关键概念（Grundbegriff）的呢？看上去，“遵照原则开展行动”是公民个人与社会整体变革的关键。乌托邦设想和对意识形态的投入（Deological Ommitment）[①]在西方政治思想与实践中占据了主导地位，这对清末的改革者影响尤深，特别是当忠于意识形态的英雄（Ideological Committed Hero）和爱国者体现出这类特征时。本文旨在探讨作为意识形态概念（Ideological Concept）的“主义”潜在的哲学取向，以及它所支撑的论证方式。在一定程度上，本文也将考察以“主义”为后缀的各种概念是如何在个人层面展开的，即关注主义的思想意识层面（Ideological Aspects）。

---

* 本文选自史易文的专著《“主义”的概念史——中国意识形态话语的现代化，1895—1925》（Ivo Spira, *A Conceptual History of Chinese-Isms*: *The Modernization of Ideological Discourse*, 1895 - 1925. Lediden and Boston: Brill, 2015）的第四章。

** 瑞典隆德大学中文系副教授。

① 作者在《“主义”的概念史》一书的“导论”部分讨论了“Ideology”的翻译问题：在马克思主义的经济学和历史学分析中，“Ideology”一词常指称“意识形态”，可追溯至德语“Bewusstsein”（意识）和日语的“意識形態”一词（李博 Wolfgang Lippert，*Entstehung und Funktion einiger chinesischer marxistischer Termini*: *Der lexikalisch-begriffliche Aspekt der Rezeption des Marxismus in Japan und China*, Steiner, 1979, pp. 296 - 299）。其实“意识形态”翻译“ideology”并不完全准确。但即便在现代汉语中，似乎也没有精确的语词能和英文“ideology”相对照。鉴于此，本文在翻译“ideology”相关词语时，会标出原文。——校者注

一、作为指导原则的主义

百科全书式的词典《新尔雅》对“主义”下过这样的定义，基本抓住了这个概念的核心：

> 决定意思之实行，标明一种之方针者，谓之“主义”。①

根据该定义，“主义”是指引一个人实现理想的概念化的事物，换句话说，就是“指导原则”。在该定义面世的前一年，梁启超写了一篇题为《论进取冒险》的文章，可以帮助我们理解中国人在主义中找到的方向感为何如此重要。文章一开始，作者就告诉我们：欧洲之所以比中国强大，最重要的原因之一就是欧洲人更富于进取与冒险精神。为证明这一点，梁启超列举了西方历史上的“伟人”们的功绩，其中包括克里斯托弗·哥伦布、马丁·路德以及拿破仑。② 他将这些人为国效力的功业都归因于他们身处逆境，甚至是面对死亡和失败时，都能拥有的坚定、勇敢的意志。成功会带来荣耀，即使他们失败了，也是表面上的(失败)，因为通过殉难，他们都已经树立了坚守承诺的典范。梁启超说，他找不到合适的词，只能用孟子“有之则生”的“浩然之气”为冒险进取精神命名。他认为，“浩然之气”有四个来源：希望、热诚、智慧与胆力。

对未来的希望最终形塑一个人的行为：

> 实迹与现在，属于行为；理想与未来，属于希望。而现在所行之实迹，即为前此所怀理想之发表；而现在所怀之理想，又为将来所行实迹之券符。然则实迹者，理想之子孙；未来者，现在之父母也。故人类所以胜于禽兽，文明人所以胜于野蛮，惟有其希望故，有理想故，有未来故。希望愈大，则其进取、冒险之心愈雄。③

在梁启超看来，这里的关键在于对未来积极乐观的进取心是实现文明的必要条件。

---

① 汪荣宝、叶澜编纂：《新尔雅》(1903)，引自沈国威编：《新尔雅及其词汇》，东京白帝社1995年版，第56页。

② 其他“伟人”还包括：费迪南德·麦哲伦、大卫·列文斯顿、古斯塔夫·阿道夫大帝、彼得大帝、奥利弗·克伦威尔、乔治·华盛顿、沉默者威廉、亚伯拉罕·林肯和朱塞佩·马志尼。

③ 梁启超：“论进取冒险”，《新民丛报》1902年第5期，第4—5页。

理想极其重要，因为它们预示了未来的行动[1]。而热诚是实现目标必不可少的要素：

> 《战国策》言："有掘金于齐市者，士官拘而鞫之，其人曰：'吾掘金时，只见金，不见人。'"彼夫英雄豪杰、孝子烈妇、忠臣义士，以至热心之宗教家、政治家、美术家、探险家。当其徇其主义，赴其目的，何一非"见金不见人"之类也？若是者，莫之为而为，莫之致而至，岂惟不见有人，并不见有我焉。无以名之，名之曰"烟士披里纯"(Inspiration)。"烟士披里纯"者，热诚最高潮之一点，而感动人，驱迫人，使上于冒险进取之途者也。[2]

在"生于热诚"这一节出现的短语"徇其主义"，以及文中用同样的语气提到的"赴其目的"需要仔细留意。梁启超认为，高度的忠诚是建设现代国家所必需的。可以理解，有人会认为这将导致固执和轻率，甚至是狂热。事实上，十七年后，胡适在"问题与主义"之争中就坚决主张：中国人的一大问题就是深受"目的热"与"方法盲"的困扰。[3]

讨论了希望与热诚之后，梁启超转向了智慧与胆力。他指出，如果想表现得更自信，新知识的积累非常重要；因为行动并非建立在错误的信仰之上，知识可以让人易于克服恐惧，提高成功的可能性。当一个人面临棘手的任务或努力克服恐惧的时候，胆力则是必不可少的。文章描绘出一种勇于承担责任、向前进取的态度，但一个人的行动仍要坚实地建立在知识之上；行动需要智慧的指引，而非任意胡为。

在另一篇文章《俾士麦与格兰斯顿》中，梁启超讨论了"遵照原则的行动"。他认为二人都是伟大的政治家，但"伟大"得截然不同。在这篇文章中，与"按原则行动"相关联的最突出的关键词就是"主义"：俾士麦"专持一主义，始终以之"。这个"主义"以"统一德国"为核心，事实上，其"毕生之政略，未尝少变"，[4]在"主义"的支持下，他

---

① 蓝志先在"问题与主义"之争中，赞同了这一看法，并将其与他对"主义"的定义联系起来："凡是主义，必定含着一种未来的理想。"参见蓝志先"问题与主义"，《每周评论》1919年第33期，转引自《胡适文存》，上海亚东图书馆1928年版，第161页。

② 梁启超："论进取冒险"，第7页。我们注意到，"徇"字在"(为达某一目的)献出自己生命"这个意义上是"殉"字的变体(参见罗竹凤主编《汉语大词典》，上海辞书出版社和上海汉语大词典出版社1986—1994年版，"徇"字条)，因此，它也借用了"殉"字的读音。此外，我们还注意到"殉义"(1)遵从某种原则，(2)为某种原则献身，以及其他类似的复合词。鲁迅有一个类似的说法"殉他主义"，参见鲁迅"圣武"，载《鲁迅三十年集》，香港新艺出版社1967年版。关于抢人黄金的故事，笔者只在《吕氏春秋》(引自《汉学文典》数据库：http://tls.uni-hd.de/main/basic_ch_main.lasso，文件编号为LS 16.7.4.1.0.0，2010年2月14日检索获取)中看到过。有趣的是，在《吕氏春秋》中，这个故事是要说明：当人们偏执于某一奇特的观点时，就可能造成巨大的危害。梁启超则借这个故事说明进取精神对现代中国的必要性。

③ 胡适："多研究些问题，少谈些主义"，《每周评论》1919年第31期，第187页。

④ 梁启超："俾士麦与格兰斯顿"，原刊于1899年8月26日《清议报》第25册，转引自梁启超：《自由书》，上海中华书局1936年版，第3—4页。

成功地实现了一系列的政治目标。因此，这里的“主义”是一种根本性的东西，一个人可以通过拥有并使用它来实现政治目标，接近“政略”或“政治原则”。

显然，《论进取冒险》和《俾士麦与格兰斯顿》两篇文章的核心主题（主题概念）之一就是主义。笔者认为，这是因为梁启超非常想给读者留下这样的印象：想要使未来变成所期望的模样，需要无畏且深切地忠于确定而合理的理想。主义是一种信念与原则，且通常会排斥其他的信念与原则，其作用是为行动提供参照标准和灵感源泉。尽管王汎森主要把这种观念与1919年“五四运动”之后出现的“新主义”联系起来，但很明显的是，早在20世纪初梁启超的文章中就已经展现出这一思想。① 不过，从制度层面来看，王汎森把1919年定为分水岭是合理的，因为真正把组建政党的制度化方式——这是某种观念的逻辑结果，即认为现代世界的成功是由“主义”推动的——付诸于系统化的实践，是在20世纪20年代初期国民党根据列宁主义路线改组之后。

然而，尽管强调忠于信念，梁启超清楚人们不需要长期坚守某种主义。在关于俾士麦和格兰斯顿的那篇文章中，梁启超是这样评论后者的：他“不专持一主义，不固守一政见”，“故初时持守旧主义，后乃转而为自由主义”。尽管这表面上与俾斯麦的坚定不移形成对比，但不应该被误认为投机或是要花招，“实其发自至诚”，格兰斯顿仅仅是意识到，世界上的所有事物都在变化，主义“其不适用而思变之”。②

不管拥护者个体如何变化，主义总是会被用来表述复杂整体的基本事实，比如行为的某种习惯或者某种社会秩序，就这个意义而言，主义就是原则。尽管主义属于原则的一般范畴，但一个主义却可以通过各种各样的方式变成原则。它或者先验地规定事物应该如何（规范型原则）；或者经验性地描述事物是什么样的（描述型原则）。从语言学层面来看，“主义”是“原则”的事实反映在它们使用的词汇结构上。例如，一个人会遵守或违反“原则”。“主义”也会搭配“守”“违反”“违背”这类动词使用，如“盖两相皆守宪法主义者”③和“（一）不违背三民主义”。④

主义根据如下的因素而区分：领域（政治、艺术、科学、战争、宗教、健康、生态、爱，等等），关涉的范围（社会主义非常广泛，禁止关税主义⑤非常狭窄），表明（或归

① 王汎森：“‘主义时代’的来临——中国近代思想史的一个关键发展”，《东亚观念史集刊》2013年第4期，第3—88页。

② 梁启超：“俾士麦与格兰斯顿”，第4页。梁启超还用“主义”复合词表达的概念描述了格兰斯顿对爱尔兰自治的支持：他“深信民族主义、自由平等主义”。梁启超：“论进取冒险”，第8页。

③ “俄罗斯将制定宪法”，《苏报》1903年3月12日。

④ “国民公约”，《胜利》1939年第20期，第17页。

⑤ 铁拳：“近世工商业之现象（续第八期）”，《浙江潮》1903年第9期，第9—16页。

因)意图的程度(拜金主义 vs 侵略主义)以及理论复杂化的程度(拜金主义 vs 三民主义)。主义广泛地涵盖人类生活的各种领域,从政治信念、政治立场(无政府主义)到一般的道德原则(利他主义),到美学原则(简约主义),到生活方式(消费主义),甚至是玩笑式的浪漫关系原则(半糖主义)。

如我们所见,主义并不是仅指代一种简单的原则,而是指代一整套多种多样的原则或这些原则的体系。这些更加复杂的对象形成了思想、心性、意识形态(ideologies)、行为模式等的体系,它们之间根据领域以及暗含意图的程度而区分。我们很容易看到诸如"××主义的原则""××主义的方法"这样的表述。例如,这是"易卜生主义"的根本方法。① 一整套原则明显充当了行动指南并构成了原则本身,如"在马克思列宁主义、毛泽东思想的指引下"②。后者可视为第二层次的原则。

20 世纪初,个人或集体将自身选择(无论是艺术、学术、生活方式或是政治层面)建立于某原则之上的想法,开始对个体与群体的认同变得极为重要。主义变得如此重要,甚至已经成了必不可少之物。

拥有主义或有原则的纲领被认为是做好一件事的必需品,如《江苏》上的一篇文章所言:

> 凡为治者必当立一主义,以为各种政治之归宿,及将来事功之标的。否则立一法行一事,推行必有矛盾之虞,而标准不立。③

学校势必也需要主义,在同一份刊物中(出现了这样的说法):

> 有形骸而无精神,为人也而不得谓之人,于学校亦然。形式完备,而无主义精神,有学校而不得谓之学校。④

甚至有人否定无主义之人的人性,1916 年的傅斯年这样说道:

> 没主义的不是人,因为人总应有主义的,只有石头、土块、草、木、禽兽、半兽

① 胡适:"三论问题与主义",《每周评论》1919 年第 36 期,转引自《胡适文存》,第 153 页。

② 《中华人民共和国宪法》,中华人民共和国中央人民政府网:http://www.gov.cn/gongbao/content/2004/content_62714.htm,2014.6.12 检索。

③ 铁生:"治兵通论"(上),《江苏》1903 年第 2 期,第 42—43 页。

④ "录家庭学校",《江苏》1903 年第 1 期,第 95 页。

> 的野蛮人，是没灵性，因而没主义的。①

除了明显的夸张外，傅斯年还将主义视为有效行动的必需品（如同前述《江苏》杂志引文的观点）：

> 没主义的人不能做事。做一桩事，总要定个目的，有个达这目的的路径。没主义的人，已是随风倒，任水飘，如何定这目的？如何找这路径？既没有独立的身格，自然没有独立的事业了。②

此外，傅斯年认为缺少主义是中国人性格的主要缺陷，某种程度上，这种说法与梁启超在《论进取与冒险》中的结论极其相似：

> 任凭他是什么主义，只要有主义，就比没主义好……中国人所以这样没主义，仍然是心气薄弱的缘故。可叹这心气薄弱的中国人！③

至此，一个人的认同、能力，甚至道德品行都取决于主义化的程度。换言之，取决于他在多大程度上受到了主义的激励与指引。个人信念是主义的核心，动词“信”或“深信”与宾语“主义”的常见结合就反映了这一点。王汎森也提到了主义的“信仰”化：现代社会主义成为了合适的信仰对象且这种信仰被认为具有积极价值。④ 借助这种方式，政治意识形态（political ideology）取代了宗教。⑤

个体信念的向心性部分可以追溯到梁启超在1900年左右提出的有关英雄式的献身与个人统治的观念，⑥但它也有更加实用的一面。从地方党派层面到国家层面，

---

① 傅斯年：“心气薄弱之中国人”，转引自王汎森：“‘主义时代’的来临——中国近代思想史的一个关键发展”，第46页。

② 同上。

③ 同上。

④ 参见王汎森“‘主义时代’的来临——中国近代思想史的一个关键发展”，第63页。

⑤ 关于欧洲语境的论述参见 Erich Voegelin *Die Politischen Religionen*, Schriftenreihe “Ausblicke”, Stockholm：Bermann-Fischer Verlag，1939。

⑥ 参见前文。此外，梁启超还告诉我们：当沙皇尼古拉二世登上皇位时，俄国人“未知新君之主义若何，人物若何”（梁启超：“俄人之自由思想”，《江苏》1903年第2期，引自《自由书》，第60—65页）。有趣的是，在强调“主义”与“人物”相似性的语境中，前者已经可与后者相提并论，这种相似性对理解统治者的意图具有重要意义。统治者的性格与政治纲领都被认为对之后发生的大事件具有重要影响。这也是理解“主义”如何影响历史的关键之一：当重要人物开始将他们的计划压缩成纲领性概念时，采取行动就近在眼前了。

个体的信念与忠诚都被认为是有效的政治组织所必需的。① 然而,这里还有另外一层意义:融入政治运动可能会使个体获得方向感,以此缓解众多的私人问题。20世纪初,年轻人普遍地把主义当成一种出路,以摆脱在动荡时代获致的沮丧、失望的情绪,甚至认为它可以赋予生活新的意义。而这一点又被征兵人员和宣传家有效地利用了。② 然而,它也有消极的一面。当所有的个人问题因社会和意识形态的原因(ideological causes)被简化与合并,尽管也许可以脱离绝境,但也会付出巨大的代价:社会两极分化与政敌相争带来了语言暴力、情感暴力以及身体暴力。理论家并不在乎这一代价,甚至不考虑附带伤害,因为只要他的战士们愿意向敌人开火,他们的个人动机就无关紧要。③

二、被论争塑造的主义

如果把以主义为后缀的概念比作一枚硬币,把向上的一面定义为行为背后的道德指导原则,那另一面就是为实现特定利益驱动下的目标采取的策略。这就很自然地提出了理想相对化的问题。尽管每个人都宣称自己的理想是最崇高的,一旦不同的理想进入话语的战场,每种宣称拥有普适性的理想都会被指为是有争议的(也是短暂的)。因此,一个人的道德原则就会被其他人揭示为仅仅是意识形态(ideology)而已。当这些事情发生后,对手的各种主义就变成了仅为隐藏他们不可告人的动机服务的事物。现在任何好事都可能变成"阴谋","我们的事业"也有被其他人视为"你们/他们的阴谋"的风险。理想处在时刻可能被揭示为虚假意识的危险之中。所以,一旦主义被用于意识形态批判(*Ideologiekritik*)的语境中,即使被评论的思想意识(critiqued ideologies)与主义全然不同,主义本身也会成为意识形态的概念(ideological concepts)。这种相对化的过程已经在西方(包括俄国——"另一个西方")发生了,而西方又是中国主义的外部来源。因此,在传入中国之初,主义的体系就已十分复杂,而它一旦传入中国,智识和政治立场的局面就会继续被不断地重构着。

晚清论述中有很多例子表明,当时被追捧的主义性的立足点是多元的,灵活易

① 例如,"没有主义和信仰,没有铁的纪律的团体是不会长久存在的",出自张静庐:《在出版界二十年》,转引自王汎森:"'烦闷'的本质是什么——'主义'与中国近代私人领域的政治化",《思想史》2013年第1期,第91页。

② 关于这一主题,参见王汎森"'烦闷'的本质是什么——'主义'与中国近代私人领域的政治化"。

③ 王汎森:"'烦闷'的本质是什么——'主义'与中国近代私人领域的政治化",第129页。

变的。[①]

以下是一个把主义理解为"(我们的)利益"的例子:

> 我国诸亲王之妃,宜娶日耳曼公主,以是婚媾,结彼厚谊。俾利害之关系,日以密接,以扩充我主义于彼国,使为我腹心,助我权力。[②]

这种讨论显示了一种发现了其他参与者幕后动机的修辞——从更普遍的层面来说,是揭露了他们意识上的图谋。这可以结合时人对俄国的帝国主义野心的描述,特别是1903年对中国发出的警告来理解:

> 俄国行动,专尚权变,固吾人所屡经验而不爽者矣。但其行动虽尚权变,而其目的及方针,则有一定之主义,此亦吾人所当注意者也。为太平洋帝国以渐图统一世界而为主人翁之资格,非俄国之最大主义耶?以一大商港,一大军港,及与本国联络之一大铁道,侵略铁道沿线及港湾沿岸之土地,即实行其帝国主义之起点耳,扩张其帝国势力之阶梯耳。[③]

这里,"帝国主义"指称俄国图谋的事业。这是一场寻找"合适的"思想意识视角(ideolgical perspective)观察其他人所有行为的游戏。通常这种做法被认为是揭露他人的阴谋,寻找他们的隐秘动机和不可告人的目的。文章之后关于俄国意图的论述正是如此:

> 故今特揭其隐秘之主义,以警告当事之士夫,冀勿误注目之要点。[④]

三、作为社会运动指导概念的主义

(一) 进步的理想

本节先从分析在特定主义的阐释中,"目标"的观念有多突出开始。在《新文化辞

① 如梁启超在"俾士麦与格兰斯顿"中指出的俄国和美国策略的改变。

② "士格别列弗经略亚细亚策",《江苏》1903年第2期,第59页。

③ "俄国之目的及方针",《江苏》1903年第2期,第81页。

④ "俄国之目的及方针",第84页。

书》(1923)的“新人文主义”的词条中,可以看到如下的描述:

> 人文主义是欲复活希腊、罗马的理想时代,其目的只在热心模仿古代思潮,以近似古代为最高理想。[①]

我们看到,人文主义的特征被描述成追求有特定目标和有建构的理想的事物。“理想”在这里被提到两次。下文是另一个例子,百科全书式词典《新尔雅》对“进步主义”的定义如下:

> 以理想终可实行,惟须经历改革,始能相接者,谓之进步主义。[②]

这一定义与对乐天主义和厌世主义的定义相近,对它们的定义都以是否以及如何实现理想为参考。换言之,“理想”这一概念在界定不同立场取向时发挥主要的作用。其重要意义在《现代汉语词典》中的“共产主义”词条中进一步展现出来:(共产主义是)“人类最理想的社会制度”。

今天现代汉语的“理想”概念朝向未来:对梁启超而言,现在的理想就是创造我们的未来。更进一步说,拥有可期待的理想是人之明确为人的依据,也是进取与冒险的根基。[③]

梁启超对未来的强调伴随着历史进步的观念,作为新历史观的重要元素,1900年左右,进步观在忧心而积极的知识分子群体中传播开来;其间,严复的诸多论文及对赫胥黎著作的翻译与注解起到了重要的中介作用,使有知识的中国人熟悉了这一观念。进步观念是建构理想的重要组成部分。正如“理想”与“进步”已经成为衡量社会历史进程的标准,它被用于评价各种不同的立场:

> 以人群之进步,不在改革而在保存故有者,谓之保守主义。[④]

这意味着“进步”具有更广泛的适用性。在一种更简单的世界观中——如梁启超在1902年的文章《释新民之义》中所反映的,“保守”与“进取”是相对的。而且,后者与

① 唐敬杲编纂:《新文化辞书》,上海商务印书馆1923年版,第671页,“新人文主义”词条。
② 汪荣宝、叶澜编纂:《新尔雅》,转引自沈国威编:《新尔雅及其词汇》,第69页。
③ 参见本章第一节关于《论进取冒险》的讨论。
④ 汪荣宝、叶澜编纂:《新尔雅》,转引自沈国威编:《新尔雅及其词汇》,第69页。

发展和传播文明的能力相关，它还被梁启超视为“白色人种”的一种特质。莱因哈特·科塞雷克(Reinhart Koselleck)提出了概念的时间化，而用进步概念描述对过去的保存正是时间化的显著案例：尽管保守主义的目标是保存过去(的必要元素)，实际上它是为了未来而保存它们；这一目标的实现在于未来，且与其他立场的人所设立的目标形成了对照。我们还可以注意到，近代以来，随着历史演变速度的加快，对激进保守主义的需要也大大提高。这是因为，保守主义的提出正是为了回应进步主义、社会主义、自由主义等其他立场(它是从这些立场的反面来定义的)。①

(二)“主义”：作为动因的理想

然而，这可能会误导人们认为19、20世纪之交的社会政治发展是受不可能实现的、不切实际的幻想的盲目信仰所驱动的。事实恰恰相反，这里面有非常复杂的原因。我们可以引用《新尔雅》中关于“理想”的如下段落做说明：

> 人群进动之标的，谓之人群之理想。实现的示命，究竟的示命，事理充足，普遍恒久，谓之理想四属性。理想之最合乎最初原理者，谓之根本理想。②
>
> 群学研究法有二：一合理法，二经验法。合理法同演绎法，经验法同归纳法。先分解概括的知识，而进达特殊的知识者，谓之演绎法。先总合特殊的知识，而进达概括的知识者，谓之归纳法。合理法有体有用，分析其体，则有直觉法及推理法，谓之设想。论究设想之真伪，谓之理论，据正确之理法，决定实事，以成实行之准备者，谓之理想。③

从这两段文字来看，“理想”显然与理论层面的行动准备相关联。第一段讨论了向目标前进和内在于“理想”的行动指南，两段文字又都关注了行动及其目标背后的论证。很明显，作者考虑到了思考过程的合理性，这一合理性促成了理想的实现。在成体系的“主义”以抽象原则的发展为基础概念化的过程中，可以看到类似的考虑。第二段文字中提出了英语“ideal”与汉语“理想”是否等同的疑问，相似的难题也在1919年的“问题与主义”之争中出现过。《现代汉语词典》中的“理想”词条显示，这一问题在当代汉语中同样存在，其中一条释义如下：

---

① Reinhart Koselleck, “Die Verzeitlichung der Begriffe”, *Begriffsgeschichten*, Frankfurt am Main: Suhrkamp, 2006, p. 82。

② 汪荣宝、叶澜编纂：《新尔雅》，转引自沈国威编：《新尔雅及其词汇》，第68页。

③ 同上书，第63—64页。

1. 对未来事物的想像或希望(多指有根据的、合理的,跟空想、幻想不同)。[①]

因此,汉语中的“理想”概念同时具有合理性和朝向未来两方面的含义。这似乎表明“理想”已经实现了时间化[②]——类似于西方的 utopia[③],但很明显,汉语的“理想”不同于英语 ideal,因为,英语 ideal 概念不需要合理化的说明或定位于未来。就此而言,我们必须思考“理想”“理论”“空想”“幻想”“思想”“设想”这些词的语义和形态上的关系。我们注意到,“理想”和“理论”都有词素“理”,它本是宋明新儒学使用的形而上学概念,后被用于翻译西方的 reason(ratio 等)概念。金观涛、刘青峰认为,“理”的概念与西方原型有很大的不同,因为它强调内在于事实的原则,而非假定原则的合理性。[④] 对此,我们可以讨论它与“真理”和“公理”的联系。在 1990 年讨论现代与前现代中国连续性的文章中,墨子刻(Thomas Metzger)就指出,工具理性(Zweckrationalität)是现代中国早期关于历史、政治和社会的话语的特征之一。[⑤]

“理想”“幻想”“空想”都有词素“想”,它把这几个词与“思想”联系起来。“理想”与“空想”和“幻想”之间对比鲜明,《现代汉语词典》亦特别强调这一点。当描述某个不可能实现的事物时,“空想”也是英语 Utopian 的对应词之一。但在积极的意义上,Utopia 就是“理想国”。有趣的是,柏拉图的著作 *Republic*(Politeia)的(中译本)标题也是“理想国”。

然而,上述词源学上的考察不能算是对“理想”这个概念内容的考证,因为它很可能是日本创造用来翻译 ideal 这个西方概念的和制汉语。[⑥] 为了弄清说现代汉语的人是如何理解“理想”的,我们要借助唐云凌对个人习语的点评。唐云凌列出如下几点:(a)有理想总是好的,每个人都该有理想;(b)理想让生活有意义,如果理想破灭,人的生活会很痛苦,甚至会自杀;(c)当理想与现实或其他理想冲突时,它就会破灭;

---

① 中国社会科学院语言研究所词典编辑室编:《现代汉语词典》,商务印书馆 1998 年版,第 774 页,“理想”词条。

② Verzeitlichung,也被翻译为“历史化”(historicization)。

③ 参见 Reinhart Koselleck “Zur Begriffsgeschichte der Zeitutopie ”, *Begriffsgeschichten*, pp. 525 - 273。

④ 金观涛、刘青峰:《观念史研究:中国现代重要政治术语的形成》,香港中文大学出版社 2008 年版,第 27—68 页。在语源学上,这个词素的基本含义是“内在于事物的基本模型(pattern)”。逐渐地,它被用于表示“潜在的原则(principle)”这一含义(参见《汉学文典》数据库 http://tls.uni-hd.de/main/basic_ch_main.lasso“理”的同义词群,2010 年 2 月 14 日检索)。

⑤ Thomas Metzger, “Continuities between Modern and Premodern China”, in Cohen and Goldman eds., *Ideas across Cultures*, Stanford, Mass: Council on East Asian Studies, Harvard University, 1990, pp. 270,282,292。

⑥ 我发现的最早的例子是西周 1877 年的文本。参见《日本国语大辞典》网络版,http://nikkoku.jkn21.com,“risō 理想”词条。

(d)人为理想而奋斗;(e)对于认真的人,理想是明确的选择。她举例证明:一个人选择自己的理想时,一般会选择更遥远的事物,在某种程度上也更令人羡慕、更加难以实现。比如男孩心目中理想的姑娘不是以美貌,而是以健康、力量与技能为特点,她甚至可以是位体育冠军!年轻人为理想而奋斗的画面会不断重现。尽管唐云凌点评的中心是个人理想,但在结尾处,她提到两个例子:"中国的理想"与"理想的中国"。[①]这段评论强调了理想的超越性和对个人的重要意义,但它没有提到合理性,只暗示了理想的严肃(在男孩选择理想姑娘时,出于理性,健康比美貌重要)与失败的严重后果。或许,对"理想"最恰当的描述是——一种严肃的愿景。

(三) 思想意识对未来的投影[②]

现代观念最深层的取向之一是对未来的预期,并以之为历史发展的驱动力。通过对一个更好社会的想象,期待社会产生变化是一种很有效的激励方法;因为人天生就向往更好的未来。这也是一种有感染力的修辞手段,不仅因为其中的情感成分,更关键的是理想是否有效的证据就在于未来,本质上就是将当下主张的有效性交给历史来判断(*les preuves par l'avenir*)。[③] 王汎森认为,"未来的神话"是20世纪初期中国主义崛起的关键因素,它与当时对信仰的重新重视有一定关系,因为人们对更好未来的信仰已经达到了信仰宗教的程度。[④]

按照科塞雷克的说法,通过这种预测形成的概念有一个广阔的"期望的地平线"(Erwartungshorizont)。[⑤] 尽管对未来事件的预期通常是预言和占卜术的一部分,那些对完全不同却都被严重投射的社会秩序的政治构想其实是一种现代现象,必须将之与传统的末世论想象和对未来的占卜区分开来。在很多方面,政治预后是一种介

---

① 参见唐云凌(Rusková Tchang Jun-Ling)关于个人习语点评的音频词典中的"理想"词条。该词典是1966—1969年间,在Oldrich Švarny指导下,基于《汉语拼音词汇》(语文出版社1963年版)词项制成的,见北京话音频词典网:http://tekstlab.uio.no/maid/。

② 原文:Ideological Projection into the Future.——校者注

③ Marc Angenot, *Dialogues de sourds: traité de rhétorique antilogique*, Paris, Mille et une nuits, 2008, 350ff。

④ 王汎森:"'主义时代'的来临——中国近代思想史的一个关键发展",第40—42页。

⑤ Reinhart Koselleck, "Zur Begriffsgeschichte der Zeitutopie". 参见Angenot(*La Parole pamphlétaire. Contribution à la typologie des discours modernes*. Paris, Payot, 1982, p. 94):"通过对外部环境的反转,小册子作家——语言降格的受害者——最终生产出一种超真实的话语:不仅要讲述当下的真实,还包括了未来的真实。非常明确的是,很多小册子作者转向了预言,这是一种最奇特的语言用法,一种没有任何指称对象且同样真实的说法。它预测了这样一种未来:预言是唯一的保证,是不虚假的,比其他任何言论都更真实的言论,因为它把现在包裹在了未来中,是一种拒绝反驳,对提供证据毫无兴趣的说法,因为证据会在事件发展的过程中逐渐地显现出来。"

于二者之间的一种现象。至迟从法国大革命开始，人们已经知道，基于理论思考的理想能够取得实在的结果。理想有效的意识因此带来了一种认为历史是人为的，可创造的想法。①

预言的力量可以激励人们采取行动，它与普世原则，特别是普世价值直接相关。没有众人皆认为值得的目标的话，任何对未来的预言都必须保持高度的特殊性，只限于一个小团体。通过呼吁"自由""民主"或"公正"，我们努力确保为改变世界所付出的努力被积极接纳。这些概念根本上是代表了对普适性的无与伦比的要求（*unüberbietbarer Allgemeinheitsanspruch*）。②

当"主义"在汉语中出现时，许多正是作为赋予未来的理想以现实框架的预期性概念而运作的（"未来的理想"一语出现于蓝志先1919年的文章中，下文将引述）。李大钊则强调了主义——国际共享的理想——之间的根本相似性：

> 大凡一个主义，都有理想与实际两方面。例如民主主义的理想，不论在哪一国，大致都很相同。把这个理想适用到实际的政治上去，那就因时、因所、因事的性质情形，有些不同。③

由于缺少具体的参照，主义适合于被当作理想，让人们为同一个目标聚集到一起：

> 要想使一个社会问题，成了社会上多数人共同的问题，应该使这个社会上可以共同解决这个那个社会问题的多数人，先有一个共同趋向的理想主义，作他们实验自己生活上满意不满意的尺度（即是一种工具）。④

毫不奇怪，传达预言和被推崇为普世价值的概念都趋于抽象。实际上，缺少具体内容正是有效承诺的先决条件，它总是避免说清楚过多的细节。"如果政治概念要成为'主要概念'（Leitbegriffe），那么它们必须具有更高程度的普遍性。现在，它们被用于

---

① Reinhart Koselleck, "Über die Verfügbarkeit der Geschichte" in *Vergangene Zukunft Zur Semantik geschichtlicher Zeiten* (Frankfurt am Main: Suhrkamp, 1989), pp. 260 - 277。

② Reinhart Koselleck, "Begriffliche Innovationen der Aufklärungssprache", in *Begriffsgeschichten*, pp. 328 - 339。参见 Chaïm Perelman, *L'empire rhétorique*: *Rhétorique et argumentation* (1977, 2nd ed., Paris: Libraire Philosophique Vrin, 2009, 47f）和 Perelman and Lucie Olbrechts-Tyteca, *Traité de l'argumentation*: *La nouvelle rhétorique* (1958, 6th ed., Brussels: Éditions de l'Université de Bruxelles, 2008, 107f)对价值分层的讨论。

③ 李大钊："再论问题与主义"，载《胡适文存》，第170—171页。

④ 同上书，第168页。

向来自不同生活环境(Lebensräume)和社会阶层的人做演讲,这些人原本有着完全相对的生活体验。"[①]人们会说:政治的全球化使政治话语的进一步抽象化成为必需,这有助于宣扬普遍性的主张。此外,伴随着抽象化和去语境化的进程,那些主张普遍性的价值概念业已形成(比如 brotherhood"友爱"来自 brother"兄弟")。当然,就历史而言空洞的理论也会成为阻碍,不仅因为它们不能实现,还因为对手可以很容易用自己的内容填充它们。[②] 这样的问题在"问题与主义"之争中同样发生。胡适指出了单方面强调主义的巨大危险,[③]并解释了这是如何发生的:

> 主义初起时,大都是一种救时的具体主张。后来这种主张传播出去,传播的人要个简便,使用一两个字来代表这种具体的主张,所以叫他做"某某"主义。主张成了主义,便由具体的计划,变成一个抽象的名词,"主义"的弱点和危险,就在这里。因为世间没有一个抽象名词能把某人某派的具体主张都包括在里面。比如"社会主义"一个名词。马克思的社会主义,和王揖唐的社会主义不同,你的社会主义,和我的社会主义不同;决不是这一个抽象名词所能包括。你谈你的社会主义,我谈我的社会主义,王揖唐又谈他的社会主义,同用一个名词,中间也许隔开七八个世纪,也许隔开两三万里路。然而你和我和王揖唐都可自称社会主义家,都可用这一个抽象名词来骗人。这不是"主义"的大缺点和大危险吗?[④]

按照胡适的说法,喜欢对目标和原则进行口号式的、抽象讨论的人首先就很懒惰。[⑤]不过他认为,主义包含的欺骗与自我欺骗比懒惰更有害。唐云凌关于主义的评论也包含了一个明显的骗人的例子:他利用这些个主义呢/来蒙骗一些个人。[⑥]

胡适在以主义的形式出现的抽象概念的发展中看到了真正的危险,蓝志先则在他的回应中视未来的理想为一项资产:

---

① Reinhart Koselleck,"Die Verzeitlichung der Begriffe", pp. 84 - 85(强调为原文所有)。科塞雷克指出:德语和汉语经历了从附加的复数到集体的单数再到抽象化这一语言学上的改变。比如:Freiheiten→Freiheit,Bruderschaften→Brüderlichkeit。

② 参见"特定的词语被赋予了神圣的气息。如今,他和他的对手都转而参考这些同样的关键词:公平、自由、真理……他的声音为其它不忠而轻蔑地效仿他的声音所覆盖,词语的意思被一系列的偷梁换柱与内部侵蚀所歪曲"(Angenot, *La Parole pamphlétaire*, *Contribution à la typologie des discours modernes*, p. 93)。

③ 胡适:"多研究些问题,少谈些主义",第 149 页。

④ 同上书,第 149—150 页。

⑤ 同上书,第 152 页。

⑥ 参见唐云凌关于个人习语点评的音频词典中的"主义"词条,北京话音频词典网:http://tekstlab.uio.no/maid/。

主义是什么呢?胡君说,从一种救时的具体主张,因为传播的缘故,才变成一种抽象的主要。(简略胡君原话)这话果然不错。但是有许多主义,他的重要部分,并不在从具体主张变成抽象名词,欲在那未来的理想,世间有许多极有力量的主义,在他发生的时候,即为一种理想,并不是什么具体方法,信仰这主义的,也只是信仰他的思想,并不考究他的实行方法。即如从具体方法变成主义的,也决不是单依着抽象方法便能构成,尚须经过理想的洗练泡制,改造成的。故理想乃主义的最要部分。一种主张能成主义与否,也全靠这点。①

(四) 唯意志论的理想主义

被投射的未来在推进的过程中包含着实现的潜能,因为,人们会被说服,会为实现这样的未来而采取行动。相信历史可以创造的人会发现宣扬理想是形塑未来的一种手段,关于理想的哲学讨论也立即获得了现实意义。请思考以下引文:

自民族建国内部之统一事业定,而向外之膨胀事业起。膨胀者何?有理想的,有实力的,有自然的,有个人的,有强力的;所谓理想的何也?曰学说之势力是也。自物竞自存之说兴,于是种类盛衰兴亡之故明。进化论者,实民族主义之原泉也。虽当时为一种学说,而不知理想既理解于人脑,则事实即随之而起。"世界惟文明人所独有",实进化论之后文,而新帝国主义之精神也。②

人们心里的想法开始被认为能够直接影响未来将要发生的事件。这种观点发展到足够程度,就成了主张意志足以改变事件的进程的意志主义。意志主义特别强调培养能够引发改变的意志,这自然导致了对理论思考的培养和集体意识的形成——通过劝导个人的方式。很明显,这是通往教化和宣传的可能道路之一,因此,个人信念与追随者的问题便呈现出重要意义。

被过度发展的理论思考是以牺牲经验调查和认真实践为代价的,这是胡适在"问题与主义"之争中批评的要点之一。在此前发表的一篇文章的开头,胡适写道:

现在舆论界大危险,就是偏向纸上的学说,不去实地考察中国今日的社会需

① 蓝志先:"问题与主义",第159页。

② 余一(蒋百里):"民族主义论(续第二期)",《浙江潮》1903年第5期,第16—17页。

> 要究竟是什么东西。那些提倡尊孔祀天的人，固然是不懂得现时社会的需要。那些迷信军国民主义或无政府主义的人，就可算是懂得现时社会的需要么？①

更具体地说，危险就是无耻的政客会用“主义”这类理论概念欺骗人民：

> 偏向纸上的“主义”，是危险的。这种口头禅很容易被无耻政客利用来做种种害人的事。欧洲政客和资本家利用国家主义的流毒，都是人所共知的。现在中国的政客，又要利用某种某种主义来欺人了。罗兰夫人说：“自由自由，天下多少罪恶，都是借你的名做出的！”一切好听的主义，都有这种危险。②

在对胡适的回应中，李大钊同意以牺牲实践为代价的空谈理论（例如，满口主义话语）并不好，他也承认，近期出现了很多这样的问题。然而他认为理想与现实，或理想与实践是主义的二重性。他指出尽管实践会随着特定的地点、时间的环境变化而变化，但像民主主义、社会主义这样的理想总会被广泛地共享且彼此类似。此外，为了让人们把具体的问题看成关系到社会整体的问题，主义也是必需的。没有“理想的主义”，人们就无法对有哪些问题需要解决、如何解决的问题上达成一致。在李大钊看来，胡适对纸上主义危害的强调并没有抓到问题的重点。对他而言，如果主义出了问题，那是因为人们误用了主义，而主义本身不应受到指责。③ 人们必须恰当地利用主义，“所以我们的社会运动，一方面固然要研究实际的问题，一方面也要宣传理想的主义”④。

但是，李大钊甚至主张“适应实际”的可能性是主义原本就有的特征。⑤ 他认为，努力实现主义是正确处理主义的关键之一：

> 可见就是这种高谈的理想，只要能寻一个地方去实验，不把他作了纸上的空谈，也能发生些工具的效用，也会在人类社会中有相当的价值。不论高揭什么主义，只要你肯竭力向实际运动的方面努力去做，都是对的，都是有效果的。⑥

---

① 胡适：“多研究些问题，少谈些主义”，第147页。
② 同上书，第149页。
③ 李大钊：“再论问题与主义”，第168—171页。
④ 同上书，第168页。
⑤ 同上书，第171页。
⑥ 同上书，第170页。

这部分基于意志主义的另一个传统主题:"失败必须要用加倍努力来补救。"尽管在现实中有发展,但遵守理论规划是意识形态(ideologise)的鲜明特征。如果事情没有呈现为你预想的状态,问题就在于你不够忠诚。这和宗教(的说法)类似:如果你的祷告没有被听到,那说明你的信仰还不够虔诚。

墨子刻(Thomas Metzger)认为,"乐观的入世论"(optimistic this-worldliness)从过去到现在一直都是很多中国人论述时的鲜明特征:它倾向于假定一个先验的理想,"崇高的政治目标",并相信它们绝对是可行的,因为历史记录证实,完美可行的政府在古代是存在的。这里包含着一种"认识论上的乐观主义",它是一种信仰,认为有了足够且绝对的道德知识,就可以完美地评价任何一个人,相应地可以完美地变革政治秩序。至于被建构的理想的全面失败,则归因于"所有人的行动都是处在现世中的"。"中国人总是引用先验的、崇高的理想而非经验的比较来批评现实生活。"[①]这种乐观的态度与西方思想中的某些悲观思潮形成了鲜明对比,却更容易同卢梭、马克思以及黑格尔这类人的乐观主义兼容——而他们在近代中国思想中的地位也是不可低估的。[②] 显然,这就产生了一种旨在建立准则的计划,并且可以看到一种熟悉的结合:理性的思辨与理想的未来目标都是先验的存在。现代化是拿破仑式推进的,而不是依靠渐进式的发展。[③]

当先验的理想——最初它或是作为关键的参照物,或是作为长时段期望的目标——与"历史可以被创造"的观念相混合后,人们可能轻易便得出某种意志主义的结论。[④] 在欧洲语境里,意志主义是与爱国主义相联系的:一个人只要有意志,就能实现梦想的祖国。这种意志论的爱国主义是为应对竞争性的"公意"观念和普遍爱国主义(导致了"世界大同主义"和"国际主义"的产生)而出现的。[⑤]

似乎有理由认为,在危机中,意志主义的观点特别具有诱惑力。一旦人们陷入危

---

① Thomas Metzger, "Continuities between Modern and Premodern China", in Cohen and Goldman (eds.), *Ideas across Cultures*, p. 278。

② Thomas Metzger, opcit, pp. 286 - 290。

③ Thomas Metzger, opcit, p. 274。

④ 有意思的是,对 voluntarism 有记录的汉语翻译之一是"主义说",据"近现代汉语学术用语研究"数据库,有两本字典有这样的记录:季理斐与 Timothy Richard 合编的 *A Dictionary of Philosophical Terms — Chiefly From the Japanese*, Shanghai: Christian Literature Society for China, 1913, p. 70; Emeling, Karl Ernst Georg, *English-Chinese Dictionary of the Standard Chinese Spoken. Language and Handbook for Translators, including Scientific, Technical, Modern and Documentary Terms*, Shanghai 1916, p. 1600. 这可能是对同音词"主意说"(据"近现代汉语学术用语研究"数据库证实,这个词 1902 年就已出现)的误用吗? 现在 voluntarism 的对应词是"意志主义"。

⑤ 德国作家、政治家克里斯托夫·马丁·威兰德(Christoph Martin Wieland, 1733—1813)已经清楚地认识并批评了这一点(Reinhart Koselleck, "Patriotismus. Gründe und Grenzen eines neuzeitlichen Begriffs", in *Begriffsgeschichten*, pp. 226 - 227)。

机，特别是像1900年左右的中国留日学生这样的年轻人，他们相信唯一正确的事就是走出去改变世界，因为世界必须改变，因为他们别无选择——至少对于无力又经验不足的人来说确实如此。但是，这也是“伟人们”所做的——他们立志创造历史：与其等待世界“自然地”改变，不如按照自己的理想重塑世界，通常这些人都高估了自己真正所能达到的程度。这就是宿命论与行动主义的区别所在。[①] 留日学生自知，作为一个群体，他们独一无二，他们的政治意识是最先进的，因而有资格成为改造中国的先驱。[②]

对于认为现在就急需改变世界的人来说，仅以社会达尔文主义者的进化论为据，认为世界一定会在某一时刻改变是不够的——特别是在没法保证竞争式的进化一定会有利于中国的情况下。因此，为了让中国的历史进程朝更好的方向改变，人们必须采取行动，而非坐等进步的发生。这显示了决定论（determinism）与“决心论”（determinationism）之间的差异。[③]

这种意志主义的倾向之后继续存在，在某些思想家那里甚至得到了发展壮大。1937年，毛泽东强调了历史上理论与实践的统一性，捍卫了真正的“辩证唯物论”。[④] 他将其与机械唯物论相对比，而后者曾与唯心论[⑤]、机会主义和冒险主义[⑥]一道受到毛泽东的激烈批判。诚然，毛泽东没有放弃遵守物质实在的要求，但在他的主张中，单向的决定论式的因果关系屈从于非决定的因果关系，物质条件必须正确，而对于现实的社会进步来说，基于有意识的精神/心灵层面的行动至关重要。[⑦] 在现代中国的意识形态发展（ideological development）中，从人到“新人”的改造过程发挥了重要作用，同时，这也证实了先验的理想对具体实践的影响力。[⑧] 只要人们下定决心，将命运掌握在自己的手中，就能做成任何事情：

---

① Paula Harrell, *Sowing the Seeds of Change, Chinese Students, Japanese Teachers*, 1895 - 1905, Standford, Calif: Standford University Press, 1992, p. 212。

② Harrell, opcit, pp. 206 - 207。

③ James Reeves Pusey, *China and Charles Darwin*, Harvard East Asian Monographs 100, Cambridge, Mass: Harvard University Press, 1983, pp. 51 - 55。

④ 在别的地方，毛泽东也用“唯物主义”翻译materialism，如“整顿党的作风”（1942），载《毛泽东选集》第3卷，人民出版社1991年版，第812—829页；用“唯心主义”翻译idealism，如“丢掉幻想，准备斗争”（1949），载《毛泽东选集》第4卷，第1483—1490页。

⑤ 在“强调精神/心灵实体至上的思想体系”的意义上，这当然是“唯心论”。事实上，在《新文化辞书》（唐敬杲编纂）中有三个分开的词条和对应词：唯心论（与“唯物论”相对）、观念论（与“实在论”相对）、理想论（未说明其对应词，可否为“实用论”?）。

⑥ 毛泽东：“实践论”（1937），载《毛泽东选集》第1卷，第282—298页。

⑦ Germaine A. Hoston, “A ‘Theology’ of Liberation? Socialist Revolution and Spiritual Regeneration in Chinese and Japanese Marxism”, in Cohen and Goldman (eds.), *Ideas across Cultures*, pp. 181 - 184。

⑧ Ibid。

> 社会的财富是工人、农民和劳动知识分子自己创造的。只要这些人掌握了自己的命运，又有一条马克思列宁主义的路线，不是回避问题，而是用积极的态度去解决问题，任何人间的困难总是可以解决的。①

毛泽东当然不是第一个强调正确态度具有巨大潜力的人，早在1903年，一个名为“飞生”的作者做了同样的论述：

> 德意志何以雄飞于欧洲？伊太利何以出现于世界？曰祖国主义之鼓吹之效也。虽然，祖国主义者，发之自感情，而感情不能以议论显者也，则不能不责其任于诗人。吾遍搜古今名士之诗，终不见所谓“祖国之歌”者。洞哉吾国，竟无但丁其人哉！虽然，吾今敢为誓言于此，二十世纪中祖国主义而不入中国则已，苟入中国，未有不发达者也。特以一主义之发达之次第，必先感情而后条理。中国将来，不患感情之不发达，而患其以感情用事，而组织力薄弱，使吾国民有复祖国之感情，无建新国之能力，则所谓祖国者，终不过设之于理想，不能见之实事。②

换言之，进步开始于高唱爱国主义的诗人和宣传家，他们将成为革命力量的蓄水池。

（五）新合理社会想象中的主义

形形色色的现代化者们都对现代中国的政体极为关注。晚清与民国时期的国家处于持续的危机之中，许多领导人与思想家的目标就是“救国”。对于那些把激进的变革当作成功之条件的人来说，主要概念还是“建国”。因此，对旨在复兴的中国而言，寻找一种合适的政体（广义上的）成为头等大事。以重构为目标，与不同种类的社会组织相关的，特别是与政体相关的主义极其重要。对自称为改革者的活动家们来说，那些充分体现了组织社会的方法的概念不可或缺。

一些主义命名了作为整体框架的制度，例如：三民主义、人群主义、共和主义、军政主义、帝政主义、共产主义、军国民主义、国民主义、平民主义、民主主义、军国主义、无政府主义、自由主义、君主主义、封建主义、专制主义、独裁主义、军阀主义、立宪主义、宪法主义、联邦主义、官僚主义、法西斯主义、纳粹主义。这些框架可以合并使用，如“官僚资本主义”或“社会民主主义”。

---

① 毛泽东：“《书记动手，全党办社》一文的按语”（1955），载《中国农村的社会主义高潮》上册，人民出版社1956年版，第5—6页。

② 飞生（蒋百里）：“国魂篇（续第一期）”，《浙江潮》1903年第3期，第20—21页。

首先要注意的是，按照这些观点，国家必须建立在确定的原则上。换言之，政府的治理方式必须是成体系的，且有良好的理论依据：

> 凡为治者必当立一主义，以为各种政治之归宿。及将来事功之标的。否则立一法行一事，推行必有矛盾之虞，而标准不立。……今欧洲各国之政治，其设施不必同一，而大率多用军国主义。军国主义者，举一切国政尽纳而归之治兵之途也。此议刱始于俄，昌于法，成于德。……必宜定一主义揭示全国新政之方针。①

很明显，对政体的评价会因时、因人而不同。对于珍视私人财产的人来说，共产主义不受欢迎；对于视军事组织为全社会之模范的人来说，军国主义可能是有吸引力的。事实上，很少有哪一种体制（以及一般意义上的主义）是以价值中立的方式被介绍的。通常，论述者将它们描述为好的或坏的体系，所谓好/坏，即它们预期的未来是理想国还是反乌托邦。然而，将这些概念化政体联合到一起是爱国取向，它不仅指爱国的情感，更细微地说，是为国家找到最好政体的愿望。由于很难就最好的政体是什么的问题达成一致，爱国主义就其本身而言可能导致互相对立的政治观点，从而最终引发内战。这种由于爱国主义而导致的建国观点的分化，在18、19世纪的欧洲以及20世纪早期的中国都曾产生过。②

尽管在价值论上是摇摆不定的，一些主义还是更明显地倾向于被肯定性或否定性地使用，有时，亦被中立地使用。如封建主义通常被认为是负面的政体。今天的读者可能认为"军国主义"是另一种充满负面气息的政体，但在20世纪早期的中国，它通常被视为好政体。在反政府的讨论与活动中，主义也扮演着诬告概念的角色。如果无法就共享的名称达成一致，一个合适的主义就会被迅速发现，像"打倒法西斯主义"这类口号会被用来反对自称是社会主义国家的政府③。

我们已经看到，与政体相关的主义的概念化取决于论述者的立场与该主义的关系，科塞雷克就强调了欧洲主义的这一特点。因此，尽管那些在辩论中使用主义的人可能会装模作样地使用听上去科学的、道理上雄心勃勃的术语，但实际上，这种"科学"是高度可争论的，因为在这种话语中，反对"我主义"的各种"彼主义"一直是被批

---

① 铁生："治兵通论（上）"，《江苏》1903年第2期，第42—43页。

② 关于欧洲的情况，参见 Reinhart Koselleck, "Patriotismus. Gründe und Grenzen eines neuzeitlichen Begriffs"。

③ 意指纳粹德国的"国家社会主义"。——校者注

评的对象。无论是讨论过去的社会组织形式、现在的制度，还是对美好未来的想象，主义都很难成为一个客观的工具。

某些主义被限定在超越了狭义的管理技巧的政策领域，比如经济学：放任主义、干涉主义。一些“主义”从情感上或伦理上，把个人对国家的一般立场概念化，如民族主义、国家主义、国粹主义、爱国主义、祖国主义。（有些“主义”是）对国家运作产生影响的道德原则，如秩序主义、平等主义、命令主义。（有些“主义”是）关于对社会变化的立场的一般原则：改进主义、保守主义、进步主义、破坏主义。上面提到的这些主义揭示了存在于制度本身和对制度的信仰之间的歧义。一方面是忠于一种特定的世界观，另一方面是遵照这种世界观的世界，无论是过去、现在或者未来，不管是想象的或者经验的。

一系列主义把国家之间交往的原则和某国从对自己的立场出发，根据其在世界上所处位置制定的原则概念化：世界主义、四海主义、门罗主义、霸权主义、殖民主义、帝国主义、锁国主义、闭关主义、排外主义、重商主义、开放主义。19 世纪末 20 世纪初，政治上的统一、特别是民族的统一是全世界人的重要理想。这个理想通过主义的概念化表现出来：

> 俾士麦之治德也，专持一主义，始终以之。其主义云何？则统一德意志列邦也。初以此主义要维廉大帝而见信用，继以此主义断行专制扩充军备，终以此主义挫奥蹶法。①

许多带有前缀“泛”（或“汎”）的主义的形成都强调统一的理想的重要性；因为在民族统一成为政策之前，就已经存在于人们的想象中。如泛非主义、泛斯拉夫主义、斯拉扶司统一主义、泛突厥主义。

在金观涛、刘青峰的数据库中，1915 年之前有 11 种“主义”出现的次数达到或超过 100，许多都与国家被想象或组成的方式直接相关（括号里是该词出现的次数）：民族主义（约 1,100）、社会主义（约 900）、帝国主义（约 700）、国家主义（约 600）、孟禄主义或蒙罗主义（约 200）、国民主义（约 200）、自由主义（约 200）、无政府主义（约 200）、共和主义（约 100），②只有个人主义（约 100）与其他不同，它关注个人——即便如此，它也被深深地嵌入清末民初关于国家与社会的论述之中。从这些数据来看，关于国

---

① 梁启超：“俾士麦与格兰斯顿”，第 3 页。

② 金观涛、刘青峰：《观念史研究：中国现代重要政治术语的形成》，第 211—212 页。

家的话语占当时常用“主义”的大多数;同样清楚的是,这些主义是当时的关键概念,其中约有一半至今仍是关键概念。

(六) 主义——乌托邦政治的灵丹妙药

如我们所见,政体与社会组织形式的主义式概念化通常并不中立。因此,主义的力量恰恰在于它们对献身的需求。通常来说,说者的忠诚不是必需的,但这个概念暗示,说者假定了在某些立场下是需要(为原则)献身的。尽管说话者不必信奉自己话语里出现的主义,但因为主义式概念包含了献身需求,所以在某地某时他还会面对听众或读者的断然反应。

有许多方法可以劝诱其他人相信自己的解决方案是最好的。在19世纪末,一个常被提起的说法是——如果没有一个确定的方案,国家将会灭亡:

> 今日者,民族主义发达之时代也,而中国当其冲。故今日而再不以民族主义提倡于吾中国,则吾国乃真亡矣。①

很多事情都取决于以正确的原则为基础的改革,以此避免国家的衰落。这是所有有爱国抱负的中国人都必须大声疾呼的问题,梁启超深谙此点:

> 今我国之志士,有愤嫉满人之深闭固拒,思倡为满汉分治之论,倡为革命之论者。虽然,其必有益于支那乎?则非吾之所言也。何也?凡所谓志士者,以保全本国为主义也,今我国民智未开,明自由之真理者甚少。若倡革命,则必不能如美国之成就,而其糜烂将有甚于法兰西、西班牙者。且二十行省之大,四百余州之多,四百兆民之众,家揭竿而户窃号,互攻互争互杀,将为百十国而未定也,而何能变法之言。即不尔,而群雄乘势剖而食之,事未成而国已裂矣。②

改革者一心想找到让中国变得富裕、强盛和伟大的关键美德。《江苏》中有一篇概述希腊哲学的文章,它强调培养“公勇”——这个词可能译自希腊语的 *andreîa*,并以爱国的方式使用它。③

所有预告了新时期的人都把自己兜售的解决方案称为“唯一的解决方案”:

---

① 余一(蒋百里):“民族主义论”,《浙江潮》1093年第1期,第2页。

② 梁启超:“论变法必自平满汉之界始”(1896),《饮冰室文集》第1卷,中华书局1989年版,第80页。

③ 季新益:“泰西教育界之开幕者阿里士多德之学说”,《江苏》1903年第2期,第26—27页。

> 吾中国不幸而适当此盘涡之中心点，其将何以待之？曰：“……故今日欲抵当列猩之民族帝国主义，以挽浩劫而拯生灵，惟有我行我民族主义之一策。而欲实行民族主义于中国，舍新民末由。”①

对孙中山来说，也只有一个解决方案，即他的三民主义。尽管“一个主义拯救一切”的看法广为传播，却也并非完全没有异议。在1919年底的一篇反对主义的文章中，胡适指出了宏大社会理论的危险：

> “主义”的大危险，就是能使人心满意足，自以为寻着包医百病的“根本解决”。从此用不着费心力去研究这个那个具体问题的解决法了。②

本文中的关键概念是“根本解决”，这也正是胡适所批评的。然而，李大钊相信，在某些情况下，唯一正确的解决方案就是“根本解决”：

> “根本解决”这个话，很容易使人闲却了现在不去努力，这实在是一个危险。但这也不可一概而论。若在有组织有生机的社会，一切技能都很敏活，只要你有一个工具，就有你使用他的机会，马上就可以用这些工具作起工来。若在没有组织没有生机的社会，一切机能，都已关闭，任你有什么工具，都没有你使用作工的机会。这个时候，恐怕必须有一个根本解决，才有把一个一个的具体问题都解决了的希望。③

李大钊以当时的政治为例，他认为俄国革命正是将会解决所有问题的根本解决方案，原本这些问题在罗曼诺夫王朝的统治之下已经没有解决的希望。④ 这里，李大钊给人留下了这样的印象：根本解决是在极端情况下的最后办法。

这种解决方案一旦被发现，便会成为最高献身的对象：

> 其徇其主义也，有天上地下惟我独尊之观，其向其前途也，有鞠躬尽瘁死而

① 梁启超：“论新民为今日中国第一急务”，《新民丛报》1902年第1期，第2—7页。
② 胡适：“多研究些问题，少谈些主义”，第153页。
③ 李大钊：“再论问题与主义”，第175—176页。
④ 李大钊：“再论问题与主义”，第176页。

后已之志。[1]

一种主义可以承载着巨大的希望：

第四节　中国之国魂安在乎！祖国主义！[2]

吾今敢为誓言于此，二十世纪中祖国主义而不入中国则已，苟入中国，未有不发达者也。[3]

使人们注意到真正解决方案的是英雄的行为，有作者引用先例说道：

岩鳖蛇屹立于法国政海怒涛潮湃之中，张胆名目，扩张其共和主义，鼓舞国民之精神。[4]

这是志士活动家的典型特征，再如：

仇满生，福建侯官人，生平持民族主义，立志倒满洲政府。[5]

用英雄形象宣传真正解决方案（甚至是地方层面的）的主题与历史由人创造的观念十分契合，二者都期待“伟人”影响事件的变化进程。这是一个英雄人物用强大的主义建设强国的神话。

---

① 梁启超：“论进取冒险”，第4页。
② 飞生（蒋百里）：“国魂篇（续第一期）”，第1页。
③ 同上书，第2—3页。
④ “岩鳖蛇传”，《江苏》1903年第1期，第102页。
⑤ “记仇满生”，《浙江潮》1903年第6期，第1页。

“主义”的悲剧：五四前后报刊小说中的“人道主义”*

章　可**

一、引言

中国小说的发展源远流长。到了近代，尤其是从晚清到五四时期，中文小说产生转型，学者一般认为此时“现代小说”逐步成熟①。小说的转型是多方面的，除了小说内容本身的变化外，也包括外部的创作传播平台的转换，近现代大量新式报刊出现，文学作品是报刊刊载的重要内容，通过这一新的媒体形式，文学的创作、传播、阅读、评论、反馈等各个环节都产生了新的变化，形成新的机制。到五四前后，伴随着各地文学社团的涌现和新文学刊物的层出不穷，各类小说创作和流传呈现出爆炸式的景况，极为令人瞩目。

对近现代小说的研究，大致有两个方向，其一是对小说本身作为文学作品的内在特质的考察，从形式、技巧、风格等文学层面来分析小说的转型；其二是采取外部视角，研究小说所反映的社会现实、所承担的社会启蒙功能。历史学者往往取径后一方向。五四时代社会文化领域变动剧烈，新思想、新学问如走马灯般过场，小说中也多有反映。

---

* 本文为2014年度上海市哲学社会科学规划青年课题（编号：2014ELS005）和2014年度教育部人文社会科学研究青年基金项目（编号：14YJC770045）的资助成果。

** 复旦大学中华文明国际研究中心助理研究员。

① 参见杨联芬《晚清至五四：中国文学现代性的发生》，北京大学出版社2003年版；陈平原《中国现代小说的起点——清末民初小说研究》，北京大学出版社2005年版。

从思想史研究眼光看，清末到民国初年，中文出现了大量的“主义”类词汇，用来指特定的思想观念。到五四以后，各种“主义”的自我表达和相互碰撞深深契入了社会文化各个领域，甚至侵入和占据个体的私人生活，使其迅速政治化、意识形态化①。小说作为与现实关联度极强的文学形式，自然而然也和“主义”的表达产生关联，而且这种关联很快就进化到主动书写某种“主义”，有些小说即题为“某某主义”，作者或借主人公之口，或直接以叙述者的口吻讨论这种主义。“人道主义”就是很突出的一个例子。

中国现代文学和思想中的人道主义是学者长期以来多加关注的主题，国内已有许多研究成果②。“人的发现”是中国现代思想文化的重要主题，同时也被很多人看作是中国现代文学的核心内容。然而，以往的研究大多从现有的“人道主义”观念出发，把它视作一种自明的、普遍的观念，并以此倒推，对近现代的文学和思想加以描述和建构。而“人道主义”的精确定义为何，却往往言人人殊。有的学者强调的是“对人之价值的尊重”，而有的则看重“个人权利意识的觉醒”，或者是“同情的博爱情感”。“人道主义”可以是个人层面上的，也可以是人类作为整体意义上的。

事实上，“人道主义”是现代诸种“主义”当中最难获得确定涵义、最为纷繁复杂的概念之一③。而且，五四前后，时人就已频繁使用这个词汇，且其涵义与今日所用并不完全一致。因此简单地从现有某种定义出发，作观念史的回溯和建构，尽管可能产生某种解释效力，但亦会造成历史与现实之间的“时代错位”(anachronism)，从而掩盖和忽视了概念在历史中的特定面向④。或许学界先进大多对此有所体认，近些年来，无论在近代文学还是思想史领域，宽泛地谈“人道主义”的研究明显减少。

本文亦有鉴于此，故不拟讨论作为普遍观念的“人道主义”，无论它指的是“个性的解放”抑或“利他的同情”。我们关注的是历史情境中的“人道主义”概念，考察它在小说这种特别文本中的呈现。

也就是说，本文不准备对五四前后报刊上“反映了人道主义理念”的所有小说都

---

① 参见王汎森“‘主义’与‘学问’：1920年代中国思想界的分裂”的“结论”部分，载《知识分子论丛》第9辑“启蒙的遗产与反思”，江苏人民出版社2010年版。

② 早先具有代表性的研究可见邵伯周《人道主义与中国现代文学》，上海远东出版社1993年版；陈少峰《生命的尊严：中国近代人道主义思潮研究》，上海人民出版社1994年版；雷颐“辛亥革命前夕资产阶级人道主义思想”，《雷颐自选集》，广西师范大学出版社2000年版，第26—39页。

③ 有关“人道主义”和“人文主义”的各种定义，较为详细的分析参见拙文“‘人文主义’的诞生：一个概念史的研究”，《中国社会科学辑刊》总第32期，2010年9月。

④ 昆廷·斯金纳在其1969年的一篇论文中就曾分析这种现象，该文使其一举成名，也预示了他后来强调以“语境”分析为中心的思想史研究。参见 Quentin Skinner, “Meaning and Understanding in the History of Ideas”, *History and Theory*, vol. 8, no. 1, 1969。

进行考察，因为以今日“人道主义”定义的宽泛性和含糊性来看，则该时期大部分的新小说都可以成为考察对象，这里既无力也没有必要作此处理。本文拟将概念史与文学研究相结合，为切入原初的历史语境，也为缩小考察范围，避免过分宽泛，我们选取五四前后十年内(1915—1925)那些题为“人道主义”，或者在行文中直接谈论“人道主义”的小说和其他文学作品进行分析。我们想了解的是，在五四前后这个特别的历史时期，一种“主义”概念如何通过小说这样特殊的文本进入大众视野，而这种进入的途径又会为“主义”本身带来什么。

二、民国初年“人道主义”概念在小说中的出现

在19世纪末20世纪初，汉语中出现了大量源于日语的“主义”类词汇，“人道主义”也是其中之一。据陈力卫教授研究，最晚在1887年，日语文献中就已经有了“人道主義”(じんだぅしゅぎ)一词，起初该词指的是西方文艺复兴时期的经典教化，后来则逐渐转向“博爱主义”的涵义①。

目前所知，汉语文献中首次出现“人道主义”是在1903年出版的《新尔雅》。该书由汪荣宝和叶澜编写，其中“人道主义”有两条释义，第一是“钻研古典，不授生活上卑近之学者，谓之人道主义”，第二是“以扶植人类，为国家社会之任务者，谓之人道主义”②。早期的“人道主义”概念，对译英语的“humanism”，因而后者的多义性也对前者产生影响。这两条释义中第一条为“史学词”，指的是今日所称西方文艺复兴时期“人文主义者”的特点，尽管其说法也并不精确。而第二条则指普遍的、以“人”为中心和行为目的的思想观念，这种释义尤其将国家、社会与人和人类区别开来，突显出“人”的优先性和自成目的性。

尽管在辞书里有这样的区分，但在清末公众舆论当中，“人道主义”很少会被用来指西方文艺复兴时代的那些学者，而实实在在是一种“主义”。与其他许多“主义”一样，它的流行之快，令人惊叹。更有趣的是，它很快成为一个满含正面价值的、具有标尺性意义的概念。革命派报纸《中国日报》在1907年刊有一文，辨析人道主义与中国革命的关系，当中就提到：革命会有武装斗争，需要流血，当时很多人就认为，这违背人道主义；但实际上，革命是为了解救人民、谋得更大幸福，迈向更久远的和平，从长远来看，这是一种更大的人道主义③。根据此文的辨析，亦可见当时人对“人道主义”

① 陈力卫：“‘主义’概念在中国的流行及其泛化”，《学术月刊》2012年第9期。

② 汪荣宝、叶澜编写：《新尔雅》，上海明权社1903年出版，第57,70页。

③ “论人道主义与中国革命”，《中国日报》1907年9月25日。

的理解。

在清末的语境中，“人道主义”概念里，最被强调的是“博爱”的一面。概念本身为这种诠释提供了基础，“人道主义”较为软性，很少与尖利的、饱含斗争性的社会变革思想相关，以“人”为着眼点，从大处看，符合许多国人追求的“大同”理想，而从个体看又切合人人皆有的“同情”的心理和情感。

在一些学人眼里，从“博爱”这一面去讲“人道主义”，这就和传统儒家“仁爱”、佛家“慈爱”、墨家“兼爱”等思想都有切合之处[①]。在清末民初社会动荡、征伐不断的背景下，这种“主义”被太多人寄予了反对战乱、避免生灵涂炭的期望，甚至是表达慈爱、减少人类肉体痛苦的理念。因此，它在某种程度上成为“政治正确”，被用以衡量其他思想理念。

战争对人的伤害之残酷，中外皆同。中华民国初年，欧洲局势剑拔弩张，战争一触即发，“人道主义”进入小说，即也得益于此机缘。1914年初，广学会主办的女性宗教刊物《女铎》上发表了一篇题为《人道主义》的小说，作者袁玉英，当时是南京汇文女子大学堂的学生。

小说篇幅不长，主人公是一国之王，该国与邻国交恶，是战是和，俱在国王一念之间。小说以第三人称叙述，主要描写的是在复活节的前日，国王回想自己的成长经历、父母教诲、大臣进言，心中难以抉择的过程。一方面他“细想打仗的事，就是耗费钱财、牺牲民命的事。无论哪一国的百姓，都由上帝所生，今欲驱这般壮军死于战场，岂非大背人道的么”，但另一方面，他又无法忘记父母强国立威、征服四方的期望。结尾处国王不忍战士流血，加之王后新孕，不愿小儿生于战争年代，最终决意求和[②]。

小说中的核心人物乃是王后爱利奈，其名“Eirene”正是古希腊神话中和平女神的名字，事实上她也正是“人道主义”理念的化身。小说描写国王从小受军旅教育成长，一心整顿国务，开疆拓土，但壮年时日，心性又逐步改变。有一次在阿尔卑斯山中旅行，偶遇爱利奈，慕其“清姿玉质”，一见倾心。两人成婚之后，国王受爱利奈影响，一心慈善，平日多有“察视医院、贫儿院，保护妇女”之举。但当此战和抉择之际，国王受太后和臣下的压力，始终无法下弃战的决心。故事最终，王后相告怀孕的消息，才有了圆满的结局。

目前所知，《女铎》上这篇是近代中国第一篇题为“人道主义”的小说。与《女铎》上刊载的其他一些宗教味较重的小说相比，《人道主义》这篇本身并没有基督宗教的

① 可参见“佛学与人道主义之关系”，《北洋政学旬报》第26册，1911年8月；苏治元“何谓人道主义”，《少年杂志》第9卷第8期，1919年。

② 袁玉英：“人道主义”，《女铎》第3卷第1期，1914年。

说教意味，故事中除了提到“复活节前”作为时间背景，以及最后说“明日耶稣复活，为吾民释放，听其自由”略作呼应之外，整体情节都与基督教无关。袁玉英是《女铎》前期最为活跃的本土撰稿者和译者①，在该刊发表过许多文字，但其中《人道主义》是很少几篇小说之一，从故事叙述和袁发表的其他文字来看②，此小说应有欧美故事为原型，袁玉英编译的可能性较大。

对此小说，可有多种解读视角，小说的情节和寓意，与《女铎》杂志在整体上的两大主题是完全切合的，即“女性”和“博爱”③。小说尽管题为“人道主义”，但全篇中都没提到这种“主义”，提及“人道”也仅仅只有一次。然而小说中的关键人物，正是王后爱利奈，这个女性形象身上融合了和平、平等、慈爱等各种精神，可被视为“人道主义”理念的化身。而王后积极参与政事，力劝国王求和，也正符合《女铎》倡导的女性走出家庭，参与公共事务的大趋势。故事最后峰回路转，王后新孕，也正象征着“人道主义”的新生。

1914 年之前几年，欧洲局势紧张，此小说的原型故事很可能正是针对当时局势而写。尽管袁玉英在行文中似乎有意模糊故事的时间背景，她叙述语言也有很多中国旧时代帝王征伐故事的影子，但从文中提到阿尔卑斯山上的“电车”等事物来看，故事发生时代不会太早，而就是较近的年份。小说又谈到此国尚武精神浓重，军人势力深厚，再加上宗教和地理（阿尔卑斯山）等背景，故事中的国家似乎是以德意志帝国为原型的。袁玉英的这篇小说发表在 1914 年初，一战正式爆发之前，小说期望以普遍的“人道主义”感化人心，消弭战争爆发的可能，但可惜的是，后来的时局发展并不如其所望，德国并没有受到和平女神的感召，小说的愿望未能达成。

1914 年 7 月，奥匈帝国对塞尔维亚宣战，此后各国陆续开战，大战席卷欧洲。对战争之残酷及侵略方对普遍人道的践踏，中国学人很快就有所体认。蔡元培早在 1914 年 10 月写给蒋维乔的信中就有德军“蹂躏人道主义”的表述④。而在文学领域，后来被研究者关注更多的则是周作人的“人道主义”理念。

---

① 有关《女铎》的女译者可以参看朱静“清末民初外国文学翻译中的女译者研究”，《国外文学》2007 年第 3 期。《女铎》创刊前二十年的主编是美国女传教士亮乐月（Laura White）。

② 据学者统计，袁玉英在《女铎》共发表各类文字 263 篇，是该刊物所有撰稿者中最多的，甚至多于《女铎》的历任主编亮乐月、李冠芳、刘美丽等人。参见玛丽亚（Luz Maria Cordero）“民初新女性形象建构——以〈女铎〉为中心的分析（1912—1922）”，复旦大学历史学系 2013 年硕士论文，第 30 页。1912 年到 1919 年间，袁玉英发表文字大部分都是翻译或者论说，内容则以宗教教育和女界解放为主。

③ 参见吴艳玲“温和的女权主义——〈女铎〉与近代中国女性自我构建”，《扬州大学学报》（人文社会科学版）2015 年第 1 期。

④ 蔡元培：“致蒋维乔函”（1914 年 10 月 2 日），《蔡元培书信集》上册，浙江教育出版社 2000 年版，第 226 页。

周作人在1918年4月读到日本作家武者小路实笃的剧本《一个青年的梦》，感触颇深。他当即写下文章，介绍该剧中的反战思想[①]。就整体而言，周氏对武者小路或是托尔斯泰非战的"人道主义"倾向，是认同的。然而，他对这个概念的期待不止于此。在当时，周作人设想的"人道主义"并不仅仅是基于"同情""博爱""不流血"的反战理念，他试图从"人"这个角度开掘，为这个概念加入更为积极、更具有伦理实践性的内涵，也就是武者小路所说"人人都是人类的相待"。

1918年底，周作人在《新青年》发表了《人的文学》一文，提出了后来声名大著的文学改良主张。周作人所说的文学人道主义，是一种"个人主义的人间本位主义"[②]，它要结合"利己"和"利他"两面，协调"个性主义"与"博爱主义"，也就是说，既看重个人的解放，也包含利他的普遍博爱。这与通行的反战"人道主义"，涵义已有不同。

实际上，周作人的例子表明，自新文化运动兴起之后，学人已经不满足于仅仅只在反战的意义上使用"人道主义"概念，更多人希望从对"人"的开掘入手，开导出"人道"的更多内涵。"人道主义"从慈善、和平这一类的软性理念，转变出更为积极的内容，更为主动地去改变人的现世生活。即由于这种改变，它和个体生活的关联度越来越大，因此也更为频繁地出现在小说和文学创作当中。

三、人道主义：男女平等和家庭问题

近代"人道主义"概念中的核心要素，除了博爱精神之外，就是"人人平等"原则。应该说，无论是中国或欧洲的古典思想中，都有许多"平等"的言说，可以成为现代"平等"观念引据的资源，仅在中国传统思想中，儒、佛、墨等各家之中都有与"平等"相关的论述[③]。但现代"平等"观念的重要特点在于，相比于古典思想，它要求一种社会权利意义上的平等，即更多要求将观念落实于社会现实秩序中。

民国成立之后，旧有的统治制度和社会秩序发生了极大变化，"平等"理念相较之前，更多深入人心。当"平等"理念与"人道主义"概念联系之后，"平等"与"博爱"这两

---

① 周作人："读武者小路君所作《一个青年的梦》"，《新青年》第4卷第5号，1918年。另参见武者小路实笃《一个青年的梦》，鲁迅译，北新书局1927年版；董炳月"梦与梦之间——中国新文学作家与武者小路实笃的相遇"，《鲁迅研究月刊》2003年第2期。

② 周作人："人的文学"，《新青年》第5卷第6号，1918年。周作人的文学"人道主义"观念的形成，经历了复杂的过程。它在当时是很独特的理解，但并没有得到太多人的认同和呼应。此处不详细展开。可参见拙文"'人文主义'的诞生：一个概念史的研究"。

③ 有关现代"平等"观念的生成，目前最为全面的研究可参见高瑞泉《平等观念史论略》，上海人民出版社2011年版。

个原则相融合，便表现为对社会弱势群体、受压制群体的关注、尊重，以及为这些群体赋予平等权利的要求。这其中最重要，也被当时社会公认为最具紧迫性的，是性别平等的问题。

在“平等”观念的现代转型过程中，已有学人试图从传统思想中寻找男女平等的表述，比如康有为在 20 世纪初撰成的《大同书》中，就曾力图阐明“孔子立女子之平等自立之大义”，找寻《礼记》中女性“自立之权”①。然而，在民国成立后，男女平等和女性权利问题已不能只停留于经典中的只言片语，而需要寻找到更为牢固和更具现代面目的观念基础，以在新的社会法治框架中得以落实，而“人道主义”概念便承担了这一功用。

1912 年 10 月，民国成立不久，“中华民国家庭改良会”就在北京成立。该会由北京的陆绍芬、刘清扬等人发起。在该会的“暂行草章”中说，“本会本人道主义，改良家庭惯习，实行男女平等，以图谋社会之发达为宗旨”②。该会以家庭改良为名，其实际与男女平等最有关系，其主张包括有男女平等教育、男女同有继承权、一夫一妻制等等③。在“暂行草章”上签字的政坛人物包括有孙中山、蔡元培、袁世凯、黎元洪、黄兴、段祺瑞、冯国璋等等，虽然这并不一定代表其中每人都认同该会的所有主张，但至少能体现当时言论界之风向。

在家庭诸多问题中，一夫多妻制问题当然最为突出，传统中国的蓄妾习俗在民国时期尽管始终没有完全消失，但在舆论界饱受批评。比如 1913 年的《神州女报》就曾发表谈社英的文章，用语锋利，直指当时中国一夫多妻为“最恶劣之俗”。当然，从婚姻礼法上看是一夫一妻，但存在“姬妾媵婢”，第一妻为正当，“余均名义既别，待遇亦异”，谈社英认为，这与“人道”极为不符。若要提倡人道主义，则必须改革“此旧习惯”④。就“平等”而言，一夫一妻多妾的习俗给个体，尤其是小妾造成了社会权利意义上的不平等，在这种家庭中，正妻以外妾的权利往往没有保障，境遇悲惨之例比比皆是。

应该说，在这种舆论氛围中，再从正面公开为纳妾之举辩护的文字已经很难见到，但这并不意味着对“人道”和一夫一妻就没有质疑的声音。1918 年底，《小说月报》刊登了一篇名为《人道主义》的小说，作者为华士。这个故事发生在福建乡村，情

① 康有为：《大同书》，上海古籍出版社 2005 年版，第 130—131 页。

② “中华民国家庭改良会暂行草章”，《北京档案》1986 年第 2 期。

③ 谈社英：《中国妇女运动通史》，妇女共鸣社 1936 年版，第 74—75 页。

④ 谈社英：“一夫多妻者不遵人道”，《神州女报》第 3 期，1913 年。

节曲折，大致上说，描绘的是一个三角恋爱故事，这在清末民初的小说中也很常见[①]。

小说女主人公名叫锦心，在同村有两位好友杜文和加晋。她许了杜文为妻，但后来杜文外出跑船赚钱，长期没有音讯。锦心听信旁人传言，误以为杜文在船难中溺亡，于是又嫁了好友加晋。最后杜文回乡，三人相见，羞悔交加，各自经历一番自杀的风波之后才告结束。小说本来营造的是排他性的三角恋爱矛盾冲突，但在故事结尾处，却来了个大转弯，三人听从一位老尼姑的劝说，各自回头，也不顾“名分”，一起生活，杜文和加晋两个男人，正如“大妇”和“小妇”。

华士《人道主义》这篇小说，从叙事角度看，还没有脱离传统小说那种话本式的“讲故事”的全知叙事，小说以“在下”的经历见闻引出，文中时时出现“说给诸位听听”这样的引语。但小说在涉及具体人物上，则也有第三人称限制叙事的视角[②]。从技巧上看，这当然和新旧转换时代作者叙事的混杂和不成熟有关。但作者采取全知叙事，也因为他并不只是讲述故事，最后还加有一段评论。

作者费尽心思构造这个故事，到最后才流露出真正意图，即在于反驳西人对中国娶妾风俗的批评。他认为，在某些特定的社会条件下，一夫一妻并不一定就符合“人道”，比如欧洲大战之后，男丁稀少，多有未嫁女子，有的政治家鼓吹说“多妻主义”才是强国之法，是“人道的福音”，可让未嫁的女人也能享受到家庭生活的幸福。为了增加说服力，华士在结局之处有意营造对比，即如果严格按照“人道主义”的一夫一妻，那么三人相见后，便要以悲剧性的自杀来解决冲突，即使不自杀，也难免痛苦终身。但若突破一夫一妻的拘束，共同生活，反倒彼此幸福。

以今日眼光看，作者并非一意反对“人道主义”，他想要揭示的是“主义”固化为社会规范后，可能导致的矛盾冲突。在观念层面，作者想把“人道”这原则作一种相对化的处理，也就是说，它应根据现实情况灵活变化，是“此一时，彼一时，尔为尔，我为我”的[③]。作者的机巧用心还在于，他并没有选择直接为“多妻”辩护，而是以女子为中心，构造二夫一妻的故事，以迂回的姿态来表达论说，从而避开直接谈“多妻”容易招致的批评。

华士的这则小说除在《小说月报》刊登外，还连载于1919年3月1日至4日的《晨报副刊》。小说在后者登出后，被胡适读到，他立刻写了一封信给《晨报副刊》，该信以《〈人道主义〉的真面目》为题，刊于3月8日。

---

① 陈平原：《中国现代小说的起点——清末民初小说研究》，北京大学出版社2005年版，第227—235页。

② 有关这种叙事视角可参见陈平原《中国小说叙事模式的转变》，北京大学出版社2010年版，第85—87页。

③ 华士："人道主义"，《小说月报》第9卷第12期，1918年。

胡适首先指出，该小说的主要情节，其实是用他之前发表在《新青年》4卷4号上的一首译诗《老洛伯》"做底子"，《老洛伯》作者是苏格兰女诗人琳赛(L. A. Lindsay)。但胡适给《晨报副刊》写信，主要意图并不在于申诉这种"借鉴"，他批评的是华士对情节的改造。在《老洛伯》的诗中，同样阴差阳错之际，女主人公与老洛伯结婚，后来又见到旧日情人，却最后还是铁心拒绝了他，而继续和老洛伯的生活。但到了华士的故事里，结局却变成了二夫一妻，"鸠鹊同巢"。

从艺术性角度，胡适批评这个故事创作，认为这是中国文学中常见的"团圆"观念在作祟，不愿直面世事本身的悲剧性，而非要设想一个大团圆的结局，"降低了文学的趣味"[①]。胡适认为，"无可奈何"才是人世悲剧性的体现，强求"大团圆"，实际上是中国文化之劣根性。

胡适为何反应如此之快？如果我们结合这一时期他本人的情感生活来看，或许可以了解更多。胡适最初翻译《老洛伯》一诗，是在1918年春天，在他与江冬秀结婚不久后，选择这首诗翻译，不纯然出于文学考虑，某种程度上说，他和诗中的女主人公有同病相怜之感，那妇人说"我只得努力做一个好家婆，我家老洛伯他并不曾待差了我"[②]，而显然胡适也有"既已结婚，就要做个好丈夫"的相似心境，但同时，他心中并非全无波澜，和有情人无缘相守，无奈之心亦只好深埋。

恋爱、婚姻的新旧抉择，是胡适生命中最被人关注的话题之一。当他在1919年见到华士的故事后，便立即撰文申说。他反复强调《老洛伯》表现出人世间"无可奈何的悲剧"，认为此乃"最哀"之事，毫无疑问，其中掺杂有自身的心结[③]。胡适对自己与江冬秀的婚姻多有不满意之处，且在江氏之外，亦有情投意合之人，但他在现实中却始终没有真正结束这段婚姻关系，只是有时会在文字中或隐或现地抒发他无奈和苦闷的情感。胡适内心之纠结在于，他与江冬秀并非全无感情，而从"主义"上说，也有从江冬秀角度着想的"人道"考虑[④]。在他看来，"人道"并不意味着放纵情感对昔日情人一味念旧，而是对现下配偶的"同情"和婚姻的责任。即使造成"有情人不成眷属"的悲剧，也正是人生之常态。对华士小说批评的背后，也有他自己心声的流露。

---

① 胡适："《人道主义》的真面目"，《晨报副刊》1919年3月8日。

② 胡适："老洛伯"，《新青年》第4卷第4号，1918年4月。胡适在译诗的"序"中说，此诗为"世界情诗之最哀者"，"语语率真"。

③ 廖七一：《胡适诗歌翻译研究》，清华大学出版社2006年版，第66—68页。

④ 对胡适在1917年至1919年的情感生活，以及他和江冬秀的关系，论者少少，但大多不曾兼顾所有面向，以笔者所见，最丰满、最能揭示其中复杂性的分析仍然参见于江勇振《星星、月亮、太阳：胡适的情感世界》一书，其中有关胡适对江冬秀的"相思"和情感投入的论述极有价值，新星出版社2006年版，第88—107页。

有趣的是,“人道主义”本身是新文化运动的重要理念,但它从“仁慈的同情”出发,却成为维持旧式婚姻的理由。这种矛盾性固然是“主义”的泛滥所致,却也使得舆论对此类现象的剖析得以深入。究竟不离婚符合“人道”,还是离婚更“人道”?

1922年《小说月报》又刊登另一篇小说《人道主义的失败》,作者是高歌。小说的主人公是青年学者A君,他才华横溢,在学界已出人头地,很有成就。他遵从长辈,娶了一位完全不识字的女子为妻。与五四时代常见的违背父母主动“挣脱旧婚姻”的情形不同,在小说里,尽管A的朋友都感叹这对夫妻不相称,甚至不时嘲讽,对A的妻子报以冷眼,但A还是出于“人道主义”,作自我牺牲,勉力维持婚姻。

然而,故事没有逃脱悲剧结局,A的太太很快就感受到来自周围的压力,她发现别人都为丈夫感到惋惜,给她带来的只有“侮辱和怜悯”,最后突然离家出走不知所终。

故事于此戛然而止,就像“出走”的娜拉一样,之后如何,并没有交代。毫无疑问,在小说主人公身上,我们能看到胡适的影子,只不过故事的结局和现实中胡适的家庭情况并不相同。以往对此类小说的解读,往往从妇女解放的视角入手,女性解放是一个曲折复杂的过程,在新时代下,女性要摆脱现有束缚并不难,但究竟如何才能真正“解放”,社会是否给新女性提供了足够空间,小说作者并不能给出答案。

那么,为什么小说反映了“人道主义的失败”?在小说中,女人要A给他解释,什么是“人道”?A回答,“人道二字,就是不肯自私自利的意思……不肯自己快乐不愿别人痛苦”①。这种说法显然和当时流行的利他的人道主义思想很是贴合,但最后的结局却并不让人满意。作者敏锐地觉察到“人道主义”的宏大话语和女性解放的个体感受之间的不一致,小说揭示出内在于“人道主义”话语的一种矛盾:从群体的角度,讲求人道主义,坚持平等、慈爱、同情的原则,固然是为善,但从个体角度,“人道主义”究竟能在多大程度上顾及和包容个体的感受和意志,则还值得思量。论者说,这小说“将五四时期风靡一时的‘人道主义’撕开了一道不那么完美的小口子”②。其实类似的状况在五四前后的许多“主义”的现实表达中都存在,其所引发的思考深度,也不仅仅是“撕开一道小口子”那么简单。

小说《人道主义的失败》通过描写A君太太自己的“觉醒”,成功刻画了“主义”内含的矛盾性和“人道”的两难抉择,但在现实中,更多的情况下旧女性并没有这样的自

① 高歌:“人道主义的失败”,《小说月报》第13卷第9期,1922年。

② 董丽敏:《想像现代性:革新时期的〈小说月报〉研究》,广西师范大学出版社2006年版,第229页。有关这个时期《小说月报》的研究也可参看潘正文《〈小说月报〉(1910—1931)与中国文学的现代进程》,人民出版社2013年版。

觉，其命运的悲剧性便更为突出。1921年《妇女评论》曾刊载署名“旁观不平人”的读者来信，谈论的是当时社会上的一个特别现象，也就是“不离婚而恋爱的问题”，信中说：

> 我晓得有几个人，他们本已娶了妻，旧式的无知识的然而是老实可怜的女子，他们不能恋爱这种女子，他们找到了女朋友，恋爱了，但是可怜他们没有勇气离婚，因为怕旧社会的中坚人物来攻击，他们只好一方面和妻同居，一方面继续新爱，妻病了，巴望伊快些死，在外房和新爱的女子相视而笑呢！这种人真是可恶呢！人道主义何在？
>
> 但是他们还装起道学先生的面孔，说牺牲不牺牲，说什么人道主义不人道主义，自鸣清高！①

同样是自我牺牲，同样是以“人道主义”为名，现实本身往往并没有小说中那种因双方情感不对称而造成的悲剧性，而只是移情别恋，是作伪，是冷酷的、虚饰的人生态度。“主义”在固化为社会规范和原则后，其本身包含的情感部分反而被抛弃，而暴露出极大的空洞性。因而，对《妇女评论》的编者“冰”而言，这种“虚伪的人道主义”还是不要更好，他谈道：

> 我们反对旧礼教，因为旧礼教叫人装扮着道学面孔而实行淫恶；我们更可恶那些口称人道主义不忍(?)与妻离婚而力望其妻速死，当妻病时与所恋的女子在外房相视而笑的假道德者，假人道主义者！我们固然也可怜他是“旧礼教”的牺牲者，但决不能恕他那作伪与“自鸣清高”的腐败脾气！我们赞美言行一致的举动，又赞成不宜遏制人性的自然，所以要在现时主张离婚！②

《妇女评论》的编者和作者，大多是认同“新文化”的，所以“冰”借这个例子，要区分出真的和假的人道主义。家庭生活中“旧礼教”仍在发生作用，这并不可怕，但一些新学人以“人道主义”为口号和行事原则，却造成了虚假的、不道德的社会效果，这会对“新文化”本身造成冲击，削弱了“新文化”的道德意义，这是“新女性”的提倡者所不能接受的。

---

① “通信：不离婚而恋爱的问题”，《妇女评论》1921年第10期。
② 冰：“虚伪的人道主义”，《妇女杂志》1921年第10期。

当然，在新时代的婚姻中，并不是所有本于“人道主义”的想法都会造成徒存形式的婚姻悲剧，当双方性格或其他方面有不合之处，“人道主义”也可以是促成离婚，各自开始新生活的理念凭据[①]。出现这种歧异，在于不同人对“人道主义”概念的理解，有“对人之自我选择的尊重”和“以自我标准对人的同情”之差异。其一以人道主义之对象为立场所在，其二则从自我出发。五四时期的“人道主义”概念，承载了有关“人”的观念的多种指向，在具体语境当中，不免造成含混。

由世纪初到 20 年代，汉语“人道主义”概念的发展，往往更注重上述后一涵义指向，相对而言，对“尊重个人价值和选择”的开掘则显得不足。“同情”的情感，对于施动者而言，意味着善的指向，但对于被同情者，则可能其主体的选择被忽视，甚至出现“遏制人性中的自然”之景况。

“五四”前后流行的平等、博爱的“人道主义”观念，主要就建基于这种软性的“同情”情感之上，整体而言，缺乏从积极层面对个体“人”之发展的关注，从而也缺乏更深厚的伦理根基。周作人之所以提出特别的文学“人道主义”概念，就是希望一方面利用“人道主义”作为现代文化所包含的普遍性、世界性，另一方面又为它加入“个性主义”“个体自我发展”的涵义，但他到 1921 年也最终承认，这种调和并无法成功[②]。在中国近代思想史上，“个性主义”“自我发展”这一面向的展开，远不如普世“人道”的流行来得迅速和容易[③]。从上述这几篇反映“人道主义”和家庭问题的小说中，我们就能体会这种矛盾。小说对社会急剧转型过程中“人性”变化的揭示，的确有值得深思之处。

四、理念与现实:“主义”的悲剧

文学作品的创作与思想观念的表达之间，有着错综复杂的关系，即以小说为例，它可以成为宣扬某种“主义”的工具(比如袁玉英的《人道主义》)，也可以通过构造故事对“主义”作为“宏大话语”本身形成解构，暴露其在特定社会运用中的空洞性和虚假性，形成极具戏剧性的讽刺效果。在五四前后，以“人道主义”为题，或者直接讨论“人道主义”的小说及文学作品，相较其他“主义”而言，数量颇多。这并不难理解，因为对“人”与人生问题的关注，本就是五四时期文学相较之前的重要特点。

---

① 赵眠云:“转论小说：人道主义之离婚”,《联益之友》第 58 期，1927 年。

② 周作人:“山中杂信”之一，止庵校订《周作人书信》，河北教育出版社 2002 年版，第 5 页。

③ 有关近代中国“个人观”的转型可参两书：顾红亮、刘晓虹《想象个人：中国个人观的现代转型》，上海古籍出版社 2006 年版；杨贞德《转向自我：近代中国政治思想上的个人》，三联书店 2012 年版。

1922年，上海的《红杂志》上刊载胡寄尘的小说《人道主义》。《红杂志》上登载的小说，多反映市民生活之林林总总，此篇也不例外。小说以第一人称开始，主人公听到一个妇人的故事，中间即以妇人的口吻叙述。故事说的是这妇人的孩子在蒙馆读书时，挨了先生的打，伤势严重，先生却说，如今打孩子，是为了他将来成人，是爱惜他，是"讲人道主义的"。于是妇人只好送孩子去看医生。医生说孩子被打伤脑子，很难好，便给他敷了药，喝了药水，不料当天晚上睡了一觉，孩子便死了。妇人去找医生要说法，医生便道，这孩子被打坏了脑筋，本就是要死的人，我们医生"是讲人道主义的"，不忍他受苦，所以早些死了还安乐些。妇人问"记者"，这究竟是不是人道主义，小说中"记者"也不能回答半句，只好走开[①]。

胡寄尘的《人道主义》以一种夸张的情节安排，加以讽刺性的笔调，营造出既滑稽又哀伤的效果。作者在小说最后还另表一枝，"记者"指示这妇人，"人道主义"究竟为何，去请教罗素和杜威说不定能清楚，但这妇人浑然不知，竟以为罗、杜二人是巷子里的裁缝和测字先生，以此小说增添了许多滑稽和反讽效果。

胡寄尘选中"人道主义"这个主题来讲故事，小说本身当然体现他一贯的"笑中带泪"的趣味，但情节安排却也点中要害。抛开夸张荒诞的故事构造不说，正如"记者"所言，蒙馆先生和医生关于"人道主义"的说辞，从大道理上并不算错，也很难辩驳。事实上，孩童教育和速死求"安乐"之事，时至今日仍是教育和医疗伦理中很值得讨论的议题，胡寄尘巧具慧眼，以这两者构建故事，既写成典型的讽刺小说，又暴露了"人道主义"这个流行话语中包含的矛盾性。

有关"人道主义"理念与现实的问题，更夸张的故事见于1924年《辟才杂志》上刊登的名为《人道主义》的小说，作者是李声韵[②]。此小说篇幅很短，主人公王阿福是名汽车夫，某天他跟随着主人——富翁张明志去了新开的"人道主义事务所"，听了事务所的杜晖光先生有关"人道主义"的讲演。听讲演后几日，他一直心绪难平，被"人人平等"的人道主义理念所感染，总是念道："不错！是呀！人家是人，我也是人，为什么我要被人家役使呢?"

既有了这心思，后一次张明志遣他开车时，阿福便不愿再干，"我不能去，你要去，你自己开出去得啦!"张明志大怒，阿福仍是顶撞，"你是人，我也是人，为什么你要欺负我呀!"于是自然就丢了这工作。

阿福父亲当初费了很大气力才给儿子谋了这差事，见此当然十分气愤，但阿福十

---

① 胡寄尘："人道主义"，《红杂志》第15期，1922年。

② 李声韵："人道主义"，《辟才杂志》第3号，1924年。

分倔强，说道："我辞了，也用不着你管。你是人，我也是人，何苦呢!"于是就被父亲逐出了家门。至此王阿福才有了悔意，后来他找到杜晖光，以为自己的遭遇都是杜害的，这个演讲家大笑说，"谁叫你去实行呢！不过放在嘴上装装样子罢了!"

"你是人，我也是人"之语，当然是小说的核心点。若从左翼的阶级分析角度去看，这篇小说构成了阶级抗争意识觉醒的很好题材，其中的"平等"观念也可以大做文章。但我们此处的关注点仍在于小说对虚假的"主义"的讽刺，也就是最后所说"不过放在嘴上装装样子"。

在创作意图上，这篇小说与胡寄尘的《人道主义》有很大的相似之处，主人公都是"人道主义"的受害者，其悲剧性的来源都是"人道主义"理念与现实情境的抵触之处。但这篇小说作者李声韵选择的是"人人平等"这个"人道主义"中更为基础性，也更为理想化的原则，最后却以"装装样子"的言语收结，其讽刺性更为强烈。

五、结语

就概念而言，五四前后人士对于"人道主义"存在多种理解，但其涵义总在一定范围之内，按郑振铎在1920年的定义，由"人类同情心"出发，"行于人类间的，无论人种国家或阶级之异同，尊重人类人格的平等，博爱一切人类主义"即是"人道主义"①，这一理解较为宽广，在时人中也颇具代表性。

正如前文提到，在清末，"人道主义"在舆论界就已经成为标尺性的具有正面价值的概念。在民国初年，尤其是第一次世界大战期间，"人道主义"的宣传仍是以反战、倡导和平、避免生命受害和肉体痛苦为主。

然而，到了战后，一种超越国家民族的"世界大同主义"论调风行舆论界，被认为是协约国得以胜利的主要原因，而倡导"平等"和"博爱"的人道主义便和这种世界大同主义结合起来，普遍被五四新文化学人们视作将来能超越国家界线、达成世界大同的发展方向。"人道主义"概念在很多论述中被突然拔高，带上了极强的理想色彩。蔡元培多次谈到，未来世界终要实现"人道主义"，在其伦理学体系构建中，把"人道主义"视作世界伦理发展的终极样态②；郑振铎创办《人道》月刊时，更饱含热情地说人

① 郑振铎："人道主义"，《人道》月刊第1号，1920年；亦参见于《民国日报》之《觉悟》副刊，1920年8月22日。1920年，郑振铎和几位友人在《新社会》被禁后，又合编《人道》月刊，但实际只出版第1期，第2期计划为"新村"专号，因经费问题，并未出刊，参见中共中央马恩列斯著作编译局研究室编《五四时期期刊介绍》第一集，三联书店1978年版，第328页。

② 蔡元培：《哲学大纲》，商务印书馆1915年版，第72页。

道主义是将来"人类的一线生机"①。

王汎森教授曾经以新文化运动之后的"马克思主义""三民主义"等概念为核心入手，讨论"主义"如何促成近代中国私人领域的政治化，他特别提出，在该时期，中国学人的世界里出现了国家命运和个人际遇两条轨迹，而各种"主义"恰好提供了一套蓝图，可以使两条轨迹合而为一②。这一观察很有启发性。我们看到，在五四前后，"人道主义"同样为中国许多新学人们提供了"意义"，在指明未来中国和世界发展的理想方向同时，也为个人生活提供了规范性，这促成了"主义"对个人生活领域的占据。

"人道主义"对个人生活的占据，推动了"平等""博爱"等现代观念在中国的传播，这当然并非坏事。然而，"主义"越多进入私人领域，它所承载的期待也越多，背负的包袱也越重。五四前后的"人道主义"概念，除却抽象的原则之外，在伦理、心理、历史、社会各个层面的内涵发掘是相对薄弱的，尽管有学人试图作各种努力，但并不成功。无论在理论还是实践层面，"人道主义"都无法承担对私人生活诸领域的全面指导功能，最终还是只能诉诸软性的、个人"同情"的情感。基础不实，内在矛盾难免形成。

与左、右派所奉行的其他"主义"相比，"人道主义"的这种特点迅速显露无遗，在五四时期热闹过一阵后，到 20 世纪 20 年代后期，对"人道主义"空谈的质疑就开始出现。比如在左翼人士看来，人道主义"专以空漠的道德为标准"，它反对暴力，反对工人阶级的阶级斗争，是"无抵抗主义"。"人道主义"虽然要求资本家有"人道的自觉"，但这往往很难有约束力，然而，"对于工人解放运动是一种麻醉药"③。如果说在清末年间，革命派还要费尽心思论证流血革命与"人道主义"并不矛盾，那么到了 20 世纪 20 年代后期，左翼人士已经不愿背负"人道主义"的包袱，而直斥其为"麻醉药"了。

再回到本文论述的主要对象，即五四前后的新小说。小说本身多以现实生活为蓝本，以生动的形式构造戏剧性的矛盾冲突，而"人道主义"的表达就提供了绝好的素材。本文论述的这些小说，其特别之处在于，为当时言论界大为风行的"人道主义"论述提供了一些反思的可能，揭示其中的矛盾性。如前所述，新文化运动之后，在社会生活的各个方面，许多"主义"都有过度滥用的倾向，作为抽象原则的"人道主义"，当它切入鲜活的现实生活中时，便产生诸多冲突。以小说为代表的文学作品，在此提供

---

① 郑振铎："人道主义"。

② 王汎森："'烦闷'的本质是什么——'主义'与中国近代私人领域的政治化"，《思想史》第 1 辑，台北联经出版公司 2013 年版，此处参见第 95 页。另一篇相关文字可参见王汎森"'主义时代'的来临——中国近代思想史的一个关键发展"，《东亚观念史集刊》第 4 期，台湾政治大学出版社 2013 年版，第 3—91 页。

③ "新术语·人道主义"，《思想》1928 年第 2 期。

了一种抵抗的方式，以避免私人生活过多地被空洞的政治教条所占据，从而保留了生活本身的丰富性和复杂性。不论从哪个角度看，这都是难能可贵的，值得今天研究“主义”的学者们加以重视。

近代中国的“资本家”

——以其概念之生成、演变为中心

徐天娜*

一、引言：从两条定义说起

目前中国词典中关于“资本家”的定义有两种：

1. 占有生产资料，自己不劳动，依靠剥削雇佣劳动、榨取剩余价值为生。①
2. 占有生产资料，依靠雇佣劳动取得剩余价值的人。②

这是被安置于统一话语之下的“资本家”定义，但其意涵已发生变化。较晚的第二条定义虽仍是马克思主义式的表述，但其中去掉了“剥削”和“榨取”这样激烈的用词，且有意突出“资本家”的资本运作而淡化其“剥削性”。为何会有这种转变？简单来说，这是1992年初邓小平“南方谈话”解决了困扰当时中国改革中姓“资”姓“社”问题之后的结果。被视为“春天”的“南方谈话”使人们对“资”的最后一点恐惧彻底消除，曾长期遭受压制的“资本”被释放出来。出于发展经济的需要，对“资本家”的定义作出去“阶级化”的调试成为可能。但在中国市场经济发展的政治语境中，官方在表

---

* 南京大学历史学院博士研究生。

① 刘佩弦、常冠吾主编：《马克思主义与当代辞典》，中国人民大学出版社1988年版，第615页。

② 罗肇鸿、王怀宁主编：《资本主义大辞典》，人民出版社1995年版，第241页。

述上却一直规避"资本家"这个概念,更多地使用了"民营企业家"或"私营企业主""实业家"或"民族资本家"等概念。这些情况正好说明,人们耳熟能详的"资本家"概念,其历史过程可能并不那么简单。

在过去的一个世纪当中,中国语境中的"资本家"概念始终存在历史身份的转换和现实社会运用的尴尬矛盾,二者并不和谐。其实,"资本家"是"资产阶级"概念个体化的表述,它与"资本""资本主义"构成三位一体的概念群,对认知近代中国社会流动和政治斗争具有非常重要的作用。因此,讨论这个概念的生成、演变过程是有必要的。

目前从概念史的角度对汉语中的"资本家"进行的研究非常少,仅有德国学者李博在《汉语中的马克思主义术语的起源与作用》一书中对"资本家"概念在中日语境中产生的根源及原因做了简单的语义学上的追溯和分析。但李博所关注的层面仅限于中国语境中作为马克思主义术语的"资本家"①。其他相关的研究还有:王立达编的《现代汉语中从日语借来的词汇》中把"资本家"当作一个现代日语借词来对待,简单地考察了"资本家"这一词汇的跨语际交流情况②;在刘正埮、高名凯等编的《汉语外来词词典》中,"资本家"同样仅被当作一个普通的"和制汉语"对待,编者们只是很简略地追溯了中国语境中"资本家"的词源及该词被现代人们所使用的普遍定义③。而《五四以来汉语书面语的变迁和发展》一书中,"资本家"仍被简单地当作了一个日语借词,进行了简短的介绍④。由此看出,学界对中国语境中"资本家"一词的研究尚有不足。本文旨在通过梳理"资本家"进入中国的路径、分析其概念的演变过程,进而阐明其作为"他者"的概念这一事实。

二、"资本家"的诞生

在现代汉语中,"资本家"是一个日语反借词,成为抽象概念是比较晚近的事。由于"资本家"是一个组合词,追溯其词源须从"资本"说起。拥有现代意涵的资本概念较早见于19世纪中叶在上海刊行的《六合丛谈》中,有"行商赀本"一说⑤。在中国较

---

① 李博(Wolfgang Lippert):《汉语中的马克思主义术语的起源和作用:从词汇—概念角度看日本和中国对马克思主义的接受》,赵倩等译,中国社会科学出版社2003年版,第154页。

② 王立达:"现代汉语中从日语借来的词汇",《中国语文》1958年2月第68号,第92页。

③ 刘正埮、高名凯等编:《汉语外来词词典》,上海辞书出版社1984年版,第409页。

④ 北京师范学院中文系汉语教研组:《五四以来汉语书面语的变迁和发展》,商务印书馆1959年版,第83页。

⑤ 沈国威编著:《六合丛谈:附解题·索引》,上海辞书出版社2006年版,第725页。

早的三部汉英词典中，“资本”一词也已出现：1871 年德国传教士罗存德（Wilhelm Lobscheid，1822—1893）编著的《汉英字典》中出现了“资本”一词[①]；1872 年美国传教士卢公明（Justus Doolittle，1824—1880）编写的《英华萃林韵府》中，“资本”词条对应的英文是“meansorcapital”[②]；美国在华传教士卫三畏（Samuel Wells Williams，1812—1884）编写的《汉英韵府》于 1874 年出版，在该词典中“资本”被解释为“capitalintrade”[③]。这三本词典在中国问世时，日语中尚未出现“资本”一词。

到 19 世纪 70 年代末 80 年代初，日语中出现了现代意义上的“资本”。1881 年小崎弘道在《六合杂谈》上发表了《近世社会党起源论》一文，旨在宣传基督教，但其中也介绍了很多关于马克思主义的东西，并用到了“资本”（shihon）一词[④]。这里的“资本”就是西欧社会中 capital 的日语对应词，也是社会主义中“劳动”一词的对立词。此后，拥有现代意涵的“资本”在日本开始广泛使用，并于 19 世纪末完成概念定型。

甲午中日战争后，“资本”开始进入中国。在最初的一段时间里，西语词“capital”在汉语的译词有多种形式，如在 1885 年由英国圣公会在华传教士傅兰雅（John Fryer，1839—?）以英国钱伯斯兄弟 *Political Economy*[⑤] 一书为底本口译的《佐治刍言》中用的“资本”[⑥]；严复在 1897 年翻译斯宾塞（Herbert Spencer，1820—1903）的 *Study of Sociology*（《群学肄言》）时用的“母本”；在 1897—1900 年严复翻译亚当·斯密（Adam Smith，1723—1790）的 *The Wealth of Nations*（《原富》）时用的“母财”。但傅兰雅使用的“资本”没有扩散开来，而严复的译词也没有被后世采用。因此，现代汉语中使用“资本”的绝大部分意涵还是取自日本。

1902 年，梁启超在《新民说》第十四节《论生利分析》中同时用“母财”和“资本”来对应“capital”。文中“资本”使用了 18 次，“母财”使用了 31 次[⑦]。可以看出，在梁启超那里，严复所用的“母财”和现代日语新借词“资本”获得了基本同等的地位[⑧]。在之后的发展中，“资本”的影响越来越大，逐渐超越了其他译词而获得优势地位。最终

① Wilhelm Lobscheid, *Chinese and English Dictionary*, Hong Kong: Noronha & Sons, 1871。

② Justus Doolittle, *Vocabulary and Hand-Book of Chinese Language*, Foo-chow: Rozario, Marcal and Company, 1872。

③ Samuel Wells Williams, *Syllabic Dictionary of the Chinese Language: Arranged According to the Wu-Fang Yuen Yin, with the Pronunciation of the Characters as Heard in Peking, Canton, Amoy, and shanghai*, Shanghai: American Presbyterian Mission Press, 1874。

④ 小崎弘道：“近世社會黨ノ原因ヲ論ス”，选自《六合雜談》1881 年 4 月第 7 号。

⑤ W. & R. Chambers, *Chamber's Educational Course: Political Economy*, Edinburgh: Published by William and Robert Chambers, 1852, pp. 96 - 102。

⑥ 傅兰雅（John Fryer）口译，应祖锡笔述：《佐治刍言》，江南制造局 1885 年原版，第 289 至 310 节。

⑦ 梁启超：“论生利分利”，载《饮冰室合集·专集之四》，中华书局 1936 年版，第 80 页。

⑧ 李博：《汉语中的马克思主义术语的起源与作用》，第 154 页。

的结果是,“capital”的中文译词渐归于一,“资本”作为社会学和经济学术语的倾向日益明显。

所有语境中,“资本家”概念的出现和使用都晚于“资本”。西方语境中“capitalist”一词产生时间大致在17世纪中叶,于19世纪上半叶完成概念定型①,随后开始东传。刚进入中国时,“capitalist”的译词也有很多形式,如罗存德在《英华字典》中用的“财东”②;傅兰雅在《佐治刍言》中使用的“资本人”③;陈忠倚编《清经世文三编》“洋务”纲中用的“赀本家”等④。不过,“capitalist”本身的概念内涵在中国却没有被系统地解释过。日语中对“capitalist”最开始的解释是借用了中国词典的,如1884年井上哲次郎在《增订英华字典》中基本沿袭了罗存德《英华字典》中“a man who has capital,财东”(废去了罗著中“本钱主”一词)和“a person who has stock in trade,本钱主,财主”(改罗著中“财主佬”为“本钱主”)两个词条,但新增加了“in an excellent manner,财主佬”这一词条⑤。

1888年在岛田丰纂译的《附音插图和译英字汇》中,“capitalist”的词条下出现了新造的日语组合词——“资本家”(shihon - ka),这使“capitalist”首次获得了它的日语对应词⑥。但“资本家”最初并未迅速为人们接受,它还有如“资本主”这样的竞争对手。小崎弘道在《近世社會黨ノ原因ヲ論ス》中就用过“资本主”这一词汇⑦。显然,“资本主”和“资本家”的构词方式相同,但后缀构形成分“主”在古汉语中的含义更特殊,如有旧时臣子对君王的称谓构成“君主”这一特殊称谓。在建构社会事实方面,“资本主”也远不及“资本家”有影响力,“资本主”的地位很快被削弱,其定义不再被使用。这里的地位削弱就是福柯所说的概念在历史过程中的断裂,意味着概念在时空中的转化与更新⑧。

大致在19世纪末,日语中“资本家”(shihon - ka)完成概念定型。但日本知识分

---

① 这个过程具体可参看布罗代尔(Fernand Braudel, 1902—1985):《15至18世纪的物质文明、经济和资本主义》(第2卷),顾良、施康强译,三联书店2002年版;雷蒙·威廉斯(Raymond Henry Williams, 1921—1988):《关键词——文化与社会的词汇》,刘建基译,三联书店2005年版。

② Wilhelm Lobscheid, *Chinese and English Dictionary*, Hong Kong: Noronha & Sons, 1871, p. 312。

③ 傅兰雅口译,应祖锡笔述:《佐治刍言》,第101—106页。

④ 陈忠倚编:《清经世文三编》卷八十洋务十二,光绪二十四年(1898)石印本。

⑤ Wilhelm Lobscheid. *Chinese and English Dictionary*. Hong Kong: Noronha & Sons, 1871, p. 312。井上哲次郎:《增订英华字典》,东京稻田活版所印,明治十六年(1884)版,第198页。

⑥ 岛田丰纂译:《附音插图和译英字汇》,曲直濑爱校订,杉浦重钢、松下丈吉校阅,东京大仓书店1887年版。1890年(明治二十三年)岛田丰纂译的另一本词典《增补订正和译英字汇第三版》出版,在这部词典中,英语“capitalist”的日语对应词依然是“资本家”。

⑦ 小崎弘道:“近世社會黨ノ原因ヲ論ス”,第106页。

⑧ 米歇尔·福柯(Michel Foucault):《知识考古学》,谢强、马月译,三联书店2012年版。

子最初给“資本家”的定义都比较直接，且基本局限在经济学领域中，这与后来马克思主义传入日本，对“资本家”的再定义、再概念化是有区别的。稍后，“資本家”(shihon－ka)开始在中国传播。1899年，梁启超在一篇文章使用了这一术语：“今日资本家之对于劳力者，男子之对于妇人，其阶级尚未去。”①这里“资本家”是“劳力者”的对立词，两者是基于经济实力的阶级对立关系。1902年，康有为在《大同书》中也用了“资本家”一词，他在分析西方资本主义社会贫富分化的原因时，认为资本家的生产营利方式是罪魁祸首：“一厂一场，小工千万仰之而食，而资本家复得操纵轻重小工之口食而控制之或抑勒之，于是富者愈富，贫者愈贫矣。”②此后，在康、梁的文章中，“资本家”频繁出现，他们基本上认可了日本人所创制的这一词汇③。

1903年中国出现了社会主义宣传的第一次热潮，伴随着这次热潮，“资本家”一词开始为越来越多的中国知识分子所使用，但尚不稳定。10月，在《浙江潮》上一位署名“大我”的人连发两篇宣传社会主义的文章，在第一篇中，他使用了西方社会主义中的“资本家”这个概念：“其大资本家、大企业家，即循其发达阶级，膨享国力，非素志于吮吸社会之脂膏也。”④但在第二篇文章中，他却使用了“资本主”这个词：“若地主、若资本主，何需乎？”⑤

与前几位使用者不同，朱执信是日译词“资本家”的拒用者。1906年6月，他发表了《论社会革命当与政治革命并行》一文，主张摒弃日语中的“资本家”，代以他的新造词“豪右”：“日本于豪右译以资本家，或绅士阀。资本家所有资本，其为豪右，固不待言。然如运用资本之企业家之属，亦当入豪右中，故言资本家不足以包括一切。若言神十，则更与中国义殊，不可袭用。故暂赐以此名。”⑥但朱执信所创造的新汉语和他所介绍的马克思主义学说没有引起中国国内知识界的注意，在中国也没有产生什么影响。

从以上状况也可看出，尽管在20世纪初现代意义上的术语“资本家”已被汉语吸收，但在实际使用中却较少，仅限于有国外游历背景的学者或归国留学生及一些报刊

① 梁启超：“论强权”，载《清议报》1899年9月21日，第31册。

② 康有为：《大同书》，古籍出版社1956年版，第235页。

③ 需要注意的是，康、梁对“资本家”的使用并不能反映当时中国社会的整体使用情况，甚至结合其他一些报刊杂志的使用情况仍然无法做出判断。另外，康有为《大同书》虽然在1902年就完成了，但直到1935年才全部出版，所以不能指望书中所使用的“资本家”这一术语在当时中国产生多大影响。梁启超的文章虽有很大启发性和鼓动性，但“资本家”却不怎么显眼，也没有与一定的社会行动相结合，故产生的社会影响有限。

④ 大我：“新社会之理论”，载《浙江潮（东京）》1903年10月第8期。

⑤ 大我：“新社会之主义”，载《浙江潮（东京）》1903年10月第9期。

⑥ 朱执信：“论社会革命当与政治革命并行”，载广东省哲学社会科学研究所历史研究室编：《朱执信集》（上集），中华书局1979年版，第60页。该文最早刊于1906年6月《民报》第5号，署名“县解”。

杂志,而中国本土知识分子基本上是拒斥它的。

相对日本而言,现代汉语中"资本家"一词作为"capitalist"的唯一对译词历时较长。在1903年出版的《华英音韵字典集成》中,"capitalist"的对应词有"财东""富翁""财主"等[①]。在1908年颜惠庆编《华英大辞典》中,"资本家"一词出现在"a man who has capital,毋财家,资本家;a person who has stock in trade,财东,股东"的词条下[②],这是中国词典中最早出现"资本家"的用例。而最早把"资本家"和"capitalist"对译起来的则是1913年印行的《商务书馆英华新字典》[③]。到1916年,"capitalist"的中文译词依然是一对多的局面,在德国人赫美玲(Karl E. G. Hemeling, 1878—1925)编的《官话》中有"赀本家""赀主""财东""赀本主"等对译词,但已在"赀本家"的后面加标了一个"新"字[④]。可见,至少在1916年,汉语中"资本家"概念尚未被确定下来。

1917年以后,尽管马克思主义开始在中国快速传播,但马克思主义中众多术语概念的翻译和使用依然极不稳定,存有很大的争议性和随意性。不过在新文化运动后期马克思主义风行中国时,已开始与具体的社会政治行动及思想变化相互衔接。"五四"以后,"资本家"的抽象意涵不断被马克思主义知识分子诠释和再定义,这促使"资本家"发生"概念变迁"。这一过程可以《新青年》杂志为例来说明[⑤]。在《新青年》中,"资本家"一词共出现了1300多次,有近百位学者使用。与"资本家"直接相关的词"有产者"出现了近30次,有数十位学者使用。至少到1920年为止,使用"资本主"的人也不在少数。通过对《新青年》中涉及"资本家"一词的190多篇文章进行统计分析发现"资本家"在1919年前后出现使用高峰,和反义词"劳动者"的使用频率基本一致[⑥]。这一过程如图1所示:

① 谢洪赉编:《商务书馆华英音韵字典集成》,上海商务印书馆1903年版。

② 颜惠庆:《华英大辞典》,上海商务印书馆1908年版,第312页。

③ 商务印书馆编印:《商务印书馆英华新字典》,上海商务印书馆1913年版,第72页。

④ K. Hemeling, *English-Chinese Dictionary of the Standrd Chinese Spoken Language and Handbook for Translators, 1916*. Shanghai: Statistical Department of the Inspectorate General of Customs, 1916, p. 187。

⑤ 金观涛和刘青峰认为,"单独分析《新青年》,不仅是因为该刊是新文化运动中最具影响力的刊物,而且还因为《新青年》知识群体分化以后,其左翼成为中国共产党的领导人,该刊也变成中共机关刊物"。《新青年》的这种转变正好与思想观念的转变同步。参见金观涛、刘青峰《观念史研究——中国现代重要政治术语的形成》,法律出版社2010年版,第388页。

⑥ 具体数据根据北京大学出版社和北京大学未名科技文化发展公司在1998年联合出版的《新青年》之电子版得出。

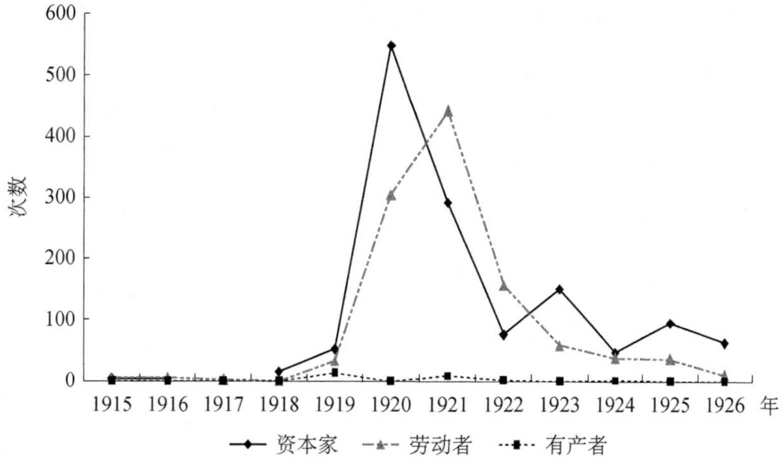

图1 《新青年》中“资本家”“劳动者”和“有产者”的使用次数(1915—1926)①

三、“资本家”的阶级化履历

王力曾说:“语言是没有阶级性的。”②但当语言为“言者”服务时,“言者”必然会选择强而有效的方式去塑造语言③,会通过语言赋予他们所精心构建的概念以某种特别的属性,这其中即包含阶级性。

(一)“资本家”与“阶级”的关联

比较普遍的看法认为是马克思主义知识分子最早把“阶级”和“资本家”联系在一起,赋予了“资本家”以阶级意涵的,但实际历史过程并非如此。早在1899年,梁启超在接受了用经济地位来划分阶级的观念后,就已把具有现代意涵的“资本家”和“阶级”④联系起来了⑤。随后,在1905年,朱执信对马克思主义二元对立的“阶级”观念介绍时,有意把马克思主义中的“阶级”和“资本家”关联起来:“马尔克(马克思)之意,以为阶级斗争,自历史来,其胜若败必有所基。彼资本家者,啮粱肉刺齿肥,饱食以

① 该图及后文图2、3均参照《观念史研究》一书中的相关图例制作而成,具体参见金观涛、刘青峰《观念史研究》。

② 王力:《汉语史稿》,中华书局1980年版,第610页。

③ 特伦斯·保尔(Terence Ball)指出:“概念变迁是由政治行为主体促成的”,“在某种程度上,政治行为主体可以变革他们的语言”,即所谓的“‘言者’塑造语言,语言反过来塑造‘言者’”。具体参见特伦斯·保尔“‘概念史’和‘政治思想史’”,载伊安·汉普歇尔—蒙克(Lain Hampsher-Monk)编:《比较视野中的概念史》,周保巍译,华东师范大学出版社2010年版,第122—126页。

④ 关于现代汉语中作为马克思主义术语的“阶级”及“阶级斗争”,可参见李博《汉语中的马克思主义术语的起源和作用》,第170—174页。

⑤ 梁启超:《饮冰室自由书》,中华书局1936年版,第33页。

嬉，至于今兹，曾无复保其势位之能力，其端倪亦既联矣，故推往知来，富族之必折而侪于吾齐民，不待龟筮而瞭也。”①

等到1919年，陈独秀已明确指出：所谓的社会解放“就是人民对君主贵族，奴隶对于主人，劳动者对于资本家，女子对于男子，新思想对于旧思想，新宗教对于旧宗教解放的历史”②。陈独秀认为资本家和君主贵族、男子及旧思想和旧宗教都是压迫者，推翻他们的压迫才是真正“自由自动的解放”。之后，陈独秀有意地把中国“资本家”阶级化：“中国的资本家虽然没有欧、美、日本那样发达，但不能说中国产业界没有纯粹资本作用（如地租、房租、债息、股票之类），不能说中国社会经济的组织绝对不是资本制度，不能说中国各都会各商埠没有财产工商阶级，不能说中国那一省那一县没有大地主，不能说中国没有多数无产劳苦不堪的人。”③

在1922年左右，“资产阶级”和“无产阶级”的说法已经广为流行，胜过之前一直使用的“资本家”和“劳动者”。以《新青年》中“劳动者”“资本家”和“有产阶级”“有产者阶级”“资本阶级”“资本家阶级”“资产阶级”等词的使用为例，在1919年以前，这些词的使用频率都极低。在经过1919年至1921年用词的混乱期后，到1922年时，具有明显马克思主义阶级意涵的“资产阶级”“有产阶级”“有产者阶级”“资本阶级”“资本家阶级”和“无产阶级”的使用开始超出“资本家”和“劳动者”的使用。到1926年《新青年》停刊时，后者已降到近8年来的最低点。具体如图2所示：

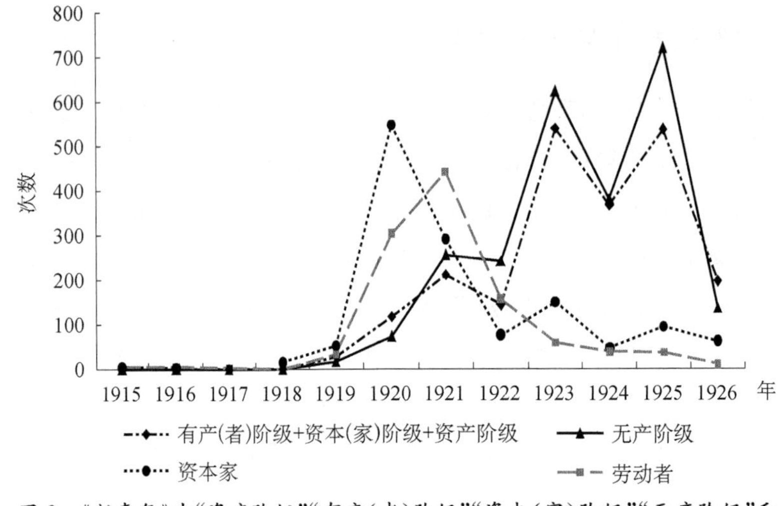

图2 《新青年》中“资产阶级”“有产（者）阶级”“资本（家）阶级”“无产阶级”和“资本家”“劳动者”的使用变化情况（1915—1926）④

① 朱执信（笔名蛰伸）：“德意志社会革命家小传·（甲）马尔克”，载《民报》1905年11月第2号，第6页。

② 陈独秀：“随感录：八三，解放”，载《新青年》1919年第7卷第2号。

③ 陈独秀：“告劳动界”，载《晨报》1919年12月1日。

④ 图中所有数据在1925—1926年呈下降趋势并不代表用词的整体下降，而是《新青年》在这段时间内文章数量迅速减少乃至停刊，实际情况恰与之相反。

至1920年,共产主义的理论中的阶级二元对立论影响已相当广泛了。1921年7月中国共产党正式成立时明确宣布其革命的第一步就是要引导无产阶级“去向资本家争斗,并要从资本家手里获得政权”,“用强力打倒资本家的国家”[①]。此处或可解释在后来共产党的一系列阶级斗争都以资本家为对象,并极力将资本家阶级化进行概念改造和暴力打击的动因。

之后“阶级”斗争被中国共产党人大规模地宣传:“不但国民革命的民族解放运动,本身是中国被压迫剥削的阶级反抗帝国主义的阶级斗争,而且民族解放运动的内部,无产阶级对于资产阶级的阶级斗争是必不可少的。”[②]“中国完全是个无产阶级的国(大中产阶级为数极少,全无产阶级最多,半无产阶级——即中等之家——次之);中国的资本阶级就是五大强国的资本阶级(本国极少数的军阀财阀资本家附属于其中),中国的阶级战争就是国际的阶级战争。”[③]

(二)从“资本家”到“资产阶级”

从“资本家”到“资产阶级”用词的转变历程,首先以陈望道翻译的《共产党宣言》为例来说明[④]。陈望道早年在留日期间(1915—1919),结识了河上肇、山川均等人,他们都是日本的社会主义者,在翻译马克思著作方面对陈望道影响较大。1919年6月陈望道回国,任教于浙江第一师范学院,1920年春应《星期评论》的约请着手翻译《共产党宣言》。在后半年的时间里,陈望道据日文本和英文本《共产党宣言》全文译出了第一个完整的中译本,并于同年8月由上海共产主义小组正式刊出,反响很大。

在陈译《共产党宣言》中,“资本家”一词使用的频率很高,但同时也显得相当混乱。陈望道把马克思原文中“bourgeois”一词译为“有产者”,并在译文中特别指出“有产者就是有财产的人,资本家、财主,原文 bourgeois”[⑤]。“bourgeois”除了被陈望道译为“有产者”和“绅商”外,还有两处被分别翻译成“财主”和“富豪”。陈望道虽在译本中明确指出“有产者”就是指德文原文中的“bourgeois”,但是和“有产者”一词相比,他在译文中更多地用了“资本家”这个词。

---

① 中央档案馆编:《中共中央文件选集》第1卷,中共中央党校出版社1989年版,第548—550页。

② “通信:马克思学说与中国无产阶级”,载《新青年》1921年第9卷第4号。

③ 同上。

④ 陈力卫指出:“《共产党宣言》不但是中国共产党创立、发展的指导纲领,更是改变中国的主要动力之一。”“其语言上的冲击力是唤起群众、激发革命的一股无穷的、直接的力量。”而且,随着版本的不断变迁,“《共产党宣言》的中译词趋向尖锐化”。具体参见陈力卫“《共产党宣言》的翻译问题——由版本的变迁看译词的尖锐化”,《二十一世纪》2006年2月号,总第93期。

⑤ 陈望道译:《共产党宣言》,上海社会主义研究社1920年版。

与“bourgeois”的翻译情况相似，陈望道对“bourgeoisie”和“bourgeoise”两个词的翻译也是相当随意的。在英文译本中前者译为“bourgeoisie”，后者译为“bourgeois”，日译本中两个词都被翻译成“绅士阀”，在陈译本中则有“资本家”“资本阶级”“资本家阶级”和“有产阶级”等形式。与以上三个词的译法差不多，“bürgerliche”（资产阶级）和“bürgerlichen”这两个词在最初的日本学者中被译为“绅士（的）、绅士阀”，在英译本中都被翻译成“bourgeois”，陈译本中则有“资本家（的）”“有产阶级”和“资本阶级”等翻译形式。而马克思主义中来自法语的“bourgeois”和德语词“bürgerlich”在汉语中最初都没有确定的翻译形式，基本上是仿效日语以“富豪”“富绅”和“资本家”“绅士（的）”来对应。在这点上，幸德秋水和堺利彦的《共产党宣言》译本用词起到了决定性作用，对后来中国知识分子用词影响很大。他们把“bourgeois”和“bürgerlich”也翻译成“绅士（的）”，“bourgeoisie”被译为“绅士阀”。日语中用“绅士（的）”和“绅士阀”“资本家阶级”这样的译词，在汉语中引起了混乱，也易与汉语原有词在意涵上发生冲突。

以上这些翻译形式都没有普及并不代表它们就彻底消失了，在《新青年》中，“绅士阀”一词总共还出现过十多次，其中有两次与“资本家”连用，组成“绅士阀资本家”。不过1919年河上肇在翻译《共产党宣言》时为术语“bourgeois”重新找了一个日语对应词——“有产者”，与“proletarier”的日译词“无产者”相对立。相应地，“proletariat”和“bourgeoise”分别被译为“无产者阶级”和“有产者阶级”。这两对译词很快被中国学者借用到了汉语中，如尹宽在翻译河上肇的《马克思的唯物史观》一文时直接使用了这两组译词[①]。差不多同时，李大钊在《我的马克思主义观》一文中也直接使用了这两组概念[②]。李大钊所借用的术语其后开始被其他中国知识分子所接受、改造和使用，他们将这个词组缩略成了“有产阶级”[③]。

最早使用“有产者”和“有产阶级”去对译“bourgeois”和“bourgeoise”的是陈望道翻译的《共产党宣言》中译本和西方一些社会类文章的中文翻译以及列宁文章的第一批中文译本，如李汉俊翻译的《女子将来的地位》[④]和袁振英翻译的《民族自决》《过渡时代的经济》[⑤]等文章。但实际上，陈望道和日本知识分子们显然没有能够完全理解马克思主义中bourgeoise与kapitalisten这两个专业术语，在某种程度上把它们混为

① 河上肇：“马克思的唯物史观：录晨报”，尹宽译，《新青年》1919年第6卷第5期。
② 李大钊：“我的马克思主义观”，《新青年》1919年第6卷第5期。
③ 李博：《汉语中的马克思主义术语的起源与作用》，第356页。
④ 汉俊（李汉俊）译：“女子将来的地位”，《新青年》1920年第8卷第1期。
⑤ 震瀛（袁振英）译：“民族自决”“过渡时代的经济”，《新青年》1920年第8卷第3,4期。

一谈了。此外,由于在英译本中德文原文中的法语词"bourgeois"和德文"bürgerlich"都被翻译成英文词"bourgeois",而日译本中对它们又未做明确的区分,这就造成陈译本中以"资本家"一词对译"bourgeoise"(7 次)、"kapitalisten"(5 次)、"bourgeois"(13 次)、"bürgerlichen"(15 次)、"bürgerliche"(14 次)和"bürger"(2 次)等多个词汇的状况,也造成如前文所述这些词有多个汉语译词的混乱状况。

"bourgeoise"的中译词除"有产阶级"之外,还有"资本阶级"和"资产阶级"这两个强劲的对手,尤其后者更具竞争力。陈独秀、李大钊、恽代英及戴季陶等人是第一批使用这两个新词的人,只不过他们最初是按照这两个词的具体含义来理解的。当然,"bourgeoise"还有根据法语音译的"布尔乔亚"以及使用"资产"一词新造的"有资产阶级"[①]这样的译法。在后来的发展中,除"资产阶级"最终被作为特定术语固定下来之外,其他词都没有取得广泛的意义,它们逐渐被湮灭在历史长河中。这一过程如图 3 所示:

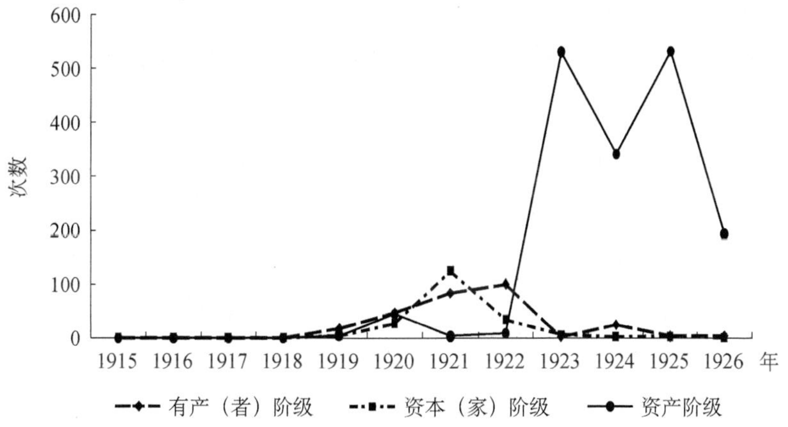

图 3 《新青年》中"资产阶级"取代"有产(者)阶级"和"资本(家)阶级"的过程(1915—1926)

此后,"资产阶级"的使用激增,"资本家"在最大程度上被赋予了激烈的阶级意涵,"资本家"概念中带有剥削性的意涵得以确定并得到越来越多人的认可。结合图 2可看到,到 1926 年,"资产阶级"不但取代了"资本家",而且占据了概念的至高点。至此,在中共的"阶级斗争"理论中,资本家已经完全被排斥在了国家发展复兴的设计之外。

① 顾兆熊在"马克思学说"一文中使用了这个词:"马氏所称的'无资产阶级'Proletariat 包含极复杂的群众。他们与'有资产阶级'相对,并不能自成一个团体。"参见顾兆熊"马克思学说",《新青年》1919 年第 6 卷第 5 期。

四、“资本家”的他者身份

意识形态化的“资本家”贯穿于中国共产党的革命斗争和国家建设中，被赋予了强烈的道德批判色彩，定义为一种“剥削者”的反面社会角色，这与日本语境中“资本家”最初的意涵相似。但是在近代中国语境中，“资本家”的指涉主体并不稳定，且总是被以“他者”的身份言说。

在20世纪初，“资本家”刚传入中国时，主要出现在少数批判性的社会经济文章中，如康有为和梁启超的文章。在许多报刊杂志中，“资本家”也多被用来指代外国商人。知识界用到“资本家”更多的是关注这个概念背后的社会实际问题，最初指涉的主体基本上都是现代资本主义经济发展中形成的劳资关系的主导方，是占有资本、控制整个生产过程的人，用于称呼中国人自己非常有限。对本国富有者的称呼基本上还是沿袭了中国传统的语言表述方式，以“财东”“富翁”“财主”“商人”“商民”“商者”“赀本家”“赀主”“财东”“赀本主”等具有浓厚古汉语色彩的名称为主。

把“资本家”与“劳动者”看成是天然的对立关系是当时社会的普遍看法，也就是说“资本家”概念在此时此刻还是一个比较单纯的社会经济学术语，它与资本主义发展过程中的社会不平等和贫富分化问题联系紧密，被赋予的含义较少。此后十多年间，“资本家”的使用都较单一，且一直处于经济社会学术语范围之内，其社会化的政治性运用并不明显。至少在“五四”之前，还是遵循了以往从词义表面理解的具体用法，但在马克思主义传入中国之后，“资本家”概念的指涉趋于复杂化了。不过其中并不包括中国商人对“资本家”的自我认同。

1920年《新青年》第7卷第6期上陈独秀特别刊出一篇关于厚生纱厂湖南女工问题讨论的文章，在文中，很多人对资本家的理解还不完全是后来流行的马克思主义中的概念，他们认为的资本家多是劳资关系中的雇佣方，而且也很明确地认为国外的资本家与国内的实业家是有明显区分的，例如就有人特别指出该问题的中心人物穆藕初“不算资本家”，而“是个有体面的商人”①，他“是受过新教育的，不比那些陈腐苛刻的资本家”②。穆藕初在答复中也明确地表示：“予并非资本家，深慨乎我国实业之

① “长沙《大公报》兼公君论‘厚生纱厂招工问题论辩的结果’”，转引自陈独秀：“上海话厚生纱厂湖南女工问题”，《新青年》1920年第7卷第6期。

② “上海《时事新报》侯可九君‘告穆藕初先生’”，转引自陈独秀：“上海话厚生纱厂湖南女工问题”。

衰微，思所以补救之”[1]。但也有人提出反驳：“穆君自谓非资本家，开口即以留学美国相夸示，以留美学生，自应识世界潮流，自应对于此种不人道之工制，具有改造之宏愿，若人之如此，我亦如此，则仅知铜臭之资本家，与非资本家之留学生，有何分别耶?”[2]甚至有人直接称呼“厚生纱厂的主人——资本家穆藕初”[3]。面对这些讨论，陈独秀认同穆藕初“是一个很有学问见识的人，和一般专门牟利的商人不同”的说法，指出穆藕初“虽然站在资本家地位，实质上恐怕还不算是资本家”，陈独秀表示自己“并不把穆先生当做一个资本家来攻击他的厚生厂”，“乃是把穆先生当做一位关心社会问题的人”，认为穆藕初的才能和在社会事业上的功劳是值得尊敬的[4]。

马敏曾对近代中国商人的心理结构做过分析，认为近代中国商人具有一种典型的“二重心理结构”，他们“一只脚已跨进了自由竞争的大门，另一只脚却还陷在中世纪的泥淖中难以自拔”，习洋为师与西方侵略使他们内心总是充满矛盾[5]。穆藕初对待“资本家”这个概念的态度也正好说明的这一点。他与张謇、经元善等人主张“实业救国”的根本目的是要通过发展实业以救国家，其实质则是与近代中国的民族救亡直接相关，他们强调“以利结合”而更重民族大义。因此他们必须着重强调自己与侵略中国的外国资本家的不同，也与唯利是图的商人资本家不同。即使他们是“资本家”，但更青睐“实业家”的称呼。因为“资本家”是一个时褒时贬的词，比较而言“实业家”则是一个良性而受褒奖的词。陈独秀对穆藕初的定义也正是基于上述的原因而做出的判断。

1923 年 4 月 10 日，毛泽东在《新时代》创刊号发表名为《外力、军阀与革命》的文章，对当时中国国内的各派势力进行分析并归为三派：革命的民主派、非革命的民主派和反动派，认为：“革命的民主派主体当然是国民党，新兴的共产派是和国民党合作的。非革命的民主派，以前是进步党，进步党散了，目前的嫡派只有研究系。胡适、黄炎培等新兴的知识阶级派和聂云台、穆藕初等新兴的商人派也属于这派。”[6]为了团结像穆藕初这样的商人群体，毛泽东避开了“资本家”这一指涉不明的概念，把他们的

① 穆藕初：“答复讨论厚生纱厂招募湖南女工问题诸君书”，转引自陈独秀：“上海话厚生纱厂湖南女工问题”。

② “柏荣诸君覆厚生纱厂穆藕初君书——招募湖南女工问题”，转引自陈独秀：“上海话厚生纱厂湖南女工问题”。

③ “长沙《大公报》真心君‘读穆藕初君答复讨论招募湖南女工问题诸君书’”，转引自陈独秀：“上海话厚生纱厂湖南女工问题”。

④ 陈独秀：“上海话厚生纱厂湖南女工问题”。

⑤ 马敏：《商人精神的嬗变——辛亥革命前后中国商人观念研究》，华中师范大学出版社 2011 年版，第 98 页。

⑥ 毛泽东：“关于调查地主资产阶级和国民党军官的通知”，中共中央文献研究室编：《毛泽东文集》第一卷，人民出版社 1993 年版，第 10 页。

身份定义成“具有反军阀的民主派特性”的“新兴的商人”。

在“国民革命”之后，“资本家”一词获得了完整的概念表述和较为明确的身份指涉。李季在1929年总结马克思主义中“资本”和“资本家”的概念时，已经十分自然而准确地把“capital”“kapital”和“资本”“capitalist”“kapitalist”和“资本家”这些概念对应起来了，接受了马克思主义中“资本是一种社会的生产关系，这是一种资产阶级的生产关系，即资产阶级的社会的生产关系”的论述；“只有剥削和宰割劳动者的生产工具和生活资料才是资本”，“只有凭藉此等工具和资料不劳而获的人，才是资本家”[①]。

在文学界，“资本家”基本上也是一个他者的身份，这在20世纪30年代鲁迅和梁实秋之间的论战中有所体现。论战中鲁迅把“资本家”定义成是一个反动的概念，用以攻击梁实秋：“凡走狗，虽或为一个资本家所豢养，其实是属于所有的资本家的……不知道谁是它的主子，正是它遇见所有阔人都驯良的原因，也就是属于所有的资本家的证据。……梁先生既然自叙他怎样辛苦，好像‘无产阶级’(即梁先生先前之所谓‘劣败者’)，又不知道‘主子是谁’，那是属于后一类的了，为确当计，还得添几个字，称为‘丧家的’‘资本家的走狗’。”[②]论战到最后被赋予了强烈的政治色彩。

“资本家”的他者身份在中国左翼文学创作领域中也有不同的体现，如在1931年茅盾在写实小说《子夜》中塑造的吴荪甫这个形象，他一方面是反对帝国主义、封建主义，一心想要振兴民族工业的“资本家”；另一方面又是“食利资本家”，他镇压工人运动、农民运动，与“无产阶级”天然对立。茅盾以“革命文艺”的手法创作的“资本家”形象，反映的即是当时中国社会中对“资本家”体认的一个侧面。

五、结语

从上述“资本家”概念的诞生过程及其社会实践的考察可看出，现代汉语中的“资本家”是一个日语反借词，在20世纪20年代以前，中日语境中“资本家”概念使用基本相同，开始都用于指称“资本或金钱的拥有者”，是一个相对中性客观的概念，之后“资本家”都转变成一个用于批判社会贫富分化和不平等的贬义概念。但在20世纪20年代以后，中国语境中的“资本家”概念阶级化趋向日益明显，随后转化成近代中国“政治话语”中一个特殊的社会—政治概念，且被纳入近代中国的革命和政治斗争中，赋予了很多政治内涵。另一方面，中国语境中的“资本家”自始至终都是一个“他

① 李季：“马克思主义概观”，《经济科学》1929年第2期。

② 鲁迅：“‘丧家的’‘资本家的乏走狗’”，《萌芽月刊》1930年5月1日第1卷第5期。

者身份”，指涉更加广泛。

本文虽然只考察了“资本家”这一个概念，但它却并非孤立的，它与“有产者”“有产阶级”“小有产阶级”“资本主”“资本阶级”“资产者”“资产阶级”以及“小资产阶级”“中等资产阶级”“中产阶级”“官僚资产阶级”“民族资产阶级”等近义的概念和“劳动者”“劳动阶级”“劳工阶级”“工人”“工人阶级”“无产者”“无产阶级”等反义的概念组成了一个庞大的概念（丛）。若想更深刻地了解“资本家”这个概念，就须关照与之相关的整体概念（丛）。

《德意志意识形态》的中日首译本探析*

盛福刚**

1845年，马克思恩格斯在两人共同执笔的《德意志意识形态》第1章《费尔巴哈》中，首次明确地阐释了唯物史观(历史唯物论)。两人合著的《费尔巴哈》章第一次以德文公开发表在《马克思恩格斯文库》(Marx-Engels Archiv)的第1卷中。这个以编辑者名字命名的梁赞诺夫版，在其刊行的同一年就被栉田民藏和森户辰男翻译成了日语，并以《马克思恩格斯遗稿〈德意志意识形态〉第1篇〈费尔巴哈〉》为标题刊登在了《我等》杂志的第8卷第5—6号上。1930年5月，改订后的译文以《马克思恩格斯遗稿〈德意志意识形态〉》为书名作为我等社的《我等丛书》第4册付梓出版。

《我等》杂志刊载的栉田＋森户翻译的《德意志意识形态》的最初译本，省略了梁赞诺夫版的《编者导言(Einführung des Herausgebers)》、脚注以及"誊清稿"的前半部分。后经二人修订的《我等丛书》译本译出了被《我等》杂志译本省略的内容，是梁赞

---

* 本稿是代表《德意志意识形态》Online版编辑小组研究成果的论文集《新MEGA与〈德意志意识形态〉的研究现状：广松版到Online版》(大村泉等编著，八朔社，2014年)第13章的翻译，同时也是《复旦大学日本研究中心第22届国际学术研讨会"全球格局变动下的中日关系走向"予稿集》(2012年12月)中收录的大村泉＋盛福刚合著论文《中日两国〈德意志意识形态〉翻译史的起点》第2章和第3章内容的修订增补稿。作者盛福刚2013年在日本东北大学大学院经济学研究科课题研究组主办的国际会议"Online版《德意志意识形态》第1章《费尔巴哈》的编辑"(日本马克思恩格斯研究者会协办，日本东北大学2013年3月1—2日)上作了有关本稿主旨内容的报告。本文为国家社科基金青年项目(17CZX008)的阶段性成果，中国博士后科学基金面上资助项目(2017M612517)的阶段性成果。

** 武汉大学哲学学院，武汉大学马克思主义哲学研究所讲师，《马克思主义哲学研究》编辑部主任。

诸夫版的全译本[①]。

《费尔巴哈》章最初的汉译本是由郭沫若翻译，1938 年由上海言行出版社发行的《德意志意识形态》。郭沫若在《译者弁言》中称，汉译本是以 1926 年出版的梁赞诺夫版德文本为底本编译而成的。中日两国《德意志意识形态》翻译史都始于梁赞诺夫版。

郭译本译出了《编者导言》及“誊清稿”的前半部分，是梁赞诺夫版的全译本。郭沫若在《译者弁言》中抄译了梁赞诺夫版《编者导言》后的《原始手稿与文本的编辑工作》，将梁赞诺夫版的编辑方针概括为 6 项，在实际的编译中也遵循了此 6 项方针。最初的汉译本译出了马克思恩格斯的部分改稿内容。郭沫若采取将被删除字句放入「」、『』括号中并用小字号标示，将栏外的增补内容插入正文或在脚注中注明的方式，复原了手稿中的部分译文。

近年来，中日两国的马克思学者对两国《德意志意识形态》翻译史起点的梁赞诺夫版产生了浓厚的兴趣，研究聚焦在各自首译本的翻译时间以及翻译底本等问题上。日本最早研究此问题的是涩谷正（鹿儿岛大学教授），中国国内研究此问题的先驱是张一兵（南京大学教授）和韩立新（清华大学教授）。但在郭译本的翻译时间及翻译底本等问题上，两人持有截然不同的观点。

张一兵认为郭译本成书于 1931 年，韩立新则认为是 1927 年。两人在此问题上的不同见解，在考察郭译本的成书背景时起到了决定性作用。翻译时间如果是 1927 年，郭沫若在中国国内从事革命运动时翻译完成了此书；如果是 1931 年，郭沫若在日本政治避难时翻译完成了此书，主张郭沫若版译成于 1931 年的张一兵没有提及郭沫若版和日译本之间的关系。但是，认为郭沫若版译成于 1927 年的韩立新，虽未作具体考证，但推断此译本受到了栉田和森户翻译的《我等》杂志译本的影响。

本稿首先考察韩立新和张一兵判定郭译本成书时期的依据，阐明郭译本的翻译时间后，对郭译本和日译本之间的关系进行深入考察，证明郭译本实际上是以日译本为底本，同时参考了德文本翻译完成的。最后提出在《德意志意识形态》的《费尔巴哈》章的编译史研究中，中日两国学者应该密切合作、共同研究的课题。

① 涩谷正：“《德意志意识形态》在日本的翻译史”，盛福刚译，载《马克思主义与现实》(2011 年 5 月)第 114 期。

一、张一兵和韩立新推断郭译本翻译时期的论据

2005年南京大学出版社出版了汉译广松涉版《德意志意识形态》，在中国掀起了研究《费尔巴哈》章文献学编辑问题的热潮。2007年又推出了"《德意志意识形态》与文献学系列"丛书，在丛书第1册即汉译梁赞诺夫版中翻刻了郭译本。丛书主编张一兵在此书的《跋》中阐述，"其实，郭老在1931年前后就译完了此书，这一译本最早在1938年11月由上海言行出版社出版"①，推断此书译成于"1931年前后"。虽然没有标明出处，但张一兵有可能依据的是《郭沫若年谱》(后叙)中的记述。

韩立新于2011年2月在东京召开的主题为"东亚马克思研究的到达点与课题"的国际学术研讨上，作了题为"中国《德意志意识形态》编译史的概要"的报告②。韩在此报告中指出郭译本作成于1927年，推断郭沫若在翻译时参考了1926年由栉田民藏和森户辰男共同翻译，刊登在《我等》杂志中的译文。郭沫若在1947年由上海群益出版社再版的郭译本《序》中有如下叙述"这部书是20年前的旧译了"③，1947年倒退20年是1927年，恰好是《我等》杂志版出版的第二年，韩据此推断郭译本参考了《我等》杂志版。

在郭译本的翻译时期上，张一兵和韩立新有不同的看法。如上所述，在考察郭译本翻译背景时，1927年和1931译成说有不容忽视的差异。郭沫若为躲避蒋介石政府的追捕，于1928年2月赴日避难，定居千叶县市川市，1937年抗日战争爆发后再度回国加入国民政府。韩立新推断的1927年，郭沫若身在国内尚未去日本；张一兵推断的1931年，郭沫若正在日本避难。

二、郭译本的成书日期

以下首先考察张一兵和韩立新在判定郭译本翻译时期上存在的分歧。1947年郭沫若在上海群益出版社再版的《德意志意识形态》中加入了一篇简短的《序》，在此《序》中，关于这个版本的出版经过有如下叙述。"这部书是二十年前的旧译了。译稿

① 大卫·鲍里索维奇·梁赞诺夫主编：《梁赞诺夫版〈德意志意识形态·费尔巴哈〉》，夏凡编译，张一兵审订，南京大学出版社2008年版，第198页。

② 韩立新："中国《德意志意识形态》编译史的概要"，载《马克思恩格斯马克思主义研究》第54·55合并期(2012年9月)，第37—43页。

③ 马克思、恩格斯：《德意志意识形态》，郭沫若译，上海群益出版社1947年版，第1页。

交神州国光社的王礼锡先生，因时局关系久未能出版，后来在抗战期中被印出，但我在大后方一直不曾看见过。抗战完结后回到上海来，神州国光社把纸版交出，作为版税的两抵，我也乐于接受了”[①]。

韩立新据此推断郭沫若在 1927 年(1947－20＝1927)译完了首个汉译本。但是，郭沫若在此书《译者弁言》中同时提及了《费尔巴哈》章日译本的出版情况。“据作者所知道的，本书之日文版竟已经出到三种了。凡是一种良书是不妨多得几种译本的”[②]。郭沫若提到的日文版本是梁赞诺夫版《费尔巴哈》章最早的三种译本，即栉田＋森户译本(1926 年 5—6 月连载于《我等》杂志上的译文和 1930 年 5 月出版的《我等丛书》版)、1930 年 2 月出版的由利保一译、竹沼隼人校阅的译本以及 1930 年 7 月出版的三木清译本[③]。

三种日译本出版齐全的日期是 1930 年 7 月，依据《译者弁言》中的叙述，郭沫若译完此书的日期应该晚于 1930 年 7 月。《译者弁言》和《序》中有关翻译日期的记载相互矛盾。

依据郭沫若回忆整理的《郭沫若年谱》中有如下叙述，“本年(1931 年笔者)译《德意志意识形态》([德]马克思、恩格斯著)迄，并作《译者弁言》”[④]。张一兵的推断“郭老在 1931 年前后就译完了此书”，大概依据的是年谱中的记载。韩立新推断郭译本成立时期的前提条件，即郭译本《序》中的记述和年谱中的记述不一致。如果郭译本受日译本的影响仅局限于 1926 年出版的栉田＋森户译《我等》杂志版，韩立新的推断有一定的合理性。但是如果笔者证明郭译本还受到了 1930 年出版的《我等丛书》版的影响，1927 年译成说就不成立了。下面我们来考证一下郭译本到底有没有受到日译本的影响。

三、日译本对郭译本的影响

笔者在《费尔巴哈》章中选取了 Nation(国民/民族)、Verkehr(交通/交易)等 17 个具有代表性的专业术语，并从梁赞诺夫版、《我等》杂志译本、《我等丛书》译本、由利＋竹沼译本[⑤]以及郭译本中将这 17 个术语的所有德语出处及翻译术语全部挑出，做

① 马克思、恩格斯：《德意志意识形态》，第 1 页。

② 同上书，第 5 页。

③ 涩谷正：“《德意志意识形态》在日本的翻译史”，盛福刚译。

④ 龚继民、方仁念：《郭沫若年谱》(上)，天津人民出版社 1987 年版，第 267 页。

⑤ 由利保一译、竹沼隼人校阅：《马克思恩格斯遗稿〈德意志意识形态〉第一篇费尔巴哈论》，永田书店 1930 年 2 月版。

成了一份详细的翻译术语对比表。由于篇幅所限不能在此刊载整份表格，仅列举出表格的部分内容。

1. Proletariat

以下是梁赞诺夫版《费尔巴哈》章中出现的“Proletariat”的翻译术语对比表。

编号	梁赞诺夫版(1926)	《我等》杂志版(1926)	《我等丛书》版(1930)	由利十竹沼译本(1930)	郭译本(1938)
17—1	Proletariat	無産者	プロレタリア	プロレタリアート	无产阶级
27—1	Proletariat	プロレタリア	プロレタリア	プロレタリアート	普罗列塔利亚
32—1	Proletariat	プロレタリアート	プロレタリアート	プロレタリアート	无产者
52—1	Proletariats	プロレタリア	プロレタリアート	プロレタリアート	无产阶级
53—1	Proletariat	プロレタリア	プロレタリアート	プロレタリアート	无产阶级
54—1	Proletariat	プロレタリア	プロレタリアート	プロレタリアート	普罗列塔利亚
57—1	Proletariat	プロレタリア	プロレタリアート	プロレタリアート	普罗列塔利亚
63—1	Lumpenproletariat	浮浪プロレタリア	浮浪プロレタリヤ	ロンペンプロレタリアート	全未脱掉游民
67—1	Proletariats	無産者	プロレタリヤ	プロレタリアート	无产阶级
67—2	Proletariats	無産者	プロレタリヤ	プロレタリアート	无产阶级
67—3	Proletariat	無産者	プロレタリヤ	プロレタリアート	无产阶级
{3e}—1	Proletariat	無産者	プロレタリア	プロレタリアート	无产者

编号“17—1”表示在手稿第17页中首次出现的Proletariat。栉田和森户翻译的

两个日文版本中，由于译者之间的分工问题翻译术语没有得到统一。所以栉田＋森户译本中的“Proletariat”被分别译成“無産者”“プロレタリア”“プロレタリアート”“プロレタリヤ”等。郭沫若如果以梁赞诺夫版德文本为蓝本的话，将同一个德文术语分别译作“无产阶级”“普罗列塔利亚”等的可能性较小。如表所示“Proletariat”→“プロレタリア”→“普罗列塔利亚”，郭沫若在翻译中直接使用了日语“プロレタリア”的音译“普罗列塔利亚”，我们由此可以看出郭沫若参考了栉田和森户翻译的两个日文版本。但是仅凭此事例尚不足以判定郭沫若参考了栉田＋森户译本中的哪个版本。下面，我们看一下译注的参考情况。

2. 译注

译注是译者为了让读者更好地理解译文所标注的注释。不同的译者标注的译注自然有所不同。通过对比译注的参考情况可以判定郭沫若在翻译时参考的日译本。栉田和森户翻译的《我等》杂志版中没有译注，但两人在修订后的《我等丛书》版中添加了多处译注。笔者将《我等丛书》版和郭译本中的译注对应关系整理成了下表。

译注对比表

出处(手稿页码)	1930 年《我等丛书》译本	1938 年郭译本	参考状况
《提纲》第三章	über ihn として	「其他」	［全译］
5		物象	［无］
17		*(一般的)此字原文	［无］
18		*此字意乃「竞争」	［无］
18		此意殆以原始	［无］
19		此指亚丹斯密	［无］
20		中国昔日本是帝国	［无］
23		即劳心劳力之别	［无］
27	注一—訳者	注一	［抄译］
27	注二—訳者	注二	［全译］
27	注三—訳者	注三	［全译］
29	注三—訳者	危甘德季刊	［全译］
29	注四—訳者	哲学之未来	［全译］
29	注七—訳者	莎士比喜剧	［抄译］
32		wahr 疑是 war 之误	［无］

续　表

出处(手稿页码)	1930年《我等丛书》译本	1938年郭译本	参考状况
50	注二—訳者	*爱钦	[全译]
56		偶然性与必然性相反	[无]
60	注二—訳者	Sirmer	[抄译]
64		*满人之侵略中国就是绝好的例证	[无]
65		*此节乃未写成文字	[无]
Notizen		此语颇为费解	[无]

参考状况一栏中的“[全译]”指的是郭译本从《我等丛书》版中全文翻译的译注，“[抄译]”指的是郭沫若对《我等丛书》版译注的概括或意译。“[无]”是指《我等丛书》版中此处无注解，由郭沫若独自标注的译注。

郭译本的译注和栉田+森户翻译的《我等丛书》版中的译注有很大一部分是雷同的。郭译本中的译注共计有21处，包括“全译”和“抄译”在内，参考《我等丛书》版的译注有9处，占了郭译本全部译注的一半左右。下面以“全译”为例，我们来考察一下手稿第27页《我等丛书》版中的“注三”。

【注三—訳者】ウィデイ君とはJakob Venedey(1805－1871)のことである。彼はドイツの自由主義的著作家で、その反政府的言動のために、長く仏英に亡命生活を送っていたが、一八四八年の革命の際帰国してフランクフルトの準備会議およびNationalversammlungに選ばれ、左派の一指導者となった。[①]

郭译本全文翻译了上述译注。

（注三）文迪泰(Jakob Venedey. 1805－1871)[②]：德国自由主义的著作家，受政府迫害，曾久亡命于英法，一八四八年革命之际始归国，被选为佛朗克府准备会议及国会议员，成为左翼之一指导者(译者)。[③]

① 《我等丛书》第4册，我等社1930年版，第133页。
② 在郭译本中，郭沫若在人名与地名处加上侧线(竖版)予以强调。
③ 马克思、恩格斯：《德意志意识形态》，第87页。

栉田十森户翻译的《我等丛书》版没有将德语“Nationalversammlung”译出，郭沫若将其译作“国会议员”，两者的区别仅限于此。另外，《我等》杂志版中没有译注，早于《我等丛书》译本出版的由利十竹沼译本中的译注也和郭译本完全不同。由此我们可以确认郭沫若在翻译时参考了《我等丛书》版的译文。韩立新主张的郭译本译成于1927年一说有失偏颇。郭沫若记忆上的失误，导致了上海群益出版社版的《序》和《译者弁言》《郭沫若年谱》中关于翻译时期的记述相互矛盾。

四、郭译本的翻译底本

1.《我等丛书》译本对郭译本翻译术语的影响

那么，郭译本到底多大程度上参考了《我等丛书》译本？为明确此问题，下面我们来考察一下手稿第61—68页(马克思标注的页码)中出现的“Nation”在各版本中的翻译情况。

编号	梁赞诺夫版(1926)	《我等》杂志版(1926)	《我等丛书》版(1930)	由利十竹沼译本(1930)	郭译本(1938)
61—1	Nationen	国民	国民	国民	国民
61—2	Nation	国民	国民	国民	国
63—1	Nation	国民	国民	国民	国民
65—1	Nationen	民族	诸民族	国民	民族们
68—1	Nation	国民	国民	国民	国民

手稿第65页中的“民族”除外，栉田和森户翻译的《我等》杂志版与《我等丛书》版都将“Nation”译作“国民”。栉田和森户修订的《我等丛书》版还将《我等》杂志版中的“民族”(Nationen)一词，改译为复数形式的“诸民族”。由利十竹沼译本将“Nation”全部翻译为了“国民”，没有出现“民族”等译法。对于“Nationen”的翻译，郭译本完全照搬了《我等丛书》译本中的译法，并在手稿第65页处将复数形式的“诸民族”译为“民族们”。结合梁赞诺夫版德文原文，我们具体分析一下各译本对手稿此处的翻译情况。

> Persönliche Energie der 〈Nationen〉 Individuen einzelner Nationen-Deutsche und Amerikaner[①]
>
> (梁赞诺夫版1926年)

① Marx-Engels Archiv, I. Band, S. 295。

(民族の)個々の民族の個人の人的エネルギー—独逸人やアメリカ人など—①

(《我等》杂志译本1926年)(諸民族の)個々の諸民族に属する諸個人の人的エネルギー—ドイツ人や亜米利加人など—②

(《我等丛书》译本1930年)

【(国民の)】個々の国民の個々人のエネルギー—ドイツ人およびアメリカ人—エネルギーは既に種族混交に基く③

(由利·竹沼译本1930年)

各个民族门之个人们之自身的势能——德国人与美国人——势能已经由人种之杂交④

(郭译本1938年)

梁赞诺夫版德文原文中的"Nationen"指的是"Deutsche und Amerikaner(德国人与美国人)"。另外,美国是个移民国家,民族构成非常复杂,所以较之"民族""国民"的译法在此更为贴切。郭沫若在此将"Nationen"译为"民族"可以说是一种误译,郭译本的这一处误译和《我等丛书》译本是吻合的。

2. 郭译本的翻译底本

以上内容详细考证了郭译本对《我等丛书》版译注的借鉴,以及日译本对郭译本翻译术语的影响。不禁让人怀疑郭译本实质上的翻译底本是否日译本的《我等丛书》版,只在必要时参考了梁赞诺夫版的德文本。为了解开此谜团,以下笔者从最初的日译本、汉译本以及最新的日译本、汉译本中选取了同一段落并对各版本中的译文进行对比。

So oft sich durch die Entwicklung der Industrie und des Handels neue Verkehrsformen gebildet haben, [Z. B.] Assekuranz etc. Kompanien, war das Recht jedesmal genötigt, sie unter die Eigentumserwerbsarten aufzunehmen). ⑤

(梁赞诺夫版1926年)

商工業の発展に従って新たな交通形態「例へば」保険等、会社等が出来る

① 栉田民藏、森户辰男译:"马克思恩格斯遗稿《德意志意识形态》第一篇《费尔巴哈》下",《我等》杂志(1925年6月)第8卷第6期。

② 《我等丛书》第4册,第203页。

③ 由利保一译、竹沼隼人校阅:《德意志意识形态》,第127页。

④ 马克思、恩格斯:《德意志意识形态》,第134页。

⑤ Marx-Engels Archiv, I. Band, S. 301。

たびに、法はいつでも、それ等のものを財産権獲得の方法として承認しなければならなかったのである。①

（《我等》杂志版 1926 年）

商工業の発展に従って新たな交通形態「例へば」保険等、商事会社等が出るたびに、法は屢々それ等を財産権獲得の方法として承認しなければならなかった。"②

（《我等丛书》版 1930 年）

されば、産業及び商業の発展によって屢々新たな交通形態が［例へば］保険等、会社が作られるや、その度毎に法は、それらの新形態を財産獲得様式の中に加へなければならなかった。③

（由利・竹沼译本 1930 年）④

新的交通形态总常常是由工业与商业之发展形成的，【例如】保险等等的商务公司一成立，法律每次都不能不把他们认为财产获得之方法。

（郭译本 1938 年）

工業と商業の発［展］によって、新しい［交］通諸形態、［たと］えば、保険会社などの諸会社が形成されるたびごとに、法は、そのつど、それらを財産獲得方法のなかにくわえざるざるをえなかった。⑤

（服部译本 1996 年）

每当工业和商业的发展创造出新的交往形式，例如保险公司等等，法便不得不承认它们都是获得财产的方式。⑥

（中央编译局译本 2003 年）

服部译本和中央编译局译本都是直接依据德语原文翻译的，这一点毫无疑问。服部译本将"Kompanien"译作"諸会社"，中央编译局译本则将其略去未译。《我等丛书》译本修订了《我等》杂志译本的术语，将"Kompanien"从"会社等"改译为"商事会

① 栉田民蔵、森户辰男译：《马克思恩格斯遗稿〈德意志意识形态〉的第一篇〈费尔巴哈〉下》。

②《我等丛书》第 4 册，第 215 页。

③ 由利保人译、竹沼隼人校阅：《德意志意识形态》，第 141 页。

④ 马克思恩格斯：《德意志意识形态》，第 143 页。

⑤ 服部文男监译：《［新译］德意志意识形态》，新日本出版社 1996 年版，第 103 页。服部版译文的底本是 IISG 收藏的手稿，但可以将其视作 1972 年刊行的新 MEGA 试刊版的翻译。

⑥ 中共中央马恩著作编译局编译：《德意志意识形态节选本》，人民出版社 2003 年版单行本，第 78 页。中央编译局版的翻译底本没有明确记载，但是从其手稿排列情况来看是巴加图利亚版。

社等”。《我等丛书》译本将包含制造业公司、金融公司、通信公司等多重内涵的“Kompanien”(公司)改译为“商事会社”(贸易公司),是比上述“民族”译法更为严重的误译。郭译本对此术语的误译也沿袭了日译本的《我等丛书》版。

另外,“保险等等的**商务公司**一成立,法律**每次**都不能不把他们认为财产获得之方法”,郭译本此处译文中的“每次”和“一……不能不”有语义重复之嫌,从语法的角度上讲应当删除“**每次**”,这可能是郭沫若为了译出《我等丛书》译本中的“屡々”而添加的。由此可见,郭沫若在翻译此文时直接以日译本为蓝本,未参考梁赞诺夫版德文本的可能性较大。

综上所述我们可以得出以下结论,郭沫若在翻译时依据的主要底本是1930年5月出版的《我等丛书》译本,仅在必要时参考了梁赞诺夫版的德文本。

郭沫若于1931年在千叶县的家中翻译完成了中国首部《德意志意识形态》的汉译本。郭沫若在获取梁赞诺夫版和《我等丛书》译本时,以及在译文的探讨上,必定得到了千叶县及东京都周边熟知这些文献的日本友人的大力协助。在当时日本治安维持法的严酷镇压下,如果没有周边友人的大力支持,郭沫若很难独自完成此部著作的翻译。郭沫若译成的中国首部《德意志意识形态》汉译本,可以看成是迫切地想在东亚普及马克思恩格斯著作的中日知识分子通力合作的产物。

五、中日两国研究者在《德意志意识形态》研究中应共同解决的课题

《共产党宣言》最初的汉译本是由陈望道翻译的,主要的翻译底本是收录在日本《社会主义研究》(1906年第1卷第1号)中的幸德秋水+堺利彦译本①。汉译《政治经济学批判》(神州国光出版社,1932年)的最初译本是由郭沫若翻译的,其底本也很有可能是二战前出版的两个日译本②。

1928年至1935年间,日本改造社出版了首套日文版《马克思恩格斯全集》,共计37册③。另外20世纪10—20年代的大正民主时期,日本相继出版了大量马克思主义、列宁主义著作的翻译及研究文献。这批日文翻译及研究文献被当时赴日中国留

① 大村泉:“中日两国接受《共产党宣言》的历史研究”,张立波译,《中国社会科学报》2010年8月17日,第4版。

② 郭沫若在本书的《序言》中,关于底本有如下叙述。“本译书曾以N. I. Stone氏之英译本及猪俣津南雄氏之日译本(此两种乃《经济学批判》之全译),又河上肇与宫川实二氏之日文译本(仅译导论)作参考。”马克思、恩格斯:《政治经济学批判》,郭沫若译,神州国光出版社1932年版。

③ 大村泉:“《马克思恩格斯全集》两版日译本的企画(1928年)——高野岩三郎和梁赞诺夫的苦斗:共产国际和商业出版间的隔阂”,《大原社会问题研究所杂志》(2010年3月)第617期。

学生或政治避难者大量译成中文并在中国内地出版，我国初期马克思主义文献的翻译普及史和日本有密切的关系。这也是最初的汉译《共产党宣言》和《德意志意识形态》等马恩文献中的关键术语与日译本几乎完全一致的最大成因。

20世纪20—30年代，日译本和汉译本在翻译关键术语时使用的是相同的汉字词汇，但是在现代版的日译本和汉译本中，同一个德语概念被翻译成了完全不同的术语。以《德意志意识形态》为例，如上述“Nation”概念，服部译本依据前后文语境只有在不能将其译作“国民”或“国家”时才采用“民族”的译法，但是中央编译局版将“Nation”的翻译几乎全部修订为了“民族”。

再如“Verkehr”一词，服部版承袭了栉田＋森户译本将其译作“交通”，中央编译局版舍弃了郭译本中的“交通”将其改译为概念外延更为广泛的“交往”一词。如果不追溯原文，普通读者以及研究者很难联想到日译本中的“交通”和汉译本中的“交往”是同一个德文概念的翻译。

马克思恩格斯在同一语境下使用的相同术语不可能具有两种不同的含义。例如“民族”和“国民”，相同的德语概念（Nation等）在中日两国的翻译（汉字词汇）中产生了截然不同的两种意思，其中一方的翻译必定偏离了马克思恩格斯的原意。如果任由事态发展下去，势必会阻碍两国研究者深入的探讨交流，这也是两国学者应通力合作共同克服的难题之一。

因此，系统地、详细地整理两国马恩著作的翻译史是摆在中日两国学者面前的重要课题。现在以大村泉、涩谷正和韩立新为首的编辑小组正在编辑Online版（电子版）的《德意志意识形态》。编辑小组计划将手稿中的全部异文翻译成中日两国文字。要完成此项任务，需要中日两国研究人员以及关心马恩著作翻译问题的学者们精诚合作，深化与密切两国间的研究交流，为实现同为汉字文化圈的中日两国间翻译术语的统一而共同努力。

清末民初的“封建”政治*

慕唯仁**

于佳灵、江　晨、闫　泽等　译，于京东　校

清朝末年，中国不断面临来自帝国主义强权和内部分裂势力的威胁。为遏制这两种趋势，知识分子们探求改良政府之方法，创制新型之概念，以使中国置身于一种民族国家的全球体系当中。在此过程中，知识分子开始以普世性的社会与政治的理想来思考中国历史，与此同时，又强调中国的特殊性。

当中国的知识分子重新组织他们关于民族国家的世界体系观念时，他们也开始批判性地反思传统观念中那些想当然的成分，开始接受西方的历史与道德理念。正如本书编辑在导言中所说，中国的知识分子习得的不仅仅是民族主义和自由主义的范式。尤其自清末以来，知识分子常常利用传统观念来构建一种普遍的世界观，形成一种中国由帝国向民族国家转型的概念抽象。另一方面，特别是在民国时期，许多知识分子视民族国家为传统观念的阻碍。持有这种立场的一个重要的原因是他们接受了一种进步的历史观：国家（nations）就像车轮一样驶向同一方向：现代性（modernity）。因而在更大的视域里，传统中国的政治体制又成为知识分子眼中国家迈向现代性的阻碍。

自 20 世纪 80 年代开始，中美学者都致力于在五四运动的历史语境中考察知识

---

* 本文原载 Kai-Wing Chow, Tze-Ki Hon, Hung-Yok Ip and Don C. Price, eds., *Beyond the May Fourth Paradigm: In Search of Chinese Modernity*. Lanham: Lexington Books, 2008。——译者注

** 感谢 Kai-wing Chow, Prasenjit Duara, Tze-ki Hon, Joshua Pilzer, Saul Thomasm 和 Peter Zarrow 对本文初稿的指正，文中如有错误之处，作者自负。慕唯仁(Viren Murthy)，美国威斯康辛大学麦迪逊分校(University of Wisconsin-Madison)历史系副教授，主要从事中国研究和日本研究。

分子转型，清末往往被视为中国现代化的不成熟版本。例如，在《中国的启蒙运动》（*The Chinese Enlightenment*，1986）一书中，舒衡哲（Vera Schwarcz）援引李泽厚的话指出：五四一代持续对中国近代历史发展做出了“最显著的贡献”[①]。这类学者之所以将“五四一代”置于中国近代智识史的核心，是因为这些知识分子更激进地批判“封建”传统。舒衡哲在她的书开篇就有如下关于中国近代知识分子与启蒙问题的论述：

> 近代中国对于康德“什么是启蒙”问题的回答具有历史转折关头的紧迫性。这是近代民族主义兴起的时代，也是一个以乡村为基地的革命时代，又是一个从封建世界观中寻求解放的时代。[②]

舒衡哲在这里的论断其实极少为《新青年》群体成员所秉持，即将中国人民从“封建”的世界观中解放出来的说法。在这种历史叙事中，清末的知识分子必然被描述成为部分反封建的，但最终又为封建所征服。比如，李泽厚在讨论章太炎的文章中就说，章太炎思想的显著特征是“一方面夹杂封建毒素，另一方面又充满了小生产者惯有的反动空想”[③]。因此，李泽厚的解读是：《新青年》的知识分子可以彻底否定封建传统，而章太炎与其他清末知识分子却仍旧受其毒害。

舒衡哲则在回应康德“什么是启蒙”问题的意义上来理解这种叙事。康德在同名的一篇文章中提出了那句关于启蒙的经典表述，即“勇于运用你自己的理智”[④]。在舒看来，五四运动的一般叙事中，封建传统使人仅听从过去的教诲，因而不允许中国人运用“他们自己的理智”。相反，《新青年》群体的知识分子却可以自由地打破传统、自主思考。这种叙事中的清末知识分子尽管瞥见了一丝启蒙的可能性，但最终却不能自由地摆脱传统的束缚。

---

① Vera Schwarcz, *The Chinese Enlightenment*: *Intellectuals and the Legacy of the May Fourth Movement of 1919*. Berkeley: University of California Press, 1986, p. 25。

② Schwarcz, *The Chinese Enlightenment*, p. 25。译者按：译文参考《中国的启蒙运动》中文版。微拉·舒衡哲，《中国的启蒙运动》，李国英等译，山西人民出版社1989年版，导言第1页。

③ 李泽厚：“章太炎剖析”，载《中国近代思想史论》，人民出版社1979年版，第411页。

④ Immanuel Kant, “Was ist Aufklärung?” *Was ist Aufklärung?*: *Thesen und Definitionen*, Stuttgart: Philip Reclam jun, 1974. p. 9。

上世纪80年代中期开始，许多作品开始质疑上述研究的范式①，但学者们仍未完整考察近代中国“封建”(fengjian)一词语义变动的意涵。清末知识分子用其指代固有的传统体制，但后期的知识分子将其变成“封建主义”(feudalism)的中文对应词，作为一种批判中国传统的修辞策略。尤其在《新青年》知识分子的代表陈独秀的表述中，“封建”开始成为中国传统的负面标志。然而此时这一群体中的大多数人并未效仿这一用法。因此，给这些知识分子统一贴上“反封建”的标签，实则带来一种他们在视野与计划上有连续性与统一性的错觉。

此外，从康德问题的角度意识到“封建主义”和“封建”意义的多样性后，我们可以考察康德表述应用于近代中国的复杂性。自清末的新文化运动开始，知识分子便乐于运用“自我”(one's own)理智，然而五四运动的主导范式模糊了当时存在着竞争性“自我”定义的事实，自觉思考也并不意味着西方概念的采用。倘若跳出“五四范式”和相关“封建主义”的概念，我们将会发现诸如康有为和章太炎一类的清末思想家是如何努力在中西知识的夹缝中定义中国人的认同与自主性的。

在《从民族国家拯救历史》(*Rescuing History from the Nation*, 1995)一书中，杜赞奇为“封建”一词的语义变动研究做出了开创性的贡献。他认为，清末传统的“封建”概念与西方自由主义的结合生产出了一种关于现代性的“混合叙事”(hybrid narrative)。然而以梁启超为主要事例的他指出，一旦知识分子将“封建”理解为西方的“封建主义”，他们就会拒绝这种“混合叙事”，采纳一种将启蒙价值与民族国家叙事置于历史中心的线性历史观。因此，用杜赞奇本人的话来说，“封建”成为了“历史主话语中的他者”(the Other of the Master Narrative of History)②。

尽管杜赞奇准确地注意到了梁启超著作中政治修辞的一种变化，但笔者认为他整体上描述的是中国共产党重估传统之后的“封建”概念，仅仅抓住了清末“封建”概念变迁复杂性的一部分。尤其是这一时期，改良派的康有为和革命派的章太炎都不只是提倡一种反“封建”的历史进步主义模式，康秉持旧的“封建”观念，而章则暗含了

① 关于这些作品的系统考察一时不能全部罗列，以下给出英语学界的一些著名作品，包括 John E. Schrecker, *The Chinese Revolution in Historical Perspective*, Westport, CT: Praeger, 2nd, 2004。William T. Rowe, “*Approaches to Modern Chinese Social History*,” in Olivier Zunz, ed., *Reliving the Past: The Worlds of Social History*, Chapel Hill: University of North Carolina Press, 1985。Paul Cohen, *Discovering History in China*. New York: Columbia University Press, 1984。这些研究批评了“封建主义”(feudalism)概念的使用，但他们也没能具体分析出封建主义或“封建”话语在近代时期的概念化机制与动态过程。

② Prasenjit Duara, *Rescuing History from the Nation: Questioning Narratives of Modern China*. Chicago: University of Chicago Press, 1995, p. 173。译者按：中文译本见杜赞奇：《从民族国家拯救历史》，王宪明等译，社会科学文献出版社2003年版，第165页。

对进步史观的批评。尽管他开始将“封建”等同于西方的“封建主义”，但是他将这一概念放在新的框架之中，继而生产出一种同刘禾(Lydia Liu)所称的“跨语际实践”(translingual practice)相关的混合概念[①]。换句话说，当章太炎将“封建”和“封建主义”融合在一起时，他创造了一种对主/客方语言(host or guest language)来说都不可约的新义涵[②]。此外，章太炎从佛教哲学发展出一种对主导性的目的论历史观的批评，在今天同我们依然息息相关。

下面将从康有为和章太炎开始分析，在清末，他们从不同的角度讨论了“封建”的概念，并对“新青年”知识分子群体和“五四叙事”的后续发展产生了重要影响。康有为创造性地重新阐释了儒家学说和“封建”的传统叙事，将其与一种进步史观相整合。章太炎先是将“封建”作为改良计划的一部分来推进地方自治，后来又转而从革命的视角批评改良者的计划。在此过程中，章太炎从支持“封建”转向反对“封建”，喻示着他后期立场与“五四叙事”的趋同。然而，尽管章太炎把“封建”和西方、日本的“封建主义”联系起来(也是其后期观念的前兆)，他依然在一种帝国的意义上使用“封建”，主张中国的封建时期结束于周朝。而且，章与其他清末知识分子一样，并不认为“封建”是整个传统的通称。因此，不论他们如何评判这一概念，对“封建”的讨论并不会阻止他们严肃地借鉴中国传统资源来阐发时政，并界定一种自主性的领域。所以，清末知识分子仍能习用中国传统来勾勒未来的蓝图。相比之下，《新青年》群体的学人则整体拒斥中国传统，但他们在涉及“封建”和其他概念时，就如何解读传统仍未达成一致。在“五四范式”(后世称为“五四运动”，发生于1919年)确立之后，学人们将传统观点斥为“封建”，继而联系到儒家思想。我们可以看到，这种叙事在清末便有踪迹，但我们要克制一种将清末知识分子的思想解读为具有“五四”叙事雏形的目的论冲动。

通过审视清末民初围绕“封建”概念的讨论，笔者将从三个方面解构“五四范式”。首先，文章将指出清末思想家们如何预示了“五四”时期“封建”概念中某些批判传统的元素。其次，通过考察胡适和陈独秀这两位《新青年》思想巨擘在“封建”概念上的分歧，部分解构《新青年》群体的立场统一性。再次，笔者会说明章太炎对“封建”的一些用法如何开辟了一片得以反思《新青年》群体作品的空间。简言之，清末发生的一系列概念变化为知识分子们(尤其是章太炎)提供了一个评判中西政制的立足点，而

① Lydia Liu, *Translingual Practice*. Stanford, CA: Stanford University Press, 1995。

② 根据刘禾的研究，在上文提到的语境中，主方语言是中文，西方语言是客方语言。使用这些术语说是为了强调“主方语言”在“跨语际实践”中决定涵义结果的重要性。详见 Lydia Liu, *Translingual Practice*, pp. 25－27。

非简单地把西方作为榜样。

一、"郡县"和"封建"的二元对立

正如陈学霖所言①,"封建"这个词由两个字复合而成:"封",即植树划界;"建",即建立。"封建"一词最初出现在战国时代,指西周的政治体制。"封建"最初指代的是约公元前1073年的一次具体的政治事件——周武王推翻商纣王后,为了更有效地统治,把土地分封给他庞大家族的成员来划分王国。《左传》记载:"昔周公吊二叔之不咸,故封建亲戚以蕃屏周。"②这种体制被称作"封建",它包含着一种以宗族集团为基础、世袭精英控制政治权力的组织,一种土地归农民所有的分散经济体系以及一种礼乐兼顾的政府③。

汪晖的解释是先秦时期,"封建"就是周朝的政治体制,许多思想家(如孔子)将其视为一种理想的特定政治组织④。尤其在孔子看来,战国时期传统的礼乐制度已变得徒具形式,因此他的目标就是回到或找回周朝的政治体制。公元前221年秦朝建立,秦始皇统一诸国,废除封建组织,一种新的统治体制得到巩固,即"郡县"制。秦始皇设三十六郡,创立了一个遏制地方官员分离的中央集权体系。"郡县"和"封建"两种制度之间有许多差异,尤为值得注意的是,"郡县"制因其将权力集中于中央或顶层,因而赋予皇帝更大的权力。自秦代以降,中国的文人便发现儒家"封建"理念同帝国体制之间的紧张关系。

汉代建立之后,儒家学说成为帝国的意识形态,学者和官员再次将周代的"封建"制视为典范。然而和孔子不同,汉代学者们生活在"郡县"制下,这一制度和周代的"封建"政体存在根本性的不同。因此,尽管学者们提倡效法周朝,但并不意味着要回到那种政治体制,而是提倡将"封建"制的某些元素纳入到"郡县"制中。正如梁启超所说的,汉代统治者将土地分封给亲属,就把"郡县"制和"封建"制结合了起来⑤。

---

① 陈学霖:"从'封建'到'封建主义':古词新释与国史研究",《香港中文大学历史学讲座教授就职演讲专辑》,1998年6月,第23—36页。

② 《左传·僖公二十四年》,载李学勤编:《春秋左传正义》,北京大学出版社1999年版,第418页。

③ 此前,学者曾将"封建"译为"feudal",但最近李峰写了一篇极有说服力的论文,论证了封建体系和中世纪的feudalism有显著差异。他论证道,不像feudalism,封建体系中并不存在领主和附庸之间的个人依附关系等等。参见Li Feng"'Feudalism' and Western Zhou China: A Criticism." *Harvard Journal of Asiatic Studies*, vol. 63, no. 1, (June 2003), pp. 115 - 114。译者按:李峰,哥伦比亚大学东亚语言和文化系教授。

④ 汪晖:"天理与时势",载《中国现代思想的兴起》,三联书店2004年版,第105—254页。

⑤ 梁启超:"中国专制政治进化史论",载《饮冰室文集》之四,台北"中华书局"1932年版,第59—90页。

汪晖论证说，由于汉唐的政治组织基于"郡县"制，帝国意识形态不能仅仅依赖于周朝的"封建"理念。因此，他们需对经典的儒家学说进行补充，辅之以更普遍的宇宙论，如阴阳学说。例如，汉代学者董仲舒就把特定的政体和宇宙结构联系起来。这样，周代的"封建"制虽然仍然是个政治典范，但它已不再能够自证其正当性。这就为唐代学者柳宗元利用"势"或"时势"的概念来批评"封建"开出道路，这一批评或许是帝制时期最著名的批评[①]。柳论证道：尽管周代的时势有助于"封建"，但在唐代，"封建"已不再适用，时势要求实行"郡县"制。总之，他认为"封建"制会导致混乱和分裂。

后世的学者整体继承了柳宗元关于推行"郡县"制更为妥当的基本观点，但是他们仍然利用了"封建"典范中的道德力量。例如，在宋明两朝，当愈发集权化的中央政府几乎清除了封建制的痕迹时，更具批判力的"封建"理念重新回归到地方自治中。明末清初[②]，黄宗羲(1610—1695)和顾炎武(1613—1682)延续了这一传统并强调"封建"同当时的相关性。然而，他们都没有提出要回到周朝的体制，而是各自倡导"寓封建之意于郡县之中"。顾炎武写道：

> 知封建之所以变而为郡县，则知郡县之敝而将复变。然则将复变而为封建乎？曰，不能，有圣人起，寓封建之意于郡县之中，而天下治矣……封建之失，其专在下；郡县之失，其专在上。[③]

此文总结了朝廷和地方间的冲突问题，这也是"封建"的支持者与反对者之间争论的核心。顾炎武的观点中带有汉代儒家保障人民财富和维持帝国稳定的目标。在历史叙事上，顾炎武重述了一种容易联想到孔子时代的衰败纪事。然而不同于孔子的是，顾并不想仅仅回到周朝的体制，而是"寓封建之意于郡县之中"，暗示了地方自治与帝制规则的结合。由此，顾炎武相信他既能顺应时代的趋势，亦能践行周朝的道

① 柳宗元："封建论"，载《柳宗元散文精品选》，陕西人民出版社 1995 年版，第 3—19 页。

② 明朝在 1644 年灭亡。

③ 顾炎武："郡县论"，载钱仲联编：《顾炎武文选》，苏州大学出版社 2001 年版，第 1 页。英译文来源见 "The Feudal System vs. the Prefectural System." in *Sources of the Chinese Tradition*, edited by Wm. Theodore de Bary, Wing-tsit Chan, and Burton Waston, New York: Columbia University Press, 1960, p. 611。

德理想①。

二、清末的"封建"与"郡县"

清末学人继承了上述封建论的传统，但将之置于不同的情境。历史学家沟口雄三和增渊龙夫强调了明末清初与清末话语中关于"封建"讨论的不同。他们认为，明末清初的思想家借用封建话语批评清廷统治，并彰显地方名门族长和地主的角色；到了清末，知识分子则以"封建"话语来强化国家。这种策略上的转变原因很多。首先，不同于明朝，清朝是由满洲少数族群统治的国家，他们会通过类似"封建"的实践来控制更广大的疆域。正如汪晖所指出的，清朝不得不去中央化以控制西藏和内蒙古这些地区②。其次，到19世纪中叶，中国面临着外部侵略和内部分裂的危局。国内层面，为了镇压诸如太平天国（1851—1864）一类的农民叛乱，清政府开始利用地方士绅来保卫国家权力。见证这种行之有效方法的官员们，如冯桂芬，开始复兴顾炎武的许多观念。这一次不是用它批判或哀悼清朝的兴衰，而是为了弥补朝廷的权力。由此，"封建"话语在政治使用中的转变构成了改良派与革命派彼此争斗以及世纪之交"封建"的典范融入更为全球性的架构之中的大背景。

除了沟口雄三和增渊龙夫提及的内部压力外，清朝末年还遭遇了西方和日本的帝国主义。清末，中国开始进入全球资本主义和民族国家的世界，这包含着线性时间概念和意识形态的新形式。有必要强调的是，不同于本土儒家的历史形态，民族国家和资本主义都强调某种进步的时间性（temporality）；换句话说，它们倡导那种把资本主义和民族国家描述成超越先前经济与政治组织的理论。

清末中国的知识分子对于民族国家体系最直观的认知是战争。中国在中法战争（1883—1885）和中日战争（1894—1895）中的屈辱战败，招致了巨额赔款并面临着内部分裂的严重威胁，大多数知识分子都相信中国受制于国际政治的规则之下，因而他

① 根据沟口雄三（Mizoguchi Yūzō）和增渊龙夫（Masubuchi Tatsuo）的观点，顾炎武的封建论支持地主阶级反对国家权力。清初，顾炎武和黄宗羲均因明朝覆灭和满洲人占据中国而失望。顾炎武仔细思考了满洲人能战胜汉人明朝的缘由。他相信答案在于郡县制，特别是地方官员的失败层面。他声称，在郡县体制下，地方官员与中央的联系太过紧密，只关心个人晋升。因此这些地方官员任满洲人和匪徒随心所欲。在顾炎武看来，真正同满洲人和匪徒展开斗争的是地方地主和宗族。因此，他提倡建立一种地方宗族可以拥有更多权力的体制。所以，在结尾，我们可以读到顾炎武的封建论尝试激发地主阶级（地方宗族）反抗政府。参见沟口雄三「中国前近代思想の屈折と展開」，岩波书店1981年版。中译本为《中国前近代思想的屈折与展开》，北京大学出版社1994年版。增渊龙夫：「歴史認識における尚古主義と現実批判」，『哲学』vol. 4『哲学と歴史』，岩波书店1969年版。

② 汪晖："内与外"，载《中国现代思想的兴起》，三联书店2004年版，第489—603页。

们开始提倡更为激进的改革和文化转型运动。尽管早前的改良者们(例如洋务运动中)意识到了帝国主义的威胁,他们相信采用西方技术中国可以变强,因而政府无需按照近代西方的理念和制度进行政治改革。但是在中日战争后,知识分子们开始强调除了学习西方技术之外,中国还需要按照西方模式改革其政治体制。

这种意识形态上的转变影响到了清末政治体制架构的诸多方面,但对知识分子产生最直接影响的改革是教育系统的。中日战争前后,知识分子们开始创办可以学习西方的新式学校(学堂)。这项创举得到了清政府的支持,以期推进现代化进程。随着知识分子对西方思想认识的加深,他们对中国未来的看法也随之改变。

然而,即便知识分子开始相信到西方政治理念的重要性,但他们并未反对传统观念中的“封建”和“郡县”。为了构建民族国家,他们需要在改革政体的同时维持统一。因此,按照中国在从帝国向民族国家转型中保持其延续性这一思路,知识分子开始重新组织关于“封建”和“郡县”的概念。也正是在这一语境下,革命派和改良派将西方政治理论的观念与传统中国思想中关乎“封建”的道德力量加以结合。

三、康有为对“封建”的重新解释

康有为也许是晚清最负盛名的改良派,伴随着世界范围内近代民族——国家的大势,他曾尝试反思儒家的重要性以及“封建”与“郡县”间的对立。于本文的主旨而言,康的著作尤为重要,因为他的诸多观点大多遭到章太炎等清末革命派和《新青年》群体的攻击。康有为的巨著《大同书》[①](他声称1884年开始写此书,直至1914年出版)勾勒了一个内含儒家思想、社会达尔文主义、进步史观和自由思想的混合体系。为了强调中华文明的延续性,康有为奉孔子为民族认同的象征,试图以非革命的方式将中华帝国与中华民族一同引入近代世界。然而,约瑟夫·列文森(Joseph Levenson)却认为[②],康有为不仅是将儒家思想民族化,他还扩充了儒家的功用,从为帝国(天下)提供意识形态准则过渡到为全球(世界)倡导一个典范。范发迪(Fa-ti Fan)曾在书中以此探讨今文经学(New Text School)中的儒家乌托邦主义。在康有为那里,儒学是一种普世的、可以在世界各国获得道德合法性的理论。例如,外国发

---

① 康有为:《大同书》,中华书局1935年版。

② 列文森在名作《儒教中国及其现代命运》(Joseph R. Levenson, *Confucian China and Its Modern Fate*. 3 vols. University of California Press, 1968.)中指出,伴随着民族主义的到来,中国人最终把孔子奉为民族认同的唯一象征,由此孔教失去了许多意识形态的力量。有关这一主题和当今关系的有趣讨论,参见 Arif Dirlik, *Global Modernity: Modernity in the Age of Global Capitalism*. Boulder, CO: Paradigm Press, 2007。

展之所以能迅于中国，盖因他们采用了儒家准则，后者启发了诸如立宪在内的现代制度。因此，中国人学习和效仿西方宪制，实则在顺承孔子，回归周制。

与其他宣扬地方自治和精英参与的改良派一样，康有为将“封建”的传统叙事和西方政治理论结合，为中国未来构筑了一个混合模式。清末的“封建”话语中，中西思想之间的碰撞产生了两种不同的议程。第一种具有明确的政治性，通过提倡制度性的改革以构建强有力的民族国家。第二种为历史编纂式的，中国知识分子借以西方知识(尤其是与民族——国家相关的)重构中国历史。

康有为的《大同书》涵盖了上述两种议程，在民族——国家的语境中重新审视了“封建”概念。相较于其他共同体，民族国家通常强调自身的统一性，民族主义者往往贬斥过往之分裂，赞颂民族之统一，宣扬一种进步主义历史观。这同儒家“封建”观中的衰败论截然相反，所以，康有为的《大同书》置“郡县”于“封建”之上。他注意到，孔子在表达平等观念时，提倡的是统一与摆脱封建制，建立一种新的有限君权政体。康由此认为中国在超越“封建”，实现统一上较欧洲先行了两千余年[①]。

康有为在《大同书》和其他文献如《教学通义》中[②]，将“封建”概念直接用于跨语际的领域，刘禾(Lydia Liu)称之为在“封建”(fengjian)与西方“封建主义”(feudalism)的“语义对等”(linguistic equivalence)[③]。通过这种语义对等，康有为似乎将儒家“封建”概念所引申的历史衰败论置换为西方“封建主义”的线性历史观。此时他已将“封建”置于普世的进化视野中，国家一统优于封建割据，由此形成了评估各国进步性的跨文化性准则。因而如他所说，中国较印度更统一，亦更进步。

然而，在康有为进化论的架构中，晚近阶段仍然带有一些早期要素，所以他与陈独秀不同，并非简单地反对“封建”。事实上，康有为吸收了儒家“封建”概念中的许多元素，并试图将儒家的衰退叙事与线性的进化史观相结合。他 1895 年的《上清帝第四书》中写道：“设议院以通下情也”[④]，还补充说西方政府并非新制，许多所谓的新观念实则见诸有关周朝的古文经典。他声称，古时一度流畅的官民沟通，今世每况愈下。

这种衰退叙事促成了康有为在《公民自治篇》中对传统“封建”理论的发展，发表

---

① 汪晖：“帝国的自我转化与儒学的普遍主义——论康有为”，载赵汀阳编：《论证 3》，广西师范大学出版社 2003 年版，第 204 页。

② 我之所以提到其他文献，是因为《大同书》的成书年代尚难以确定，而《教学通义》成书于 1886 年。关于《大同书》成书年代的争论，参见汪晖“帝国的自我转化与儒学的普遍主义——论康有为”，载《康有为全集》(第一卷)，中华书局 1981 年版，第 143、149 页。

③ Lydia Liu, *Translingual Practic*, Stanford, CA: Standford University Press, 1995。

④ 汤志钧编：《康有为政论文集》，中华书局 1999 年版，第 149 页。

于1902年的《新民丛报》。康在这篇文章中指出，由于官员未尝学问，未出国门，中国实为一二瞽、聋、瘖、跛、心疾之人所统治[①]。为了解决这一难题，他认为官府应当发展地方自治，尤其是地方议院和代表。并声称尽管西方和日本早行此制，但并非独一无二，中国在夏商周三代与汉代皆有此制。

和顾炎武一样，康有为指出我们能在《周礼》中看到形形色色之地方官吏，例如乡大夫、党正、族师等[②]。这类官员并非朝廷所命，盖亦民自举而官许之。故而官民和睦、政令畅达，官府可察其民。然而，在康有为看来，隋朝以后此法废弛，皇帝清理地方性力量集权于中央的派出机构，比如督抚、司道、守令等[③]，此举打破了官民联结，使得地方自治不再可行。

上述论述就是一种衰退，由于康已然将“封建”同西方的“封建主义”相关联，他就必须以一种历史进步主义的观念来加以调和。在《公民自治篇》的最后，康有为指出：在缺乏强有力的政府时，“封建”会制造混乱，因而先秦时代就是战争的时代。他补充道，在古代混乱时期，“封建”意味着将权力给予一个王侯，但是当社会发展至下一个阶段的和平时期，“封建”就会将权力分配给更多的人。美国的“封建主义”就是“封建”制行之于大国的典范。而且他认为和“封建”有关的实践长期在中国存在着，尤其是在广东。因此，清政府仅仅需要立法来保护和鼓励地方自治即可[④]。

康有为不仅仅将“封建”和西方民主联系在一起。他进化史观的最终目标——天下大同，指的是一个消除了现代世界矛盾并克服封建格局的乌托邦。然而，即便在这个层面上，封建残余仍将存在。康认为民族国家将不复存在，但他展望了一种地球村中松散的世界联邦主义（world-federalism），继而一种跨国层面上再造出“封建”的理念[⑤]。

康有为还通过发展宋明理学的观点，将“封建”重新整合到他的世界观中。同朱熹等人一样，康并不相信一个人能回到周朝的“封建”体制，但他希望将“封建”作为一种典范来保持。通过将孔子解读为郡县平等而不是封建割据的拥护者，康有为引入了一种异乎于儒家传统的时间性——进化史观。而为了拯救“封建”的概念，他提出了一种顾炎武式的“寓封建之意于郡县之中”的具体范例，即现代联邦制（federalism）。以此说明历史是进步的，西方国家确比中国更先进。然而中国学习西

① 张枬、王忍之编：《辛亥革命前十年时论选集》(第一卷)，三联书店1978年版，第173页。
② 同上书，第180页。
③ 同上书，第181页。
④ 同上书，第183—184页。
⑤ 汪晖：《帝国的自我转化与儒学的普遍主义——论康有为》，第221页。

方又是一种重返儒家平等、统一与“封建”理念的过程。所以，即便康有为在某种意义上持有一种全球进步主义叙事，他依然能将传统中国重塑成一种典范。

四、章太炎对康有为的批评

同康有为等诸多清末知识分子一样，章太炎在接触西方思想之前对经典极为精通。并且在他的早年生涯就已开始将政治激进主义融入对经典的研读之中。就在他进入诂经精舍学习后不久，中国在甲午战争中惨败，改良派的康有为等人向皇帝上书，要求全面改革①。

此时，章太炎接受了康有为、梁启超等改良派的主张，以一种新型的儒学普遍主义为基础来建构民族国家，提出了他自己的“封建”观。尤其是章还根据康有为的风格写了《分镇》等文②，颂扬地方自治在抵御帝国主义中的作用。在《客帝论》一文中③，他甚至表态支持康有为将儒家作为民族象征的想法。章太炎认为孔子应该是中国象征意义上的帝王，以此化解汉满之间的紧张。章的文章对于复兴周朝“封建”中的地方自治理念而言是有利的，对地方自治的封建理想复兴而言是有益的，由于他支持光绪皇帝将自己作为“客帝”，因而给地方自治留下了空间。

约在这类文章写作之时，章太炎也试图践行自己的主张。由于山东和直隶两地的总督对朝廷的政策不满，章认为是说服他们接受他在《分镇》中所提主张的机会。1900年6月，他给刘坤一和李鸿章写信寻求支持，建议他们“明绝伪诏，更建政府，养贤致民，以全半壁”④。此时尚在日本的孙中山也间接寻求说服李鸿章脱离清朝政府。

然而，刘坤一和李鸿章都没有理会章的提议，1900年8月，章太炎在给孙中山的信中还表露了这种沮丧。同样在1900年，李鸿章接受了直隶总督的职位并最终成为了全权议和大臣。以此头衔，李在1901年9月签订了《辛丑条约》，向外国列强做出了一系列的让步。章太炎将此举看作是向帝国主义的投降，引发了他对未来中国政局的反思。尤其是多重因素下义和团运动的失败与李鸿章等朝廷官员的作为，使得

① 正如王汎森所说，章太炎在此刻必定充满挣扎。一方面，他的老师俞樾，强调他应该独立研究政治学而不要参与改良派的活动。另一方面，圣人的教训又要他们以天下国家为己任。1896年，当梁启超在他所办的改良派报纸上为章氏提供了一个职位时，章氏根据他服务国家的原则而接受了。王汎森：《章太炎的思想及其对儒家传统的冲击》，台北时报出版社1985年版，第2页。

② 章太炎：“分镇”，载钱锺书编：《訄书》(初刻本、重订本)，三联书店1998年版，第76—79页。

③ 章太炎：“分镇”，第69—73页。

④ 章太炎：“庚子拳变与粤督书”(1900年6月)，转引自姜义华：《章太炎评传》，南京大学出版社2002年版，第36页。

章太炎放弃了早年主张,坚定了反满革命的立场。而此时作为革命派的章也开始明确批判康有为的改良计划。

前文提及的康有为哲学中的两个重要因素——普世的儒家思想与历史进化理论,此后成为革命派的章太炎所攻击的对象。

《新青年》群体的知识分子往往将章太炎在这一时期对儒家的批评称为“反孔非儒”和反传统主义的开端①。在对孔子的看法上,章无疑对《新青年》群体有所影响,但我们必须谨慎区分章太炎的反儒家思想和后期吴虞、陈独秀等知识分子的观点。1904 年,《訄书》第二版问世之时,章太炎在多篇文章中批判孔子原创性不足,剽窃其他学说的思想。1906 年,《国粹学报》上的那篇关于诸子百家的著名文章中,章太炎进一步抨击孔子过于重视官职和薪俸②。尽管《新青年》群体对这其中的某些观点进行了发挥,但我们应当注意,章太炎对孔子的批评很大程度上是针对康有为和他把孔子形象作为未来立宪君主的计划。因此与其说章攻击孔子本身,倒不如说是攻击那种把儒学奉为国教的意图。此外,他也并替换掉儒家所提倡的“封建”叙事中的时间性结构。

具体而言,章太炎仍然在维持一种衰退叙事,并将其同汉代儒家学说的垄断性地位相关联。这种衰退叙事也同这一时期的“国粹运动”有关,后者在 1900 年的义和团运动之后日益流行。整体上,这一运动的支持者将孔子移出了中国思想的核心,代之以先秦诸子百家,也彰显了民主精神。由此,他们对先秦继续保持赞许的同时,创造出一种与非儒家的衰退叙事。1906 年诸子百家的文章中,章提出先秦百家争鸣的态势孕育着多元主义③。然而在汉武帝钦定儒学独尊之后,即便是想要自由思考的人也须用儒家思想包装自己的观点。

与《新青年》群体对孔子的批判不同(他们认为中国传统就是儒家思想),章太炎对儒家学说的批评是在更狭隘的意义上的。换言之,康有为抬高孔子,明确将其作为中国文化精粹代表的同时,章太炎仅仅视其为一位出色的史家,地位等同于汉代的刘歆。章和其他“国粹运动”之人所持的这类观点使得批判官方儒家思想进入议程,与此同时,对先秦诸哲的重新解读方式也使他们更易接受近代西方哲人。

因此,尽管章太炎批评儒学,拒斥“封建”制,但他提出的概念结构与康有为在《大同书》里的理论异曲同工。具体来说,两人都溯源古代来寻求中国在民族国家世界里

---

① 张昭军:《儒学近代之境:章太炎儒学思想研究》,社会科学出版社 2002 年版。

② 章太炎:“论诸子学”,载姜义华、朱维铮编:《章太炎选集》,上海人民出版社 1981 年版,第 363 页。

③ 同上书,第 355 页。

的应对之道。然而，与康有为将儒学与进步史观结合的尝试不同，章太炎拒绝接受这两者，转向了佛道学说。

五、章太炎对进化论的批评

如上所述，章太炎脱离了康梁的改良计划，转而投身反满的革命活动。1903年，由于为邹容的革命小册子撰写前言，章太炎被判刑三年。狱中他坚持阅读唯识宗派佛经（Yogacara Buddhist texts），自此开始发展他思想中的哲学架构。

1906年，章太炎出狱后前往东京，成为著名革命杂志《民报》的编辑。任上第一年，他发表了一篇重要文章《俱分进化论》[①]，反对时代风潮，从佛学视角批评进化论。这种批判对我们理解“封建”概念至关重要，因为自康有为开始，对“封建”的批评一直与某种结合了民族国家统一理念的进步史观相伴。换言之，即便清末的知识分子通过重诉“封建”，提出了一种中国自周朝自后的衰退叙事，但他们依然强调中国最终发展成为民族国家的重要性。

在《俱分进化论》的开头，章太炎宣称进化论的思想肇始于黑格尔，尽管后者没有使用这一术语，但我们可以从他的文本中发现进步和发展的思想。更重要的是，章太炎批评黑格尔偏向历史发展的后期阶段，虽然章不否认进化的事实[②]，但却反对进化会导向更具美德的社会这一观点。他指出，他用唯识宗关于业力因果根源的理论论证善恶苦乐是齐头并进的[③]。具体而言，现代社会的人能够实现更大的利他主义，然而现代技术与武器又能让人更加严重、更大规模地彼此伤害[④]。

除了使用唯识宗派佛学来批判进化论思想之外，章在《民报》杂志上发表的文章还把佛道学说结合起来，提出了对现代世界的一种哲学回应，并最终设想出一个全球资本主义民族国家世界的替代方案。研究章太炎的学者将这种哲学称为“平等哲学”

① 章太炎：“俱分进化论”，载姜玢编：《革故鼎新的哲理：章太炎文选》，上海远东出版社1996年版，第150页。

② 近来，一些学者试图论证章太炎所说的“进化”只是“变化”，例如汪晖和张汝伦。我认为章太炎的进化概念更复杂一些，但是这个问题超出了本文的范围。见汪晖：“个人观念的起源与中国的现代认同问题”，载《汪晖自选集》，广西师范大学1997年版。以及张汝伦：《现代中国思想研究》，上海人民出版社2001年版，第2—4章。

③ 唯识宗认为，自我的意识取决于“业力”，这些业力既有善又有恶。因此，这一佛学学派的目标是认识到自我的“虚空”。

④ 这种观点在第一次世界大战之后更加流行。见 Michael Adas, “Contested Hegemony: The Great War and Afro-Asian Assault on the Civilizing Mission Ideology,” in Prasenjit Duara (eds.), *Decolonization: Perspectives from Now and Then*. London: Routledge, 2004。

或“齐物哲学”[①]。它无疑是复杂的，但却三个概念同我们对章太炎的“封建”理念的讨论尤为相关：个性、自我超越和差别平等(齐)。

1907年，章太炎在《民报》上发表一篇题为《国家论》的文章[②]，创造性地发展了唯识宗派佛经中“大毗婆沙论”(Mahavibhasa sastra)和原子论的内容[③]。他认为只有个体才具有自我属性(自性)，而像国家、乡团和村庄这样的集合体是人为的(假有)。因为在他看来，只有不能再分裂的东西才有自性。当然，人类可以被进一步划分为细胞，但我们不能实际地采用细胞的观点。因此基于我们的主观局限性，我们必须把个体作为我们的出发点。从这些关于自性和人为的概念中，章得出结论说：人类个体对群体和国家没有任何义务。因此，在1908年发表的《五无论》的文章中，他认为首先需要否定的两个结构便是政府与团体(或宗族)。

上述章的观点似乎与现代自由主义的个人与权利理论相契合，然而在章的哲学中，个体的这种概念并不构成本体论基础。从后者角度看，章强调的是差别平等。他用庄子的“齐”来表示“平等”，并认为这种平等概念优于西方的解释。在他看来，西方的平等观念是指人与人之间的抽象的、理想的地位平等，而庄子哲学中的“平等”是指包含本体论意义上的一切事物。在1908年《民报》文章《四惑论》中[④]，他引用庄子说：“齐物者，非有正处、正味、正色之定程，而使万物各从所好。”[⑤]由此，他也就确保了各项事物的根本特性。

在章看来，差别的万物是平等的，人们无法理解盖因局限于固有的“自我”(“我见”)与“他物”(“法我见”)的分野里。所以尽管章太炎在《国家论》中基于个体角度反对国家，但为了平等的实现，一个人需要超越自我，意识到自我和世界都是虚空。因而《五无论》中最后三个“无”是“无人类，无众生，无世界”，所有这些都指向一种认识论上的转变，以使得人能够看到万物在本体论意义上的平等。在他看来，一旦人们照此行事，他们将进入一种后民族的乌托邦，在那里“农为游农，工为游工，女为游女”[⑥]。

章对政治乌托邦的描述与康有为《大同书》不谋而合，但在章看来，实现无政府主义乌托邦的方法牵涉到一种自我超越。在这一点上，章的立场与苏曼殊的观点相似。

---

① 对于章太炎个人主义“齐物”哲学的分析见汪晖：“个人观念的起源与中国的现代认同”问题，第36—159页。亦可参见王远义“独立苍茫——辛亥革命前章太炎的激进思想及其乌托邦与反乌托邦性质”，载贺照田编：《学术思想评论》(第10辑)，吉林人民出版社2003年版，第419—554页。

② 章太炎：“国家论”，载汤志钧编：《章太炎政论选集》，中华书局1977年版，第359—369页。

③ 中文称“大毗婆沙论”。

④ 章太炎：“四惑论”，载姜玢编：《革故鼎新的哲理：章太炎文选》，上海远东出版社1996年版，第299—312页。

⑤ 章太炎：“四惑论”，第304页。

⑥ 章太炎：“五无论”，载姜玢编：《革故鼎新的哲理：章太炎文选》，第258页。

Hung-yok Ip在她的章节中讨论过苏曼殊的作品。苏和章从个体的概念出发，似乎是模仿西方的个人主义。但对这两位作家来说，个人最终必须超越自我，才能实现佛教真理的境界。

正如我们将看到的，当章讨论政治时，他的个性与平等概念是模棱两可的；他根据作品的语境来解释这些术语，在佛教和更西方的解释中来回切换。我们已经看到了章是如何利用个人的概念来反对国家的。关于平等，章有时用这个概念来表示一个更传统的分配正义的概念，这个我们将在他的关于封建的文章中看到。与此同时，在他关于"封建"的文章中，他在国家层面上也援引了庄子关于差别平等的观点，从而破坏了文明与野蛮的区别。这使他得以发展一种非目的论的历史理论。这里需要强调的是，章的历史观是非目的性的，在章的观点中，每个国家都有自己的发展历史条件，人不能预测历史变化的路径。乍一看，似乎章否定了相关的西方普世的目的论，但随后又在民族国家层面上引入了目的论，并声称每个国家都有一个固定的轨迹。然而他的著作显示，他对中国过去的历史进行了回顾性分析，且分析了条件和趋势，并未援引决定论者的目的论。事实上，他在《齐物论释》中用老子的话来批评对未来的预测："前识者，道之华也，而愚之首也。"[①]而在他的《四惑论》中，他也明确指出庄子"无物不然，无物不可"的观点同黑格尔关于世界"事事皆合理，物物皆善美"的目的论解释的不同："词义相同。然一以为人心不同，难为齐概；而一以为终局目的，藉此为经历之途。则根柢又绝远矣。"[②]

章太炎运用唯识宗派佛学和道教哲学来批判进化论的方式为他提供了思考历史特性的空间。当他将民族国家作为分析单位时，他在文中含蓄地指出不同国家道路发展可能的不同。基于此，将历史从目的论中脱离出来并直接对抗康有为的进化论，因而他也将会发展出一个不同于胡适后来所阐释的历史的理论。后者认为所有国家的车轮都趋向同一个目的地——现代性。章则认为，各国能够并已经走上了不同的道路。例如他指出，欧洲、日本的德性与邪恶都有所增加的同时，自宋以来中国的善恶却有所减少，"渐益退化"[③]。相较于这种主张的有效性，我们更应该关注他阐述了一种人们可以把不同地区看作具有不同时间性与发展方向的理论框架的事实。并且，章通过强调善恶共同的发展，避开了一种简单的进步观念，阐述了一个强调看待社会特定方面的历史理论。这个理论框架表明了章在动员非西方知识资源和为他所

① 章太炎："齐物论释"，载姜玢编：《革故鼎新的哲理：章太炎文选》，第474页。引文出自老子的《道德经》，第38篇，见Lao Tzu, *Tao Te Ching*. D. C. Lau trans., London: Penguin, 1963, p. 99。

② 章太炎："四惑论"，第304页。

③ 章太炎："俱分进化论"，第370页。

面临的全球资本主义世界的寻找替代物的能力。相应，中国走另一条路径的可能性对于我们理解章太炎所预想的“封建”概念就至关重要。

六、章太炎将“封建”作为西方“封建主义”的用法

担任《民报》主编期间，章太炎开始批评改良派的地方自治和议院改革是违反平等原则、压制个人的。1907 年和 1908 年，他发表文章谴责改良派为促进地方自治而使用“封建”，文中他以非目的论的方式将“封建”与西方的“封建主义”结合起来。换句话说，与在 1900 年认为中国“封建”时期比西方持续时间更长而不得不效仿西方的梁启超不同，章认为中国在周朝以后便超越了“封建”，由此走上了另一条历史道路。

1907 年，章在《民报》上发表的《记政闻社大会破坏状》一文中，将“封建”论述为“封建主义”。开篇便描述了政闻社大会如何被打断的：

> 阳历十月十七日，政闻社员大会于锦辉馆，谋立宪也。社以蒋智由为魁，而拥护梁启超。启超往，徒党几二百人，他赴会者亦千人，又召日本名士八辈为光宠……革命党员张继、金刚、陶成章等亦往视之。梁启超登，力士在右，与会者以次坐……启超说国会议院等事，且曰：“今朝廷下诏，刻期立宪，诸君子宜欢喜踊跃。”语未卒，张继以日本语厉声叱之曰：“马鹿。”起立，又呼曰：“打。”四百余人奔而前，启超跳，自曲楼旋转而坠，或以草履掷之，中颊。①

发生在日本的这一动乱支撑了章太炎 1907 年对于“封建”的考察。如他所言，梁启超因为清朝同意实施宪法而感到高兴，这是清末新政的一部分，政府通过举用地方精英来寻求现代化和扩张国家权力。在这一层面，清政府为了应对内外危机而采纳了许多改良派的政策。按照章的说法，清政府已经在实施梁启超和其他改良派提出的将“封建”与宪政相结合的建议。然而他认为，这种政策不是解放个人，只是复制了不平等、进一步压迫人民。

章太炎觉得，像梁启超一样的改良派没有看到在中国立宪的问题，是因为他们没有历史地看待中国。因此，他提到了他和他的革命同仁反对立宪的历史因素：

> 原吾辈之所以遮拨立宪者，非特为满、汉相争……纵今日御宇者，犹是天水、

① 汤志钧编：《章太炎政论选集》(上册)，中华书局 1977 年版，第 370 页。

凤阳之裔，而立宪固不适于中国矣。是何也？宪政者，特封建世卿之变相耳。其用在于纤悉备知，民隐上达，然非仍封建之习惯者弗能为。欧洲诸国之立宪也，其去封建时代，率不过二三百岁，日本尤近。[①]

由于章太炎使用“封建”一词来形容欧洲和日本的“封建主义”，跟康有为一样他预示了“五四”的话语。然而章像清末“封建”的拥护者们那样将议院制度同“封建”相连，并且坚信这种制度已经在周朝之后消失。因此，在1908年的文章《代议然否论》中，章效仿康有为解释说：欧美议会中的一些机制都有《周礼》和《左传》的影子。

然而，在讨论“封建”时，章太炎又脱离了进化目的论的时间性和与儒家思想相关的衰退叙事。因此，“封建”进一步失去了儒家理念的光环，成为一个简单的描述概念。如上所述，章太炎并没有用过去中国存在立宪制度的事实来论证当下朝廷应该实行什么制度。相反，他声称，由于“封建”和立宪的可能在中国历史上相当久远，统治者不能再在当下效仿同样的做法。他在《记政闻社大会破坏状》一文中明确地在时间和空间的意义上讨论了这个问题：

世人徒见欧洲、日本皆以立宪稍致清平，以为四海同流，中国必不能自外；是但知空间之相同，而不悟时间之相异，其亦疏缪甚矣。[②]

我们应该将章太炎此处的言论理解为对流行的民族主义话语的批判，后者激起了一种进步的时间性。在进步史观看来，各国都要走同样的发展道路；有些国家可能布局领先，但是目标是一致的。因而梁启超和康有为就认为，所有国家都要经历一个“封建”时代，才能走向现代。章太炎并未采用一种线性民族叙事，因为他相信中国历史与西方的走向有所不同。而且，即便他肯定中国比西方早一步超越“封建”，他也并非暗示欧洲国家最终会重复中国的道路。

由于章太炎对时间性或时间的问题更加关注，所以很难理解当他写道“空间之相同”时的意图。语境表明这是一个抽象的空间概念，他认为许多人从“空间之相同”这一前提跳到了错误结论，即中国必须走其他国家同样的发展道路。所以此处的空间是指一个普世性的领域，占据相同空间意味着人们状况的某些普世特征并各自构成世界的一部分。居住在相同空间意味着一个抽象层面的身份认同——只有作为民族

① 汤志钧编：《章太炎政论选集》(上册)，第370页。

② 同上书，第374页。译者按：作者原文标注309页，应为笔误。

国家世界之中的“诸国”(nations)被理解，中国和其他国家才是相同的。

章太炎1907年在《民报》发表的《社会通诠商兑》，通过比较自然科学和社会学阐明了上述普世性与特殊性之间的区别。他指出，虽然物理学和几何学的结果不会因地而异，但是人们思想的变化和人类事务却有诸多面相，所以不能以一个地区为标准①。鉴于上述的时空隐喻，如果空间性是一个普世的维度，它使科学的成果跨越文化变得可能，那么时间性就对全球社会的结论层面设定了一个限制。康、梁以及其他拥护“封建”来实现现代化的人坚信中国是世界的一部分，但并未像章太炎那样认真思考时间性的问题。因而他们认为，尽管中国在周朝废除了“封建”，但今时仍可复兴，并融以西方理念。然而，正如章太炎在他关于代议制政府的文末所引用庄子的话所说的：“名者，实之宾也。”②换言之，由于时局所迫，即便我们用“封建”一词来谈论地方自治，实际的作用机制仍然将不同于周朝、欧洲或日本。

当然，章在分析中依然采取某种线性叙事，认为过去的“封建”制度无法恢复。然而，至少从唐代开始，这种最低限度的线性叙事便已呈现在几乎所有思想家的“封建”论述中。需要注意的是，柳宗元认为“封建”制无法在唐代实现，因为“时势”已经发生变化。甚至顾炎武也认为“封建”制不可能在明末清初重现，但他认为现有的某些遗留做法能将“封建”融入到郡县制中。不同于顾炎武、康有为和梁启超，章太炎强调历史结构的断裂，尤其是古代和前封建时代间中国社会构成的断裂。在他看来，清末郡县制的历史背景下，立宪并不能产生积极的效果。“封建”制的推行所需的是这样一种心态：“欧洲诸国，参半皆信神教，而去封建未远。深隐于人心者曰：人为社会生，非为己生。”③倘若民众相信他们为社会而生，当地官员便能够轻易地控制他们，并由此再造出等级制度。然而，正如他《记政闻社大会破坏状》中所说，中国人在很久以前就已放弃“封建”，因此民众并不认为自己为社会或国家而生。故章氏总结说，清末“封建”制的实施会导致混乱与压迫。

尽管章太炎强调个体之于群体的独立性，但并不反对基于个人自由的代议制政府和立宪制。他宁可解释说，在中国立宪会使原本相对平等的社会滋生不平等。此处的平等概念并非庄子的齐物论，而是西方的自由主义理论家式的仅限于人与人之间的平等。具体而言，他认为如果试图在20世纪初的中国实施“封建”制和代议制，只会使地方士绅坐大，赋予其压迫民众的合法性。在《代议然否论》中，章坚信早先废除“封建”的一个好处就是促进了平等。“去封建远者，民皆平等；去封建近者，民有贵

① 姜玢编：《革故鼎新的哲理——章太炎文选》，第228页。

② 章太炎：“代议然否论”，载朱维铮、姜义华等编著：《章太炎选集》(注释本)，第483页。

③ 章太炎：“四惑论”，第300页。

族黎庶之分。"[①]进而以此强调中国与其他国家的不同：

> 盖震旦亦无他长耳。旁睨邻国，与我为左右手者，印度以四姓阶级亡。西方诸国，上者藩侯，下者地主，平民皆不得与抗礼。其废君主、立总统者，以贫富为名，分若天泽冠履然。然彼其与印度兴亡虽异，以阶级限民则同。独震旦脱然免是。[②]

以上可见，章太炎将普世性与特殊性结合到对中国的论述中。首句就将平等作为标准。汉字"长"，我将其译作"优质"，是一种隐喻。最初与大小或者长度相关，尤其是含有空间比较之意，由此预设了一个共同的标准。然而，在这个共同架构内，平等也使得中国成为个体独立的民族国家。章太炎认为即便在进入民族国家世界之后，中国也应该继续沿着另一条路径前行。这种另辟蹊径的论调也解释了章对其他事物的看法，例如周启荣已在其章节中加以讨论的文言文等。总体而言，各项事例表明章太炎已然察觉到与今天我们所称的"五四范式"相关的概念的问世，并试图从中挽救中国传统的一些元素。

七、《新青年》群体：陈独秀与胡适

1911年辛亥革命后，中国的知识分子开始将传统哲学与文化视为衰败之源，很多人完全拒斥本土的理念。尽管在此期间论及"封建"的很少，但知识分子们搭建了的反传统主义的概念框架，构成了这一术语新用法的基础。这种新的论述发展了康有为和章太炎各自对于传统的阐述。然而，不同于章太炎的《新青年》，知识分子极少认可中国传统的价值，也不认可章的历史观。

20世纪的前几十年间，知识分子开始在社会中扮演相当不同的角色。这种社会和知识变革的过程早在清末便随着改革和科举制的废除开始了。前文已提及制度变迁是如何促进西方思想的传播；但是，为了明晰清末至《新青年》派出现这一期间的转变，我们需要重视科举改革的另一个影响，即知识分子与普通人之间的关系变化。

1924年，在见证了《新青年》群体的崛起所带来的变化以及今天所谓的"五四范式"的形成以后，章太炎注意到了科举制改革使得知识分子开始成为同大众相分离的

① 章太炎："代议然否论"，载朱维铮、姜义华等编著：《章太炎选集》，第463页。

② 同上。

一个单独阶层[①]。罗志田对此的解释是知识分子不再从事农业生产活动，过往的士大夫们半耕半读，而19世纪末20世纪初的知识分子却大多身居城市远离农业生产。知识分子与普通大众这种渐行渐远一直延续到清末民初，差不多完全丧失在政权中的传统角色[②]。

我们可以看到，随着知识分子们远离社会中的其他群体，他们对于传统的观念开始变得更加偏离固有的历史认知。特别是在"封建"一词的含义上，清末还依然指中国历史上的一个特定时段相关的典范。随着《新青年》群体的兴起，"封建"所有旧含义几乎完全消失。原因可能在于传统的大量阐述同"封建"理念有关制度细节的《周礼》失去其在教育体制中的地位，《新青年》群体的知识分子们接受更为西式的教育，很多人曾留学美国、欧洲或日本。

辛亥革命后，知识分子对于中国未来寄予厚望。但很快让他们失望的是，即便经历了1911年革命后的制度变革，中国依然饱受内忧外患的困扰。并且与毫无实权的知识分子不同，大总统袁世凯似乎有意复辟王朝时代的一些统治规则。所以在失去与政权的原有联系后，知识分子坚信中国的真正问题不在体制，而在文化。这一背景下，陈独秀开始使用"封建"这一术语从文化角度批判传统。知识分子在如此否定传统之时，也暗含了一种有别于社会其他群体的表达。可以说《新青年》群体的知识分子在使用"封建"或类似词语去批判传统时，进一步强化了过去已经被遗忘或被压制了的身份认同以及相对于他者应有的优越感。这种对于传统的彻底否定，使得知识分子绝无可能去思考中国历史的特殊性，也就无法像章太炎一样相信中国可以走另一条道路。

陈学霖认为，我们最早可以找到的将"封建"作为帝制中国负面标志的用法是在1915年的《敬告青年》一文中，作者陈独秀是《新青年》群体主要的知识分子，这也是《青年杂志》(后更名《新青年》)上刊登的第一篇文章。陈在文中只使用了一次"封建"，但他通过本文呈现了我们如今称之为"五四世界观"诸多方面。他在文章的第二部分("进步的而非保守的")中写道：

> 固有之伦理、法律、学术、礼俗，无一非封建制度之遗。持较皙种之所为，以并世之人，而思想差迟，几及千载。尊重廿四朝之历史性而不作改进之图，则驱

① 章太炎："救学弊论"，第760页。

② 罗志田：《乱世潜流：民族主义与民国政治》，上海古籍出版社2001年版，第6页。

吾民于二十世纪之世界以外，纳之奴隶牛马，黑暗沟中而已。[①]

陈这里的“封建”用法可能标志着它第一次成为现代性的对立面，这种语义转换的可行得益于特定制度与话语的转变，例如帝国行政体系的终结以及对“封建”制的各种批评。

在陈独秀同期撰写的其他文章中，我们可以看出“封建”指的是一种关于中国传统的模糊概念。陈在1916年的《新青年》上发表了一篇题为《孔子之道与现代生活》的文章，部分针对康有为长期宣扬孔教的行动。陈再次批判中国的传统，并将之归结为“封建”，还将孔子与“封建”时代联系到一起：

孔子生长封建时代，所提倡之道德，封建时代之道德也；所垂示之礼教，即生活状态，封建时代之礼教，封建时代之生活状态也……封建时代之道德、礼教、生活、政治，所心营目注，其范围不越少数君主贵族之权利与名誉，于多数国民之幸福无与焉。[②]

尽管这篇文章某种程度上呼应了章太炎对孔子的批评，但陈独秀构建的历史观与章太炎全然不同。在章看来，中国历史的衰退是由于汉代僵硬的儒家思想取代了周朝相当开放的体制所致。章陈的分歧部分源于两者对于民族国家使用的不同的叙事方式。在革命年代，章认为中国需要反对满人的统治而重新回归汉人的政权，因此汉人文化在他看来就是中国文化，这构成了他的叙事主体。他从一开始就将儒家思想驱逐出汉文化的核心，并试图从其他的思想家那里获得中国文化的新解读。考虑到康有为将儒家学说作为振兴清朝政府的方法，章太炎指出清政府的困境也正是儒家思想的问题。然而，在《新青年》群体看来，中国文化本身就是需要被攻击的对象。尽管他们也涉及中国历史中的种种“异端”思想和非儒家的传统，但都需要借助一种西方典范来进行评估[③]。陈独秀的国家叙事中，中国历史与文化使其自身处在不同

① 陈独秀等著，王中江、苑淑娅选编：《新青年》，中州古籍出版社1999年版，第29页（原名《青年杂志》，第1卷第1期）。

② 同上书，第144页（《新青年》第2卷第4期）。

③ 胡适试图在中国古代思想中寻找到自由主义的内容的努力可以佐证他的这种想法。参见胡适《中国哲学史大纲》，东方出版社1996年版。在胡适对于思想复兴的寻求之中，我们可以看到类似康有为的双重时间性的观点。胡适认为早期中国的一些哲学家例如孔子、老子的一些观点很接近于自由主义的观点。但是在随后的中古时代，中国和中国的哲学家遗失了这些思想。于是从宋朝开始的近古时代之中，哲学家们再也无法摆脱中古哲学的影响，无法发展成完全的现代化。而发展成完全的现代化则有可能将早期中国哲学中的自由主义和科学方法发展成熟。在胡适和康有为之前主要的区别在于胡适认为中国的传统难以抵御外来思想的进入，并难以为其他对于未来的构想提供资源。参见竹内规人“胡适的中国哲学史：思想构想及其问题”，载《中国哲学研究》第21期，2005年。

的位置上，彰显了其特性，但却同西方国家处于同一时间线上。这种叙事中的儒家思想同“封建”一样开始比在章那里获得更多的意涵，一定程度上，陈独秀与康有为的儒学观互为镜像。康有为在《大同书》中认为儒家思想使得中国比其他国家更为伟大，而陈独秀和许多《新青年》知识分子则将其视作中国落后于西方的原因。陈坚称儒家思想不适于现代政权，因为前者赖以为基础的“封建”精英主义与人权之类的现代理念毫不相容。在陈独秀看来，想要达到民主的政治目标，人们需要彻底推翻“封建”文化。

同清末许多知识分子一样，陈独秀等民初的知识分子十分认可达尔文主义的进步概念，以传统与现代、中国与西方这类的二分法去看待世界。然而，当这些对立概念进入辛亥革命后的全新修辞空间中后，知识分子认为郡县制同“封建制”之间的对立是无关紧要的，其他对立的二元关系也纷纷发生变化。特别是他们将现代性，连同其政治制度与文化前提都联系到西方。知识分子们构建了一个他们所认同的“西方”形象，并以此来批判大部分的中国历史。这部分证明了胡志德(Ted Huters)在其章节中所指出的：外语知识作为一种文化资本越来越重要。也正因如此，知识分子不再满足于将“封建”仅仅当作是一个本土概念，而是试图将其与西方的“封建主义”联系在一起。

尽管影响广泛，并非所有知识分子都接受了陈独秀对于“封建”概念的使用①。胡适在《新青年》上的文章就比陈独秀更为精妙，也从另一个维度重新阐释了陈“封建”概念中的元素。1919年，胡适在名篇《新思潮的意义》中批评陈独秀的主张都“太笼统”②，他认为新思潮的真正的新意在于一种评判的态度。他解释说这种评判的态度应当包括三个要素：第一，对于习俗相传的制度风俗，须询问它是否还有存在价值；第二，对于古代遗传下来的圣贤教训，须询问今时是否不错；第三，对于社会上糊涂公认的行为与信仰，须询问一种公认信念是否必然正确③。

上述文章中，比之陈独秀，胡适似乎为复兴传统留出了更多的空间，他实际上对康有为和章太炎早已践行的批判理念做了总结。然而，胡适补充说批判理念的最好表述是“尼采说重新估定一切价值”④。“重估”的概念似带来某些胡适想竭力避免的

① 例如，典型的反儒家者吴虞在1917年发表的一篇批评儒家的文章中依然使用了“封建”旧的用法，但是在他的文章之中我们依然可以发现某些在革命后依然被持续使用的基本的义项，这些都可以被视作是清末世界观的延伸。尽管吴虞并不用封建来形容整个帝制时代，但是他宣称中国的主要问题在于家长制的庞大社会。载陈独秀等著：《新青年》，第168页(原名《青年杂志》，第2卷第6期)。

② 胡适：“新思潮的意义”，《新青年》1919年第7卷第1期。

③ 陈独秀等：《新青年》，第368页。

④ 同上。

二元对立思维,尼采在使用这一术语时暗含着一种我们评判传统价值与事物的急剧转变——从前我们评价甚高的东西有可能会变得荒谬而不值一提。胡适举了一些例子,缠足、孔教以及鸦片待客等等。

在这一点上,胡适的"重估"概念歪曲了尼采的本意,尤其是剥离了后者原意中反现代性的成分。尼采最早在讨论"反基督"时使用"重估"概念,是明确地反对将历史视作进步的:

> 人类并不代表一种趋向于我们今天所了解的意义下所谓更好或更强或更高的东西的发展。进步只是一个现代的观念,那是一个错误的观念。在价值上说,今天的欧洲远不如文艺复兴时代的欧洲;进一步的发展一点也不是基于"超升""增进"或"力量"各方面的必然性。①

因此我们可以看到尼采所说的"重估"实际上是把"双刃剑",既反对传统的束缚,又打破了现代性概念批判传统的霸权,比如那些个人主义与进步主义的历史观。

然而,胡适的"重估"设想是在现代的范畴内去理解传统,继而强化一种现代的时间性。因此他提倡重新阐发传统思想,因为过去的学人并没有正确的方法去研究它。简言之,胡适提倡用科学的方法来清算传统思想。在科学审视之下,儒家思想与其他哲人一道被脱去了过去的神圣光环,继而否认一种儒家的历史衰退叙事。这种对传统思想的重新阐发类似于约瑟夫·列文森在《儒教中国及其现代的命运》(*Confucian China and Its Modern Fate*, 1965)中的观点②。胡适在文中认为,传统思想正在从现今的一种政治价值来源转变为民族身份的象征与学习研究的对象。

胡适用这种科学的方法去研究"封建"概念,进而得出与"五四式"的"封建"概念全然不同的结论。在1919年写给廖仲恺的一封信中,胡适讨论了胡汉民关于周朝农业系统的论述,明确了他对胡有关这一时期看法的批评③。胡适的评论在某种程度上可被视作是对于儒家"封建"理想异化的批评。胡汉民试图借助马克思主义的框架来解释这种理想,将其和原始共产主义的理想联系在一起。胡适对之批判,并指出周

---

① Friedrich Nietzsche, "The Antichrist. "in the *Portable Nietzsche*. ed. and trans. by Walter Kaufmann, New York: Viking Penguin, 1982, p. 571。译者按:中文翻译参考尼采《上帝之死》,刘崎译,台北志文出版社1985年,第46页。

② Joseph Levenson, *Confucian China and Its Modern Fate*. Berkeley: University of California Press, 1965。

③ 胡适:"井田辩",载《胡适文存》(第1册),黄山书社1996年版,第301—320页。其中包括了胡汉民和廖仲恺给胡适的回信,胡适的原信在第301—303页。

朝的制度与日本、欧洲中世纪的“封建主义”的相似之处。然而他也不安于使用“封建主义”的概念，而只倾向于使用“割据制度”的说法①。

和康有为与章太炎类似，胡适将周朝的体制同欧洲的“封建主义”相比对。有别于康的是，胡适用社会科学的术语彻底取代了儒家的“封建”。并且与章也不同，东西方经历“封建”阶段的时间差也并没有将胡适导向对西方政治理念与进步史观的质疑。

胡适在评判新学旧学差异时所使用的一些进化论观点是含蓄的。他指出：“因为前人研究古书，很少有历史进化的眼光的，故从来不讲究一种学术的渊源，一种思想的前因后果”②。在这种新的学术视角下，知识分子们被鼓励用西方的“封建主义”去分析中国的周王朝。此外，尽管胡适拒绝接受陈独秀用“封建”去解释整个帝制中国历史的观点，但胡同陈却有一致的线性史观。他认为许多旧的风俗习惯已因不能再适应时势，当下付诸实践已经成为难题③。这种诉诸时势的看法似乎呼应了柳宗元对“封建”的批评。但自清末起，“时”（或时间）一词就被加入了新的含义而带有线性的特征。柳宗元是在无线性进化观的历史情境中使用“封建”，胡适却将“时势”理解为各个国家都沿着相同路径前进而发生的全球性现象。他在给梁漱溟《东西文化及其哲学》一书的书评中详细阐明了自己的观点。文中胡适的看法同章太炎的“非连贯时间性”的概念完全相反，他写道：“文化是民族生活的样法，而民族生活的样法是根本大同小异的。”④如果我们将胡适所说的“大同小异”理解为“薄弱的普世性（thin universality）”，即允许不同的时间性和不同的发展形式，那么胡与章的看法依然可以调和。然而，胡适又提出了一种单向性（uni-directional）发展的理论：

> 我们承认各民族在某一个时代的文化所表现的特征，不过是环境与时间的

① 胡适：《井田辩》，第 302 页。对于胡适（尤其是在五四运动后的几年中）有关“封建”观念的讨论远远超出本文的范围。但是在 1940 年的一篇文章《中国抗战也是要保卫一种文化的方式》之中，胡适做出了与章太炎类似的判断：“中国在两千一百年前，即已废弃封建制度，成为一个统一的大帝国。当时的日本，尚在军国封建（幕府）制度的巅峰时期。自那时起，幕府制度代代相袭，延续至 19 世纪中叶，派瑞（Commodore Perry）迫其开放门户，始告终止。（二）两千一百年来，中国发展成为一个几乎没有阶级的社会组织。政府官吏的产生，都是经由科举考试的竞争选拔出来的。但日本呢？至少在近八百年来，都是武人政治。他们这个统治阶级的地位，一直是不容许他人问鼎的……这就是为什么中国成为一个民主和平的国家，而日本成为一个极权黩武的民族的原因。”胡适：《胡适文存》（第 12 册），第 781—783 页。转引自 Ogata Koh，“Hu Shi yu Zhexue.”*UCTP Bulletin*，vol. 3，(2004)，pp. 62 - 63。

② 陈独秀等著：《新青年》，第 374 页。

③ 同上书，第 370 页。

④ 胡适：“读梁漱溟先生的《东西文化及其哲学》”，载胡适著，俞吾金编选：《疑古与开新——胡适文选》，上海远东出版社 1995 年版，第 92 页。亦见于张汝伦：《现代中国思想研究》，上海人民出版社 2001 年版，第 359 页。

> 关系……我们拿历史眼光去观察文化，只看见各种民族都在那“生活本来的路”上走，不过因环境有难易，问题有缓急，所以走的路有迟速的不同，到的时候有先后的不同。①

按照这种观点，所有国家都好像是驶向现代性这同一目标的车轮。对于过去，胡适持一种比陈独秀更加开放的态度，用一种更加巧妙的方式去解释传统，提出一种更为有效的探讨。他和陈都倾向于转向西方的知识框架，但是胡适的解释更有助于将有关民族国家的两种叙事维度——批判传统与重述古典资源以形塑身份认同——综合在一起②。然而，和陈独秀一样，胡适否认康有为的理论中的双重时间性，即同“封建”相关联的社会进化论与历史衰退叙事，并且无视了章太炎非目的论的世界观。当陈寅恪、梁漱溟等知识分子继承清末关于文化和时间性的非连贯理念时，“封建”的线性理解依然主导并极大限制了人们对于未来的展望。这种主导要归结于教育体制的变革以及西式文化资本重要性的增加等历史性原因。

八、结论

对于“封建”概念演变的全面分析超出了本文的视域，但文末这一部分我将对作为现代性“他者”的陈独秀的“封建”概念如何居于主导进行一些初步的讨论。上述讨论中，我们可以看到学者们所谓的“五四反封建话语”并非流行于《新青年》群体的作品中，而今天中国对《新青年》群体“反封建”的解读实则跟马克思主义在中国的发展有关，陈独秀早期的“封建”概念实际上跟马克思主义者的“封建主义”概念彼此结合。这最终使“封建”的概念更具可信性，且作为社会科学体系的一部分。然而，这个概念首先为马克思主义者所采用，而胡适等人则坚持拒斥这种历史叙事。

延安时期，陈伯达等共产党人明确用“封建”概念来论述五四运动，这要归功于《新青年》群体作品同马克思主义民族国家叙事的结合。在马克思主义的补充之下，“封建”可以服务于民族国家的双重叙事。一方面，从反传统的角度，这一术语可以用于批判传统，强调民族国家的现代性；另一方面，“封建”作为马克思论述的一种生产方式可以科学地分析历史，描述中国社会的延续与线性演化。因而如阿里夫·德里克(Arif Dirlik)所解读的，20世纪30年代中国的马克思主义者曾就中国由奴隶社会

① 胡适：《读梁漱溟先生的〈东西文化及其哲学〉》，第94页。

② 杜赞奇：《从民族国家拯救历史》，第2章。

向封建社会的转型有过辩论[①]。中国马克思主义者的解读在半殖民地半封建社会的民国时期产生持续影响，并为后来批判民国时期的“封建”特性提供了坚实基础。这种解读同样和陈独秀早年将“封建”作为一个文化概念的论点相契合，文化终究同“封建”的根基相关联。如此将“封建”视为生产方式和现代性“他者”的概念理解在1949年后基本定型，也就是今天所说的五四知识分子同中国共产党长期致力于带领中国走出“封建”。

由于《新青年》群体的绝大部分人并未在相同的意义上使用“封建”一词，我们要试着断开群体同所谓“五四”的“封建”概念之间的关联，同样应注意的是，自清末开始一些散乱变化（尤其是同《新青年》群体相关的）构成了“封建”崛起为现代性的“他者”的外部条件，早在清末时期，知识分子就一步步置换作为去中央化统治理想的儒家“封建”概念。然而，我们也不能据此说清末思想就包含了作为现代性“他者”的“封建”概念。更值得注意的是，这种“封建”概念同一种包含了目的论观念与线性时间观的新话语有关。康有为在其思想体系当中已经有所涉及，但也仅在儒家“封建”及其特殊时间性的范畴内讨论。章太炎既反对儒家的“封建”理念，又拒斥一种线性时间观。唯有《新青年》群体的知识分子开始宣扬这种以西方的语言、科学与线性史观为核心的新话语，与此同时全然否定儒家的衰退史观。换言之，过去的光环不再指点未来的方向。这种话语无疑将“封建”视为现代性的“他者”，在否定传统认知的同时也充分利用了这一概念。

由于《新青年》群体和五四叙事都将现代性同西方相关联，这限制了知识分子为中国设想一条不同的政治、经济与文化发展路径的能力。诚然，章太炎、康有为一类的清末知识分子同样将现代性归系于西方，但他们各自融入了传统元素以消弭现代资本主义世界的负面影响。此外，章太炎还强调中国内部的结构变化，从而坚信不同道路与发展的可能。由于他重视欧洲、日本与中国之前的历史差异，他的“封建”论述自然也为我们在现代世界中考察中国历史的演变提供了空间。

---

① Arif Dirlik, *Revolution and History: Origins of Marxist Historiography in China*, 1919 - 1937. Berkeley: University of California Press, 1978。

国族

祖　国

——一项基于近代西方语境的概念史考察*

于京东**

1793—1794年，法国大革命展现了极具隐喻性的一面。国民公会在1794年5月29日宣布："祖国"(patrie)将收养一位14岁少年的母亲，却在一年前的同一个地方将一位父亲送上了断头台——路易十六在1792年12月11日国民公会大厅中受审时，其罪名之一便是"背叛祖国"(trahir la patrie)①。法国大革命对于现代政治理念的贡献之一，是将爱国主义(patriotism，法语 patriotisme)纳入了社会政治的话语体系，并由此建立起"祖国母亲"的政治意象②。然而在法兰西历史传统中，国王在相当长时间里是"祖国之父"(le père de la patrie)，朕即国家，国王就等于祖国，如何来得"叛国"之说呢？这是一个值得我们思考的问题。

在现代爱国主义的表述中，"祖国"是现代政治话语中一个常用却很少得到深究的概念。撇去其在意识形态上的暧昧用意，如果从政治现代性的角度将法国大革命视为

---

* 本文系国家社会科学重大招标项目"现代中国公共记忆与民族认同"(项目号 13&ZD191)的阶段性成果之一。

** 南京大学学衡研究院特任助理研究员。

① 1793年12月7日，年仅13岁的约瑟夫·巴拉(Joseph Bara)在共和国军同旺代地方叛军的战斗中牺牲，随即成为了革命政府和雅各宾派宣扬爱国主义与为国牺牲的典型。1794年5月29日国民公会热情欢迎了巴拉的母亲并宣布：祖国将收养她。Charles Mullié, *Biographie des célébrités militaires des armées de terre et de mer : de 1789 à 1850*, vol. 2, Paris: Poignavant, 1851, p. 39。

② 对大革命期间"祖国母亲"形象的研究，参见 Jennifer Heuer & Anne Verjus, *Les Mères de la Patrie. Représentations et constructions d'une figure nationale*, Caen: Maison de la recherche en sciences humaines, 2006, pp. 257-260。

一项民族国家由幼稚到成熟的成长过程，那么革命中“处死父亲、收养母亲”的场景无异于一场“弑父娶母”的俄狄浦斯式剧目，而在大革命这场“亲母反父”的政治斗争中，“祖国”也就成了附着各种政治理念、社会价值与思想偏好的一个基本概念[①]。然而这一概念的本源含义是什么？它在西方历史语境中发生了何种变化？又于何时进入了现代政治的话语体系？更重要的是，它同诸如“民族”(nation)“国家”(état)“人民”(peuple)这些相关概念又存在何种差异与关联？这是本篇文章所意欲回答的问题。

一、patria概念的古典起源

倘若从1792年8月10日至1792年12月11日间国民公会围绕审判国王所展开的辩论记录来看，对“祖国”的表述往往伴随着对希腊罗马时代资源的同步征引。13日圣茹斯特(Saint · Just)在那场推动整个审判走向的发言中说：“路易就是另一个喀提林！这个背叛了罗马的执政官！杀人的凶手！还敢言称自己拯救了祖国(patrie)！这个叛徒(traître *à* la patrie)！他不是法国人的国王！”[②]在国民公会所讨论的语境中，“祖国”一词的历史似乎可以追溯到希腊罗马时代。公元前431年，索福克勒斯(Sophocles)在创作《俄狄浦斯王》时，有一段描述他弑父娶母的预言：“我得外出流亡，在流亡中看不见亲人，也回不了祖国；要不然，就得娶我的母亲，杀死那生我养我的父亲波吕玻斯。”[③]这里，索福克勒斯用πατρίδα来指俄狄浦斯所远离的那个“祖国”，并同另一个词πόλη(城邦)有所区分。在古代希腊，城邦是政治与公共生活的中心，也是拥有政治属性之人的天然聚合。而在城邦之外的日常生活中，又免不了需要一些名词来具体指代作为整体的家庭、村庄等聚合共同体，包括各种族群(ethnos)在内，πατρίδα(拉丁文patria)便应运而生[④]。它在本初意义上源于日常家庭的用语，不像现代政治概念那般宏大抽象，而是具体的、实在的、有血有肉、有特定家族祭祀的那块土地，也是埋藏

① 在学者张凤阳围绕“民族—国家”这一“历史—空间”的政治锁合机制的研究中，“母亲”与“大地”的象征符号在绝对主义国家时代空间法理定型过程中逐渐聚合为“祖国”这一意象，而处斩路易十六，则被隐喻为一桩“兄弟帮”的集体弑父事件。详见张凤阳：“西方民族——国家成长的历史与逻辑”，《中国社会科学》2015年第6期。大革命的“俄狄浦斯”情结在林 · 亨特的研究中也有所体现。参见林 · 亨特《法国大革命时期的家庭罗曼史》，郑明萱陈瑛译，商务印书馆2008年版，第12—13页。

② 国民公会论辩中的关于祖国表述详见Jean-Charles Poncelin de La Roche-Tilhac, eds. *Le Procès de Louis XVI*, Paris: Chez Debarle, 1795, pp. 30,37,109。

③ 显然在索福克勒斯的语境中，πατρίδα尽管出现不多，但同表述政治体的主要用词“城邦”还是有明显的差别的。Sophcole, E. Boutmy, *Oedipe Roi*, *tragégie*, *texte en regard avec deux traductions*, Paris: Chez Mansut Fils, 1828, pp. 6-7,44-45,77-78,208-209。

④ Louis Legrand, *L'idée de patrie*, Paris: Hachette, 1897, pp. 6-8。

祖先骸骨、安葬先人灵魂的地方①。所以，πατρίδα 是一个有限的日常的概念。第一，它指代的是土地。“祖土”(terre - patrie、patrisgaia，patrisaia)的表述在《伊利亚特》中至少出现了 36 次之多，梭伦的诗集中“土”也是作为怀念雅典 πατρίδα 时的主要表述②。第二，它描述非政治的日常生活。πατρίδα 在修辞学领域的出现常常伴随着对家庭生活、亲族关系、父亲形象以及私人情感的描述，这是一种不同于现代契约理论的生活模式和情感归属。第三，πατρίδα 在范畴上大于或等于城邦(πόλη)，勒格朗(Louis Legrand)说它指城邦及其周边，赛比洛特(ViolaineSebillotte)倾向于它接近共同体。公元前 4 世纪伊索克拉底(Isocrates)在描述希波战争时说：我们拯救了 πατρίδα，解放了整个希腊，尽管城邦各个分立，但希腊是我们共同的祖国(koinépatris)③。因此在本初意义上，古希腊时期 πατρίδα 一词具有三种意涵：一是空间，同土地相关联。二是情感，对它的使用会引发关于共同的“家”的感受与共鸣。三是排外，一方面将所有公民视为一母所出加以团结，另一方面对城邦中的外邦人加以区分④。

实际上，πατρίδα 一词在古典时期还暗含着一种准宗教属性，在罗马时代得到了全面的发展，patria 成为罗马城中政教合一的一个概念。从其拉丁语词根来看，pater 意为“父亲”“父辈”“一家之主”“一族之长”⑤。父辈先祖的引申义同罗马建城起源关联在一起，在理论家的表述中，pater 既可以指元老院，又可以指贵族。前者源于建城的各个氏族族长集合，后者则是元老院成员的后代。西塞罗在《论共和国》中说：“罗慕路斯同塔提乌斯一起挑选了一些杰出人士组成王政议事会，而这些人被尊称为元老(patres)。人民会议(populi comtia)的决议若得不到元老(patrum)的赞同，均无效力。国王对这些显贵非常尊重，称他们为元老，称他们的儿子为贵族。”⑥因此，patria

① 毛里齐奥·维罗里著：《关于爱国——论爱国主义与民族主义》，潘亚玲译，上海人民出版社 2016 年版，第 17 页。

② 值得注意的是，这块土地还有标识其范围的界桩，尽管梭伦意欲拔除，但也只是针对外邦人恢复旧土而言的。Louise - MarieL'Homme - Wéry，“La notion de patrie dans la pensée politique de Solon” *L'Antiquité classique*，vol. 69，no. 1(2000)，pp. 39 - 41。

③ Violaine Sebillotte Cuchet，“La patris grecque：essai d'interpretation”，*Cahiers du Centre Gustave Glotz*，vol. 10，no. 1(1999)，p. 9。

④ 梭伦试图在对外的语境中，呼吁收回被希腊人遗忘的、被异邦人占据的故土(πατρίδα)。Louise - Marie L'Homme - Wéry，“La notion de patrie dans la pensée politique de Solon.” *L'Antiquité classique*，vol. 69，no. 1(2000)，pp. 37 - 38。

⑤ Félix Gaffiot，*Dictionnaire Latin Français*，Paris：Hachette，1934，p. 1124. 希腊词的词根也是源于父亲(πατέρας)。

⑥ 西塞罗著：《论共和国》，王焕生译，上海人民出版社 2006 年版，第 140—141，148—149，186—187 页。早在希腊时代，“贵族”这一合成词(ευπατρίδης= ευ + πατρίδης)一词便含有两层含义：一是致敬父辈先祖，二是热爱家乡故土，其中 ευ 是表示形容词或副词属性的前缀。Alain Duplouy，“Les eupatrides d'athènes *nobles défenseurs de leur patrie*”，*Cahiers du Centre Gustave Glotz*，vol. 14，no. 1 (2003)，pp. 7 - 22。

在罗马首先是一个政治概念，iuris patria称“祖国”，其基础是杂糅了父权制的法律体系与公民资格。单是在西塞罗的作品中，patria一词就出现了260次之多，所以在《论共和国》中有这么一段内容便不觉得奇怪：

他们一起怀念……
啊！罗慕路斯，神一样的罗慕路斯，
一个多好的祖国(patriae)保卫者由神明降生！
啊！父亲！族主！啊，神的血统！①

patria源于pater，他既是父，也是神。维吉尔(Virgilius)的《埃涅阿斯纪》(Aeneid)中，pater既是罗马城的祖先埃涅阿斯(pater Æneas)，也是宙斯(pater Jupiter)、战神(Gradivus pater)、风神(pater Aeole)的称呼②。这构成了patria概念的宗教属性，即religio patria，这似乎是在希腊时代“大地母亲”崇拜基础上的发展。然而在罗马时代，私人世界的喜怒哀乐同共和国的事业息息相关，作为公民，需要超越个体的、局部的、地方的偏好，凝聚于罗马这一更高理念上的共同体层面上来。所以，尽管patria指涉土地的空间属性并未消失，“故乡”(patria)“出生地”(loci patria)“祖土”(terra patria)依旧是日常生活中指代地方的重要词汇，但是基于局部的、地方性土地的热爱与基于统一的、最高的公共理念的热爱有着本质上的差别，父权制隐含的等级秩序使罗马语境中的地方认同必须服从和服务于更高一级的中央认同③。西塞罗在《法律篇》中的关于“两个祖国”论述对此作了最好的阐释：

阿提库斯：你说这个地方是你真正的祖国是什么意思？难道你有两个祖国不成？或者我们共有的祖国才是唯一的祖国？又或许，你认为智者加图的祖国并非罗马而是图斯库卢姆？

马科斯：哎，我认为他和所有外地人一样，都有两个祖国：一个来自天然，一

---

① 西塞罗：《论共和国》，第108—109页。Raymond Chevallier, *La Patrie*, Paris: Presses universitaires de France, 1998, p. 8。

② 拉丁语中pater的其中一个含义便是“神”。FélixGaffiot, *Dictionnaire Latin Français*, Paris: Hachette, 1934, p. 1124。

③ 在以市民、公民称号为傲的希腊罗马人看来，只有蛮族才会以某一大片暧昧不清区域的国民自称，故而“为国牺牲”，实为“为城邦牺牲”；爱“国”，实为爱“城邦”。在罗马公民眼中，patria指向的是罗马，以及它所代表的信仰、政治、生活与认同，而不是空间上的帝国领土。Ernst H. Kantorowicz, “Pro Patria Mori in Medieval Political Thought”, *The American Historical Review*, vol. 56, no. 3(1951), pp. 474-475。

> 个来自公民身份。因此，尽管加图出生在图斯库卢姆，但已被接纳为罗马城邦的公民，因此按出生他是图斯库卢姆人，按法律则是罗马人，因此他拥有一个地理上的祖国和一个法律上的祖国……这两个都是我们出生并受庇护的祖国。但只有以共和国名义的罗马才是我们奉献一切、为之牺牲的对象……①

在“两个祖国”的语境中，“保卫祖国”(pro patria)成为“祖国”概念中诞生的第一个重要的政治术语，标志着它的词汇化。在共和国生死存亡的战争环境中，patria 的空间、政治与排他意涵得到了最充分的发展。《论共和国》的第一卷说：对于勇敢的人们来说，被自然和年老耗尽比有机会为保卫祖国(pro patria)而贡献自己的生命更为不幸②。贺拉斯在《颂诗集》(Odes)中的一句话：为国牺牲最为温存与荣耀！(Dulce et decorum est pro patria mori)一直传承到法国大革命，并沿用到第一次世界大战③。“两个祖国”实际上也构成了法国大革命前后爱国主义(patriotisme)与世界主义(cosmopolitisme)争论的最初源头④。罗马帝国后期的世界主义思想，也借以 patria 这一词语来表述。帝国晚期那位忧郁的皇帝马可·奥勒留(Marcus Aurelius)曾说，作为安东尼，我的祖国是罗马，而作为人，我的祖国则是世界。西塞罗也说，吾辈所至，到处皆为祖国。大革命中备受推崇的加图则说：我们出生与长眠的整个大地，都是我们的祖国⑤。然而，随着罗马公民权扩展到周边各族，帝国在意欲成为世界性国家的企图与不断爆发的外部入侵、地方叛乱中腹背受敌，基于自然属性的地理空间无疑给普世主义的政体认同带来了致命的挑战。因此，当作为政教信仰的 patria 概念内部产生了截然相反的认同理念时，随着空间上统辖能力的衰弱与情感纽带的断裂，帝国离分崩离析便不远了。

二、中世纪的二元结构

基督教接下了整合帝国的接力棒。当罗马皇帝宣布其为国教之时，教会从危难

---

① 笔者参考了法文和中文版的内容后对部分译文做了改动。西塞罗著：《国家篇·法律篇》，沈叔平苏力译，商务印书馆 2002 年版，第 185 页。Raymond Chevallier, *La Patrie*, Paris: Presses universitaires de France, 1998, p. 9 - 10。

② 西塞罗：《论共和国》，第 22—23 页。

③ M. Potier, ed., *Odes D'Horace*, Paris: Chez le Potier, 1867, pp. 144—145。

④ 法兰西版“两个祖国”：基于地域的法兰西爱国主义与基于自由和政治的普世主义。参见 Jean - René Suratteau, “Cosmopolitisme et patriotisme au siècle des Lumières”, *Annales historiques de la Révolution française*, vol. 253, no. 1 (Juillet/Septembre 1983), pp. 379 - 389。

⑤ RaymondChevallier, *La Patrie*, Paris: Presses universitaires de France, 1998, p. 9 - 11。

与耻辱的位置突然被召唤到权力的宝座上,竟一时手足无措。然而它有两个优势:一是《圣经》中教会与国家联盟的历史传统,二是教会团体多年在罗马统治阶层传教的管理经验[①]。事实证明,教会在沿袭了世俗政治中的部分制度与理念之后,很快以势不可挡的力量横扫旧帝国的格局,拉丁普世主义与基督教文化在其基础上重建起一套更为强大的政教话语体系,patria 一词便也由此进入了中世纪。

中世纪的法国同整个西方世界一样,呈现为教会与世俗的二元结构,patria 一词的概念演变也表现为双轨制[②]。基督教在征服罗马和西方世界后,对罗马政治话语中的 patria 一词采取了正反两手的策略。首先,对罗马建城神话谱系中的表述加以吸收,借用它来建构基督教自己在西方世界的话语体系。罗马语境中代表“父亲”与“神”的 pater 出现在拉丁文本的《圣经》中时,过滤掉异教神的一面,只保留了“父亲”之意,《新约》部分用它来称呼全体子民共同的“父”——上帝。例如犹太女孩以斯帖觐见波斯王,为她的乡亲和故乡请命(pro patria)的事迹[③]。基督教一方面并不贬斥罗马话语中“保卫祖国”的理念,反而试图在十字军东征的背景下用它进行动员,这见之于众多十字军编年史的记述中[④]。另一方面,教廷对“祖国”概念的内涵所指进行了置换,作为其反手策略。与希腊罗马时期的 patria 一词在空间上主要指城邦(包括城市周围)不同,教会理论家通过“上帝之城”与“世俗之城”的划分,割断了 patria 同世俗领域之间的关联。如果说此前,罗马作为公民的 patria 是因为共奉的神、共同的祖都扎根在这个城邦,那么现在来自耶路撒冷的耶稣成为信徒的“父”了,对罗马人而言,patria 还是罗马吗?在奥古斯丁看来,对于世俗之城的执着造成了此前罗马人的苦难,尘世间个人同 patria 之间的羁绊已经没有任何意义,对一个基督徒而言,成为上帝之城的市民才是此生最大的功德,“天国”无疑才是所有信徒们共同的 patria[⑤]。所以在领导十字军的法王路易九世看来,弟弟阿图瓦伯爵的战死尽管让他有着世俗情感上的痛苦,但他也欣慰于兄弟以身殉教后,将进入天国(la célestepatrie)得到应得的奖赏[⑥]。1198 年,教皇英诺森三世的一篇布道文中,用 *ut pro patria contra*

---

① 詹姆斯·布赖斯:《神圣罗马帝国》,孙秉莹、谢德风、赵世瑜译,商务印书馆 1998 年版,第 9—10 页。

② 也有学者认为中世纪存在着三套话语体系,教会、封建与城市自治,但由于后两者也同属于世俗范畴,因此暂且不作详细讨论。弗里德里希·沃特金斯著:《西方政治传统——现代自由主义发展研究》,黄辉、杨健译,吉林人民出版社 2001 年版,第 19—20 页。

③ 例如马太福音中,耶稣说,父啊(pater),天地的主,我感谢你。Leander van Ess, ed., *Biblia Sacra VulgatæEditionis, juxta Exemplar ex TypographiaApostolicaVaticana, Romæ 1592*, vol. 1, Tubingæ: Sumtibus Ludovici Friderici Furs, 1824, p. 629. vol. 3, p. 16。

④ Christopher Tyerman, *England and the Crusades, 1095—1588*, Chicago: University of Chicago Press, 1996, p. 328。

⑤ 奥古斯丁:《上帝之城:驳异教徒》(上),吴飞译,三联书店 2007 年版,第 199—203 页。

⑥ Jacques Le Goff, *Saint Louis*, Paris: Editions Gallimard, 2014, pp. 1041 - 1042。

hostes *fortiter* decertent 做开场白，意为“为‘天国’而同他人去战斗”①。其次，基督教将 patria 所蕴含的家长制元素融入到了教会管理体制，拉丁语中的“家长”“族长”(patriarcha)在中世纪的神学作品中成为了对主教和教会的称呼，是神学家建构理论体系的核心词汇之一。相应的，patria 的政治属性得到极大程度的贬斥。即便在世俗社会，“封建”(féodalité)的词根也是来源于对基督的“虔诚”(fidélité)，故而在封建体系的日常用语中，patria 降格一位，去除了同城邦之间的宗教羁绊之外，还同王朝与政治脱钩，局限到仅在一般意义上指某人出生的“乡镇”“村庄”这样非政治性的“地方”②。布洛赫在《封建社会》中指出，中世纪早期封建政治体系的一个重要标志，是私人臣属关系的崛起。这种基于“人对人”忠诚的政治社会结构在本质上同基于土地与空间的政治认同互不相容，所以空间指向的 patria 在封建政治话语中并没有过高的政治地位③。在中世纪法国相当长的一段时间里，patria 在世俗社会与政治话语中只保留其自然属性，即“出生地”的含义。10 世纪以后，所指空间出现一定程度上的扩展。绝大部分的编年史作品中，patria 同 pays(地方)、regio(区域)、partes(部分)等词汇是同义的，大都指的是并不明晰的某个“地方”或“地区”④。这一时期的衍生词汇也都是基于土地与地域的，诸如 expatrier(驱逐)、compatriote(同乡)、patriote(同胞)、rapatrier(回乡)、apatrié(定居)等等，尽管依然存在一定程度上的私人感情成分，但大都让位于此时教会更为强势的感召力⑤。1095 年，教皇乌尔班二世(Urban II)在法国中部克莱芒发起了第一次十字军东征，记述教皇这段布道的《法兰克事迹》说：“教皇的布道，很快便传遍了大大小小的整个高卢地区(Galliarum patrias)。”⑥

中世纪早期 patria 概念中“天国”与“出生地”、宗教与世俗的二元结构在后期的法国有了变化。第一，patria 所指代的地理空间开始扩大，从原来表示一个人“出生

① Jacques - Paul Migne, ed., *Patrologiae Cursus Completus; Series Latina*, vol. 214, Paris: Petit Montrouge, 1855, pp. 513 - 514。

② Ernst H. Kantorowicz, “Pro Patria Mori in Medieval Political Thought”, *The American Historical Review*, vol. 56, no. 3(1951), pp. 472 - 492. Jean Lestocquoy, *Histoire du patriotisme en France: des origines à nos jours*, Paris: Albin Michel, 1968, pp. 19 - 20。

③ Marc Bloch, *La société féodale*, Paris: Albin Michel, 1968, p. 144。

④ patria 与泛指地方的另一个词 pays 是同义互换的，常常也以 patriae、patrias 的复数形式出现。Gustave Dupont - Ferrier, “Le sens des mots《patria》et《patrie》en France: au moyen âge et jusqu'au début du XVIIe siècle”, *Revue Historique*, vol. 188/189, no. 1(1940), p. 89。

⑤ Sylvianne Rémi - Giraud et Pierre Rétat, *Les mots de la nation*, Lyon: Presses Universitaires Lyon, 1996, p. 172。

⑥ Nirmal Dass, *The Deeds of the Franks and Other Jerusalem - Bound Pilgrims: The Earliest Chronicle of the First Crusade*, Maryland: Rowman & Littlefield Publishers, 2011, p. 26。

地”的村庄和乡镇，扩展到更大的城市和省份。1200年，英诺森三世(Innocent III)任命来自故乡锡耶纳，生于艾斯特鲁坎的马修为主教。[①] 其中艾斯特鲁坎是古代意大利中部的一个国家，而锡耶纳则是这一地区的城市。第二，基于地理空间属性的patria开始逐步同“领土”“民族”“国家”这些政治术语产生关联。1539年，罗伯特·埃蒂安(Robert Estienne)出版的《法语拉丁语词典》中，patria第一次出现在pais(pays)的词条下。pays指世界(orbis)、区域(regio)、阶段(tractus)、民族(natio)、土地(terra)和故乡(patria)，而作者列举了三种pays等于patria的情形：即古代城邦(patria antiqua)、保卫国家(defensioni patriæ seruire)、背叛祖国(patriam prodere)[②]。这后面的大背景是中世纪后期世俗政治的兴起，王权与教权斗争中patria一词开始重新被赋予政治内涵与世俗情感。一方面，随着十字军运动的衰落带来的教权式微，世俗君主挑战宗教权威时，patria的古典意涵被重新征引，同国王联系在了一起。如果说在1198年，教皇英诺森三世尚且可以利用教廷权威，要求英法两国休战并投身第四次十字军战争的话，1213年他发布第五次十字军东征的诏书时，便已经得不到欧洲君主的支持了。世俗国王开始在各方面强化王权，反对教皇的干涉。罗马时期“祖国之父”的称号(pater patriæ，法语père de la patrie)重新在法国国王身上得到了复兴，并从此在旧制度的王朝话语体系中得以延续[③]。另一方面，patria在王国消解普世帝国的努力中同王朝统治的领土空间实现了政治性的结合，在村镇、区域、城市和省份的范围基础上，逐渐用来指整个法兰西王国。十字军东征期间，教会在整个基督教世界开征一项基于地域空间的特别税以应对防御和紧急状况，谓之“保卫圣地”税(pro fensione Terrae Sanctae)。世俗君主效仿教会的概念置换，征收“保卫王国”税[④]。1302年菲利普四世说：“保卫祖国是每一个人的义务。”[⑤]因

① 拉丁文原文为*Matthæus，nationeEtruscus，patria Senensis*。Jacques-Paul Migne，ed.，*Patrologiae Cursus Completus；Series Latina*，vol. 214，Paris：Petit Montrouge，1855，pp. 907-908。

② Robert Estienne，*Dictionnaire François-Latin：Contenant Les Mots & Manieres De Parler Francois*，Paris：Impremerie de Robert Estienne，1539，p. 348。

③ 1778年12月4日，巴黎的皇家剧院上演Jean-François Ducis改编的《阿德墨托斯的俄狄浦斯》时还说：你(国王)寸步难行，因为整个祖国(patrie)、千百万人还没有称你为他们的父亲！Jean-François Ducis，*Œdipe chez Admetem，tragédie en cinq actes*，Paris：Chez Didot l'aîné，1778，p. 35。

④ 这个王国既可以是上帝统治的国度(regnum Christi regis)，现实中也可以指法兰西王国(regum regis Franciae)。既然为了维护上帝国度，可以在全国范围内征收紧急特别税，那么在世俗王国遭遇生死存亡的紧急时刻，又有什么理由不出于保卫国家而全体征税呢？Kantorowicz已经对此作了比较详细的说明。

⑤ 拉丁文为*Patre defensionis negotium，ab omnibus et singulis assumatur*，法国在金马刺战役中惨败，“为了保卫列祖列宗安息的故乡”，菲利普四世开征新税，谓之“保卫祖国”税(defensionem patriae)。Ernst H. Kantorowicz，“Pro Patria Mori in Medieval Political Thought.” *The American Historical Review*，vol. 56，no. 3(1951)，p. 478。

此，通过收领土税这一具体的政治行为，patria 逐渐同王国领土空间这一政治事实勾连在一起，并且随着法国王权的强化，16 世纪以后 patria 便已经指代王国统治的整个区域了①。

三、旧制度下的三套话语体系

1539 年，埃蒂安第一版《拉丁语法语词典》问世的那一年，法语在同拉丁语长达数百年的斗争中开始宣告胜利，也标志着拉丁普世主义的衰落与方言世俗王国的崛起。尽管早在中世纪法国拉丁语的垄断之时，各地作家已经开始用自己方言进行文学创作，但只有到了 1539 年，佛朗索瓦一世颁布的维莱—科特雷(Villers - Cotterets)敕令才将法语使用推广到了所有官方活动，法语词典的编纂也迎来了它的黄金时代，并伴随着绝对主义国家体制的完善一步步渐趋成熟②。词典编纂将 patria 概念的术语与词汇以规范成文的形式确定下来，并且同绝对主义国家的意识形态塑造相结合。而王权在排除教权干涉，打破宗教对 patria 解释权的垄断之后，无法长时间利用国王同领土空间的结合维系某种“政教合一”的君权神授体系。随着古典文艺复兴与世俗社会生活的兴起，新的理念也在旧制度下 patria 的概念外壳中生发出来。事实上，这一时期实际存在着三套对“祖国”概念的解释体系。

按照吕西安・费弗尔(Lucien Febvre)的考据，法语中“祖国”(patrie)一词的出现确切时间是 1540 至 1550 年间，由拉丁语 patria 而来，此后开始流行③。1635 年，黎塞留创办法兰西学院(l'academié francaise)，其首要职责便是编写一部词典，以规范和推广法语的使用，这构成了 patrie 一词话语编纂的官方体系。1694 年第一版的《法兰西学院法语词典》中，patrie 的解释是“出生地”“出生国家”④。词典在对古典与中世纪时期 patrie 概念中的常用术语加以总结的同时，主要着力于对王朝宣扬的价值

① Gustave Dupont - Ferrier, “Le sens des mots ‘patria’ et ‘patrie’ en France: au moyen âge et jusqu'au début du XVIIe siècle”, Revue Historique, vol. 188/189, no. 1(1940), p. 95。

② 1629 年，路易十三颁布的米肖法典(Code Michaud)进一步将法语使用推广到洗礼、婚姻和丧葬等社会生活。里亚・格林菲尔德著：《民族主义：走向现代的五条道路》，王春华等译，三联书店 2010 年版，第 100 页。

③ Lucien Febvre, Thérèse Charmasson, ed., *Honneur et patrie*, Paris: Perrin, 1996, pp. 142 - 143。

④ 具体用法包括：“法兰西是我们的祖国”(la France est notre patrie)，“爱国”(l'amour de la patrie)，“奉献祖国”(pour le bien de la patrie)，“服务祖国”(pour le service de la patrie)，“保卫祖国”(deffendre sa patrie)，“为国牺牲”(mourir pour sa patrie)，“热爱祖国之父”(père de la patrie)。*Le Dictionnaire De L'Académie Françoise*, tome. 2, Paris: Jean - Baptiste Coignard, 1694, p. 220。

体系的塑造。起初，patrie开始等于一个人出生的国家(état)，而国家在绝对主义时期的空间形态指的是整个王国的地理空间[①]。从15世纪开始，法兰西王国形成了一个信仰的共同体，而这个政治实体包括它的土地和政权。尽管这一时期普通人对完整的领土缺乏具体概念，但领土是由王权排他性所占据的，热爱祖国，也就是热爱法国的土地[②]。路易十二(1462—1515)时期在处理同邻国和帝国关系的外交场合中，patrie便已经等同于有固定土地的国家(l'État de Terre-ferme)了[③]。1574年胡格诺战争期间在鲁埃格召开的宗教改革会议文件的献词中说：包括所有领主(seigneurs)和等级(estats)在内，作为我们共同祖国的法兰西王国，一切都是为了"国王和他的王国(Estat)，或祖国(patrie)"[④]。随后，patrie同国王开始结合，在朕即国家的年代里，"patrie＝国家＝国王"开始成为共识。中世纪后期十字军运动中，神学家曾使用"神秘之体"为战争做政治动员，与封建社会"臣属——领主"式的动员方式不同，有机论的"神秘之体"理念认为基督教会是一个超自然的实体，身为教会身体手足的教士和信徒，应该为了作为首脑的上帝奉献牺牲。世俗君主很快也开始以有机体理念论证其政治统治的合法性：在作为一个有机实体而存在的王国中，国王是头首，臣民皆是其身体政治的一部分，身体天然听从头部的指挥并为首脑而贡献全部[⑤]。1274年巴黎圣丹尼修道院的年鉴中便已经有了如下的内容：为祖国(patria)而战斗是自然而永恒的律法，甚至教士也应为保护法兰西——这一神秘王国之体而战斗[⑥]。

由此，旧制度下的"祖国"概念便具有两种人格化的意象：一是作为父亲。1694年版词典中，patrie连同patriarche(家长)、patricien(贵族)、patrimoine(遗产)等都被放在了père(父亲)的条目下，"祖国之父"所表述的是一个伟大君主或为国牺牲的伟大人物[⑦]。1689年，巴黎为路易十四修建了一座"荣耀圣殿"，其敬献词便是："虔诚、

① 我们看到1694年第一版的词典中，patrie还是一个人出生的地方(lieu)、国家(païs)，1718年第二版的《法兰西学院法语词典》中，patrie就成了一个人出生的国家(pays, estat)了。后面这个定义一直延续到1740、1762、1798的第三、四、五版法兰西词典中。Le Dictionnaire De L'Académie Françoise, tome. 2, Paris: Jean-Baptiste Coignard, 1694, p. 220. *Nouveau dictionnaire de l'Académie Françoise*, Paris: Jean-Baptiste Coignard, 1718, p. 229。

② 布洛赫注意到，在封建社会的后期，王国这种不同于领地交错式格局的排他性占有，逐步在封建世界领土权扩张过程中形成了独一无二的权威和制度类型。详见马克·布洛赫：《封建社会》(下卷)，李增洪、侯树栋、张绪山译，商务印书馆2012年版，第615—616页。

③ Antoine Varillas, *Histoire de Louis XII*, tome. 2, Haye: Chez Adrian Moetjens, 1688, p. 53。

④ Simon Goulart, *Mémoires de l'estat de France sous Charles Neufiesme contenans les choses*, tome. 1, Meidelbourg: Heinrich Wolf, 1577, p. 304。

⑤ Ernst H. Kantorowicz, "Pro Patria Mori in Medieval Political Thought", The American Historical Review, vol. 56, no. 3(1951), pp. 484-492。

⑥ Raymond Chevallier, *La Patrie*, Paris: Presses universitaires de France, 1998, p. 19。

⑦ 1718年第二版的《法兰西学院法语词典》中，patrie就作为一个独立的词条出现了。*Nouveau dictionnaire de l'Académie Françoise*, Paris: Jean-Baptiste Coignard, 1718, p. 229。

恭顺与忠诚的巴黎市，顺公众之愿向神圣而崇高的国王，路易大帝，祖国之父，进献这座圣殿，以示崇敬。"[①]二是作为神。1588 年贝洛瓦(Pierre de Belloy)首次阐释了法国版的君权神授理论，他在吸收了"国王之主权先于教皇"的高卢传统之外，发展了布丹的主权理论，王权成为一种绝对完整的权力，而国王则成为"人间的神"。法兰西的领土空间需要作为主权者的国王，而"祖国"与国王的等同，正是这种神圣结合的体现，成为这种政治体概念物化的载体之一，在王权崇拜与爱国情感中为领土扩张提供了合法正当的辩护。1608 年的《领主论》(Traités des seigneuries)中，鲁瓦苏(Charles Loyseau)便将政治体视为主权和主权所管辖的领土，领土是其中的死物质，而主权是提供生气的精神，两者缺一不可[②]。近代法国第一波爱国主义(patriotisme)潮流，便是诞生于这种绝对主义的话语系统中。从 16 世纪开始，在战争的大环境下开始出现了古典爱国主义的许多作品。1595 年，宗教战争中牺牲的一位法国将军的墓志铭上写道："这个人，为了祖国(sapatrie)的存续与福祉，千百次甘冒自己的利益和生命之险；这个人，在其生命中千百次地为了法兰西(la France)，正如你所看到的，慷慨赴死。"[③]

然而这种基于文艺复兴而起的古典爱国主义情感很快为绝对主义国家的政治理念所统合。一方面，对祖国的忠诚热爱同对国王的效忠实际等同。波舒哀主教在《源于圣经的政治》中指出，源于罗马的"热爱祖国"(l'amour de la patrie，拉丁文 caritas patria soli)是所有神圣和人类事务的共同体，人们应将自己所拥有的一切和生命奉献给它，而国王和它是一体的，正直的人对国王生命的爱应超过对自己生命的爱[④]。另一方面，王朝御用文人高度颂扬"为国牺牲"的精神，同国王的荣耀时刻关联在一起，爱国就是服务、献身于国王和国家。高乃依说：我亲爱的祖国是我最初的爱恋，为国而死是如此令人自豪的命运，以至于人们为这美丽的死亡争相献身。实际上，在绝对主义的话语中，做一个爱国的法兰西人，也就是做一个忠顺的臣民[⑤]。然而，绝对君主在打压教权，重新赋予"祖国"以政治属性之后，很快就发现世俗社会被长期压抑的各种理念开始通过"祖国"这一概念外壳来"借尸还魂"，参与到政治的角逐当中

① H. P. de Limiers, *Histoire du regne de Louis XIV*, *Roi de France et de Navarre*, second edition, tome. 5, Amsterdam: Compagnie, 1718, pp. 384 - 385。

② 整个国家都在于国王一个人身上，他肩负着权力，也肩负着全体人民的意愿。里亚·格林菲尔德：《民族主义：走向现代的五条道路》，第 139 页。

③ Sieur de Mericourt de Combles Waroquier, *Historique*, *Chronologique*, *Heraldique Et Geographique De La Noblesse*, *Enrichi De Gravures* (Etc.), Nyonl'aine, 1787, p. 54。

④ 里亚·格林菲尔德：《民族主义：走向现代的五条道路》，第 138—139 页。

⑤ Jean Lestocquoy, *Histoire du patriotisme en France*: *des origines à nos jours*, Paris: Albin Michel, 1968, pp. 41 - 50。

去了。

近代法国第二波的爱国主义潮流显露了旧制度下“祖国”的第二套话语编织体系。1749年，七年战争中来自英语世界的patriotism一词传入法国，取代l'amour de la patrie用来形容对祖国的热爱，这引起了法国精英阶层的不同解读[①]。阿朗松侯爵在1750年的回忆录中写道：王太子读《英格兰爱国主义》并谈他看法的时候说：要注意，这个王位是献给人民(peuples)的[②]。实际上，这一时期爱国主义(patriotism)的兴起同知识精英对文艺复兴古典资源的重新挖掘有关。马基雅维利《君主论》中的patria概念，尽管介于美德与财富之间，但又同这两个通常相反的概念并无实质关联，爱国主义往往是基于具体城市或城邦的情境，并且同当时意大利的现实政治有所类比。对patria的追溯往往跟政治自由有关，爱国主义是一种私人领域的情感，在本质上同重建共和国的自由理念是务必相容的。失去了祖国，人也就失去了自由[③]。在法国，17世纪末“祖国”开始同自由理念相关联，作为反对国王专制的武器。1688年拉布吕耶尔(La Bruyère)说：专制主义下没有祖国，只有利益、荣誉和服务君主[④]。而民族(nation)则是作为集体人格的人民(peuple)，并非国家或领土。到了18世纪，patrie一词已经流行于指代一群自由人民所居住的土地，“爱国者”(patriote)与“爱国主义”(patriotisme)也不再只是对故乡或是国家的热爱，而是对自由的追求。孟德斯鸠一方面援引古罗马的思想来论证爱国主义不容于王朝体制，另一方面又认为贵族阶层在反对专制与暴政方面有特殊作用，故而支持他们享有某种程度上的特权地位[⑤]。因而，当1788年9月，巴黎高等法院以“爱国者”(patriote)的名义对国王发动猛烈攻击时，其中一部分人就援引了古典共和爱国主义以及马基雅维利、孟德斯鸠等政治家的观点。这一轮所谓的贵族“爱国主义”的目标非常明确：以古典自由反国王专制，重塑贵族地位。一直到1789年春天这段时间内，patriote，patriotique，patriotisme等词一边被用来反对王权，批评王国的腐化与错误政策；一边用于反对三级议会内部的改革诉求，实质上同大革命时期的目标大相径庭。在这一时期层出不

① Edmond Dziembowski, *Un Nouveau Patriotisme Français, 1750—1770: La France Face À la Puissance Anglaise À L'époque de la Guerre de Sept Ans*, Paris: Voltaire Foundation, 1998, p. 52。

② René-Louis de Voyer Argenson, *Journal et mémoires du marquis d'Argenson*, tome. 6, Paris: Chez M. V. Jules Benouard, 1864, p. 152。

③ Yves Charles Zarka, “L'amour de la patrie chez Machiavel”, *Archives de Philosophie*, vol. 62, no. 2 (1999), pp. 273-275。

④ Jacques Godechot, “Nation, patrie, nationalisme et patriotisme en France au XVIII e siècle.” *Annales historiques de la Révolution française*, vol. 10-12, no. 206(1971), pp. 481-501。

⑤ Jacques Guihaumou & Raymonde Monniereds., *Dictionnaire des usages socio-politiques* (1770—1815). *Patrie, patriotisme*, Paris: Champion, 2006, pp. 66-73。

穷的政论小册子中，里奇伯格(Toustain de Richebourg)采纳了马基雅维利的观点，认为自由之于王朝如同自由之于共和国一样必要，所以同王朝相适应的爱国主义是一种反对王朝腐化、国王专制，同时又反对暴民横行的理念。他认为，如同古典共和国各个等级各司其职一样，只有贵族才独有“爱国”这一高贵品质，并将其融入对政治与公共事务的奉献当中。真正的爱国主义有利于强化而非模糊第二和第三等级之间的区隔，因此在法国复兴古典爱国主义，就是要明确严格的等级秩序，减少新增贵族，限制国王的权力。另一位贵族的辩护者南赛(Buat - Nançay)除了受孟德斯鸠影响之外，还追溯了封建时代的惯例与习俗，认为传统国家中国民的划分总是按照一定规则，贵族的专职就是为祖国服务，平民是没有资格谈爱国的。真正的爱国主义情感是建立在明确认识“祖国”的基础上的，平民甚至连辨明其祖国的基本能力都没有。爱国主义所宣扬的价值，也应该是中世纪传统中的勇猛、英勇与荣耀，因此贵族不仅独爱国，且唯一代表着民族，因为他们才是道德高尚的真正公民[①]。

同贵族相比，旧制度末期的启蒙精英尽管同样从古典自由出发来解释“祖国”，但却超出了贵族反专制的层面，上升到自由建政的范畴。卢梭在《论科学与艺术》中就说：“可是他们并不知道崇高、正直、节制、人道、勇敢这些名词究竟是什么；祖国这个可爱的名字永远也不会打进他们的耳朵里去。”[②]同样试图复兴古典价值，卢梭同马基雅维利对 patrie 的理解不同，他认为爱国是许多伟大品质与美德的源泉，赋予我们所有英雄主义的激情。在 1755 年出版的《政治经济学》中，卢梭直接将 patrie 同“人民”联系起来：难道我们不希望有德行的人民吗？那么就从使他们热爱祖国开始吧[③]！1755 年，教士库耶(l'abbé Coyer)将“祖国”与“人民”置于同一文本来考察，他在《论古语祖国与人民本质》中说：

> 祖国就像一件巨大的编织物，它是如此之大以至于可以覆盖所有人民(peuple)……我问一位成天武装出行的公民，你的职业是什么？他回答，服务国王。我反问他，为什么不是祖国？国王他自己都要服务祖国……科尔贝深信王国和祖国是同一个东西，但我要说，王国、国家、法兰西从来都不是祖国。法兰西不过是地上划出的一块众多省份组成的地；国家不过是一群幸福或不幸地生活在一个政府之下的人的集合；王国则意味着暴君与奴隶，说好听些叫国王与臣民。然

---

① Jacques Guihaumou & Raymonde Monnier eds., *Dictionnaire des usages socio - politiques* (*1770—1815*). *Patrie, patriotisme*, Paris: Champion, 2006, pp. 68 - 79。

② 卢梭著：《论科学与艺术》，何兆武译，商务印书馆 1963 年版，第 29—30 页。

③ Jean Jacques Rousseau, *Œuvres completes*, tome. 3, Paris: Gallimard, 1995, p. 255 - 262。

> 而祖国这个源于 pater 的词，意味着父亲与孩子，这个西塞罗最为偏爱的词是如此人性，如此温柔，如此和谐……我看法兰西学院词典里的定义：祖国是我们所出生的地方。多么冰冷的定义……祖国是一种意象，是一种美好的、神圣的理念……①

对于人民，库耶说："从前，人民是更有用、更美德，因而也更受整个民族(nation)尊重的那一部分……"②这种论述直接影响到了百科全书中"祖国"与"人民"的撰写者若古(Chevalier de Jaucourt)。在1765年狄德罗的第一版《百科全书》中，patrie 词条的内容基本涵盖了大革命前启蒙精英对于"祖国"概念的基本认识。它主要包括以下几个义项：一、俗语中指出生地。二、一个人对自己身在其中、且自由和法律所保障的幸福家庭、社会和国家的归属感，专制之下无祖国。三、一块居民幸福地聚集、不愿离去，而外国人乐于来此庇护的土地。四、一个接受、呵护、关爱所有孩子的母亲，古典时期祖国是每一个人的第一个母亲。五、爱国是一种政治美德，就是致力于美好德行、良善法律、民主政治。六、古典时代政治、战争、诗歌、民主生活中的一种修辞。七、爱国主义是一种同宗教情感交织起来的东西③。

第二条和第三条显然是旧制度末期"祖国"概念被赋予的新内涵：一方面，启蒙思想家援引古典资源，试图将自由、法律、人民、幸福等古典价值加入到"祖国"的旧有概念外壳中，借以反对国王专制；甚至摆脱国王作为民族之首的局面，复兴古典时代的政治共同体，而构成这个共同体的大多数，则是由人民所形成的公民④。另一方面，在这一时期出现的爱国主义与普世主义的争论中，启蒙思想家试图以"博爱"(fraternité)的理念植入"祖国"来加以调和。伏尔泰在《哲学词典》中便将"祖国"定义为众多家庭(氏族)的聚集，它可以是城邦也可以是村庄："然而让人难过的是爱国必然排他，所以意欲自己国家强大，就是诅咒邻国厄运，而那些希望国家不大不小、不穷

① L'abbé Coyer, *Dissertations sur le vieux mot de patrie et sur la nature du peuple*, Haye: Chez Pierre Gosse junior, 1755, pp. 9-17。

② 路易十四时期，波舒哀主教还说：平民的祖国和平民一样粗俗和野蛮，因为平民始终是很荒谬的。L'abbé Féraud, *Dictionnaire critique da la langue française*, tome. 1, Marseille: Chez Jean Mossu Père et Fils, 1787, p. 494. L'abbé Coyer, *Dissertations sur le vieux mot de patrie et sur la nature du peuple*, Haye: Chez Pierre Gosse junior, 1755, pp. 44。

③ Denis Diderot et Jean Le Rond d'Alembert eds., *Encyclopédie, ou Dictionnaire raisonné des sciences, des arts et des métiers*, vol. 12, Paris: Chez Briasson&David&Le Breton&Durand, 1765, pp. 178-181。

④ Jacques Guihaumou & Raymonde Monnier. eds. *Dictionnaire des usages socio-politiques* (1770—1815). *Patrie, patriotisme*, Paris: Champion, 2006, p. 16。

不富的,则成为世界公民。"①

第四个义项是旧制度末期的另一项发展。随着路易十四后期"王之两体"的分离,导致了作为自然体的国王脱离了作为象征体的国王,而后者亦即"祖国"作为一个自主的、抽象的政治共同体,实际上给新兴的"民族""人民"等理念提供了活动空间。所以我们看到路易十四统治初期还宣称的"民族在法兰西的化身,整体全部寄托于国王一人之身",到了17世纪后期时,变成了"祖国是国王和臣民共同的母亲"一类的说法。政治体当中,主权实际上同作为空间整体的"祖国"与作为居民集合的"民族"发生了分离②。

第五、第六和第七个义项实际上反映了这一时期存在着的第三套"祖国"话语体系。旧制度末期拒绝新事物的保守主义者,文化程度不高的普通民众,他们对"祖国"的理解尚无法跟上贵族和文人的步伐。对"祖国"的解释,他们似乎更偏爱教义问答与民间传统。首先,尽管旧制度下"祖国"同国家领土空间等同,但在日常生活中,依然存在用 patrie 指代"故乡"的情况,只不过这 patrie 除了出生地外,还可以指成长的地方。第二版之后历版的《法兰西学院法语词典》中,都有一条说明指一个人具体的出生地。其次,天主教在王室和民间的影响力依然延续并时而复兴,因而尽管基督教不否认世俗 patrie 的一部分含义,但在其话语体系中,patrie 依然专指天国。1728年一本《教义问答指南》中就说:圣保罗使我们懂得,这儿不是我们的"祖国",我们是尘世地上的异乡人,尘世的肉身不过是一顶帐篷。人应该始终谨记地上的自己不过是被天上的"天国"(patria)所放逐而已,必须始终不忘朝向这个"天国"前进③。最后,旧制度时期民间传统中逐渐形成的另一个关于"祖国"的意象,是女性和母亲的形象。它肇始于贞德(Jeanne d'Arc),并且因同"民族"的结合而使得法国成为一个"血脉共同体",法兰西被想象成一个母亲,爱国情怀则来源于母子感情④。1431年鲁昂审判贞德时,审判法官质问贞德是否还有什么天使的预言她没有交代,贞德回复道:是

① F. M. Arouet de Voltaire, *Dictionnaire philosophique*, Londres: Editions Anonyme, 1775, pp. 180-182。

② Jean-Marie Apostolides 将这种王之两体的分离总结为从机械化的国王向国王——机器的转化。详见 Jean-Marie Apostolides, *Le Roi-Machine: spectacles et politique au temps de Louis XIV*. Paris: les éditions de minuit, 1981, pp. 8-13。

③ Charles Joachim Colbert, *Instructions generales en forme de catechisme*, Paris: Chez Nicolas Simart, 1728, pp. 387,438,439。

④ 1559年的一本书中就写道:法兰西,艺术、武备和法律之母,长年以来你用你的乳汁哺育我。里亚·格林菲尔德:《民族主义:走向现代的五条道路》,第111页。

的！天使说，上天给国王派来贞德，祖国很快将得到解放①！正如19世纪米什莱所说的，贞德是法兰西民族最初的祖国意象，祖国法兰西诞生于这位女性身上：

> 在这位女性简单幼稚的话语中，法兰西第一次进入了我们心中，她像一个人一样被感知、被热爱、被崇拜。以前还是各省聚拥、领地杂乱、地域含糊的乱象，从此刻起，众志齐心下，它成为了祖国！②

四、概念的革命：政治斗争与话语生产

大革命将近代法国第三波的爱国主义推向史无前例的高潮。1789—1795短短数年间，“祖国”以前所未有的频率急剧出现在政治与社会的诸多议题中，迅速完成了一个政治概念的社会化与民主化，并在革命政治与社会运动的过程中重新得到解读。如果说在革命之初，Patrie的强势程度尚且不如nation（民族）与peuple（人民）的话，那么1791年后随着外部形势的恶化与内部威胁的生发，Patrie（大写的“祖国”）毫无疑问成了最为广泛使用的词汇之一，保卫祖国也成了整个法兰西民族的国家理由。事实上，“祖国”概念本身在大革命中也经历了一场内部的革命，旧制度法国并存的几套话语体系都被卷入了争夺命运的战场，在一次次革命运动中完成了概念内涵的清洗与重塑，使得一个现代性的政治概念几近成熟。

“祖国”的概念革命，是以1789年三级议会召开为标志的。1789年5月，特权等级尚且沉浸在利用古罗马自由传统来反对王权、维护特权的美梦中时，忽然发现同一个理由被第三等级利用，对准特权发动了进攻。所以在1789年三级会议的《备忘录》中，一方面出现了“贵族是拯救祖国的首要根基”这样的说法；另一方面，“教士阶层没有祖国”“一二等级的特权拒绝支持祖国”此类的用辞屡见不鲜。对于第三等级而言，祖国不是独属于特权阶层的，任何行业、任何个人都可以热爱祖国，为祖国服务，第三等级因而也有权利进入军队、法庭和政府的任何部门，“同一国家之下的所有臣民都平等地作为祖国的儿女”。显然，在这个围绕“祖国”争论的第一阶段，代表启蒙思想、社会精英的第三等级决然地拒绝传统祖国概念中的等级制，尽管他们也试图复兴古

① 此时法语中的pays一词对译拉丁语的patria一词。两种用法都出现在贞德的审判中，例如她曾被问到老家（patria）是否有一棵秃树，贞德说自己在故乡（pays）的名字叫Jeannette。Pierre Champion. ed., *Procès de condamnation de Jeanne d'Arc*, tome. 2, Paris: Édition Champion, 1921, pp. 38,122,166。

② Jules Michelet, *Jeanne d'Arc*, vol. 1, Paris: Hachette, 1853, pp. 4,10,11。

罗马传统中的自由。然而,第三等级在革命初期也做了两个方面的妥协:一是他们的祖国概念并没有否定国王。革命初期,作为民族之首、祖国之父的国王还有足够号召力。尤其对贵族而言,“对国王不可侵犯之神圣之身的热爱与为祖国服务本是同一问题”。所以我们看到 1789 年 7 月 6 日第三等级一个代表在发言时,首先还要感谢国王拯救了祖国。二是尽管否定贵族对祖国的理解,但他们也没有在这一概念当中排除贵族。“我们都是血脉相连的兄弟,是祖国母亲的儿女”,“为了我们共同的祖国”成为三级会议当中最常用的话语,以至于国王本人也并不像其前面的两任那样拒绝对“祖国”或“民族”一词的触及①。实际上,“祖国”概念在大革命不同话语体系的攻伐交锋当中并不是非黑即白式的接受或拒绝,尤其在革命的早期阶段,政治精英自身对其他话语体系中的一些元素会加以吸收。所以在革命初期,王朝话语体系当中的作为领土实体的祖国“统一而不可分割”的义项被保留了下来,以西耶斯(Emmanuel Joseph Sieyès)等人为代表的第三等级迫切需要用它来确保三级会议不致分裂,法兰西统一不受威胁。因此,尽管第三等级内部就民族代言权与命名权问题争执不下,但这一时期广泛存在的共识是:法兰西民族只有一个,祖国不可分割。

随着《人权宣言》的诞生,政治精英将普世主义理念夹带到了祖国的概念中。如同《导报》(*le Moniteur universel*)在 1790 年 7 月 18 日的一篇报道中所说的:“住在巴黎的外国代表团齐聚,向自由祭坛致敬,来见证这项很快将在世界各地民族内实现的事业。”②这些代表是“全人类爱国主义”的使徒,而这个“祖国”孕育于法兰西,但却属于全世界,制宪议会的代表们便是“祖国之父”们。在这一阶段,爱国主义同世界主义似乎并不排斥,它们都伴随着对王权与专制的反对,对自由与幸福的渴望,因而在对全人类之爱的追求中能够实现共存。1776 年北美《独立宣言》与 1795 年康德的《永久和平论》,都是这种理念的体现。然而随着 1791 年后内部政治形势的恶化与外部战争威胁的到来,革命初期乐观幼稚的普世主义情绪很快遭到打击。到了 1792 年 7 月 5 日,国民立法议会宣布“公民们,祖国在危急中!”之时,古典时期“祖国”一词便具有的情感动员与排他属性得到了最大程度上的发挥,因而也在某种程度上宣告了革命初期和平环境下普世主义理想的破灭。“祖国”一词在这一阶段甚至超出了“自由”“平等”的革命价值,成为公民爱国主义的最流行表述。也正是在这一阶段,“祖国”概

---

① J. Madival and E. Laurent, et. al., eds., *Archives parlementaires de 1789 à 1860: recueil complet des débats législatifs & politiques des Chambres françaises*, Paris: Librairie administrative de P. Dupont, 1862, tome. 2, pp. 258, 294. tome. 4, pp. 119, 243. tome. 6, p. 1. tome. 8, pp. 196, 249。

② Jean. de Viguerie, *Les deux patries: essai historique sur l'idée de patrie en France*, Mayenne: Dominique Martin Morin, 1998, pp. 79 - 82。

念开始系统地意识形态化，在原有术语和词汇丛的基础上，围绕 patrie 的正面与反面产生了许多新的政治修辞，例如作为动员的正面词汇 mourir pour la patrie（为国牺牲），mérité de la patrie（奉献祖国），server de la patrie（服务祖国），salut de la patrie（救国），patriote（爱国者），patriotiquement（爱国的）等，以及作为污名化工具的反面词汇 menacer la patrie（威胁祖国），déchirer la patrie（分裂祖国），traître *à* la patrie（背叛祖国），lèse—patrie（侵犯祖国），l'ennemi de la patrie（祖国敌人），antipatriote（非爱国者），antipatriotisme（非爱国主义）等[①]。尤其是对"祖国"热爱开始同"死亡"相关联，并且交织在对大革命"自由""平等""博爱"理念的解读中。一方面，为了拯救祖国，公民可以慷慨赴死；另一方面，同样为了拯救祖国，要毫不犹豫地在共和国的内部和外部杀人[②]。

1792 年的"祖国危急"为除掉国王提供了机遇。尽管在 1791 年 10 月 1 日，路易十六来到国民立法议会讲话时还说："让热爱祖国的思想把我们团结起来，让共同的利益把我们变成不可分离吧！"但随着战争的发生和二次革命的推进，国王在这一轮爱国主义运动中不幸被置于祖国的反面，作为祖国象征的国王同路易十六出卖祖国的事实在革命情境中逐渐酝酿成为一股怒火。1791 年 7 月 17 日，国王出走失败后，祖国祭坛（autel de la patrie）上丹东和德穆兰发表演说，要求撤换国王。1792 年 6 月，国民军节节败退，国王又撤换了吉伦特派的"爱国大臣"，愤怒的群众在抗议中直接喊出了"国王是卖国贼"的口号，而当时巴黎民众冲击王宫时打着的三面旗帜，便是"祖国、自由、平等"。[③] 所以当 1792 年 7 月 5 日国民立法会议宣布"祖国危急"之时，大革命也完成了将国王从"祖国"当中清除出去的准备。布里索说：

> 我们所面临的是过去几个世纪从未有过的最大危机。祖国已陷于危急，不是因为缺乏军队，不是因为我军不勇敢，国防不巩固，资源不充足。……不是的。祖国陷于危急，是因为有人使祖国的力量瘫痪了。是谁呢？只有一个人，就是宪法规定的国家元首，就是卑鄙无耻的谋臣们使他变成祖国敌人的那个人！[④]

---

① Jacques Guihaumou & Raymonde Monnier. eds.，*Dictionnaire des usages socio—politiques*（*1770—1815*）. *Patrie*，*patriotisme*，Paris：Champion，2006，p. 17。

② 1792 年 11 月 29 日的一场会议上，来自上卢瓦尔省的代表加缪（Armand－Gaston Camus）说：我毫无畏惧，且人固有一死，而我将幸福地为祖国牺牲！Philippe Buchez，Joseph Benjamin，et Prosper－Charles Roux，*Histoire Parlementaire De La Révolution Française*：*Ou*，*Journal Des Assemblées Nationales*，*Depuis 1789 Jusqu'en 1815*，vol. 20，Paris：Paulin，1838，p. 403。

③ 米涅：《法国革命史：从 1789 年到 1814 年》，北京编译社译，商务印书馆 2013 年版，第 106，124，125，126，139 页。

④ 米涅：《法国革命史：从 1789 年到 1814 年》，第 129 页。

雅各宾派更为激进，马拉杀气腾腾地说："（路易）他从普鲁士、奥地利和逃亡分子入侵法国之日起就应该退位了，杜勒伊宫的屠杀便是这种入侵的后续；他必须作为一个背叛祖国的叛徒、千万法国人的屠杀者来被审判！"①

所以1793年初，国民公会判词中的这位前任国王，"祖国的叛徒，背信弃义者，一万法国人的谋杀者，民族主权的篡位者"，被祖国和民族送上了断头台，旧时朴素爱国主义中那种"忠君爱国"的思想顿时没有了根基②。而此时一种新的爱国主义象征应该是什么？传统社会中法兰西的女性形象成为了可被征引的资源。所以当1793年12月15日前线传来13岁孩子因反抗叛军而不幸被杀的消息时，罗伯斯庇尔决定以"母子意象"来做文章，树立"祖国母亲"的公民信仰。1793年12月28日，他在《导报》上歌颂巴拉赡养母亲、为国牺牲的英雄事迹：

> 我要谈一谈巴拉，这位年仅十三岁却在旺代闪耀其价值的年轻人，面临强盗以杀死他来威胁其说出"国王万岁"的话时，他以"共和国万岁"的呼声英勇就义。这个孩子用他的所有赡养他的母亲，再也没有比此更美好、更完美的例子可以用来激发年轻人心中对荣耀、祖国和美德的热爱了，也再没有更合适用来教育新一代人的事迹了。我们要继承巴拉的荣耀，发扬英雄、勇敢、孝顺和爱国这些所有美德。③

大革命后期，政治斗争形势的恶化与革命向草根大众的传播，使得无套库汉运动与民粹主义情绪泛滥。一方面，罗伯斯庇尔急需建立一种新的公民宗教，以最大程度上地实现团结，压制公社主导的极端主义思潮。因而国民公会在1794年5月底对少年英雄的母亲实行高规格待遇，同时在民间通过仪式、节日宣传将"儿女"与"母亲"的传统意象融入"祖国"概念的政治属性当中："年轻人，难道你们听不到先贤祠里不朽的巴拉在呼吁你们朝向荣耀吗？少年英雄的巴拉，你哺育你的母亲，献身你的祖国！你已经收到了对你英勇的嘉奖，祖国收养了你的母亲……"

另一方面，"祖国母亲"形象的构建，也是雅各宾派对国内分裂主义的回应。显然，"祖国"概念在先后清除了贵族、国王之后，古典自由与共和的理念并不足以保证

---

① Jean Paul Marat, *Opinion de Marat, l'Ami du Peuple, député à la Convention sur Le Jugement de L'ex-Monarque*, Paris: Imprimée Nationale, 1792, pp. 7-8。

② Jean-Charles Poncelin de La Roche-Tilhac, *Le Procès de Louis XVI*, Paris: Chez Debarle, 1795, p. 174。

③ 与下面引文同出自 Antoine Schnapper, *David, la politique et la Révolution*, Paris: Gallimard, 2013, pp. 191-207, 231-242。

一个政体整体上的稳定，尤其是社会还广泛存在着地方性认知与宗教思想的余毒之时。共和国的不同政治理念与价值的斗争时刻造成分裂的威胁，尤其是吉伦特派与山岳派的决裂之后，共和国内部的分裂问题实实在在地凸显出来。到1793年底，罗伯斯庇尔尽管牢牢控制着舆论和警察，成为实际上的最高统治者，但各地保皇党与联邦派的叛乱与革命派内部丹东派与埃贝尔派的威胁，都使得“共和国的情况确以坏到无以复加的地步。”①怎样在打击地方叛乱，确保共和国统一性的前提下，解决人民内部矛盾和政治派别的分歧，成为忧心的问题。对罗伯斯庇尔而言，必须实现举国上下对“祖国”概念的统一理解与认知，所以他需要一个更为明晰、纯粹、不可置疑，同时又无法拒绝的“祖国”概念。自奉卢梭为其精神导师的罗伯斯庇尔，试图以古典思想中的公民道德来建立共和国，而指导公民德性的关键，就是对祖国和法律的热爱。这是一种纯粹的、完美的、近乎狂热的情感共同体，“爱国主义是一种天然的热情，谁能冷静地热爱祖国?”圣茹斯特也说：“祖国是所有情感的共同体，她使得人人都为保护其所珍爱的安全与自由而奋斗，祖国便也因此得到了保卫。”②事实上在大革命期间，“祖国”一词始终以单数且常常大写的形式出现。一来分裂领土、威胁统一的任何意图或举动都是背叛祖国的行为，必须处以极刑。单是热月政变的当天，便有近百人因叛国罪被送上断头台，罗伯斯庇尔也不例外③。二来大革命干脆废除了政治范畴以外Patrie一词指代具体出生地或天国的含义。所以我们在大革命期间一群教士献给国民议会用于普及知识的读物《国民教义问答》(Catéchisme national)看到这样的内容：

问：什么是公民?

答：公民就是同在一个许多法律和共同母亲之下的大家庭里生活的成员，这个大家庭我们称之为祖国。

问：什么是祖国?

答：祖国就是我们所出生的民族整体(nation entière)。

问：相较于整个民族居住的国家，难道不是我们出生的地方才是我们的祖

① 一方面，国民军总司令迪穆里埃叛逃，许多城市相继失陷，英国在海上实行全面封锁。另一方面，里昂、马赛、波尔多等南方城市相继发生叛乱，旺代同保皇党的战争还在胶着。米涅：《法国革命史：从1789年到1814年》，第200—210页。

② Jacques Guihaumou & Raymonde Monnier eds., *Dictionnaire des usages socio - politiques (1770—1815)*, *Patrie, patriotisme*, Paris: Champion, 2006, pp. 19,21。

③ 逮捕了罗伯斯庇尔等人之后，布尔东在国民公会高呼：胜利了！胜利了！卖国贼都消灭了。米涅：《法国革命史：从1789年到1814年》，第251页。

国吗?

答：不是，祖国存在于所有遵循共同法律与统一政府的地方的统一体中。[①]

1793 年 12 月，在罗伯斯庇尔督促下，国民公会在决议中宣布授予少年英雄巴拉迁入先贤祠的荣誉；由共和国资助，印制路易·大卫绘制的反映巴拉英雄事迹的版画，并分发至全国每所小学；由大卫负责组织次年 7 月 28 日纪念巴拉的节庆活动。吊诡的是，1794 年 7 月 27 日节庆活动的前夜，罗伯斯庇尔轰然倒台，并在节日的当天以“卖国贼”(traître *à* la Patrie)的身份被人送上了断头台。然而，他所意欲推进的爱国主义运动与祖国认同却势不可当，尤其是国民公会将巴拉画像分发至各级小学，标志着爱国主义作为一种官方意识形态在法国的正式确立，也寓示着“祖国”概念的基本定型。

五、结语

“祖国”同土地的原初关联使得这一概念从一开始就具有延展与排他的两面性，概念的基本定型便发生在几对两面关系的历史变迁中。第一，是普适与有限的关系。罗马的“两个祖国”、中世纪的二元结构、大革命的爱国主义与世界主义都是其体现。第二，是政治与宗教的关系。在“祖国”概念演变中，宗教主导政治与政治主导宗教的年代交替出现。第三，是整体与局部的关系。家乡认同与国家认同、地区诉求与共同体需要之间的冲突始终存在。第四，是父亲形象与母亲形象的关系。父亲威严，母亲慈爱，其背后是两种不同的政治理念，大革命便肇始于对父权统治的强烈不满。

革命之后，祖国成为最高的国家理由，围绕“祖国”一词，传统法国史的叙述始终都建立在一种“法兰西整体性”的假设上，无论是历史的、地理的、政治经济或是意识形态的[②]。它是绝对不可分割的，有限的、完整的、统一的实体。在物理层面等同于国家主权性的领土空间；在象征层面上成为包容所有人民，赐予幸福自由，唤起爱国情感的共同体。“保卫祖国”“为国牺牲”等词汇继续成为国家主义的政治修辞与动员口号，逐渐形成了一套完整的意识形态体系。而从古代希腊雅典到 18 世纪末的大革命，祖国这一概念经历了罗马、中世纪、旧制度与大革命的岁月，其意涵尽管不断变

① Pierre N. Hazard, *Catéchisme national ouCode Religieux*, *Moral et Civil*, Paris: Impremerie d'Ant. —Jos. Gorsas, 1790, p. 51。

② 孙江：“皮埃尔·诺拉及其‘记忆之场’”，《学海》2015 年第 3 期。

化，但其概念外壳却保存至今，并且在不同的历史与政治情境当中衍生出了新的术语与词汇。大革命期间爱国主义成为普遍共识的同时，各种理念、价值与信仰围绕“祖国”这一概念展开了激烈的论辩和残酷的斗争，而最终爱国主义步入课堂，成为了一种国家主义意识形态，这不正是德国概念史家科赛列克（Reinhart Koselleck）所说的一个基本概念的时间化、民主化、政治化与意识形态化吗？[①]

① 梅尔文·里克特：《政治和社会概念史研究》，张智译，华东师范大学出版社2010年版，第36页。

近代韩国的国民·人种·民族概念

姜东局*

一、绪论

与近代的相遇改变了韩半岛政治体的性质。在这个过程中,定义政治体构成要素范围和性格的概念也发生了变化。截止到大韩帝国退出近代国家秩序行为影响者位置的1910年,这一领域的概念竞争最终以民族概念的胜利落下帷幕,但这个胜利并不是一开始就设定好的。除了人种、国民、民族等现在仍在使用的概念,连现在已经不再使用的人族和族民等概念也在竞争中拥有一定的势力。这些概念生成、竞争、繁荣、消失的过程无异于新概念的传播和接受、对所接受概念的理解和误解以及概念与现实间复杂的相互作用的历史。本文尝试重新整理定义从所谓的西方冲击到庚戌国耻期间居住在韩半岛上的政治实体人类集团概念的历史。

关于这些概念,已经积累了比较丰富的研究成果。政治学①、国文学②、国史学③等领域都有先行研究,这些先行研究所取得的珍贵成果正是本文的出发点。本文打算在两个问题点上补充先行研究的不足之处。

概念选择上没有关注国民概念是先行研究的第一个不足。关于本文研究的对

* 日本名古屋大学大学院法学研究科教授。

① 张仁成:"'人种'和'民族'的差别——东亚连带论的地域性身份和'人种'",《国际政治论丛》2000年第40辑第4号。

② 高美淑:《韩国的近代性,探寻其起源——民族·性·病理学》第一章,首尔书世界2001年版。

③ 金度亨:"大韩帝国时期启蒙主义派的知识人层的'三国提携论'——以'人种提携论'为中心",《韩国现代史研究》2000年第13辑;白东玄:"日俄战争战后'民族'用语的出现和民族认识——以《皇城新闻》和《大韩每日申报》为中心",《韩国史学报》2001年第10号。

象，在帝国主义与民族主义相对立的认识结构上，一直得到注目的是支撑日本帝国主义的人种概念和朝鲜/大韩帝国的抵抗论的核心概念——民族概念。帝国主义和民族主义相对立的认识结构没有给整体上理解这一时期带来很大的曲解，但却给本文的研究对象带来了不少误会，即由于人种和民族的二元对立独占谈论之章，对这两个概念之外的观念提出有意义的疑问的理论空间变得极其狭小。其结果是，在当时的论坛上，人种概念和民族概念被频繁使用，而在这两个概念的构成和变化上起了决定性作用的国民概念却没有得到与其重要性相称的学术关注①。第二个不足是没有充分研究概念在东亚的传播和接纳。国文学、国史学领域的研究将研究对象限定在韩半岛上，所以这些领域重点研究国民、人种、民族等概念输入到韩半岛以后在韩国国内的传播过程。因学制的区分产生的这些偏向又派生出一些不容忽视的问题。从19世纪后期到20世纪初期，包含着多种能指（signifier）/所指（signified）的概念杂乱地从外国流入到朝鲜/大韩帝国。在一个概念传入国内并发生变化的时期，拥有与其相似或相同的能指/所指的概念也不断传入并给这个概念的发展带来影响。不考虑这些外部要素，仅在国内范围里研究并不能完整地说明概念的变化，而且会把研究领域限定在很小的范围内，另外还可能会把外部原因引起的变化解释为因内部原因而起，从而导致错误，在这个意义上，可以说将范围限定在国内的研究方式内含严重的方法论问题。

鉴于上述研究现状，本文首先拒绝用以现在重要性为基准的认识结构来研究一个世纪以前概念的研究方式，而是从当时人们的谈论着手进行研究，并将国民概念和人种/民族概念一起设定为考察对象。第二，不将考察的对象限定在韩半岛而是将其范围扩大到包括韩半岛在内的东亚，以此来考察引起概念变化的国内要素和国际要素。

二、国民概念的连续性和模糊性：朝鲜后期—1904

与西方相遇前，“国民”就已经存在于东亚文明圈，并有其自身的含义。《周礼》②《左传》③《史记》④等东亚文明圈的代表性经典中已经出现了国民概念。这里的国民

① 值得注意的是，关于国民概念的研究在海外得到了一定的推进。可参见月脚达彦“独立协会の‘国民’创出运动”，《朝鲜学报》1999年第172号。

② 《周礼》春官宗伯。

③ 《左传・昭公十三年》。

④ 《史记》世家卷四十楚世家第十；《史记》列传卷一百一十四东越列传第五十四。

是指隶属于国——先秦时代封建诸侯的领地、在奠定了中华世界秩序基础的汉代以后则包括中华世界秩序中的朝贡国——的民，即百姓。

朝鲜时代的文献也沿袭了这种用法。《承政院日记》里，1660 年的一个上书就有“普土之民，亦莫非国民也”的句子，即将朝贡国朝鲜的百姓也称为国民①。另外在和共享东亚文明的中国的对话中，自然也出现了国民概念。比如，在 1729 年的《备边司誊录》里记录了和清国使臣的对话里，在指藩属百姓的朝鲜人时，使用的概念便是国民②。

但是，从 18 世纪中叶以后，朝鲜没有停留在承袭诞生于中国历史中的国民概念上，而是出现了赋予国民概念以朝鲜意义的动向。1740 年(英祖 16 年)在讨论减轻还谷问题时，右议政宋寅明指出，即使减轻还谷，佃户的那份也会被两班侵吞，听到这些，英祖感叹道：“我朝两班和土豪真可憎，同为国民，既受恩惠，此时又怎能阻挠?”③这里英祖使用的国民概念与前面介绍用法有两方面的不同。

首先，国民概念断绝了和中华世界秩序的关系。上面的国民概念没有将与中国“事大字小”关系里的朝贡国身份设为前提，也就是说，在这句话里，国民概念与国际政治无关，而是在国内政治上被使用的。第二，国民概念的所指与传统的含义之间也存在着微妙的差别。在英祖的国民谈论里，宋寅明将“我国两班、中、庶、土豪”④并列叙述，但英祖却将这些阶层表述为同一概念⑤。即英祖的理论中，国民是与区分支配阶层和一般百姓的主张相反的立场上被使用的，即国民是指包含两班和土豪等支配阶层的全朝鲜人——当然王除外，此时强调的是除了王以外的朝鲜人都是平等的、同质的。

那么，在有多种表达民之概念的情况下，英祖为什么要将在国际关系里使用的国民概念之能指引入到国内政治里并改变其意义呢？可能是因为在众多表达民的概念里，没有一个和英祖要表达的所指完全对应的概念。换句话说，英祖设想了一个民的概念，这个概念与其他所指和能指都已经确定了的概念相比有不同意义。在这一点上，有必要考虑到英祖为君主中心之新政治思想的民国政治理念打下基础这一事实⑥。民国政治理念是由君和平等的民构成的、以君主为中心的政治思想，这个理念

① 《承政院日记》显宗元年 10 月 11 日。

② 《备边司誊录》英祖 5 年 5 月 24 日。

③ 《承政院日记》英祖 16 年 7 月 1 日。

④ 《承政院日记》英祖 16 年 7 月 1 日。

⑤ 国民的这种用法在英祖年间持续出现。《承政院日记》英祖 38 年 11 月 8 日；《承政院日记》英祖 39 年 5 月 18 日。

⑥ 李泰镇：《重新审视高宗时代》，首尔太学社 2000 年版，第 250—260 页。

意味着在很大程度上断绝了和传统朝鲜王朝政治理念的关系[①]。为了把以前政治思想里特权化了的支配阶层归类到和一般百姓同样的范畴并创造新的“民”，就不得不赋予他们新的名字，以前所有的概念都没能脱离传统支配秩序的阴影。所以，主张新政治思想的人不得不亲自创造新的概念，国民概念正是在这种政治需要下被发现，其意义和结构也被重新整合。英祖时期出现的国民这一新概念与其母体民国政治理念共命运，在正祖时期被广泛使用，但到了势道政治时期的19世纪前期却进入了休眠期。

西方近代到来的19世纪后期是民国政治理念中国民概念的休眠期，也是中华世界秩序的国民概念重新独占国民这一能指的时期。但在这种话语环境里，西方近代的冲击虽已到来，但却没有给政治体定义的构成要素带来冲击。在与清国和西方处理关系的历史事实中可以看出端倪。

首先，在和清国的关系上可以确认国民概念的连续性。1880年修信使金弘集访问日本时，曾经和驻日清国公使何如璋进行了笔谈，何如璋问：“顷俄人，在贵国北界图们江口一带，经营布置，究竟情形如何，闻贵国民往彼处者，阁下详悉其事，请以见告。”[②]金弘集答道：“北民之逃入彼地，时或入闻，亦未如之何，切闷。”[③]上国的官员称朝贡国的百姓为国民，而朝贡国的官员马上领会而且没有产生任何误解，对话顺利进行。也就是说，东亚文明圈的传统国民概念一直延续到了1880年。

另外，从和西方帝国的关系里也可以看出国民概念的连续性。19世纪80年代，朝鲜和西方各国签订的条约里，有关于两国居民的概念，朝鲜主要称为“民人”，比如说，德国民人、本国民人[④]、两国民人[⑤]。民人概念是称呼中华世界秩序内部各国百姓时用的概念，在1882年金允植发给清礼部的照会里就使用了“该国民人”的概念[⑥]；即朝鲜在设定和西方帝国条约关系的过程中，表达政治体构成要素的概念也没有出现问题，其结果是，中华世界秩序里的概念贯穿了文明的边界。也就是说，在19世纪70—80年代，尽管朝鲜的国际关系发生了巨大的变化，但表述政治体构成要素之人类集团的概念却没有发生多少变化。

---

① 关于民国理念的形成和发展，参见李泰镇“朝鲜の民本意识の变迁と一八世纪民国理念の抬头”，载朴忠锡・渡边浩编：《国家理念と对外认识：17—19世纪》，东京庆应义塾大学出版会2001年版，第3—41页。

②《修信使日记》，首尔国史编撰委员会1958年版，第177页。

③ 同上。

④《高宗纯宗实录》高宗20年10月27日。

⑤《高宗纯宗实录》高宗21年闰5月4日。

⑥《阴晴史》，首尔国史编撰委员会1958年版，第154页。

这种传统概念的延续首先受到了当时政治环境的影响，即1884年甲申政变的爆发和失败，以及1885年以后清国的政治压迫下，朝鲜的自主性受到了制约，因此迈向西方近代的推动力减弱，政治变化的可能性也被封锁了。但谈论上的讨论却俨然存在。

西方知识/情报在向朝鲜传播的过程中出现了两个特征，这两个特征在传统概念的保存上起了很大作用。首先，在政治体构成要素的问题上，缺乏充分的知识/情报传播。中日甲午战争以前，在朝鲜流通的西方知识/情报主要是通过从清国输入的汉籍传播的，这些汉籍又集中在'体'和'用'中的'用'里的国际法、国际政势、军事技术上。也就是说，包括政治学在内的现在学制上的社会科学领域里的文本基本上都没有传入朝鲜。所以关于国家内部的政治性讨论仅限于断断续续的介绍，其结果是，作为西方帝国 nation 的国民概念以及它和朝鲜原来的国民、民人概念的差别等问题就被排除在议题(agenda-setting)以外了。第二，在这些本来就不多的输入知识里，在翻译的过程中还发生了不少的误解。下面仔细看一下前面已经提及的民人概念。在朝鲜理解西方上起了决定性作用的《万国公法》里也出现了民人概念。《万国公法》里说明一般国民私权一节的题目被翻译为"民人之私权"①。东亚文明圈里的民人这个能指被使用在《万国公法》的翻译上，因此出现了将中华世界秩序里朝贡国的国民和西方近代国际秩序里近代国家的国民混为一谈的错误。而且民人概念被使用在朝鲜和西方帝国的条约里，反倒成为概念同一性的证据，在这种情况下，准确理解这两个概念的差别确实不是一件容易的事情。

不过，建立在误解上的和平最终会被打破。中日甲午战争将关于定义韩半岛的人类集团的概念的讨论重新定位在一个完全不同的文脉里。首先，随着清的失败，中华世界秩序解体，朝鲜摆脱了朝贡国的地位。因此作为朝贡国百姓的国民概念失去了现实意义而从话语圈中消失。第二，以民国政治理念的继承者高宗皇帝为中心进行的光武改革使民国政治理念的国民概念从休眠期醒来并重新登场。在指朝贡国百姓的国民概念消失的情况下，民国政治理念的国民概念非常轻易地独占了传统国民的能指。第三，以西方近代为模型的国民概念开始登场。中日甲午战争以后，将西方近代看作文明基准的动向在韩半岛急速形成高潮，借此机会，西方的历史、哲学以及社会科学领域的多种知识和情报都涌入朝鲜，朝鲜对西方近代的理解快速加深。于是，一部分知识人开始脱离东亚文明圈的遗产，他们中有一些人开始有意识地将国民作为西方近代的 nation 的翻译语使用。这种知识变动的结果是，中日甲午战争后围

① 《万国公法》第1卷第2章第4节。

绕着国民概念，民国政治理念的国民概念和nation翻译语的国民概念展开了竞争。

关于对作为nation的国民的理解，从甲午更张时期参与地方政治的“人民”上可以看出一些端倪。作为nation的国民带着明确的政治意义正式登上历史舞台的契机是独立协会的活动[①]。独立协会的一部分势力高举“大韩国民”[②]概念，自称国家的主人，他们于1898年改编中枢院，并主张制定反映国民意愿的制度。但另一方面，以高宗为中心的政治势力控制着大韩帝国，他们主张民国政治理念的国民概念并且拒绝独立协会的要求，甚至解散了独立协会。在和作为nation的国民概念的对决中，大韩帝国当局的国民概念取得了胜利，这可以通过1899年8月17日发布的敕令《大韩帝国国制》得到确认。“国制”第4条就组成大韩帝国的多数人进行了规定，这条规定：“大韩帝国臣民如有侵害大皇帝享有之君权者，无论已行未行，皆丧失其臣民之职分”[③]，将大韩帝国的成员分为皇帝和臣民。但同年议政府参政学部大臣申箕善发送的“医学学校官制请议书”中记载的敕令案第1条中规定“医学校为专门向国民教授内外各种医术的地方”[④]。即臣民又被称为国民。通过上条可以看出，大韩帝国的法律/政治成员分为皇帝以及除皇帝以外的所有臣民，国民则是和臣民具有同样意义的概念。

从表面上看，独立协会和大韩帝国的国民概念的对立像是接受西方近代的势力和继承传统的势力的对立，但论争的结构却更复杂。因为大韩帝国的领导认为自己的国民概念在继承民国政治理念的国民概念的同时，还借用了西方近代的国民概念。从“公法”反复出现在“国制”里并被当作根据使用可以明确看出，“国制”突出强调与西方政治理念的一致性[⑤]。这个一致性意味着什么，其根据又是什么？下面通过比较/分析公法的国民概念和“国制”的国民概念来回答这个问题。

“国制”里的公法当然是指万国公法，即国际法。在和“国制”有关的国际法中，需要重点查看的是《万国公法》和《公法会通》。因为《万国公法》是给朝鲜带来最大影响的西学书之一，特别是给谈论接收者（朝鲜人）奠定了理解西方的基础；《公法会通》则在这时期急速扩散，而且也是大韩帝国的官僚们在制定“国制”各项条款时所直接使

---

① 刘永翼：《甲午更张研究》，首尔一潮阁1990年版，第164—164页。

② 《独立新闻》，1899年12月16日。

③ 《高宗纯宗实录》光武3年8月17日。

④ “医学校官制请议书”，《各司誊录·近代篇》，国史编撰委员会韩国史数据库。

⑤ 关于大韩帝国国制的折中性，参见姜相圭“朝鮮の儒教的政治地形と文明史的转换期の危机-转形期の君主高宗を中心に”第4章第1节，东京大学大学院博士论文，2004年。

用的文本①。

首先,《万国公法》同时包含了民国政治理念的国民概念和西方近代的国民概念,是一个开放型的文本。前文已经叙述过,民国政治理念以国王和民的关系为中心,《万国公法》也反复出现君和民的二分法。比如说,《万国公法》将国家分为君主的国家和民的国家②,还将私权分为君的私权和民的私权③。在海洋法的说明里规定隶属于他国国君的船为公船而属于他国民的船则为私船④。《万国公法》里从国家的区分到权力的区分都遵循了君和民的二分法,所以存在很多不同解释的可能性。可以设想,这种理解引起了认为民国政治理念的国民概念也在西方通用的错觉。

《公法会通》不仅继承了《万国公法》里的君/民二分法,而且强调公法不能干涉每个国家的主权⑤。共 9 章的"国制"里有 5 章明确地论及公法,而定义新民的第 4 章却没有和公法相结合。考虑到《公法会通》里有一国国民的地位由其国家自主决定的规定,这种现象也可以说是理所当然的。

最终,在大韩帝国执政者看来,公法里零星提及的国内政治结构和民国政治理念的政治结构是相似的,而且公法还将国民的定义交付给国家来判断。这让大韩帝国的执政者产生了以下判断:前者证明了民国政治理念的普遍性;后者则保障了维持国民概念的自主的空间。而"国制"就是建立在这种判断之上的。

包含除国王以外所有成员的国民概念在理解同样否定身份歧视的西方近代国家的 nation 概念上以及基于这种理解设计朝鲜/大韩帝国的新政治面貌上起了非常有用的思想援助作用,但这是把双刃剑。没有把这些背景完全不同的概念进行比较和检讨的情况下,很容易将相似性误解为同一性,而且这种误解很有可能发展为否定变化的必要性.相似性反倒阻碍变化的讽刺性现象在朝鲜/大韩帝国变成了现实。

日俄战争后,随着日本帝国主义侵略的日益加剧,大韩帝国改革政策的局限性也越来越明显。其结果是,丢弃延续民国政治理念的国民概念并重新定义国民概念的动向趁着爱国启蒙运动的展开而加剧。这一时期新的国民概念的出现会在第 5 章叙述,下面研究一下在中日甲午战争和日俄战争的战间期,曾经与国民概念共存过的人种概念的传播与接受。

---

① 关于大韩帝国国制和《公法会通》的紧密关系,参见"大韩帝国国制的制定和基本思想",《法学史研究》1974 年创刊号。

② 《万国公法》第 2 卷第 1 章第 12 节。

③ 《万国公法》第 1 卷第 2 章第 3,4 节。

④ 《万国公法》第 2 卷第 2 章第 15 节。

⑤ 《公法会通》第 126 章。

三、人种概念的传播与接受：1895—1904

人种和国民一样也是早就存在于东亚文明圈里的概念，《世说新语》里就有这个概念[①]。但其意义却和现在使用的人种意义完全不同，仅仅是人和种的结合，即人的种子，专指子孙。这个概念虽然早就存在，但不经常使用，朝鲜时代也没有留下丰富的例子。在这种情况下，race被翻译为人种，于是人种就被认为是从西方引进的新概念而被接受。

人种是一个传播概念，所以有必要探明其传播途径。虽然人种的所指早在19世纪初就已经介绍到了日本，但人种的能指却还没有稳定下来。渡边崋山在写于1838年的“慎机论”里主张四人种说，他所使用的概念不是人种而是人质[②]。在翻译的过程中，多个能指对应一个所指并为获得普遍性而展开竞争的现象在幕府/明治日本是很常见的事情。围绕着人质，几个能指展开了竞争，人种便是其中之一。

福泽谕吉在幕府末最畅销的《西洋事情》(1866)里就使用了人种概念[③]。他还在《掌中万国一览》(1869)中专设“人种之论”一章，在日本介绍五人种说[④]。由于当时在谈论上掌握着强大话语权的福泽谕吉在其论说中使用了人种概念，所以人种概念慢慢获得了普遍性。1874年明治政府文部省翻译/编撰了百科全书发给各个学校当作基本图书用，人种是百科全书中的一项。这意味着，人种概念得到国家的公认，并通过近代教育制度普及到日本全国。

在朝鲜知识人文章里，俞吉濬所著《西游见闻》是最早介绍人种的著作。他介绍地球上的人种道：“诸学士的立议不一，或曰三种，或曰四种，或曰六种，或曰十一种，或曰二十二种，此皆不合者。惟弗漏缅氏曰五种，其言近似，故采用此书。其五种曰黄色人，曰白色人，曰黑色人，曰灰色人(或曰棕榈色)，曰赤色人(或曰铜色)。”[⑤]考虑到俞吉濬留学日本时，日本的人种概念已经定型，所以不难看出，他继承了老师福泽谕吉的人种概念。

需要注意的是，《西游见闻》的人种概念仅停留在世界自然人类学(physical anthropology)，并不是定义朝鲜人的新政治体构成要素的概念。在韩半岛，从表达形

① 《世说新语·任诞》。

② 佐藤昌介等编：《日本思想大系55 渡辺崋山·高野長英·佐久間象山·横井小楠·橋本佐内》，东京岩波书店1971年版，第69页。

③ 《福泽谕吉全集》第1卷，东京岩波书店1969年版，第353页。

④ 《福泽谕吉全集》第2卷，第462—463页。

⑤ 俞吉濬：《俞吉濬全书·第1卷西游见闻》，首尔一潮阁1971年版，第83页。

质区别的自然科学概念转化为定义人类集团的政治性概念是中日甲午战争以后的事情。以这一时期最有代表性的媒体《独立新闻》为例，看一下其变化过程。

《独立新闻》从1897年6月17日的第71号到7月17日的第84号分14次连载了介绍生物学的论说，文章将人类定义为和猿猴相似的动物，并介绍说其特征在人种的差别上——白人种、黑人种、东洋人种①。随后10月16日的论说中开始出现黄人种用语，以后黄人种这个用语反复出现②。但，和俞吉濬一样，这几篇文章只是在自然科学领域讨论人种概念，所以，并不能说当时的尖端媒体《独立新闻》在1897年已经在政治领域内掌握了人种概念。

直到1899年人种概念才明显地转化为政治概念。看一下《独立新闻》1899年11月8日的论说。

> 当今世界是黄种人和白种人对立斗争的时代。日本人在黄种人中最先觉醒，觉醒后又唤醒了朝鲜和清国，既保全了东洋的局势，又费尽心血地抵抗西洋白种人的侵略和掠夺；朝鲜和清国的百姓仍未认识到两种人斗争的局势，居然欲依靠其他种的西洋白人，窃取一时的苟且平安。③

论说在下一号继续进行。

> 今日的日本即为以后东洋黄人种的新生芽，对内是匡正政治和法律的明镜，对外是退却外敌之将军。修改和欧美各国签订的条约的日本人引导并劝告其他黄种人兄弟国家。不贪小利，不因小怒而激愤，树立保护唯一之种子的计策维持东洋的和平是上帝定下的本分中的必要义务。④

将国际政治看作为人种间竞争的观点开始出现。其结果是，人种被重新解释为国际政治的行为者(actor)。在这种观点上，黄人种被定义为政治性集团，朝鲜人与清、日本一起被理解为黄人种的一部分。人种作为政治概念终于出现在朝鲜/大韩帝国。

不过，朝鲜/大韩帝国的人种概念与将此概念导入到朝鲜的日本存在着不小的差

---

① 《独立新闻》，1897年6月24日。

② 《独立新闻》，1897年10月16日；1899年2月28日；1899年5月21日。

③ 《独立新闻》，1899年11月8日。

④ 《独立新闻》，1899年11月9日。

别。日本的人种概念不是在地域，而是在民族国家范围内的讨论上被使用的。19世纪80年代自然人类学传入以后，人类学者开始讨论关于日本人人种的起源，这种讨论又被赋予政治性/社会性意义并转化到“混合民族论”和“单一民族论”谈论的对立面①。人种还成为判断统和还是排斥民族国家成员的基准。与此相反，朝鲜/大韩帝国的特征是，并没有展开关于民族国家的讨论，而是在其上层概念即东亚地区范围的政治集团上进行了讨论。

朝鲜/大韩帝国的人种概念出现这种特征的原因是，当时的朝鲜/大韩帝国与日本不同，并不具有在自然人类学上讨论自身身体特征的人/制度基础，这种内部因素应首先得到阐明，但人种概念传播过程中的外部因素也不能忽视。

上面《独立新闻》11月8—9日的论说是从11月7日开始刊载的、共由3回构成的论说的第2—3回。第二回，即7号论说的开头如下：

> 推论东西方世界各国的时事，顿时困意全无，精神一新。抽出一本西书阅览，为某外国朋友用其高深的见识编辑而成。全篇的措辞能让大韩人热血沸腾，咬牙切齿，拳头紧握，双目怒睁。大丈夫生于当世，读此文章怎能不感慨万千，悲痛至极。故不得不将其记录如左来广布大韩天地，望政府大大小小的官吏和闾巷上下人民一起看到，一起奋发，相互劝勉，齐心协力，竭尽忠诚，为助国家得到和其他国家相同之待遇、享受与其他国家相同之权力而各尽己责。②

通过这个论说可以看出，围绕黄人种/东亚地区的人种进行的讨论并不是《独立新闻》的独创，而是将外国人的观点当作必须传播给大韩的知识/情报进行了翻译、转载。虽然无法确定论说里提及的原著，但根据论文的结构和当时东亚思想链的构成，可以推测是日本的书籍③。在清陷入瓜分的危机、朝鲜的改革也达到极限的当时国际政治局势里，在东亚构建比国家更高一层的政治身份的设想发展为承认日本在东亚地区的领导力的可能性很大，这通过上述论说将日本人定为黄种人的代表可以确认。中日甲午战争后，经由日本传入的人种概念主要使用在地区谈论上，从而服务于日本的帝国主义利益。

---

① 小熊英二：《单一民族神话の起源-“日本人”の自画像》，东京新曜社1995年版，参考第1—3章。

② 《独立新闻》1899年11月7日。

③ 关于日本的“人种中心的国际政治论”形成的过程和理论结构，参考姜东局：“日俄围绕朝鲜进行的角逐以及朝鲜人的国际政治认识——‘共亚论’和‘人种中心的国家政治论’思想链”，《日本研究论丛》2004年第20号，第180—184页。

大韩帝国的人种概念接受及因此而产生的黄种人自我认识与随着日俄的对决而发生的黄种人和白种人对决的日益强化，其结果是人种概念深深地植根于大韩帝国知识人脑海里①。

不过需要记住的是，1905年前后人种概念并没有在大韩帝国政治身份的概念竞争中取得完全的胜利。国民概念在国家层面上依旧维持着强大的势力，与地区层面上的人种概念并立。这一时期，不少大韩帝国的论客认为大韩帝国的国民以及东亚的黄人种这两个不同层面的身份是相互贯通的。但黄人种日本对白人种俄国的胜利也关系到大韩帝国利益的信念使人种概念的扩散达到顶点；但同样是通过这次战争，黄人种日本开始暴露出对黄人种大韩帝国的帝国主义野心，人种/黄人种和国民/大韩帝国的和睦也随之完全破裂。以此为契机，大韩帝国的人种概念被定性为帝国主义学说而开始走下坡路②。国民概念和人种概念的敌对化意味着围绕定义政治实体的人类集团的概念而展开的谈论版图发生了巨大的变化，这个变化产生的结果之一便是本论文第三个主人公——民族概念的登场。

四、民族的登场：1905—1909

在定义政治实体之人类集团的概念中，民族概念是最后一个登场的。民族与国民、人种不同，东亚历史上没有使用过这个词语，它是在与西方近代遭遇的过程中被创造出的概念。民族概念在明治日本以翻译语的形式出现，这时已经是日本的国民概念和人种概念登场后的一个世代，即1890年代了③。

乘着明治20年代(1887—1896)明治民族主义者的讨论，民族概念开始扩散到整个日本。例如，明治民族主义的代表性人物志贺重昂1888年在杂志《日本人》上发表了反对日本西方化的论说，在论说中，他将日耳曼民族和大和民族进行了对比④。即使在明治民族主义者的论说中，民族概念也没有得到稳固的地位。第一，民族的能指

① 姜东局："日俄围绕朝鲜进行的角逐以及朝鲜人的国际政治认识——'共亚论'和'人种中心的国家政治论'思想链"，第186—187页。

② 其过程参考金度亨："大韩帝国期启蒙主义系列知识人层的'三国提携论'：以'人种提携论'为中心"，《韩国现代史研究》2000年第13辑。

③ 关于明治日本的国民、人种、民族概念的成立参见 Minchael Weiner，"The Invertion of Identity：Race and Nation in Pre-war Japan"Ffank Dikötter(eda.). *The Construction of Racial Identities in China and Japan*，London：Hurstr&Company，1997，pp. 96 - 117。

④ 志贺重昂："日本前途の二大党派"，载《明治文学全集13·明治思想家集》，东京讲谈社1980年版，第192页。

很不稳定，所指被其他能指，例如民种占用的情况非常多[①]。民族作为一个排他性能指依然没有被完全接受。第二，民族作为 nation 的翻译语，地位比已经抢先占领其位置的国民明显地低了很多。志贺重昂将 Nationality 翻译为国粹；而陆羯南则将 nationalism 译为"国民论派"，将 national politic 译为"国民的政治"。[②] Nation 及其派生语一直被翻译成和国家有关的概念，而不是民族。

即使在明治民族主义者的谈论里，民族概念也经常显露出局限性，即在整个明治日本，民族概念都是非常脆弱的。从明治 20 年代(1897—1906)的字典可以看出，民族在日语中还没有取得稳定的社会认知。在 1890 年发行的《和英デスク辞书》中，国民以 Kokumin 的标题出现，其解释为 a nation, people[③]，但这本字典里并没有出现民族。1894 年刊行的《和英英和语林集成》中也是同样的情形，Kokumin 被解释为 the people of the country; the nation[④]，但没有说明民族的条目。1897 年刊行的日语字典《日本新辞林》里依然也没有民族[⑤]。1898 年的韦伯斯特词典中 nation 被翻译为"国民、人民、国、同种的民"[⑥]，仍旧没有民族。虽然不能排除同时代的其他词典中收录民族概念的可能性，但当时代表性的词典里，民族概念被遗落的事实充分表明，国民概念依然处于不稳定的地位。

不过，从 19 世纪转换到 20 世纪时，与明治 20 年代的民族主义者的谈论保持紧密的连续但又以新的视角讨论民族概念的谈论开始登场，民族概念也随之在明治日本取得了稳固的地位。这一时期的日本迅速引进了与整理 19 世纪、预测 20 世纪的工作相关的西方言论，同时日本自己的讨论也活跃地展开了。在这些讨论中，引起大多数论客瞩目的 20 世纪巨大潮流是从 19 世纪末起在东亚也开始扩张势力的帝国主义。在世纪转换期的日本，影响力较大的、关于帝国主义的代表性言论是美国政治学者芮恩施(Paul Samuel Reisch)的 World Politics at End of the Nineteenth Century: as influenced by the oriental situation(1900)。这本书用英文出版的同年，以《レアニッシコ氏十九世纪末世界之政治》为题被翻译成日语[⑦]。1901 年的再版发行引起了很大的反响[⑧]。再版发行时，题目被改为《帝国主义论》，这传达出日本人瞩目这本著作

① 安田浩："近代日本'民族'观念の形成——国民・臣民・民族"，载《思想和现代》1992 年第 31 号，第 67 页。

② 陆羯南："近时政论考"，载《明治文学全集 13・明治思想家集》，东京讲谈社 1980 年版，第 182 页。

③ 杉江辅人译：《和英デスク辞书》，东京积善馆 1890 年版，第 353 页。

④ J. C. Hepburn，《和英英和语林集成》，东京丸善商社 1894 年版，第 325 页。

⑤ 棚桥一郎-林錡臣编：《日本新辞林》，东京三省堂 1897 年版。

⑥ Frank Warrington Eastlake：《韦伯斯特氏新刊大辞书和译字汇》，棚桥一郎译，东京三省堂 1898 年版。

⑦ 高田早苗译：《レアニッシコ氏十九世纪末世界之政治》，东京专门学校出版部 1900—1901 年版。

⑧ 高田早苗抄译：《帝国主义论》，东京专门学校出版部 1901 年版。

的目的。他的帝国主义论将帝国主义称为“民族帝国主义”①，这表明其特点是在连续性上把握民族主义和帝国主义。芮恩施在探寻帝国主义的历史根源的过程中，注目的是给帝国主义的登场打下基础的民族主义，而民族主义的主体则为民族，即在他的理论里，帝国主义和民族/民族主义有着不可分割的关系。其结果是，在受芮恩施很大影响的日本，帝国主义讨论的增加导致了民族主义讨论的发展。从 1907 年开始，民族条目出现在词典里就是这种讨论的结果②。

但是，20 世纪初民族概念在明治日本的登场并不意味着超越了以前的国民概念。民族是表达支撑超国家的帝国主义的动态主体的概念，而国民则是表达组成国家的成员的静态概念。明治 20 年代以前日本的政治体制已经固定，而且明治宪法的连续性也得到继承，在这种国内政治里，国民概念保持了优势，民族则主要使用在与帝国主义有关的国家政治脉络里，停留在少数的位置上。

如果明治日本的民族概念直接介绍到大韩帝国的话，说不定大韩帝国探讨民族概念的时期会更晚，扩散的范围也会更狭窄。但大韩帝国的民族谈论不是从日本直接传播的，而是经由中介者间接输入的。这样迂回输入的谈论赋予民族概念以绝对的重要性。这种概念的变换和向朝鲜的传播是通过担当东亚思想回路一翼的巨人——梁启超进行的。

在写于 1899 年的《东籍月旦》里，梁启超将 nation 的日语译文民族概念导入到中文文章里，这是民族概念在中国的最初传播③。不过《东籍月旦》里的民族概念只不过是在解释日本历史著作时被简单提及而已。梁启超在发表于 1902 和 1903 年的一系列著作中才正式从政治意义上探讨民族概念。

首先看一下在爱国启蒙期给大韩帝国的知识人很大影响的《新民说》。在《新民说》“论民族”里面，梁启超主张：

> 自十六世纪以来(约三百年前)，欧洲所以发达，世界所以进步，皆由民族主义(Nationalism)所磅礴冲激而成。民族主义者何？各地同种族同言语同宗教同习俗之人，相视如同胞，务独立自治，组织完备之政府，以谋公益而御他族是也。此主义发达既极，驯至十九世纪之末(近二三十年)乃更进而为民族帝国主义(National Imperialism)，民族帝国主义者何？其国民之实力，充于内而不得不溢

① Pau; S. Reinsch, *World Politics at End of the Nineteenth Century: as influenced by the oriental situation*, New York: The Macmillian Company, 1900, pp. 3 - 26。

② 金泽庄三郎编：《辞林》，东京三省堂 1907 年版，第 1475 页。

③ 林耀华主编：《民族学通论》，中央民族大学出版社 1997 年版，第 98 页。

于外，于是汲汲焉求扩张权力于他地，以为我尾闾。（……）故今日欲抵挡列强之民族帝国主义，以挽浩劫而拯生灵，惟有我行我民族主义之一策；而欲实行民族主义于中国，舍新民末由。[①]

梁启超的逻辑是，从近代以后的世界史来看，各民族通过民族主义与他民族进行竞争并借此而取得了进步，这种竞争在20世纪发展成民族帝国主义，在民族帝国主义时代，为了中国的生存，中国也应该以民族为中心团结起来。在理解世界政治上，民族概念成为最重要的关键词，甚至民族还被看作为维持中国生存的唯一出路。

类似的主张在梁启超以前的文章里也出现过。梁启超在1899年写了《论近世国民竞争之大势及中国前途》[②]。在这篇文章里，梁启超已经从人类集团竞争的观点上把握国际政治了。但，这个主张和“新民说”的主张在人类集团的概念上显现出很大的差异。这篇文章里，担当竞争主体的人类集团不是民族而是国民，所以这篇文章认为竞争是国民与国民之间展开的。而从1899年到1902年的3年间，国民与国民的竞争转变为民族与民族帝国主义的竞争，这经历了怎样的过程？

梁启超在《新民丛报》连载《新民说》的同时，还发表了论说“论民族竞争之大势”。梁启超在前言里阐明了自己的民族竞争理论的根据。

本论宗旨在综览现今世界各国之大势，推原其政略所从由及其所以集势与中国之由。而请求吾国民应变自立之道，篇中取材多本于美人灵绶氏所著《十九世纪末世界之政治》，洁丁氏所著《平民主义与帝国主义》，日本浮田和民氏所著《日本帝国主义》《帝国主义之理想》等书[③]。

考虑到上面的资料都是从1900年开始迅速在日本扩散的帝国主义代表性著作，可以说，梁启超通过吸收明治日本的帝国主义和民族/民族主义理论而完成了从国民概念向民族概念的过渡。

但从上述引用文仍在使用国民概念可以看出，梁启超的逻辑里，国民概念并没有完全消失，国民概念也持续地出现在《新民说》里，所以国民概念与民族概念是并立的。在民族和国民概念并立这点上，明治日本和梁启超的主张是一致的，但在对民族概念的重要性的注目上，梁启超却远远超过了明治日本的理论。

① “新民说”，载《饮冰室合集》第六卷四，中华书局1936年版，第3—5页。
② “论近世国民竞争之大势及中国前途”，载《饮冰室合集》第一卷四，第56—60页。。
③ “论民族竞争之大势”，载《饮冰室合集》第二卷十四，第10页。

可以说，在民族概念重要性上，梁启超和明治日本的差别根源于当时清国和日本所处的国际政治/国内政治情况的不同。首先，两个国家在与帝国主义相关的国家政治地位上存在着差别。当时的清国在义和团运动之后被西方列强纷纷割占租借，国家面临被瓜分的危机。梁启超很早就认识到这种危机，并于1899年发表了长篇文章"瓜分危言"，在这篇文章里，他设定了无形的瓜分和有形的瓜分框架，对帝国主义的中国侵略拉起了警钟[①]。以后对梁启超来说，抵抗帝国主义的侵略成为最核心的政治课题，民族/民族主义则是此课题的答案。与此相反，这一时期的日本已经做好了投入帝国主义竞争的准备，所以在日本，民族/民族主义作为对抗帝国主义的概念所具有的现实重要性非常有限。虽然同时借鉴了芮恩施的帝国主义和民族/民族主义理论，梁启超迫切地强调民族/民族主义，而浮田和民则对帝国主义赞不绝口[②]并更关注日本特色的帝国主义——伦理性帝国主义构想也是出于同样的理由[③]。

第二，两国在民族构成上存在着不同。在已经普及了单一民族神话的日本，民族的范围和国民没有很大的差别，所以，在政治意义上，民族与国民没有不同点。但在少数民族满洲统治着多民族国家的清国，民族则有与政治体制变革相关的重大政治意义。在发表《新民说》的1902年，梁启超在写给老师康有为的信里主张：

> 至民主、扑满、保教等义真有难言者。弟子今日若面从先生之诫，他日亦不能实行也，故不如披心沥胆一论之。今日民族主义最发达之时代，非有此精神，决不能立国，弟子誓焦舌秃笔以倡之，决不能弃去者也。而所以唤起民族精神者，势不得不攻满洲。日本以讨幕为最适宜之主义，中国以讨满为最适宜之主义。[④]

虽然梁启超以后成为反对排满（＝种族）革命的代表性人物，但这一时期，他却主张为了实现民族主义而推翻满族朝廷。在1902年的清国，强调国民与强调汉族民族在现实里有正相反的政治含义，从前者向后者的变化意味着从对清国的忠诚到反叛的转换。1899年他使用的国民概念无法导出的讨满变革理论到了1902年却通过民族概念被明确地提出。即梁启超对民族的强调也与多民族国家清国特有的国内政治有关。

最终，日本创造的民族/民族主义概念被梁启超在清国的国际政治/国内政治脉

① "瓜分危言"，载《饮冰室合集》第二卷十四，第19—43页。

② 关于浮田和民的帝国主义论，参见山冈桂二"浮田和民の帝国主义论について"，《日本历史》1964年第192号；荣泽幸二"帝国主义成立期における浮田和民の思想的特质"，《历史学研究》1968年第332号。

③ 浮田和民：《伦理的帝国主义》，东京隆文馆1909年版。

④ 丁文江、赵丰田编：《梁启超年谱长编·第2卷（1900—1907）》，岛田虔次编译，东京岩波书店2004年版，第151页。

络里重组，通过这一过程，民族的地位更上一层。因为梁启超是连接日本和韩半岛的知识/情报的中介者，所以他的这种民族概念给韩半岛的民族概念带来了很大的影响。

韩半岛的民族概念最初出现在1900年1月12日的《皇城新闻》的纪事里①。在这篇纪事里，民族以“白人民族”和“东方民族”的形态出现，不用说这指的是白人种和黄人种。民族概念和人种概念的混用虽被评价为朝鲜/大韩帝国的东洋主义式思考的产物，但在考察这个评价之前，需要考察的是，《皇城新闻》的骨干即改新儒学者们为理解国际政局所借鉴的清国著作里也出现了这种混用现象。

《新民说》里的民族概念有两种意义，如上文所述，第2节里，民族明确地作为nation的译语登场，紧接着在第4节里，表述构成国家的民族时当然使用了民族概念，但表达人种时，甚至在叙述全世界由5个人种构成时，也使用了民族概念。例如，德国的日耳曼民族属于条顿民族也属于白色民族②。在明治日本，民族被理解为一个狭隘的概念，即人种的多个构成阶段中的一个特殊阶段，而在梁启超的文章里，民族和人种一样，是一个含有多个阶段的概念。这种混乱在《新史学》里又以其他形态出现③。更严重的问题是，民族概念的混用并不局限在梁启超一个人。大概执笔于1901—1902年间的康有为的《大同书》里有一章是“丙部去级界平民族”④，紧接着下一章是“丁部去种界同人类”⑤。前面的民族概念是指广义的人种，后面的民族概念则是指国民国家的民族。考虑到概念的传达者已经开始混用，可以说，《皇城新闻》在人种的所指上使用民族概念是忠实地遵循了传播上的意义。

而需要说明的问题是，民族/民族主义理论已经出现在《新民说》里，而且也传播到了韩半岛，尽管如此，到日俄战争之前，民族概念在大韩帝国依旧没有作为政治概念登场。这种现象可以说起因于梁启超和朝鲜的知识人所持的主观性国际政治意识的不同。梁启超对民族/民族主义表现出热情的背景是清国即将陷入亡国的危机，所以说，大韩帝国如果也在帝国主义的侵略下面临亡国危机的话，民族/民族主义也会作为一个重要的政治概念登场了。1904年韩日议定书、1905年乙巳条约签订，随着帝国主义势力的威胁越来越明显，民族正式作为一个政治概念登场，从现实和谈论的关系上看，这是必然的事情。这样登场的民族概念经过深化在1908年左右获得了种

---

① 白东玄：“日俄战争后‘民族’用语的登场和民族认识：以《皇城新闻》和《大韩每日申报》为中心”。

② “新民说”，载《饮冰室合集》第六卷四，第7页。

③ “新史学”，载《饮冰室合集》第二卷九，第11—20页。

④ 康有为：《大同书》，中州古籍出版社1998年版，第143页。

⑤ 同上书，第155页。

族/文化的独立性,民族概念在韩国得以确立和稳固①。在民族概念传播过程中,梁启超虽然起了主要传导作用,但他的主张在大韩帝国这个新的环境里被重新解释并慢慢被克服。首先,民族/民族主义所具有的国内政治含义完全消失。在受帝国主义侵略的层面上,日俄战争后的大韩帝国与19世纪末20世纪初的清国处于同样的境况,但在国家和民族的构成上,单一民族构成国家这一点又与日本相同。所以,大韩帝国的民族概念里没有梁启超主张里的反政府性格,反而与日本一样具有统和性意义。即,被修改了的概念再经历一次修改反而回到了原来的概念。第二,大韩帝国出现了超越梁启超的尝试。1908年《大韩学会月报》刊载了韩兴教的译文“从政治上看黄白人种的地位(芮恩施氏略述)”。韩兴教在译文中指出:“19世纪末,支配国际关系的政策特征是民族主义显著且快速扩大势力……由最近政治倾向来看,各国大兴民族主义并将其看为民族的帝国主义,其活动范围非常广泛。”这篇简译文的中心内容是民族/民族主义②。考虑到在给梁启超的民族/民族主义概念的形成上,芮恩施的主张起了决定性影响作用,可以说大韩帝国的知识人直接接触芮恩施的著作意味着消除梁启超在传播过程中的创造的变异因素。换句话说,消除在梁启超传播过程中出现的变异、将原来的概念与大韩帝国的现实直接挂钩的工作开始提上日程了。

日俄战争以后,人种概念变为帝国主义理论,国民概念与人种概念的协和也随之破裂,为了对抗帝国主义,需要将新的人类集团概念化,民族概念就是在这种需要下被接受的。以后民族概念在大韩帝国现实里发生了变化,并作为定义大韩帝国构成要素的重要政治概念而扎根。由于民族概念的登场,出现了民族概念和国民概念共同存在于人种概念的对立面的局面。那么,在谈论版图上的位置和覆盖范围都相同的民族概念和国民概念以怎样的关系共存又发生了怎样的变化?下章叙述这个问题。

五、国民的强化:1905—1909

不少大韩帝国的知识人认为日本的帝国主义侵略是光武改革失败的结果。于是,在爱国启蒙期,他们以以前的失败为鉴、以抵抗帝国主义为轴心,图谋大韩帝国政治谈论的划时代性变革。如上文所述,民族概念的登场是寻求对抗帝国主义的人类集团的结果。但韩半岛与清国不同,国民和民族——即大韩帝国国民和韩国民族的

① 白东玄:“日俄战争后‘民族’用语的登场和民族认识:以《皇城新闻》和《大韩每日申报》为中心”。

② 韩兴教:“从政治上看黄白人种的地位”(芮恩施氏略述),《大韩学会月报》1908年第8号,第48—51页。

关系一直都很融洽。所以说，民族概念的登场并不意味着国民概念被驱逐。其结果反而是国民概念也在新时代的要求下发生变化并与民族概念共存。即，进入爱国启蒙期后，国民概念受民族概念等的影响，摆脱民国政治理念、正式开始向 nation 移动。

民族概念和国民概念的这种共存和聚拢被当时的论客认为是一种混乱。1907年《大韩每日申报》的论说《民族和国民的区别》中指出："国民这个名词不同于民族两字，但现今之人却常将二者混用，这十分不妥，故今以辩论之。"[①]这篇论说指出两个概念存在着混乱并提出解决对策如下。

> 所谓民族指同一祖先之子孙、居同一地方之人、共有同一历史之人、共奉同一宗教之人、使用同一语言之人，即称为民族，但国民却不可如此解释。同祖先、同历史、同居住、同宗教、同语言并非不是国民的根本，但并非有此相似即称国民，例如，筋骨和脉络诚为动物之根本，但却不能将被丢弃之筋骨脉络集于一处而称其为动物。岂能将如繁星一样，又如散沙一般散居的民族称为国民呢？所谓国民，除同祖先、同历史、同居住、同宗教、同语言之外，需有共同的精神、利害相同并行动一致、内部组织如同身体之筋骨、对外时精神则如军营之部队，才方可称国民。[②]

上面引用文在很大程度上受了国家有机体说的影响，这篇文章的绝大部分是摘取和翻译的梁启超介绍伯伦知理(J. K. Bluntschli)的《政治学大家伯伦知理之学说》的第二节"论国民与民族之差别及其关系"[③]。但这篇文章的主张在大韩帝国谈论领域的意义却大不同于梁启超的主张在清国的意义。梁启超的"政治学大家伯伦知理之学说"分5节论述了伯伦知理的国法学(Staatsrechtslehre)，而《大韩每日申报》只截取、介绍了论述国民和民族的第2节，这说明笔者引用梁启超的文章来解决他所认为的大韩帝国最紧迫的问题，即民族概念与国民概念的混乱。其结果是，作者的结论将更强烈表达有机性一体化的国民概念定位在民族之上，并将其看作是政治体的理想。众所周知，伯伦知理的国家有机体说深刻地浸透并贯穿于整个爱国启蒙期[④]，这种变化强化了国民概念对民族概念的优势，国民概念在大韩帝国的优势得以巩固。即，被重组为对抗帝国主义的政治主体的国民概念将赋予它新的所指的民族概念驱

① 《大韩每日申报》，1907年7月30日。
② 同上。
③ "政治学大家伯伦知理之学说"，载《饮冰室合集》第二卷十四，第71—77页。
④ 金度亨：《大韩帝国期的政治思想研究》，首尔知识产业社1994年版，第100—103页。

逐出了竞争。

不过,在当时的大韩帝国,为了强化国民概念,还必须首先解决一个复杂的概念问题。如上文所述,表述对抗帝国主义的政治运动的概念不是国民主义而是民族主义。而在表述抵抗吞并了大韩帝国的帝国主义的主体上,国民概念压倒了民族概念,表述主体的国民概念和表述运动的民族主义概念之间也随之出现明显的分歧。

这个分歧是从欧洲到日本/中国,又从日本/中国到大韩帝国的传播过程中发生的问题相互错综交织而出现的。按倒序的方法,从结果出发看一下这个分歧的发生过程。大韩帝国国民概念与民族主义概念的不一致是因为同时接受了主张以民族为主体抵抗帝国主义的民族主义理论和主张国民比民族是更具有凝聚力的理论。这两个理论都是经由梁启超传入到大韩帝国的。日本将两个不同学制上的用语翻译成汉字,即法学上的伯伦知理著作、历史学/政治学上的芮恩施著作中的术语翻译成了汉字,而梁启超将这些汉字翻译原封不动地借用过来,他从前者借用了国民/民族,从后者借用了民族/民族主义,而且将这些翻译语完全放在中文里使用。一方面,明治日本的法学界为了理解近代的新概念,将伯伦知理德语原著的 Nation 翻译为民族(ミンゾク)而将 Volk 翻译为国民(コクミン);另一方面,日本的历史学/政治学界将芮恩施英语原著的 nation 和 nationalism 翻译为民族(ミンゾク)和民族主义(ミンゾクシコギ)[①]。于是德语的 Nation 和英语的 nation/nationalism 便拥有了同一个汉字能指,因此,这两个概念的差别就被掩盖住了。

所以,对于大韩帝国国民和民族主义概念的分歧,应该从全球范围和地区范围这两个层面上进行分析。首先,可以从欧洲的两个代表性学术用语的差别里寻找产生分歧的原因,这两个术语即从属于不同范畴的德语 Nation 和英语 nation。分析德语 Nation 和英语 nation 的概念差异虽然不是本文的课题,但由于国民/民族概念在大韩帝国出现了问题,所以本文简单叙述一下其问题点。英语的 nation 包含德语的 Nation 和 Volk 两面——用现在的韩国语说,大体就是民族和国民两面——所以这两个概念之间存在着本质的差别。大韩帝国这两个概念的矛盾也是德语圈和英语圈的政治思想为争夺政治思想的代表位置而展开的全球性学术纷争的一环。第二是近因,这种全球性对立传入东亚地区的过程,即 Nation/Volk/和 nation/nationalism 的汉字翻译过程中还发生了混乱。日语和中文将所指不同的 Nation 和 nation 翻译为

① 关于伯伦知理著作中国家/国民相关概念的日语翻译、中文翻译参考山田央字,“ブルンチコリと近代日本政治思想”(上、下),《东京都立大学法学会杂志》1991 年 12 月第 32 卷第 2 号、1992 年 7 月第 33 卷第 1 号;巴斯蒂(Marianne Bastid-Bruguiere):“中国近代国家观念溯源——关于伯伦知理《国家论》的翻译”,《近代史研究》1997 年 8 月第 4 期。

同一个能指即民族，其结果就是出现了在凝聚力上比国民弱的民族（Nation）与包含国民的民族（nation）并存的局面，尽管民族主义（nationalism）本来的意思里就包括国民（Volk），但汉字却体现不出其内在的联系，所以被看作为一种矛盾。

结果，大韩帝国的两个概念的矛盾成为翻译在横贯文明的过程中引发的无数混乱的代表性事例。但当时大韩帝国的知识人却没有认识到这一过程，就在全球性思潮的终点站一股脑全盘接受了主体和运动概念不一致的问题。在帝国主义侵略下面临亡国危机的政治性绝境面前，大多数的知识人以国民概念为中心寻求解决这个不一致的方案。

> 19世纪以来，出于国民特色，各国国民往往排斥他国的风俗习惯和法律政治，且有为自己的复生而牺牲全人类幸福的倾向，在有世界性的文学美术及其他科学上仍保持自尊和狭隘的国民特性，还自认为是新文明的保持者，这就是所谓的国民主义的斗争时代。从19世纪末到现世纪，各国因人口的增长而认识到领土狭小的问题，所以试图利用各种机会瓜分世界上其他土地，这种试图又表现为国际间的竞争，故以前的国民主义一变为殖民主义、再变为帝国主义。①

前面已经指出，民族主义的登场与帝国主义有着密切的关系，但这篇论说却将芮恩施以来表述帝国主义前阶段的民族主义更换为国民主义。此外，有的论说还将大韩帝国抵抗帝国主义的运动定义为国民主义而非民族主义。

> 无论坐立都讴歌此国民主义，无论吃睡都诵读此国民主义，在我韩国思想界掀起大革命打破数百年来的腐败、偏激、古板的思想，在韩半岛中央高举写着国民两个大字的旗帜，与两千万人一起向着共同的目的地肩并肩手挽手勇猛向前，成就最后大事业的风云儿，有否？②

直到1910年，国民主义③国民的主义④概念持续扩散。主体性概念不变、更换运动性概念的办法才解决了折磨大韩帝国知识人的概念问题。

① 蔡基斗："和平的战斗"，《大韩学会月报》1908年7月第6号，第16—17页。

② 崔锡夏："大呼破格儿"，《大韩学会月报》1908年3月第2号，第4页。

③ 金喜成："论外交上经验的历史"，《大韩协会会报》1908年11月第8号，第7—8页；友洋生："我韩要公平的舆论"，《西北学会月报》1909年第14号，第19—20页；《大韩每日申报》，1909年7月16日。

④ 卢义瑞，"国民的主义"，《西北学会月报》1909年8月第15号，第37—38页。

同时,国民概念的强化体现在大韩帝国的各个部门。首先,出现了国民概念取代既存概念的现象。在民族概念传播到大韩帝国的过程中起了很大作用的梁启超的《新民说》相关的概念变化就是一个代表性例子。申采浩于1910年在《大韩每日申报》上发表了与梁启超《新民说》的主张几乎一致的《20世纪新国民》。如上文所述,《新民说》里,民族和国民概念是混用的,所以,题目里的"民"既可以理解为民族,也可以理解为国民,还可以理解为同时包含民族和国民的广义概念。但申采浩将自己设想的人类集团明确地定义为国民概念。第二,出现了多种与国民相关的概念。如"国民之魂"①"国魂"②"国家精神"③等相继出现。这是以日益稳固的国民概念为基础,与国民有关的概念迅速扩散的表现。

考虑到这种情况,日本帝国主义侵略白热化时,一些大韩帝国成员以国民的名义展开与帝国主义的斗争也是理所当然的。1909年12月4日,一进会公布了韩日合邦声明书,愤怒的大韩帝国知识人举办的演说会定名"国民大演说会",大韩协会发起的会议也叫作"国民大会"。

但是,最终,国家灭亡了,国民的斗争也失败了。1905年以后,在大韩帝国人类集团政治身份的讨论中获得主导权的国民概念失去了立足之地,在这个意义上,庚戌国耻是一个里程碑式事件。下章叙述庚戌国耻引起的概念史的变化及其结果。

六、民族的胜利:1910—1919

1906年以后韩半岛有两个统治机构。一个是大韩帝国,另一个是统监府。直属于日本天皇的统监代表日本政府拥有大韩帝国的外交、行政、军事等广泛的权限。

庚戌国耻以前,民族概念和国民概念友好并存时,统治朝鲜民族大多数国民的"国"当然是指大韩帝国。统监府则是他们以民族和国民之名要打倒的帝国主义象征。只要这两个机构分立、对立,大韩帝国的国民和朝鲜民族就必然会保持协调。但,如果统监府乃至日本政府在大韩帝国的影响力增大,大韩帝国的国家机构被帝国主义占有时,这个和谐就必然会破裂。

事实上,庚戌国耻以前就出现了这种变化的前兆。1909年某知识人曾就大韩帝国学部教科书核定问题表达了不满。

① 《大韩每日申报》,1909年11月2日。

② 《大韩每日申报》,1907年7月30日;1908年5月2日;1908年7月3日。

③ 《大韩每日申报》,1909年2月7日;1909年4月29日。

> 呜呼！诸君难道以为学部是利于韩国的学部吗？岂不知乙巳年的学部，丁未年以后的学部，私立学校令颁布以后的学部乃是亡韩国之学部(……)愿诸君心里韩国不灭的想法永存，父传子，兄传弟，若能永久不忘，学部即使欲消灭韩国，韩国亦不会灭亡。[①]

这篇论说认识到，统监府设立后，大韩帝国的下属机构学部反而将国家推向灭亡。即作者认为学部是大韩帝国的癌细胞。但第二年，大韩帝国最终遭遇庚戌国耻，这意味着癌细胞扩散到全身，也就是意味着大韩帝国解体、统监府的代理总督府成为韩半岛上唯一的统治机构。

朝鲜总督代理寺内正毅在1910年8月发布公告如下：

> 以后朝鲜民众都是帝国臣民，得天皇陛下安抚养育之教化，久受慈悲与厚泽之恩惠。[②]（下划线为笔者注）

1911年的朝鲜教育令里有如下内容：

> 想来朝鲜与内地仍有不同之处。故教育需致力于德行的涵养与国语的普及，使之具备成为帝国臣民的资格和品性，如只空谈而疏于行动，厌勤劳而图安逸，丢实质敦厚之美风而陷轻薄之恶风，不仅危害教育之本质，更会毁自身，其祸患终会殃及国家。[③]（下划线为笔者注）

庚戌国耻以后，生活在韩半岛上的人们被总督府重新定义为日本帝国的臣民。与他们的行动发生联系的当然是帝国日本而不是大韩帝国。国民概念依然是指帝国的臣民，但他们从属的帝国却已经变更。大韩帝国的国民们创造出的抵抗帝国主义性语言之国民概念被帝国日本转换为服从帝国主义的语言。

对于帝国日本重新定义国民概念，抵抗帝国主义的势力分为两派进行对应。第一是不承认重新定义国民概念的立场。取这一立场的知识人拒绝帝国日本的国民概念，继续在对抗帝国主义的意义上使用大韩帝国的国民概念。例如，1913年夏威夷在美侨民所创办的《国民报》里的国民概念就是这种拒绝的结果。第二，也出现了在

① 《大韩每日申报》，1909年3月16日。
② 《朝鲜总督府官报》，1910年8月29日，国史编辑委员会韩国史数据库。
③ 《朝鲜总督府官报》，1911年11月1日。

承认国民概念的变化的基础上重新定义韩半岛人类集团的立场。在大韩帝国灭亡、国家消失的情况下，坚持以前国民概念的主张说服力自然下降。所以大多数论客开始与被帝国占领的国民概念诀别。放弃国民概念的论客们重新注目的便是民族概念。庚戌国耻时，作为表达抵抗帝国主义的韩半岛人类集团的概念，国民概念虽占优势，但民族概念与国民概念是并存的，考虑到这个事实，就不难理解国民概念转变为帝国主义理论立刻引起了聚焦民族概念的现象了。经过 20 世纪 10 年代前期民族谈论的大量生产，到 20 世纪 10 年代后期民族概念已经占据了绝对的优势，这已无需赘言了。

七、结论

定义韩半岛政治性人类集团的国民/人种/民族概念经历了自身的变化和相互的影响。本文集中论述了前者，在不妨碍论述的前提下也略提及了后者，揭示概念之间相互关系的整体面貌，并以此结束本文。

在朝鲜/大韩帝国和黄人种保持一致的前提下，定义日俄战争以前的韩半岛政治体构成要素的主要概念之人种和国民各自占据不同的层面而共存。这种友好的共存关系却因现实的急剧变化而破裂。日俄战争以后，日本的帝国主义侵略日益明显，一部分知识人认识到人种概念是日本帝国主义侵略工具的势力，于是将人种概念和国民概念对立起来。另一方面，日俄战争以后正式开始传入的国民概念被认为是抵抗帝国主义的概念，并作为人种的对立面迅速发展起来。国民在日俄战争以后摆脱民国政治理念的国民概念，迅速变为国家有机体说的国民概念。在人种的对立面上共存的国民概念和民族概念中，前者被认为是上层概念并在这一时期的爱国启蒙运动的竞争中占据优势。但，庚戌国耻以后，国家—帝国日本不同于民族—朝鲜民族的思想开始出现，于是，国民和民族的友好关系急速变为对立关系。随着国民被重新定义为日本帝国的臣民，在谈论的版图上，国民移动到与以前正相反的位置上—即与人种友好但与民族对立的位置上。最终，与其他两个概念保持对立的民族概念成为抵抗帝国日本的语言并在三个概念的长期竞争中取得了最后的胜利。

从 Republic 到“共和”：一个西方概念的中国之旅

李恭忠*

辛亥革命期间，“共和”一词曾经与“民主”一道风行一时。革命之后的一个世纪里，“民主”持续成为学术界和公众关注的焦点，“共和”则显得“门前冷落鞍马稀”。虽然几乎所有关于中国近代民主发展史的论著多少都会涉及“共和”①，宽泛意义上的“民主共和”也屡屡被人论及，但针对近代中国共和概念变迁问题的专门探讨较为少见。直至近十余年来，受欧美理论界古典共和主义复兴潮流影响，中国法学界、政治学界开始重新关注“共和”，试图发掘、弘扬这一“古老而伟大的传统”②。史学界不约而同，也开始重新关注孙中山、梁启超、章太炎等人共和思想的内涵及其与中西政治思想的关系③，或者与概念史研究潮流互为呼应④，探讨“民主”、“共和”等概念在近代

* 南京大学历史学院副教授。

① 早期代表性成果有熊月之：《中国近代民主思想史》，上海人民出版社 1986 年版。最新成果有闾小波：《近代中国民主观念之生成与流变——一项观念史的考察》，江苏人民出版社 2011 年版。

② 天成：“论共和国——重申一个古老而伟大的传统”，载王焱编：《宪政主义与现代国家》，三联书店 2003 年版。另参见刘训练“共和主义的复兴”，载马德普主编：《中西政治文化论丛》第 4 辑，天津人民出版社 2004 年版；张凤阳：“共和传统的历史叙事”，《中国社会科学》2008 年第 4 期。

③ 参见沙培德“辛亥革命后梁启超之共和思想：国家与社会的制衡”，《学术研究》1996 年第 6 期；王玉华：“章太炎共和思想论”，《福建师范大学学报》2002 年第 3 期；桂宏诚：“孙中山的‘共和’观念及其渊源”，《国父纪念馆馆刊》总第 17 期（台北：2006 年 5 月）。

④ 关于概念史研究的兴起和旨趣，参见黄兴涛“近代中国新名词的思想史意义发微”，《开放时代》2003 年第 4 期；黄兴涛“清末民初新名词新概念的‘现代性’问题”，《天津社会科学》2005 年第 4 期；孙江“语言学转变之后的中国新史学”，载孙江主编：《新史学》第 2 卷《概念·文本·方法》，中华书局 2008 年版。

东亚的翻译和传播过程[①]。已有的研究呈现了近代共和概念演变的大致路径：“共和”最初是一个古汉语词汇，被近代日本人借用来翻译 republic 一词，清末民初又作为一个新概念从日文回流中国。在前贤研究的基础上，本文尝试从“名”与“实”的关系这一视角出发[②]，对近代共和概念在晚清时期的输入与接受情况作一专门梳理，希望能对如下问题有所补充：西方共和概念作为一种外来事物，鸦片战争之后如何与东方既有的知识资源对接；19 世纪 80 年代以后，特别是 1898—1902 年间，共和概念具体如何传入中国，又如何与“共和行政”这一中国古典区别开来；1903 年以后共和概念在中国的进一步传播，如何与政治领域的行动选择互为纠缠[③]，这种互动又对共和概念在 20 世纪中国的理解和接受情况产生了何种影响。

一、从 πολιτεία 到 republic

与现代汉语词汇“共和国”对应的英语 republic 源于拉丁文 res publica，后者又与古希腊文 πολιτεία 密切相关。πολιτεία、res publica 在西方古典政治学说中具有多重内涵，从柏拉图、亚里士多德到西塞罗，这两个名词既可作为国家、宪法、政体的泛称[④]，又可

① 参见熊月之“晚清几个政治词汇的翻译与使用”，《史林》1999 年第 1 期；熊月之：“自由、民主、总统三词在近代中国之翻译与使用”，《百年》1999 年 5 月号；熊月之：“理解的困难与表达的偏差——晚清中国对美国总统制的解读”，《史林》2007 年第 1 期；方维规：“‘议会’‘民主’与‘共和’概念在西方与中国的嬗变”，《二十一世纪》总第 58 期（香港：2000 年 4 月）；谢放：“戊戌前后国人对‘民权’、‘民主’的认知”，《二十一世纪》总第 65 期（香港：2001 年 6 月）；狭间直树：“对中国近代‘民主’与‘共和’观念的考察”，载中国史学会编：《辛亥革命与二十世纪的中国》，中央文献出版社 2002 年版；冯天瑜：“‘革命’‘共和’：清民之际政治中间概念的形成”，《武汉大学学报》2002 年第 1 期；冯天瑜：《新语探源：中西日文化互动与近代汉字术语生成》，中华书局 2004 年版；皮后锋：《严复评传》，南京大学出版社 2006 年版；金观涛、刘青峰：“从‘共和’到‘民主’——中国对西方现代政治观念的选择性吸收和重构”，收入金观涛、刘青峰：《观念史研究：中国现代重要政治术语的形成》，法律出版社 2009 年版；陈力卫：“近代中日概念的形成及其相互影响——以‘民主’与‘共和’为例”，《东亚观念史集刊》第 1 期，台北政大出版社 2011 年版。

② 名与实作为中国本土逻辑学和认识论传统中的一对核心范畴，在墨子那里得到了集中阐述，“名”指概念、名称、词语，“实”指客观事实、事物对象的基本特征（参见邢兆良《墨子评传》，南京大学出版社 1993 年版，第 315—317 页）。“名”与“实”后来经常在更加宽泛的意义上被对举使用，成为一种描述性的两分框架，既可以用来描述虚名与实际之间的差异，也可以用来描述形式与内涵、表象与本质之间的距离。本文借鉴这一传统的描述性框架，以便大致呈现“共和”概念在晚清中国的演变轨迹。这一框架的缺陷是不够精细，尚不足以用作分析模型。

③ 限于篇幅，关于辛亥革命前夕的共和表述，本文将以梁启超和孙中山这两个代表人物作为探讨重点。

④ 比如柏拉图中期代表作的书名就是 πολιτεία（现一般译为《理想国》或《国家篇》）西方译本长期译作 Republic，梁启超在发表于 1902 年的“亚里士多德之政治学说”一文里沿用日文译法译为《共和国》。1920 年，吴献书编译的该书中文版被纳入“尚志学会丛书”，由商务印书馆出版，译名定为《柏拉图之理想国》。吴寿彭也认为，柏拉图在这篇谈话中表达的理想城邦以哲学王主治，以士族为本，“实在不是[近代意义上专称的]正宗的共和政体”，于是同样将书名 πολιτεία 译为《理想国》，而将柏拉图在正文里提及的 πολιτεία 译为泛称的“政体”。参见亚里士多德《政治学》，吴寿彭译，商务印书馆 1965 年版，第 44、132 页。

作为一种混合政体的专称。伴随着从 πολιτεία、res publica 到 republic 的概念变化，其内涵也从古典时代国家、宪法、政体的泛称，逐渐转变为近代以来特定政体类型的专称①。

亚里士多德以统治权的归属和利益导向为标准，提出了三类基本政体及其变体。(1)一人统治，以全邦利益为归依即为君主政体，其变体则为僭主政体，只以个人利益为依归②；(2)少数统治，以全邦利益为归依即为贵族政体，其变体则为寡头政体，只以富户的利益为依归；(3)多数统治，以全邦利益为归依即为 πολιτεία(politeia)，其变体则为 ὀχλοκρατία(Ochlocracy)，只以穷人的利益为依归③。对于第三类政体 πολιτεία，亚里士多德立足于古希腊城邦公民自治的经验基础，阐述了它作为一种混合政体类型的内涵。他主张"最好把政体保持在中间形式"，"在混合政体中应有三项同等重要的因素——自由出身、财富和才德"。兼顾财富和自由出身两个要素、倾向于多数主义的混合政体，可称为 πολιτεία；至于兼顾自由出身、财富和才德三个要素、偏重于寡头主义的混合政体，则不称为 πολιτεία，而应称为贵族政体④。

古罗马政治家西塞罗将希腊文 πολιτεία 一词译为拉丁文 res publica⑤，并在柏拉图、亚里士多德政体分类学说的基础上阐述了与 res publica 之名对应的混合政体之实："国家乃人民之事业"(res publica res populi)，而人民则是"基于法权的一致和利益的共同而结合起来的人们的集合体"⑥。理想的 res publica，应该"由王政的、贵族

---

① 此外还有一条概念演变的线索，即从 πολιτεία、res publica 到 constitution，参见徐国栋"宪法一词的西文起源及其演进考"，《法学家》2011 年第 4 期。这两条线索之间的互动关系，值得进一步探讨。

② 亚里士多德：《政治学》，第 133 页。其中，王政又分五种，最弱的一种为斯巴达式无治权、依法为政的终身军事统帅，或者世袭或者公举，有点类似于近代以来的虚君制，甚至不能算是君主政体的一种(亚里士多德：《政治学》，第 167 页)。

③ 亚里士多德：《政治学》，第 133—134 页。亚里士多德所说的第三类政体之名称 πολιτεία，给后人带来了概念和翻译上的麻烦。亚里士多德《政治学》一书大量使用该词泛指政制、政府、宪法、政体，但在谈到三类政体划分时，他却使用该词作为一种特定政体类型的名称。西塞罗将该词译为拉丁文 res publica，仍然保留了既作为国家和一般政体泛称、又作为特定政体类型专称的内涵(参见徐国栋"宪法一词的西文起源及其演进考")。近代以来，随着 res publica 演变为 republic 并逐渐成为特定政体类型的专称，πολιτεία 在英语中也多被直接译为 republic。明末清初，耶稣会士高一志撰写的《平治西学》一书率先提到了亚里士多德关于政体的分类，并根据拉丁文将亚氏所说第三类政体汉译为"民众之政"(此点承黄兴涛教授见示，谨此致谢)。1899 年，梁启超根据日文著述，将 πολιτεία 及其变体转译为"合众政治"与"乱民政治"("国家论卷一"，《清议报》第 23 册，1899 年 8 月 6 日，台北成文出版社影印本 1967 年版，第 1509 页)；1902 年又译为"民主政体(polity or democracy)"与"暴民政体(Ochlocracy)"(中国之新民："亚里士多德之学说"，《新民丛报》第 20 号，1902 年 11 月 14 日)。严复 1906 年根据英文著作译述《政治讲义》，分别将其译为"民主，波理地"与"庶政，德谟括拉寺"(王栻主编：《严复集》，中华书局 1986 年版，第 1257 页)。后来吴寿彭根据希腊文重新翻译亚里士多德《政治学》，则分别将其译为"共和政体""平民政体"(亚里士多德：《政治学》，第 133—134 页)，并成为当代中文语境里的流行译名。

④ 亚里士多德：《政治学》，第 135，198，199，200，207，311，312 页。

⑤ 参见徐国栋"宪法一词的西文起源及其演进考"。

⑥ 西塞罗：《论共和国论法律》，王焕生译，中国政法大学出版社 1997 年版，第 39，100 页。

的和人民的这三种政体适当地混合而成""最好是国家包含可以说是卓越的王政因素，同时把一些事情分出托付给显贵的权威，把另一些事情留给民众们协商和决定"[①]。这种混合模式的现实样本，就是古罗马共和国中期的制度，具体包括法治、分权、制衡、任期制、直接选举制，以及政治领导人的美德，等等[②]。当然，与亚里士多德所说的 πολιτεία 一样，res publica 也离不开两个经验前提，即小规模的政治共同体（城邦）和公民自治传统。

可见，从亚里士多德到西塞罗，πολιτεία 和 res publica 这两个古典词汇，在专指一种混合政体的方面而言，二者既有连续性，又发生了变化。一方面，πολιτεία 和 res publica 都强调兼顾贫与富、少数与多数，在很大程度上包含了平民主义、公民参政、群众统治的内涵，从而为后来西方语境中 republic 之名与 democracy 之实的交迭以及这两个词汇之间的纠缠不清埋下了伏笔。另一方面，从 πολιτεία 到 res publica 的变化也很明显。亚里士多德所说的 πολιτεία 并不包含王政或君主政体因素，西塞罗所阐述的 res publica 却包容了王政的要素，从而为近代西方"共和"与"有限君主制"或者"立宪君主制"在实际内涵上的趋近提供了理论渊源。

近代以来，随着国民国家（nation-state）建国潮流的兴起，拉丁文 res publica 逐渐衍生出 republiche、republic、république、republiek 等西文词汇。就其专指特定政体类型的义项而言，这些词汇在内涵上逐渐偏离了西塞罗的解释，部分回归亚里士多德的思考方向，也就是从包容王政要素重新走向与君主政体完全分离。16 世纪，马基雅维利在《君王论》的开篇就将共和国（Republiche）与君主制（Prencipati）当作两种不同的基本政体类型相提并论[③]。到了 18 世纪，英文单词 republic、commonwealth 的含义已经基本定型，都去除了君主制的内涵[④]。在 18 世纪孟德斯鸠那里，république 也成为与君主制区别开来的政体类型的专称："政体有三种：共和政体、君主政体、专制政体……共和政体是全体人民或仅仅一部分人民握有最高权力的政体；君主政体是由单独一个人执政，不过遵照固定的和确立了的法律；专制政体是既无法律又无规章，由单独一个人按照一己的意志与反复无常的性情领导一切。"[⑤]至此，作为一种政体类型的西方近代共和概念，从"名"的层面而言与君主制划清了界限。

就"实"而言，近代共和也在古典的单一共和基础上发展为复合共和制度。古典

① 西塞罗：《论共和国论法律》第 83，60 页。

② 参见施治生"西塞罗的共和国政治理论"，《史学理论研究》1998 年第 1 期。

③ NiccolòMachiavelli, *IL Prencipe*, 1554, p. 3. books. google. com. hk/books? id=GLw6AAAAcAAJ。

④ 参见刘训练"共和考辨"，《政治学研究》2008 年第 1 期。

⑤ 孟德斯鸠：《论法的精神》，张雁深译，商务印书馆 1983 年版，第 7—8 页。

共和的经验基础是城邦时代的直接民主，也就是小规模共同体范围内的公民自治。而近代以来，作为政治共同体的国家，其规模远非古典城邦时代可比，直接民主实施起来存在着技术上的困难。在不同于古典城邦的情境下，美国在"合众建国"过程中继承了西方古典共和制度的意涵，基于美国市镇自治的传统和各州自为治理的现实，以代议制民主取代了古典的直接民主，并且引入了宪政框架①。这套以地方自治为基础，以宪法、选举、分权制衡、任期制为特征的复合共和制度，成为近代共和制度的模板。

近代以来共和之"实"的变化，加剧了 republic 与其他相关概念的纠缠关系，给"共和"之名在能指上的确定性带来了冲击。一方面，近代以来的复合共和制度吸纳了宪政原则和作为一种具体制度安排的代议制民主，从而使"共和""民主""宪政"之间有了更加密切的交迭。英语语境中 democracy、republic 和 constitution 三个概念经常相互缠绕在一起，特别是 democracy 和 republic，经常被混同使用。另一方面，宪政和代议制民主既可以在共和制，也可以在君主制的宏观框架之内得到运用。在立宪君主制之下，君主如果被宪政制度彻底"驯服"，就像 19 世纪末以后的英国那样，那么立宪君主制就可能变成虚君立宪制，与共和制趋于名异实同。由此，西方共和概念本身的"名"与"实"之辨，更加不易厘清。在近代以来该概念的跨文化移植过程中，这个问题显得尤为棘手。

二、从 republic 到"民主"

对于近代中国人而言，republic 是一个全新的外来事物。因此，中国知识人对它的了解不是"循名责实"，而是先触及零散的事实，尔后在概念上混淆不清。至于学理层面的探讨，在很长时期内都付之阙如。

1. 初遇 republic 的陌生感

学术界讨论近代中国人对于西方民主政治（包括共和体制）的最初认识，多以鸦片战争之后的林则徐、魏源、徐继畬等人为样本②，因为他们较早接触了关于西方近

① 关于美国建国之初的复合共和体制，参见文森特·奥斯特罗姆《复合共和制的政治理论》，毛寿龙译，上海三联书店 1999 年版。

② 1837 年 5 月，《东西洋考每月统计传》刊载一篇"侄外与叔书"，其中提到美国"居民不服王君，而每省良民立公会，自选人才忠烈缙绅，代庶民政治修举"。参见潘光哲"晚清士人对英国政治制度的认识(1830—1856)"，台北《政治大学历史学报》总第 17 期，2000 年 5 月，第 164 页。不过，这种描述还很简略，且在士大夫当中影响有限。

代民主制度的信息，特别是关于美国的总统、选举和议会制度的新鲜信息[①]。当然，这些新鲜信息的获得，主要借助了外国传教士这一中介[②]。

林则徐主持编译的《四洲志》作为一部翻译作品，打开了中国人了解西方世界的视窗。该书详细介绍了美国的政治制度，提到了"依力多"(Elector——引者按，下同)、"勃列西领"(President)、"衮额里士"(Congress)、"西业"(Senate)、"西那多"(Senator)、"里勃里先好司"(Representatives House)、"里勃里先特底甫"(Representative)、"士碧加"(Speaker)、"甘密底"(Committee)、"士丹吝甘密底"(Standing Committee)等一系列令人陌生的音译名词，强调美国"总无终身世系之事"，并且评论说：

> 虽不立国王，仅设总领，而国政操之舆论，所言必施行，有害必上闻，事简政速，令行禁止，与贤辟所治无异。此又变封建、郡县官家之局，而自成世界者。[③]

梁廷枏《合省国说》(1844 年)序文中对美国的政治制度颇为赞赏：

> 彼自立国以来，凡一国之赏罚、禁令，咸于民定其议，而后择人以守之。未有统领，先有国法……统领限年而易，殆如中国之命吏，虽有善者，终未尝以人变法……盖取所谓视听自民之茫无可据者，至是乃彰明较著而行之，实事求是而证之。[④]

不过，梁廷枏认为这种制度只能出现于美国这一特殊的时间、空间和人群当中，没法为其他国家仿效。

徐继畬的《瀛寰志略》(1848 年)对"米利坚合众国"(美国)的总统制度也有详细叙述，并且评论说：

> 米利坚，政最简……合众国以为国，幅员万里，不设王侯之号，不循世及之规，公器付之公论，创古今未有之局，一何奇也。[⑤]

---

① 参见熊月之《中国近代民主思想史》。
② 王立新："美国传教士与鸦片战争后的'开眼看世界'思潮"，《美国研究》1997 年第 2 期。
③ 林则徐：《四洲志》，华夏出版社 2002 年版，第 146—147，155 页。
④ 梁廷枏："合省国说序"，载《海国四说》，中华书局 1993 年版，第 50 页。
⑤ 徐继畬：《瀛寰志略》，道光庚戌年版，卷 9，第 33—35 页，台北华文书局 1968 年影印版，第 770—773 页。

徐继畬还将华盛顿与中国历史上的陈胜、吴广、曹操、刘备进行比较，突出表彰他不以国家为私产、不称王位、不传子孙的高尚品德，认为这种风范与中国古老的天下为公理想非常契合。

上述文字中传达的关于美国政治体制的信息，主要是国家元首的任期制和权力限制、投票选举制、议会制度、法治原则，以及政治领袖应该具有的高尚品质。这些信息汇总起来，可以构成一幅共和制度的基本图像。直至民国初年，中国人对于西方共和制度的基本印象依然如此。

另外，魏源编纂、1852年刊行的百卷本《海国图志》，收录了澳门葡萄牙人玛吉士1847年刊印的《新释地理备考全书》中的一段话："欧罗巴中所有诸国，政治纷繁，各从其度。或国王自为专主者，或国主与群臣共议者，或无国君，惟立冢宰执政者。"① 这是近代知识人对西方不同政体类型的最初认识，不过仍是现象层面的描述，尚未及于政治学概念论说的层次。

总的来说，近代中国人最初接触西方共和制度时，难免援引儒家传统的知识资源，比如民本、德政、天下为公等等作为参照。诚如有学者指出，这是"戴着中国古代贤人政治的视镜"来观察西方政治制度②，或者说"中国固有的思想资源……被转化为理解西方民主传统的触媒"③。他们尚不了解西方的政体分类知识和 republic 概念，因而只能介绍、描述具体的制度表象，却不知如何为之命名。"自成世界""古今未有之局""一何奇也"等等评论文字，既可以形容西方共和制度的独特性，更表达了他们对这种制度的陌生感。

2. "民主"与 republic 的对译和混淆

鸦片战争之后，外国传教士编撰的英汉字典尝试着对 republic 一词进行中文释义。比如麦都思编纂的《英华字典》(1848年)，将 republic 释为"公共之政治""举众政治之国"。④ 不过，晚清中国人对于 republic 概念的认知和表述，很长时期内都以"民主"一词作为媒介，并且往往与 democracy 的内涵混同在一起。

已有的研究注意到，传教士丁韪良(W. A. P. Martin)1864年主持翻译的美国人惠顿(H. Wheaton)所著《万国公法》一书，既用"民主"一词来指 democracy，也多次

---

① 潘光哲："晚清士人对英国政治制度的认识(1830—1856)"。

② 冯天瑜：《新语探源：中西日文化互动与近代汉字术语生成》，第546—548页。

③ 潘光哲："晚清士人对英国政治制度的认识(1830—1856)"。

④ W. H. Medhurst, *English and Chinese Dictionary*, *Vol. II*, Shanghae: The Mission Press, 1848, p. 1078. books. google. com. hk/books? id=Bh8TAAAAYAAJ。

在"民为主"的意义上使用该词来指称一种不同于君主国的政体类型[①]。从具体语境来看，"民主"一词与 republic 之间的对应关系非常明显。以下是《万国公法》中一些译文与原文的比对，分别涉及共和政体的基本形态以及遣使、缔约等不同方面：

> 美国合邦之大法，保各邦永归**民主**。("And the constitution of the United States of America guaranties to each state of the federal union a **republican** form of government.")[②]
>
> 遣发第一等钦差，惟君主之国或**民主之大国**方可。("The right of sending ambassadors is exclusively confined to crowned heads, the great **republics**, and other states entitled to royal honours.")[③]
>
> 君主之国，则盟约归君掌握；**民主之国**，则首领或国会、或理事部院均可任其权焉。("In absolute, and even in constitutional monarchies, it is usually vested in the reigning sovereign. In **republics**, the chief magistrate, senate, or executive council is in-trusted with the exercise of this sovereign power.")[④]

由上可见，丁韪良所说的数例"民主"，不是偏正结构意义上的"民之主"(即中国古典的含义)，而是主谓结构[⑤]意义上的"民做主"，或者是主谓宾结构意义上"民主国"。不管是主谓结构还是主谓宾结构意义上的"民主"，都是与"君做主""君主国"相对而言的，是对近代西方相对于君主制而言的 republic 意涵的吸纳和简练表达。

经由《万国公法》的传播效应，中国人开始在"民主""君主"的名称之下接触和运用西方关于政体分类以及共和政体特征的知识。已有的研究表明，《万国公法》中文本出版后，"民主"一词逐渐成为中国出使外国人员用以表述不同于君主制的政体类型的通行术语[⑥]。比如，1866 年初同文馆首届毕业生张德彝前往欧洲游历，途中即已开始运用《万国公法》的知识。沿途经过非君主制的欧洲小国酣博尔、韩挪尔，张德彝

---

① 熊月之：《中国近代民主思想史》，第 10 页；熊月之："晚清几个政治词汇的翻译与使用"；方维规："'议会''民主'与'共和'概念在西方与中国的嬗变"，《二十一世纪》总第 58 期(香港：2000 年 4 月)。

② 丁韪良译：《万国公法》，同治三年京都崇实馆版，卷 2，第 13 页；Henry Wheaton, *Elements of International Law*, London: 1836, p. 96. books.google.com.hk/books?id=GKdJAAAAcAAJ。

③ 丁韪良译：《万国公法》，卷 3，第 3 页；Henry Wheaton, *Elements of International Law*, p. 171。

④ 丁韪良译：《万国公法》，卷 3，第 14 页；Henry Wheaton, *Elements of International Law*, p. 185。

⑤ 关于"民主"一词在偏正结构和主谓结构上的用法区别，参见马西尼《现代汉语词汇的形成——十九世纪汉语外来词研究》，黄河清译，汉语大辞典出版社 1997 年版，第 172—173 页。

⑥ 参见熊月之"晚清几个政治词汇的翻译与使用"。

特别留意到它们“乃民主小邦”“亦系民主小国”[①]。看到欧洲各国的相互争战，他想到了美国的情况：“夫阿美利坚……民主是邦，称为合众国……”[②]改革派思想家郑观应、王韬，也都使用“民主”一词来指称西方的共和政体。王韬的说法最清楚：

> 泰西之立国有三：一曰君主之国，一曰民主之国，一曰君民共主之国……如法、如瑞、如美等，则为民主之国，其称尊号曰伯理玺天德，即中国之所谓统领也……一人主治于上而百执事万姓奔走于下，令出而必行，言出而莫违，此君主也。国家有事，下之议院，众以为可行则行，不可则止，统领但总其大成而已，此民主也。朝廷有兵刑礼乐赏罚诸大政，必集众于上下议院，君可而民否，不能行，民可而君否，亦不能行也，必君民意见相同，而后可颁之于远近，此君民共主也。[③]

显然，王韬这里描述的“民主之国”，正是名为“民主”、实为 republic 的政体类型。只不过在他看来，这种“民为主”的政体并非最理想的选择，只有“君民共主”政体才是首选。

直到19世纪90年代，“民主”一词依然经常被用来表述 republic，即无世袭君主、国家元首由人民直接或间接选举。比如，出使欧洲的薛福成在1890年闰二月十六日的日记里写道：

> 泰西立国有三类：曰諳姆派牙（引者按：即 Empire），译言王国，主政者或王或皇帝；曰恺痕特姆（引者按：即 Kingdom），译言侯国，主政者或侯或侯妃；二者皆世及。曰而立泼勃立克（引者按：即 Republic），译言民主国，主政者伯理玺天德，俗称总统，民间公举，或七岁或四岁而一易。法向称侯国，咸丰二年，拿破仑抱那帕托之侄拿破仑第三始称王，改国制。至同治九年，又废王，改民主焉。[④]

同年闰二月初四日，薛福成作为出使大臣向法国总统呈递国书，第一句话就是“大清国大皇帝问大法民主国大伯理玺天德好”；薛福成在呈递国书时的致辞也提到“大法

---

① 张德彝：《航海述奇》，钟叔河校点，湖南人民出版社1981年版，第94，118页。
② 张德彝：《航海述奇》，第123—124页。
③ 王韬：《弢园文录外编·重民下》，中华书局1959年版，第22—23页。
④ 薛福成：《出使英法义比四国日记》卷1，第47页，光绪壬辰年版。见《庸盦全集》（二），台北华文书局1971年影印版，第860页。

民主国大伯理玺天德”[①]。中文“民主”一词与 president、republic 脱钩，完全确立与英文 democracy 的对译关系，要到“五四”运动前后才最终实现。此时“民主”已经具有了新的内涵，即平民主义、庶民主义、民治主义[②]。

共和制度长期被冠以“民主”之名，导致近代以来中文语境里“共和”与“民主”这两个概念长期纠缠不清。已有的研究表明，近代中日概念史上都存在这一现象[③]。那么应当如何理解丁韪良以来这种“误译”？一方面，如前所述，在西方的语境中，从πολιτεία、res public 到 republic，一直都在很大程度上包含了 democracy 的内涵，以至于概念之间纠缠不清。惠顿的《万国公法》英文原著中也是如此，republic、democracy、democratic republic 相互混用。另一方面，这一现象体现了西方共和传统东渐时与中国人既有知识资源对接的困难。《万国公法》中文版的译者署名为丁韪良，实际参与翻译者还包括一批中国人，例如江宁何师孟、通州李大文、大兴张炜、定海曹景荣等[④]。面对全然不同于中国的西方政制，他们已有的“知识仓库”中尚无相应的概念[⑤]。中国历史上没有“共和国”的事例，只有两千多年“君为主”的传统，以及儒家学者关于君权如何配置、君—臣关系和君—民关系等问题的断续讨论，大致形成了“君—民”两分的思考框架。近代西方共和制度的一个明显特征就是无“君”，这与中国的君权制度形成了极大反差。面对这种情况，当时知识人在“君—民”两分的思考框架下，很容易从“民”这一端来理解这种新鲜的共和制度。中国古已有偏正结构意义上的“民主”一词，其中的“主”字原本是名词。古汉语名词用作动词的情况很常见，“民主”一词转为主谓结构，用来表述无“君”的共和制度，亦属自然。

二、从 republic 到“共和”

近代意义上的“共和”语汇由日本学者首先创制，19 世纪 80 年代初期从日本传入中国。戊戌之后四五年里，经由梁启超为代表的一批知识人的集中介绍，西方政体分类知识得以系统输入中国。此后，以孙中山为代表，少数直接受过英美教育、对西方政治制度有所体验的中国人，也明确以“共和”概念来表达自己的民权追求。在多方合力的作用下，近代“共和”概念逐渐在中文语境里流行开来。

---

① 薛福成：《出使英法义比四国日记》卷 1，光绪壬辰年版，第 42 页。参见《庸盦全集》(二)，第 857 页。

② 参见王人博“庶民的胜利——中国民主话语考论”，《中国法学》2006 年第 3 期。

③ 参见陈力卫“近代中日概念的形成及其相互影响——以‘民主’与‘共和’为例”。

④ 丁韪良译：《万国公法》凡例，第 1 页。

⑤ 关于“知识仓库”对于近代中西知识互动的意义，参见潘光哲“追索晚清阅读史的一些想法——‘知识仓库’‘思想资源’与‘概念变迁’”，台北《新史学》第 16 卷第 3 期(2005 年 9 月)。

1. 近代“共和”语汇的创制及甲午以前在中国的传播

已有的研究表明，以汉字“共和”对译荷兰语 Republiek（即英文 republic），最早是由日本学者完成的，并且确实参考了中国古典“共和”的内涵。1845 年前后，箕作省吾根据荷兰的地理书籍编写《坤舆图识》时，碰到荷兰语 Republiek，求证辞典后得知是指非君主制的政体，但仍然无从转译，于是咨询宿儒大槻盘溪。后者说，国无君主乃是有变，比如中国古代周王出逃，周、召二公协力主政十四年，史称“共和”，因此无国王之政体宜可称作“共和政治”[①]。此后，汉字“共和”逐渐成为日语当中 republic 一词的习惯译法。

大槻盘溪的解释，既体现了会通东西方文化的尝试，也体现了跨文化沟通过程中难以避免的误解。“共和”为儒家经典中已有的词汇，从司马迁开始一般解释为西周末年厉王出奔，周、召二公“共和行政”[②]，也有人解释为共伯和摄政[③]。不管是哪种情形，根据儒家经典的解释，其内涵都是“虽偶无君……而礼义不废”[④]，即本有君主制度，但君主临时缺席。也就是说，儒家传统的“共和”话语，与非君主制、根本没有国王的西方制度形态之间存在着实质的差异。大槻的例子，与其说表明中国古典“共和”约略体现了“公”“共”“和”三层意蕴从而具有与西方近代“共和”概念相通和对接的内在基础[⑤]，还不如说置身于中西知识交汇格局之下、较早开眼看世界的近代知识人，在理解和诠释西方共和概念时，难免以自身所属的文化体系为本位，援引东方传统的知识资源作为参照[⑥]。“共和行政”这一东方事例，很难被化约为“原始民主”，进而在逻辑上与近代意义上的“民主共和”连接起来。

明治维新之后，一系列西方政治学著作相继被翻译成日文，日本学者在谈论“共和”“共和政治”时，逐渐放弃了这一概念与儒家古典“共和”话语的联系，转而将其置于西方知识体系中加以理解。“共和”作为一个指称某种西方政体类型的概念，在日

① 参见陈力卫“近代中日概念的形成及其相互影响——以‘民主’与‘共和’为例”。

② 《附释音春秋左传注疏》卷 52，嘉庆二十年南昌府学重刊宋本十三经注疏本。

③ 《春秋左传注解辨误》，卷之下，明万历刻本。

④ 《论语注疏》卷 3，嘉庆二十年南昌府学重刊宋本十三经注疏本。

⑤ 冯天瑜：《新语探源：中西日文化互动与近代汉字术语生成》，第 549 页。冯天瑜先生关于“共和”一词在近代中国生成与流变情况的研究，采用了刘军宁作为一个无时空的理想类型而提出的共和概念，即认为“共和”理念包含“公”“共”“和”三层意蕴（刘军宁：《共和·民主·宪政——自由主义思想研究》，上海三联书店 1998 年版，第 105 页），侧重于从古今演绎、中西对接的理路展开分析，强调“共和行政”这一中国古典内涵与西方 republic 概念之间的相通性。

⑥ 与此相似，明治时期日本学者长与专斋，也有意采用《庄子》当中原本意指个人养生的“卫生”这一古汉语词汇，来翻译意指国家日益致力于增进和监控国民健康的 sanitary、hygiene 等新概念，从而使译笔显得“高雅而意味无穷”（Ruth Rogaski, *Hygienic Modernity: Meanings of Health and Disease in Treaty-Port China*, University of California Press, 2004, pp. 136 - 137）。

语中得到了广泛使用。19 世纪 80 年代，这种译法正式进入了日英辞典。1882 年，大筑拙藏翻译《惠顿氏万国公法》，即用“共和政治”而非此前来自中文的“民主之国”来对译 republics。与此同时，“民主”一词的含义扩大到表示一种制度、主义和精神，与“共和”概念在内涵上保持着密切相关性①。

近代意义上的“共和”语汇在日本流行开来之后，通过中日之间的知识互动和媒体交流渠道传入中国，甲午以前即在中文语境里得到了零星使用。金观涛、刘青峰通过创建“中国近现代思想史专业数据库”发现，熟悉日本情况的黄遵宪在 1879 年的诗文里最早提及近代意义上的“共和”“共和党”②。黄遵宪这一近代“共和”用例只是出现于个人诗文当中，尚未进入大众传播领域。从大众传播角度而言，当时中国最有影响的商业性报刊《申报》值得注意。该报经常转载日本各大报纸的消息，在传播国际资讯的同时，也将一些来自日语的新词汇——包括“共和”——传递给中国读者。1882 年 12 月 22 日，《申报》的“东报杂录”栏目提到，日本栖川亲王巡游“至法国附近之共和国，该国大统领先期预备迎迓之”③。1884 年，《申报》转载日本报纸的消息：法国左派批评“政府所施政略，未经两院议允，用兵东洋……非共和政治之本意”，“直使向定宪制为废文”④。1886 年，《申报》一篇文章提到法国的“共和党”⑤。1888 年，《申报》从日本报纸转载了“瑞西共和国大统领”逝世的消息⑥。1889 年，《申报》上一则短文提道：“南美共和国名埃秦他英，欧州人民皆视之为乐土，移家往住者纷纷不绝……诚海外桃源欤！”⑦

然而，直至戊戌前后，中文语境里的“共和”一词尚未完全发展为一个近代概念。首先，它往往作为一个孤立的外来新词汇在中文语境里出现，未能与其他政治学术语共同构成一幅清晰的概念图景，难免令读者（受众）感到莫名其妙。其次，它与 republic 的对应关系尚未完全确立，“民主”依然是 republic 的通行译法。1893 年，驻美公使崔国因日记记载：“美国为民主之国，总统断不能与民争胜。”⑧黄遵宪 1898 年版的《日本国志》依然称：“环地球而居者，国以百数十计……而此百数十国，有一人专

---

① 参见陈力卫“近代中日概念的形成及其相互影响——以‘民主’与‘共和’为例”。

② 金观涛、刘青峰：《观念史研究：中国现代重要政治术语的形成》，第 267—268 页。1884 年，黄遵宪也在诗文中描绘了美国大选的热闹声势：“击我共和鼓，吹我共和笳，书我共和簿，擎我共和花”（《人境庐诗草笺注》上册，钱仲联笺注，上海古籍出版社 1981 年版，第 365 页）。陈力卫前文指出，当时日语中“共和党”一词，很可能对应于 democratic party，而不一定是 republican。

③ “东报杂录”，《申报》1882 年 12 月 22 日第 2 版。

④ “扶桑杂志”，《申报》1884 年 11 月 7 日第 3 版。

⑤ “论法国党祸”，《申报》1886 年 4 月 27 日第 1 版。

⑥ “东报汇译”，《申报》1888 年 12 月 19 日第 2 版。

⑦ “海外桃源”，《申报》1889 年 4 月 30 日第 2 版。

⑧ 崔国因：《出使美日秘日记》，刘发清、胡贯中点注，黄山书社 1988 年版，第 607 页。

制，称为君主者；有庶人议政，称为民主者；有上与下分任事权，称为君民共主者。民主之位，与贤不与子，或数年一易，或十数年一易，无所谓统也。君民共主，或传贤，或传子，君不得私有其国，亦无所谓统也。"[①]再次，作为一个古汉语词汇，"共和行政"这一古典含义，在中国知识人当中依然有强大影响。1882年2月宁波辨志文会，"共和考"仍被列为史学兼掌故科题目之一[②]。1893年，上海求志书院史学科的夏季试题中也出现了"共和考"[③]。"尧舜之禅让、共和之并治"，依然被视为中国古代罕有的善政[④]。

学术界一般认为，1894年兴中会成立时即已明确了"驱除鞑虏，恢复中华，创立合众政府"这一目标。狭间直树从日本领事报告中发现，1895年3—4月，孙中山两次在日本驻香港领事面前提到起义成功后"使两广独立为共和国"的构想[⑤]。1897年8月，孙中山与宫崎寅藏、平山周笔谈时表示："共和者，我国治世之神髓，先哲之遗业也。我国民之论古者，莫不倾慕三代之治，不知三代之治实能得共和之神髓而行之者也"；"余以人群自治为政治之极则，故于政治之精神，执共和主义"；"共和政治"是"政体之极则"，主张"豪杰之士起而倒清虏之政府"，"作联邦共和之名之下，其夙著声望者使为一部之长，以尽其材，然后建中央政府以贺[驾]驭之，而作联邦之枢纽"[⑥]。

不过，孙中山在甲午前后所说的"共和"究竟何指，这个问题尚可进一步辨析。1895、1897年孙中山有关"共和"的谈话，都来自日本人的记载。当时日文中的"共和政治"一词既可对应英文republic，也可对应federal government。如中村敬宇1873年翻译出版的《共和政治》一书[⑦]，英文原著即为*The Federal Government*。从日本人留下的这些言论来看，此时孙中山对近代共和概念的理解也还谈不上透彻。"三代之治"云云，表明他对西方共和概念的理解依然没有摆脱中国古代圣人治世理想的烙印。而"合众政府""联邦共和"云云，则表明此时他对西方共和概念的理解更接近于"联邦主义"(Federalism)、联邦建国，而不是"共和主义"(Republicanism)、民权宪政。从1895年广州起义的实际构想来看，孙中山等人并未明确提出以建立共和政体

① 黄遵宪：《日本国志》卷1，第1页，光绪二十四年上海图书集成印书局印行。
② "宁郡辨志文会二月分题目"，《申报》1882年3月24日第2版。
③ "上海求志书院癸巳夏季题目"，《申报》1893年7月15日第2版。
④ "论宜通民情"，《申报》1887年5月1日第1版。
⑤ 狭间直树："对中国近代'民主'与'共和'观念的考察"，第1589页。
⑥ 《孙中山全集》第1卷，第172—173页。
⑦ 关于中村敬宇的翻译工作，参见陈玮芬"西学启蒙：由中村敬宇和严复的翻译事业观其会通东西的实践"，《台湾东亚文明研究学刊》总第9期，2008年6月。

(republic)为目标[①]。也就是说，孙中山早年揭橥的颇具种族色彩的武装斗争路线，与“共和革命”或有所差异。戊戌之后几年里，随着抨击君主专制、力倡民权共和思潮的兴起，孙中山从中吸取思想营养，对“共和”的理解乃逐渐偏重于“民权”方面。

2. 戊戌之后的学理输入与共和概念的流行

1898—1902 年间，言论先锋梁启超长期流亡日本，同时中国留日学生逐渐增多。他们通过日文书刊翻译、介绍了大量西方的人文、社会科学知识(包括政治学知识)，形成一股蔚为壮观的知识潮流。借助梁氏言论的巨大影响力，近代共和学说在中国知识人当中逐渐传播开来，“共和”作为与 republic 对应的新概念也广为流行。

1898 年 12 月 23 日，梁启超主持的《清议报》创刊号在横滨出版，开始连载自己翻译的日本著名政治小说《佳人奇遇》，旨在借助小说的感染力来影响舆论、促进中国的政治变革。这部小说的日文原著刊行于 1885—1897 年间，表达了作者提倡国粹主义、抵制欧化潮流的强烈主张，也明确流露了希望以日本为盟主的大亚细亚主义思想。值得注意的是，小说里反复出现了与“立君公议之政”相对而言的“共和”“共和民政”等词汇，对于中国读者而言充满了新鲜的气息。小说中生动曲折的情节构筑了一种文本语境，有助于读者更好地理解“共和”这个新的概念。

小说第一卷以某日本志士邂逅西班牙和爱尔兰美女的浪漫故事为引子，敷陈了西班牙、墨西哥、法国政治制度变革的历史。作者借西班牙流亡女子幽兰之口，讲述了西班牙人从君主制遽然转向共和制度导致的混乱：

> 时学士书生，有别说自立自由之利，唱道**民政共和**者……众论喧嗷……乃相共会于**议院**，议前途之国是……京城之众庶，如醉如狂，会于寺院，集于道路，招群集众，大唱**共和**万岁之歌……所在争杀僧侣，追捕贵族，所谓以暴易暴，不自知其非者也……政党相轧、首领相忌……民迷其途，商厌其令，士恶其行，兵侮其律，变自由乐境之迷梦，作寡人为政之苦境。[②]

小说的基本观点是反对遽尔实行共和制度、主张君主立宪制度。文中首先借幽兰父

---

① 史扶邻：《孙中山与中国革命的起源》，中国社会科学出版社 1981 年版，第 37，64—65 页。据谢缵泰《中华民国革命秘史》(*The Chinese Republic: Secret History of the Revolution*, 1924)和陈少白《兴中会革命史要》(1935 年)两书所述，筹备起义期间，围绕由谁担任未来的合众政府的总统这个问题，孙中山和杨衢云之间曾经发生过严重的纷争。不过这两本书出版于三四十年之后，彼时“共和国”“总统”等概念在现代汉语当中已经普及。

② “佳人奇遇”卷一，《清议报》第 2 册，1899 年 1 月 2 日，台北成文出版社影印本 1967 年版，第 123—128 页。本文引用《清议报》页码均为成文出版社影印本，后文不另注。

亲之口说：

> 以共和而建民政，文物粲然、富强骎骎而可证者，其惟北米合众国而已，此诸君所目击也。抑北米之人民，本生长于自主自由之俗，沐浴于明教礼义之邦，舍私心，执公议，不泥虚理而务实业，是所以能建民政而冠于宇内也。

然后，小说征引墨西哥的经验教训，阐明必须尊重国情、不能遽然实行共和的道理："墨西哥者，与米国接境，同时所建共和民政之国也，然朋党相忌，首领相仇……政府朝迭暮更，其人民托生斯土者，又安能寻进路于文明。"小说还提到，法国的情况与墨西哥类似，1830年革命之后，"人民厌其王政"，希望将军罗柄斗"立为民政之首领"，罗氏推辞说，自己虽然倾慕"米人独立自治之诚心"，但"我民之气象风教，奈何不适于自治之用，故宜迎贤主，以倡立君公议之明政"。①

刚开始翻译这部小说时，梁启超还在逃往日本的船上②。当时他的日文水平很有限，好在日文原著以华丽典雅的诗化汉文体见长，大量使用了中国式的诗文、典故、人物和景色描写③，因而梁启超阅读起来容易找到熟悉的感觉。中译本里出现的"共和""共和党"等概念，应该是梁启超对日文原著中的汉字"共和"的直接沿用。译文里没有对"共和"这一概念作出解释④，不过它与"立君公议"（即君主立宪）对举，置于议院、政党政治的具体语境当中，显然可以向中文读者传达 republic 这种政体类型的具体内容。

随着日文水平的提高、接触日文书籍越来越多，梁启超开始了大规模的译介工作。在此过程中，他对于近代"共和"概念的介绍也逐渐进入学理层面。从1899年4月10日开始，《清议报》断续连载德国学者伯伦知理《国家论》卷一的译文⑤。这本书结合欧洲国家发展的历史，讨论了国家的含义、立国的依据和条件、国家之建立沿革及亡灭、立国之渊源、国家的目的，旁及近世以来关于国家的各派学说，包括社会契约

① "佳人奇遇"卷一，第126、127页。

② 丁文江、赵丰田编：《梁启超年谱长编》，上海人民出版社1983年版，第158页。

③ 参见黎跃进"简论东海散士及其代表作《佳人奇遇》"，《日本研究》2006年第3期。

④ 值得注意的是，小说中关于共和制度需要相应的国情基础、立宪君主制比共和制更适合具有深厚君主制传统的国家这一旗帜鲜明的观点，与几年以后梁启超与革命派论战时认为中国尚不具备实施共和的条件，二者之间存在着隐约的联系。梁启超翻译该书时，正极力图谋以恢复皇帝的权力作为政治改革的第一要务，对于小说中表达的这种观点自然毫无异议，因而未予删改。

⑤ 关于中译本的来源，法国学者巴斯蒂和日本学者狭间直树认为依据的是吾妻兵治的日译本，郑匡民对《国家论》一书不同日译本进行了比较，更倾向于认为依据的是平田东助的日译本（郑匡民：《梁启超启蒙思想的东学背景》，上海书店2003年版，第232—234页）。

论，等等。该书第一章“国家之改革”提道：

> 今举政学家之著名者略述之。第十六世纪，弗鲁连（今译佛罗伦萨——引者按，下同）则有麻季维利（今译马基雅维利），法国则有暮担（今译蒙田）。第十七世纪，荷兰则有夫卧特具洛（今译格劳秀斯），英国则有密耳敦（今译弥尔顿）、胡北土（今译霍布斯）及洛苦（今译洛克）等诸人。所论分为共和、专制、立宪三种，各不相同也……①
>
> 北美利加之民，脱英国束缚，立代议共和政府，自称合众国。②

《清议报》第 23 册开始断续发表《国家论》卷三“国体”篇的译文。第一章开篇即说：“自古代希腊人别政体为三种，学者至今皆依据焉，曰君主政治，曰贵族合议，曰国民合议是也。亚利斯土尔稍改其名，曰君主政治、贵族政治、合众政治；又别其变体，曰暴主政治、权门政治、乱民政治……此三种政体之外，宜加集合政体一种。此说古代既有之，而今人亦往往倡之。”③断续连载于《清议报》各册的《国家论》译文，1902 年被编辑为《清议报全编》第 3 辑，由横滨新民社印行单行本，在中国知识人当中进一步传播开来。

1899 年 4 月，梁启超在《清议报》发表译作《各国宪法异同论》。文章前言明确告诉读者：

> 宪法者，欧语称为孔士九嵩，其义盖谓可为国家一切法律根本之大典也。故苟凡属国家之大典，无论其为专制政体（旧译为君主之国），为立宪政体（旧译为君官共主之国），为共和政体（旧译为民主之国），似皆可称为宪法。④

括号中的话，是梁启超对新旧译名的解释。这里明确将“共和”作为政体类型的一种介绍给中国人，并且明确指出，它就是以往经常提及的“民主之国”。接着，正文第一章“政体”又提道：

> 政体之种类，昔人虽分为多种，然按之今日之各国，实不外君主国与共和国

① “国家论卷一”，《清议报》第 11 册，1899 年 4 月 10 日，第 692 页。
② “国家论卷一”，《清议报》第 15 册，1899 年 5 月 20 日，第 955 页。
③ “国家论卷一”，《清议报》第 23 册，1899 年 8 月 6 日，第 1509 页。
④ 新会梁任译：“各国宪法异同论”，《清议报》第 12 册，1899 年 4 月 20 日，第 747 页。

之二大类而已。其中于君主国之内，又分为专制君主、立宪君主制二小类。但就其名而言之，则共和国不与立宪国同类，就其实而言之，则今日之共和国，皆有议院之国也，故通称之为立宪政体，无不可也。[①]

这样，19世纪后期流行的“君主之国”“民主之国”“君民共主之国”政体三分法，在梁启超这里变成了另一套全新的类型。正如当代学者所言，梁启超率先以宪法为尺度所做的政体分类，在近代中国宪政思想史上具有重大意义，因为旧的分类关注点在于谁做主，而梁氏的分类关注点则落在宪法的有无上[②]。

基于对各国宪法的比较，梁启超此文着重分析了立宪君主国与共和国的异同。比如，关于国会制度：

上院之制度，各国不同……下院之制，则不然，无论君主国、共和国，虽国体大异，其制皆如出一辙，皆由人民公举，为人民之代表。[③]

又如，关于国家元首制度：

君主者，立宪政体之国，世袭继统者也……各国皆于宪法上声明国王无有责任，虽然，又声明政府大臣有责任……共和国之大统领，必由公举，定期更任……共和国之大统领，则无论何国，皆有责任。[④]

该文还分析了君主和大统领在军事、宣战、媾和、缔约、复议法律、召集与解散国会等方面的差异。

1899年12月，梁启超在《清议报》发表《蒙的斯鸠之学说》一文，介绍了孟德斯鸠关于政体的分类：

蒙氏又分各国之政体为三大类，曰专制政体，曰立君政体，曰共和政体。而于共和政体中复分两种，一曰贵族政体，二曰平民政体，后世谈政体者，多祖述其说……

① 新会梁任译：“各国宪法异同论”，《清议报》第12册，1899年4月20日，第747页。
② 闾小波：《近代中国民主观念之生成与流变——一项观念史的考察》，第178页。
③ 新会梁任译：“各国宪法异同论”，第751—752页。
④ 同上书，第816—819页。

蒙的斯鸠曰：万国政体，可以三大别概括之，一曰专制政体，二曰立君政体，三曰共和政体。

凡邦国之初立也，人民皆慑伏乎君主威制之下，不能少伸其自由权，是谓专制政体。及民智大开，不复置尊立君，惟相与议定法律而共遵之，是谓共和政体。此二者，其体裁正相反。①

专制政体的特征是“君主肆意所欲，绝无一定之法律”，“君主惟务以武力威吓其民”，“必禁遏一切新奇议论”，“守一二陈腐之主义”，“以使民畏惧为宗旨，虽美其名曰辑和万民，实则斩伤元气，必至举其所赖以立国之大本而尽失之”；立宪政体的特征是“威力与法律并行”，君权稍微得到贵族的制约②。对于立君政体，梁启超习惯性地将它与中国两千年的政体进行对比，认为二者颇为接近，只是专制的程度有所区别。他感兴趣的是孟德斯鸠所说的立君政体得以维持长治久安的深层动力，即君主和臣僚的荣誉意识。不过对于共和政体，梁启超此文尚未来得及具体介绍，文末注明“未完”。

1902 年 3—4 月间，梁启超又在《新民丛报》发表《法理学大家孟德斯鸠之学说》一文，除了重复两年多以前那篇文章中关于专制政体和立君政体(此时已称之为立宪政体)的内容，还补充了关于共和政体的内容。文章一开头就以称赞的口气介绍了作为共和制度典范的美国三权分立体制，然后指出，这一切都要归功于孟德斯鸠的学说。梁启超详细介绍了共和政体主权在民的特征：

若夫共和政治，则人人皆治人者，人人皆治于人者。盖各以己意投票选举，以议行一国之政，故曰人人皆治人。既选定之司法官，则谨遵其令而莫或违，故曰人人皆治于人。而其本旨之最要者，则人民皆自定法律、自选官吏，无论立法、行法，其主权皆国民自握之，而不容或丧者也。③

他对孟德斯鸠“共和国尚德”这一观点尤其叹服，并且解释说：“其所谓德者，非如道学

① 任公：“蒙的斯鸠之学说”，《清议报》第 32 册，1899 年 12 月 13 日，第 2071，2073—2074 页。

② 同上书，第 2074—2078 页。

③ 中国之新民：“法理学大家孟德斯鸠之学说”，《新民丛报》第 4 号，1902 年 3 月 24 日，第 19 页。梁启超这篇文章还提及欧洲古典语境下“民主”一词的本义。他介绍说，在孟德斯鸠那时的学者看来，古代希腊、罗马的公民直接参政制度，就是“民主”的典范；“民主”的本义就是采用抽签方法进行选举；“民主”国的平等，就是贤愚不分、无所区别。梁启超提到的这一点颇有启发意义，循此方向可望发现“民主”与“共和”之间的区别。不过梁启超并不认同这种民主观，因而未对这一点展开讨论。

家之所恒言，非如宗教家之所劝化，亦曰爱国家、尚平等之公德而已。”①

梁启超不仅办报纸、写文章，还办学校、教学生，直接传播西学知识。1899年9月，梁启超创办的东京高等大同学校正式开学，他既任校长又任教员，开设的课程即包括政治学、泰西学案等，向学生们传播卢梭、孟德斯鸠等人的政治学说②。除了梁启超，其他留日学生也致力于将近代意义上的共和概念介绍给中国人。1900年，留学生戢元丞等人在日本东京创办《译书汇编》月刊，致力于编译西方的政治学名著，孟德斯鸠关于法律和政体的学说，也是该刊介绍的重要内容③。

经过学理层面的系统输入，到了1902年以后，“共和”与republic之间的对译关系逐渐固定下来，作为一个概念而不仅仅是孤立的词汇，为越来越多的新知识人乃至士大夫精英所了解和接受，甚至成为士子们应试的必备知识。1902年湖北乡试，第二场第一题即为“俄主专制，英主立宪，美主共和，政策之宗旨不同，国民之感受顷异，试为抉其利病得失之数策。”④同年十月，张百熙考查京师大学堂师范馆学生，其中外国史题目也包括如下内容：“福禄尔特之说，多排宗教；卢梭之说，多主共和。二氏之说，皆圆密欤？抑有可攻之懈？”⑤

盛宣怀的例子显示了“共和”与“民主”这对关联概念的影响力。1902年11月，盛宣怀奏陈南洋公学翻译外国书籍的选择原则，提到了新的共和概念以及相关政体知识：

> 泰西政俗流别不同，有君主专制之政治，有君主宪法之政治，有民权共和之政治，有民权专制之政治。美民主而共和，法民主而专制，其法律议论，判然与中夏殊风。英之宪法，略近尊严顾国体，亦与我不同。惟德意志自毕士马以来，尊崇帝国，裁抑民权，画然有整齐严肃之风，日本法之，以成明治二十年以后之政绩。俄虽号称君主专制之国，其法律多效自法人，制度与国体参差，故邦本杌陧，而世有内乱，不若德日之巩固也。较量国体，惟德日与我相同，亦惟德日之法与我适宜而可用。⑥

对于如何借鉴各国的政法制度，盛宣怀显得胸有成竹，他的自信显然又与对这些新概

① 中国之新民：“法理学大家孟德斯鸠之学说”，《新民丛报》第4号，1902年3月24日，第20页。
② 参见李喜所、元青《梁启超传》，人民出版社1993年版，第139页。
③ 冯自由：《革命逸史》第三集，中华书局1981年版，第143页。
④ “湖北乡试二场题”，《申报》1902年9月20日第1—2版。
⑤ “大学试题二志”，《申报》1902年12月5日第2版。
⑥ “工部侍郎盛杏荪少司空奏陈南洋公学译书纲要折”，《申报》1902年11月20日第2版。

念的掌握和运用有关。

值得注意的是，“共和”与 republic 的对译关系确定下来的同时，它与“民主”(democracy)一词在内涵上的关联依然很密切。如前所述，这两个概念在英文和日文当中具有高度关联性，经由日文进入中文以后，也常被当作一对相互联系的概念来使用。1901—1902 年间，梁启超介绍卢梭的自由民权主张时多处使用“民主”一词，称他为“近世真民主主义开山之祖”，并引述其结论说：“凡政体之合于真理者，惟民主之制为然耳。”[①]严复在 1903 年出版的一系列西学译著，也将“共和”与“民主”相提并论。他将穆勒《论自由》一书提及的 the best government 译为“民主共和”，并在《法意》中添加按语：“民主者，治制之极盛也”“民主者，天下至精之制也”[②]。

3. 近代共和概念与中国古典“共和”的分离

随着近代共和概念在中国的流行，与在日本的情况一样，它也被与古汉语“共和”区别开来。严复明确指出，古汉语“共和”一词是指大臣暂时代摄君权的事例，并未形成一种制度，与西方的“公治之制”“其实无一似者”，“异乎今之共和”；“今之共和非东方所旧有也”[③]。他更愿意在中国古典而非近代意义上使用该词。当代学者注意到[④]，《天演论》里有一则严复自己的按语：“夫主治者，或独据全权之君主；或数贤监国，若周共和；或合通国之权，如泰西之民主。其制虽异，其权实均，亦各有推行之利与弊。”[⑤]

与此相应，严复 1903 年集中出版的一系列西学译著基本不使用“共和”一词，而试图另起炉灶，采用“民主”“公治”“公产”等汉语字汇来对译 republic、republican、commonwealth 等英文词汇；尤其是《群学肄言》，英文原著中 republic、republican 共出现 7 次，但严复译著中或省略，或改译，绝不使用“共和”二字[⑥]。严译《法意》一书，同样以自创的名词来指称孟德斯鸠所说的政体类型：“治国政府，其形质有三：曰公治，曰君主，曰专制……公治之制，更分二别：曰庶建，曰贤政。庶建乃真民主，以通国全体之民，操其无上主权者也。贤政者，以一部分之国民，操其无上主权者也。”[⑦]“公

① “民约论巨子卢梭之学说”，《新民丛报》第 12 号，1902 年 7 月 19 日，第 16 页。

② 皮后锋：《严复评传》，第 514 页。

③ 皮后锋：《严复评传》，第 147、148 页。清末民初报人刘成禺据传闻称，严复认为“共和”在《汉书》中为第十四等女官的名称，地位卑微，不宜尊为国号。皮后锋教授指出，刘成禺此说为孤证，不足为据。

④ 皮后锋：《严复评传》，第 148 页。

⑤ 《天演论手稿・卷上・卮言十六》，王栻主编：《严复集》，中华书局 1986 年版，第 1433—1434、1353 页。1897 年，梁启超在《论君政民政相嬗之理》一文中引述了严复的说法：“严复曰，欧洲政制向分三种，曰满那弃者，一君治民之制也；曰巫理斯托格拉时者，世族贵人共和之制也；曰德谟格拉时者，国民为政之制也。”

⑥ 皮后锋：《严复评传》，第 149，477 页。

⑦ 严复译：《孟德斯鸠法意》上册，商务印书馆 1981 年版，第 11—12 页。

治”即 republic，“庶建”即 democracy，“贤政”即 aristocracy。

严复这种译法虽然古雅，但却曲高和寡，不如梁启超的译笔那样雅俗共赏。结果，“公治”远不如“共和”那样流行，以至于严复自己也不时在文章和书信中使用近代意义上的“共和”一词①。1906 年出版的《商务书馆英华字典》收录词条如下：“Republic 共和政治、民政国、共治国；Republican 共和国的、共和政治的、共和党、民政党。”②

当然，中国古典“共和”没有完全被遗忘，但已与近代共和概念泾渭分明。武昌起义爆发后不久，劳乃宣出于对共和革命的抵制，在《民是报》发表了《共和正解》一文，认为中国历史上“共和”的本义是“君幼不能行政，公卿相与和而修政事”，将“共和”理解为民主政体乃是“谬解”，而将其理解为君主政体才是“正解”；中国只能实行“正解之共和”，而不能实行“谬解之共和”③。劳乃宣的曲解随即遭到反驳。《进步》杂志刊登了一篇题为《共和解》的随笔，言简意赅地阐述了共和概念的含义：“共和政体，英语谓之利泼白利克 Republic 政体，大旨为无君主，而或由少数或由多数行政，均得以共和称。若纯粹的共和，则必如瑞士与北美，方足以副厥名焉。”④文中还扼要介绍了中国古代的“共和”，指出那只是“摄政之事，绝非今日之共和政体”。

四、从“共和”到“假共和”

在 19 世纪末 20 世纪初救亡图存的呼声愈益高涨的背景下，西方共和概念的输入与现实制度变革的吁求密切交织，“共和”尚未得到充分的学理探讨，就成为优先选择的行动方案，迅速在中国的政治制度框架和大众观念土壤中落地。但在此过程中，“共和”之实与名之间再度呈现疏离倾向。

1. 共和概念与革命潮流互为推演

“共和”概念传入中国以后，不仅在知识领域逐渐流行，而且与“革命”潮流互为推演。

最初介绍西方的政体类型知识时，梁启超对共和政体的倾向性非常明显。孟德斯鸠在三种政体当中最为推崇英国式君主立宪，梁启超对此不以为然。他征引卢梭

① 皮后锋：《严复评传》，第 149、597 页。

② 陈力卫：“近代中日概念的形成及其相互影响——以‘民主’与‘共和’为例”。

③《桐乡劳先生遗稿》卷 1，丁卯冬日桐乡卢氏校刻本，参见沈云龙主编《近代中国史料丛刊》第 36 辑，台北文海出版社 1969 年版。

④ 皕诲：“皕诲堂随笔·共和解”，《进步》第 4 期，1912 年 2 月。

的观点，批评孟德斯鸠"未知民政之真精神"；又征引美国的体制，批评孟德斯鸠"未达法治之大原"。在梁启超看来，孟德斯鸠"未真知平等之义""心醉英风太甚，而不知英国此等现象乃过渡时代不得不然，非政治之极则也"[①]。

梁启超倾心于美国式的共和政体，一度鼓吹暴力革命[②]。据冯自由称，1899 年夏秋之间，梁启超与孙中山初步达成联合意向之后，曾经写信给自己的老师康有为说："国事败坏至此，非庶政公开，改造共和政体，不能挽救危局。今上贤明，举国共悉，将来革命成功之日，倘民心爱戴，亦可举为总统。"[③]1899 年 10 月，梁启超在文章中公开鼓吹"快刀断乱麻，一拳碎黄鹤"[④]。1900 年 1 月 30 日午夜，梁启超乘船从檀香山前往美国本土途中，即兴写下了一首磅礴大气的《二十世纪太平洋歌》：

> 亚洲大陆有一士，自名任公其姓梁，尽瘁国事不得志，断发胡服走扶桑。扶桑之居读书尚友既一载，耳目神气颇发皇。少年悬弧四方志，未敢久恋蓬莱乡，**誓将适彼世界共和政体之祖国**，问政求学观其光。乃于西历一千八百九十九年腊月晦日之夜半，扁舟横渡太平洋……[⑤]

诗中"誓将适彼世界共和政体之祖国"这一句，原文添加了着重号，强调了梁启超对于作为共和政体样板之美国的政教风尚的向往。

此后，梁启超撰写了《拟讨专制政体檄》一文，对中国传统政治制度发起酣畅淋漓的批判：

> 使我数千年历史以脓血充塞者谁乎？专制政体也。使我数万里土地为虎狼窟穴者谁乎？专制政体也。使我数百兆人民向地狱过活者谁乎？专制政体也！……专制政体之在今日，有百害于我而无一利！……
>
> 起起起！我同胞诸君！起起起！我新中国之青年！我辈实不可复生息于专制政体之下，我辈实不忍复生息于专制政体之下。专制政体者，我辈之公敌也，大仇也！有专制则无我辈，有我辈则无专制。我不愿与之共立，我宁愿与之偕亡！[⑥]

---

① 中国之新民："法理学大家孟德斯鸠之学说"，《新民丛报》第 5 号，1902 年 4 月 8 日，第 15—16 页。
② 参见张朋园《梁启超与清季革命》，台北"中央研究院"近代史研究所 1999 年版，第 75—85 页。
③ 冯自由：《革命逸史》第二集，中华书局 1981 年版，第 29 页。
④ 任公："破坏主义"，《清议报》第 30 册，1899 年 10 月 15 日，第 1938 页。
⑤ 任公："二十世纪太平洋歌"，《新民丛报》第 1 号，1902 年 2 月 8 日，第 109 页。
⑥ 梁启超："拟讨专制政体檄"，载李华兴编：《梁启超选集》，上海人民出版社 1984 年版，第 380 页。

1902年9月，梁启超在《新民丛报》撰文反驳“今日之中国，必不可以言共和，必不可以言议院，必不可以言自治”之类的说法，认为这种观点其实是想让中国继续维持“数千年专制之治”①。1902年11月，梁启超还在《新民丛报》撰文批判中国的专制政体：“今民间稍有智识者，莫不痛心疾首于专制政体……专制政体者，实数千年来破家亡国之总根原也。”他提醒当时的统治者和一般中国人：专制政体在当今世界已经没法存在下去，如果试图以人力来抗拒“理势”，那就好比以卵击石、螳臂当车，自不量力。②

随着共和概念的逐渐流行，革命派也明确采用“共和”一词来表述自己的民权革命主张。1903年，邹容出版《革命军》一书，猛力抨击“数千年种种之专制政体”，替代的选项则是革命，号召以美国为蓝本，建立“中华共和国”。其制度要点大致可以归纳如下：(1)建立中央政府，为全国办事之总机关。(2)区分省份，于各省中投票公举一总议员，由各省总议员中投票公举一人为暂行大总统，为全国之代表人；又举一人为副总统；各州县府，又举议员若干。(3)各人权利必须保护。须经人民公许，建设政府，而各假以权，专掌保护人民权利之事。(4)全国无论男女，皆为国民；凡为国人，男女一律平等，无上下贵贱之分；各人不可夺之权利，皆由天授；生命自由及一切利益之事，皆属天赋之权利；不得侵人自由，如言论、思想、出版等事。全书以两句口号结尾：“中华共和国万岁！中华共和国四万万同胞的自由万岁！”③随着这本书的畅销，作为“专制”对立面的“共和”概念，在中国得到了更为广泛的传播，并成为革命派的鲜明旗帜。

1903年12月，孙中山在檀香山发表演说，正式提出“共和革命”纲领：

> 我们必要倾覆满洲政府，建设民国。革命成功之日，效法美国选举总统，废除专制，实行共和。……中华民族必将使其四亿人民的力量奋起并永远推翻满清王朝。然后将建立共和政体，因为中国各大行省有如美利坚合众国诸州，我们所需要的是一位治理众人之事的总统……④

1904年8月，孙中山撰写《支那问题真解》，提出将“满洲往日专制政体，变为支那共

① 中国之新民：“新民说十四·论合群”，《新民丛报》第16号，1902年9月16日，第7页。

② 中国之新民：“论专制政体有百害于君主而无一利”，《新民丛报》第21号，1902年11月30日，第15,16,32页。

③ 邹容：“革命军”，载周永林编：《邹容文集》，重庆出版社1983年版，第41,72,73,74页。

④ 《孙中山全集》第1卷，第226,227页。

和之政体”[①]。1905 年 11 月，中国同盟会机关报《民报》创刊号发表陈天华的文章，明确提出“苟革彼膻秽残恶旧政府之命，而求乎最美最宜之政体，亦宜莫共和若”[②]。1906 年 4 月，胡汉民发表文章，详细解释《民报》所持的六大主义，提出“反乎专制政体”“建设共和政体”[③]。1906 年 12 月，孙中山在东京《民报》创刊周年纪念大会发表演讲，再次提到“中国数千年都是君主专制政体”，因此要仿效当时法兰西的例子，建立“民主立宪政体”[④]。

2. 共和阶段论与条件论

来势汹汹的民权共和思潮，引起了保守人士的批判。1902 年 11 月，《申报》刊载一篇文章，批评当年湖北乡试士子多受“君民平等之邪说”影响，并指出美国以民权著称，但贤明的林肯、麦根来却“被弑于乱党”，可见共和政治之弊难以估量[⑤]。1903 年 8 月，武昌某小学开学，署理湖广总督端方亲临训话，告诫学生不要“浮薄忘本，张自由之狂谈，慕共和之治体”[⑥]。湖南巡抚赵尔巽也提醒湖南高等学堂学生不要盲目追随民权自由、共和政体之说，而应正视中国人素质不高的现实[⑦]。

也有人试图“和稀泥”，认为专制、共和、立宪各有所宜、各有其弊，而中国却折中了三种政体类型：“唐尧之求言也，开四门，求四岳；周武之访范也，谋及卿士，谋及庶人；孟子之告齐宣也，左右诸大夫国人皆曰贤，然后用之，左右诸大夫国人皆曰不可，然后去之，谓非共和之意乎？……我朝体天出治，未尝有专制之号…君主之规制崇隆也。未尝有共和之号，而凡百政令，务顺民情，朝廷更张，必下六部九卿会议，即下至一郡一邑，遇有兴作，亦必咨询绅耆士庶而后施行，则诚暗合于民主国之制度也……君民共主之政，中国固未尝不相符也。”作者得出结论说：“我中国……不共和而共和，不专制而专制，不立宪而立宪，庶君主行法，民皆奉法，熙熙皞皞，同游于光天化日之中，而非泰西所能望其项背哉！”[⑧]

改革派代表人物康有为，则试图从学理层面讨论共和政体的现实适应性问题。1902 年春，避居印度大吉岭的康有为撰写《论语注》一书，糅合西方进化论与传统儒学三世说，阐述了下列观点：

---

① 《孙中山全集》第 1 卷，第 241 页。
② 思黄：“论中国宜改创民主政体”，《民报》第 1 号，1905 年 11 月 26 日，第 41 页。
③ 汉民：“民报之六大主义”，《民报》第 3 号，1906 年 4 月 5 日，第 9 页。
④ 《孙中山全集》第 1 卷，第 325 页。
⑤ “君权民权释义”，《申报》1902 年 11 月 17 日第 1 版。
⑥ “告诫学生”，《申报》1903 年 9 月 25 日第 2 版。
⑦ “湖南巡抚赵大中丞劝诫高等学堂肄业生文”，《申报》1903 年 7 月 27 日第 2—3 版。
⑧ “君主之国、民主之国、君民共主之国得失利弊论”，《申报》1903 年 11 月 29 日第 1 版。

> 升平世则行立宪之政，太平世则行共和之政……人道进化，皆有定位，自族制而为部落，而成国家，由国家而成大统。由独人而渐立酋长，由酋长而渐正君臣，由君主而渐为立宪，由立宪而渐为共和……盖自据乱进为升平，升平进为太平，进化有渐，因革有由，验之万国，莫不同风。①

康有为并且以法国大革命之后长期的政治内乱为例证，具体阐述了这一看法：

> 今日由……君主而至民主，正当过渡之世，孔子所谓升平之世也，万无一跃超飞之理。凡君主专制、立宪、民主三法，必当一一循序行之。若紊其序，则必大乱。法国其以然者矣。②

康有为并不否认共和制度是最好的制度，但他强调政治制度的演进有阶段性，即由野蛮走向专制，由专制走向立宪，再由立宪走向共和，不能以人力强求③。从康有为的表述来看，他用以观察西方政治制度变革的知识资源虽然还保留了传统儒学的理论框架，但来自西方的机械进化论对他有着突出影响。这种渐进式的共和表述，可以概括为共和阶段论。

一度鼓吹过共和政治、对共和革命思潮的流行起过重要推动作用的梁启超，此时思想也发生了很大转变。他着重阐述了“共和条件论”，与乃师的“共和阶段论”相互呼应。

梁启超在1902年11月发表的《亚里士多德之学说》一文，已经受亚氏关于政体循环的观点，尤其是民主政体(democracy)蜕变之后回归君主政体的说法影响。结合古罗马共和国恺撒、法国拿破仑和拿破仑三世回归君主制的实例，深感“民智民德之程度，未至于可以为民主之域而贸然行之，此最险事！言政治者不可不熟鉴也”④。经过对欧洲学者论著的进一步研读，对美国政治的实地考察，加上师友康有为、黄遵

① 康有为：《论语注》卷2，中华书局1984年版，第17，28页。

② 康有为：“答南北美洲诸华商论中国只可行立宪不可行革命书”，汤志钧编：《康有为政论集》上册，中华书局1982年版，第476页。

③ 梁启超早前也宣传过类似的观点。1897年10月6日，他在《时务报》发表“论军政民政相嬗之理”一文，结合西方有关政体知识，将康有为的三世说加以发挥：“治天下者有三世：一曰多君为政之世，二曰一君为政之世，三曰民为政之世。多君世之别又有二：一曰酋长之世，二曰封建及世卿之世。一君世之别又有二：一曰君主之世，二曰君民共主之世。民政世之别亦有二：一曰有总统之世，二曰无总统之世。多君者据乱世之政也，一君者升平世之政也，民者太平世之政也。此三世六别者，与地球有人类以来之年限有关之理，未及其世，不能躐之，既及其世，不能阏之”(《时务报》第41册第1页)。

④ 中国之新民：“亚里士多德之学说”，《新民丛报》第21号，1902年11月30日，第10页。

宪等人的规劝①，梁启超对于欧洲共和制度得以确立的历史和社会条件、共和是否适合当时中国国情等问题，有了全新的认识。

1903 年底梁启超游历美国结束，撰写了《新大陆游记》一书，记载了在美国考察的感受，其中既有对美国制度、风俗、人情的褒扬，也有对美国政治制度弊端的批评。他特别留意到，美国共和政治发达的基础在于“市制之自治”，而中国只有“族制之自治”。他细致考察了旧金山华侨社会，结合国内人民的情况，将中国人的缺点概括如下：一是有族民资格而无市民资格；二是有村落思想而无国家思想；三是只能受专制而不能享自由；四是无高尚之目的。他的结论是，从大多数人民的程度来看，中国当时还不具备成立共和政体的条件②。

与此同时，梁启超在《新民丛报》发表《政治学大家伯伦知理之学说》一文，着重介绍德国学者伯伦知理和波仑哈克关于共和政体的分析。伯伦知理分析了近代法国、美国和瑞士共和政治的成败经验，认为共和政体顺利运行的前提是人民接受完整的教育、具有圆满的共和品德；否则实行共和政体不但不能收到良好效果，反而可能导致暴民政治乃至亡国。波仑哈克则比较了近代美国、法国、南美和中美洲诸国的共和历史，认为共和制度的成功须以人民具有自治习惯、养成自治能力为前提。具有悠久“专制”历史的国家倘若匆忙实行共和制度，则原有的社会平衡被打破，人民又缺乏自治习惯，不理解何为公共利益，持自我主义各营其私，就会导致一团混乱。个别豪杰利用人民渴望恢复秩序的心理，终将回归“民主专制政体”，此时不要说纯粹共和政体之益，就是立宪君主政体的好处也难以实现，近代法国和南美各国的“共和”历史就是典型例证③。波仑哈克的结论颇为简练，但却令人警醒：“因于习惯而得共和政体者常安，因于革命而得共和政体者常危。”④

两位德国学者的学说，让梁启超看到了自己以前所鼓吹的共和，其实是无源之水、无根之木：

> 共和国民应有之资格，我同胞虽一不具，且历史上遗传性习，适与彼成反比例，此吾党所不能为讳者也。今吾强欲行之，无论其行而不至也，即至矣，吾将学法兰西乎？吾将学南美诸国乎？……吾党之醉共和、梦共和、歌舞共和、尸祝共

---

① 参见张朋园《梁启超与清季革命》，第 123，129 页。
② 梁启超：《饮冰室丛著第十二种·新大陆游记》，商务印书馆 1916 年版，第 194—199 页。
③ 中国之新民：“政治学大家伯伦知理之学说”，《新民丛报》第 38，39 号合本，1903 年 10 月 4 日，第 35—40，41—47 页。
④ 同上书，第 44 页。

和,岂有它哉,为幸福耳,为自由耳。而孰意稽之历史,乃将不得幸福而得乱亡;征诸理论,乃将不得自由而得专制。①

他不禁感到后怕:

吾心醉共和政体也有年,国中爱国踸踔之士之一部分,其与吾相印契而心醉共和政体者,亦既有年。乃吾今读伯、波两博士之所论,不禁冷水浇背,一旦尽失其所据,皇皇然不知何途之从而可也。②

因此,梁启超不得不沉痛地向共和告别:

呜呼痛哉!吾十年来所醉所梦所歌舞所尸祝之共和,竟绝我耶!……呜呼!共和!共和!吾爱汝也,然不如其爱祖国;吾爱汝也,然不如其爱自由……呜呼!共和!共和!吾不忍再污点汝之美名,使后之论政体者,复添一佐证焉以诅咒汝。吾与汝长别矣!③

梁启超的共和条件论,在后代学者看来虽然不无袭用日文论著之嫌④,但却显示了一条由共和之"名"进而深入探讨共和之"实"的路径。他沿着"循名责实"的方向,尝试着从学理层面展开细致探讨,进行东西政治制度的横向比较,开始触及西方共和传统的历史、文化与社会根基。

无独有偶,严复也在大约同一时期表达了与梁启超类似的观点,而且比梁启超更见学理深度。严复的思想主要来自于对斯宾塞《群学肄言》、穆勒《群己权界论》、甄克斯《社会通诠》以及孟德斯鸠《法意》等西文学术著作的直接研读和翻译。基于这些著作中传达的理论观点,尤其是《群学肄言》提供的关于墨西哥、南美诸国以及美、法两个大国政治制度演变的知识,结合自己对中国民众素质的观察,严复一再强调政治制

① 中国之新民:"政治学大家伯伦知理之学说",第47—48页。

② 同上书,第47页。

③ 同上书,第48页。张朋园先生敏锐地注意到,该文在《新民丛报》分两次刊载,前后相隔半年之久,署名也不一样,第一次署名"力人",第二次署名"中国之新民",这也是梁启超思想和心理变化的反映(张朋园:《梁启超与清季革命》,第121页注2)。

④ 参见巴斯蒂"中国近代国家观念溯源——关于伯伦知理《国家论》的翻译",《近代史研究》1997年第4期。

度演变的渐进性和长期性，反对通过暴力革命从君主专制跳跃式实行民主共和①。

3. 共和跨越论及优选论

在孙中山为代表的革命派看来，共和阶段论根本没有道理，共和条件论也不足为信，在文明交汇、有不同方案可资选择的时代，政治制度的变革无需拘泥于自然演进的轨道，而应该“取法乎上”，选择最新式的东西。对于正在追求政治制度变革的中国而言，共和就是最优的选择。这种观点可以称之为共和跨越论及优选论，也可以简单概括为共和速成论。

孙中山灵活运用来自欧洲的知识资源来反驳共和阶段论，努力证明“共和”应该是优先选择。1904 年 1 月，他撰写长篇文章，对檀香山保皇派报刊主笔陈某的观点进行批判。针对陈某所说的“立宪者，过渡之时代也；共和者，最后之结果也”，孙中山嘲笑对方不懂西方的政治学常识：

> 立宪者，西语曰 Constitution，乃一定不易之常经，非革命不能改也。过渡者，西语曰 Transition，乃变更之谓也。此二名辞皆从西文译出，中国无此成语也。该主笔强不知以为知，而妄曰 Constitution 乃 Transition 时代，一何可笑也。②

接着又反驳对方关于立宪与共和先后顺序的说法：

> 不知天下之事，其为破天荒者则然耳，若世间已有其事，且行之已收大效者，则我可以取法而为后来居上也。③

他又以交通工具为例：中国从来没有火车，最近才开始制造，都是采用最新的式样；可如果按照康、梁一派的逻辑，那么中国目前还处在起步阶段，自然应当采用英美国家几十年前陈旧的技术和产品，然后逐渐更新，最后才能采用目前的新式火车，这样才符合进化的顺序。孙中山随即反问：世界上怎么有这种道理？人世间怎么会有这样愚蠢的人？

孙中山并且指出：当前中国依然处于“专制之时代”，不管是追求君主立宪还是追求共和，势必都要经过一次破坏；既然必须经过强力的破坏，那么君主立宪也好，共

---

① 皮后锋：《严复评传》，第 150—159 页。
② 《孙中山全集》第 1 卷，第 236 页。
③ 同上。

和也好，完全在于变革者的主动选择。在这种情况下，为什么不选择作为最终结果的共和政体，而要选择过渡性质的君主立宪政体呢？就像乘船过河，为什么要停留在河中间等待将来继续前进，而不是直接过河登上彼岸？在孙中山看来，跳过君主立宪，直接走向共和政体，才是“一劳永逸之计”①。

1905年8月13日，孙中山在东京中国留学生欢迎大会发表演说，再次详细阐述了“民主大共和国”作为优先选择方案的观点。他反驳共和阶段论说：

> 又有说欧米共和的政治，我们中国此时尚不能合用的。盖由野蛮而专制，由专制而立宪，由立宪而共和，这是天然的顺序，不可躁进的；我们中国的改革最宜于君主立宪，万不能共和。殊不知此说大谬。我们中国的前途如修铁路，然此时若修铁路，还是用最初发明的汽车[即蒸汽机车——引者按]？还是用近日改良最利便之汽车？此虽妇孺亦明其利钝。所以君主立宪之不合用于中国，不待智者而后决。②

孙中山以一种革命浪漫主义的姿态，坚决主张跨越式变革，跳过君主立宪制度，从速直接建立共和制度。在他看来，这就是“取法乎上”。他强调：

> 若我们今日改革的思想不取法乎上，则不过徒救一时，是万不能永久太平的……若此时不取法他现世最文明的，还取法他那文明过渡时代以前的吗？我们决不要随天演的变更，定要为人事的变更，其进步方速。兄弟愿诸君救中国，要从高尚的下手，万莫取法乎中，以贻我四万万同胞子子孙孙的后祸。③

针对康有为、梁启超等人的共和条件不足论，孙中山将美国南方及檀香山的情况与中国进行比较，据此进行反驳：

> 又有说中国人民的程度，此时还不能共和。殊不知又不然。我们人民的程度比各国还要高些。兄弟由日本过太平洋到米国，路经檀香山，此地百年前不过一野蛮地方，有一英人至此，土人还要食他，后来与外人交通，由野蛮一跃而为共和。我们中国人的程度岂反比不上檀香山的土民吗？后至米国的南七省，此地

① 《孙中山全集》第1卷，第236—237页。
② 同上书，第280页。
③ 同上书，第281—282页。

> 因养黑奴，北米人心不服，势颇骚然，因而交战五六年，南败北胜，放黑奴二百万为自由民。我们中国人的程度又反不如米国的黑奴吗？我们清夜自思，不把我们中国造起一个二十世纪头等的共和国来，是将自己连檀香山的土民、南米的黑奴都看做不如了。[①]

孙中山显然坚信，中国人并不缺乏共和国民的资格，即便能力上暂时尚不充分，也可以在追求共和的革命过程中培养起来。

孙中山这种跨越式的共和速成论，在革命派当中是一种共识。与梁启超的论战过程中，其他人也表达了与孙中山类似的观点。陈天华认为，既然日本都能在四十年里赶上欧美，一跃成为世界强国，那么中国也可以采取“特别之速成法”，“五年小成，七年大成”[②]。胡汉民也认为，以当前中国的政治形势而言，革命是不可避免的，既然如此，就“不可不实行至公至良之政体”，免得将来还要再次进行变革；他并且批评梁启超歪曲中国历史，认为历史证明汉人恰恰具有实行共和的条件[③]。汪兆铭（精卫）则与梁启超一样，援引伯伦知理和波伦哈克的国家学说，并且展开学理辨析，在此基础上对梁启超的共和条件论展开批判[④]。总体而言，革命派主张快刀斩乱麻，坚持中国可以、而且应该走跨越式道路，直接移植最先进的政治制度——共和制。

4. “共和”的凯旋和悬置

孙中山等人的跨越式共和优选论，在梁启超看来并不符合逻辑。他反驳说，国家不同于具体的机械，乃是人类心理的集合体，需要从“人”“地”“时”三个要素，也就是具体的时空环境和行为主体出发，才能对某种政治制度的优劣做出评判，离开此三要素漫谈孰优孰劣，只是“梦呓之言”；至于革命派宣称政治制度的取舍可以像交通工具的改良那样简单，可以在短短十几、二十年内养成西方人数百年间自然形成的共和国民资格，则是大言欺人，或者是自欺欺人[⑤]。

1906 年 1—3 月，梁启超在《新民丛报》连载《开明专制论》一文，批评革命派热切鼓吹共和，却没能从理论和历史方面给出有力证明。梁启超指出，谁不羡慕议会政治之美？然而像德国、日本，并不缺乏出类拔萃的政治家和学者，都没能实行议

---

① 《孙中山全集》第 1 卷，第 280 页。

② 思黄：“论中国宜改创民主政体”，《民报》第 1 号，1905 年 11 月 26 日，第 44 页。

③ 汉民：“民报之六大主义”，《民报》第 3 号，1906 年 4 月 5 日，第 10，11 页。

④ 参见孙宏云“汪精卫、梁启超‘革命’论战的政治学背景”，《历史研究》2004 年第 5 期。

⑤ 饮冰：“开明专制论”，《新民丛报》第 4 年第 3 号（原第 75 号），1906 年 2 月 23 日，第 25—26 页。

会政治，原因就在于人民资格不够，时机未至。他再次详细征引了波仑哈克关于共和政体必以人民自治习惯为前提的论述，比较了各国的经验和中国的情况，得出结论说：

> 国民有可以行议院政治之能力者，即其有可以为共和国民之资格者也。……今日中国国民，未有可以行议院政治之能力者也。……故今日中国国民，非有可以为共和国民之资格者也；今日中国政治，非可采用共和立宪制者也。①

梁启超上述观点一经发表，自然遭到了革命派的批判。面对革命派的文字攻势，1906年4月，梁启超又在《新民丛报》予以回应，从理论、历史和现实等方面详细阐述了自己的观点：

> 一曰，未有共和资格之国，万不能行共和立宪；二曰，今日中国国民，实未有共和资格；三曰，共和资格，非可以短期之岁月养成；四曰，革命军倥偬骚扰时代，必不适于养成共和资格。②

他并且强调：

> 共和之真精神，在自治秩序而富于公益心。国民心理而能如是者，则共和不期成而自成，美国是也；或且无共和之名而有其实，英国是也……自由、平等，固共和精神之一部分，然必与自治心、公益心相和合，乃成完全之共和心理。苟为离自治心、公益心而独立之自由平等，则正共和精神之反对也。③

梁启超还尖锐地指出，时下那些“自命为忠于共和主义之人”“闻共和而好之者”，都抛开自治、公益，片面谈论自由、平等。在梁启超看来，他们其实“绝未知共和为何物”，这种心理“先已不适于共和”。④

---

① 饮冰：“开明专制论”，第33,38页。

② 饮冰：“答某报第四号对于本报之驳论”，《新民丛报》第4年第7号(原第79号)，1906年4月24日，第20页。

③ 饮冰：“答某报第四号对于本报之驳论”，第33页。

④ 饮冰：“答某报第四号对于本报之驳论”，第33—34页。

不过，孙中山和革命派专注于直接的革命行动，已经无心与梁启超继续展开学理辩论，也不把严复类似的书生之见放在眼里①。

孙中山和革命派无视现实条件而欲速行共和，那么他们预期中的“共和”究竟是怎样一种形态？中国同盟会确立了16字纲领“驱除鞑虏、恢复中华，创立民国，平均地权”，对于何为“民国”，孙中山和黄兴等人在1906年制订的《中国同盟会革命方略》中这样解释：

> 今者由平民革命以建国民政府。凡为国民皆平等以有参政权。大总统由国民公举。议会以国民公举之议员构成之。制定中华民国宪法，人人共守。敢有帝制自为者，天下共击之。②

由此可见，革命派对于共和的构想，最明确、最具体的就是坚决打倒“帝制”。在与改良派论战过程中，革命派“共和”话语的焦点逐渐集中于以“革命”手段破除“专制”这一笼统的口号，以及“排满”、废除帝制这一具体目标。相比之下，对于如何在有着两千多年帝制传统的辽阔国土上建设一套合宜的宪政民主制度、真正贯彻民权，他们还缺乏深入细致的考虑③。

随着政治形势的快速变化，清王朝的统治迅速垮台。值此维系中华统一秩序的帝制趋于瓦解、破壳而出的多民族国家急需整合之际，原本专心致志于打倒清王朝的孙中山和革命派，在具体建国方案方面的准备不足立即凸显出来。而立宪派对此却

① 参见皮后锋《严复大传》，福建人民出版社2003年版，第356—359页。

② 《孙中山全集》第1卷，第284，297页。

③ 关于共和制度的具体架构，孙中山有过思考和阐述。1906年11月在东京与俄国社会革命党首领该鲁学尼等人谈话、1906年12月在东京《民报》创刊周年纪念大会发表演讲、1910年春与刘成禺谈话，孙中山都明确提到，自己希望在中国实施的共和政治，是除立法、司法、行政三权外，还有考选权和纠察权的五权分立的共和政治。因为孙中山看到，当时一般的共和国家，政治方面也存在不足之处，比如国务被政党一手包办、选举出来的不全是人才、政治监督不力，等等。所以他希望吸收中国传统的考选和纠察制度并且加以改造，形成独特的五权分立政治体制（《孙中山全集》第1卷，第319—320、330—331、444—445页）。孙中山关于五权分立政体的思考，表明他对革命派正在大力宣传的口号式“共和”其实心存保留意见。不过当时武力革命、夺取政权才是最主要任务，他没有花太多的精力去研究、设计共和制度的具体架构。民初的历次政治行动失败之后，孙中山真正对政治制度问题进行了深入研究，最后选择扬弃西方共和制度，采纳“党治国家”这一万能政体。相比之下，康、梁在共和革命与否的论战之后，进一步开展了对共和制度的研究。武昌起义之后，他们提出了“虚君共和”论，即“以共和为主体，而虚君为从体”（李喜所、元青：《梁启超传》，人民出版社1993年版，第285—289页）。梁启超在《新中国建设问题》这篇长文中比较了世界上总统制、虚戴君主的共和制等六种共和政体的优劣，认为中国人最熟悉、最羡慕的美国式共和政体其实只适合于美国特殊的历史和国情，没法为中国所仿效；英国式的虚君共和制最能体现混合政体精神，才是中国需要的真共和参见梁启超《饮冰室丛著第十种·政闻时言（下册）》，商务印书馆1916年版，第399—401，403，417页。

有所构思。早在1903年,梁启超就提出了"以汉人为中心","合汉、合满、合蒙、合回、合苗、合藏,组成一大民族"的思路[①]。1907年,杨度继之提出"五族合一"构想[②];到了1911年底,张謇等人正式提出汉、满、蒙、回、藏"五族共和"的建议[③]。在这种情况下,革命派不得不吸收这一建议。"共和"的焦点,于是从武力排满变成五个族群联合建国。及至民国成立、袁世凯上台后,在复杂的政治格局之下,"共和"的焦点又变成如何与袁世凯为代表的强大保守力量斗争,尽量维护任期制总统这一形式要素,坚决防止君主之"名"再度复活。

这样,民初的"共和"成了一个略显含混的概念,越来越偏重于共和之"名",即无君的政体;却逐渐疏远了 republic 之"实",即公共精神的培养和宪政民主制度的完善。"共和"一词在中国流行开来,几乎成为口头禅,但其制度和精神内涵却尚未为国人所理解,更遑论付诸实施。结果,"共和"由令人憧憬的目标,很快变成令人失望、招致质疑乃至批判的对象。1913年9月,林纾痛感于"共和"有名无实,写了一首讽刺诗歌《共和实在好》:"共和实在好,人伦道德一起扫!……四维五教不必言,但说造反尤专门……得了幸财犹怒嗔,托言举事为国民……全以捣乱为自由……如此瞎闹何时休。"[④]严复也对"所谓共和"深感失望,认为"共和万万无当于中国"[⑤]。守旧名士辜鸿铭则认为,中国要实现真正的共和,就好比黄河水变清一样遥遥无期,现实的共和政治只是导致混乱和堕落。他将民初四处奔走的政客与沿街拉客的妓女相提并论,认为"不废共和政体,国不可一日安也"[⑥]。至于曾经的革命者,武昌起义领导人之一蔡济民发出如下感慨:"无量头颅无量血,可怜购得假共和。"[⑦]到了20世纪20年代初期,就连孙中山也认为"现在的中华民国只有一块假招牌"[⑧],"徒有民国之名,毫无民国之实"[⑨]。

孙中山在清末民初的跨越式乃至"名"过于"实"的共和表述,既与特定时代中国人的危机感、紧迫感和孙中山个人不拘细节、勇于求新乃至急于求成的性格倾向有

① 中国之新民:"政治学大家伯伦知理之学说",第33页。

② 黄兴涛:"现代'中华民族'观念的最初形成——兼论辛亥革命与中华民族认同之关系",《浙江社会科学》2002年第1期。

③ 村田雄二郎:"孙中山与辛亥革命时期的'五族共和'论",《广东社会科学》2004年第5期。

④ 张俊才:《林纾评传》,南开大学出版社1992年版,第176页。

⑤ 皮后锋:《严复评传》,第144、160页。

⑥ 读易老人:"纲常名教定国论",黄兴涛等译,载《辜鸿铭文集》(下),海南出版社1996年版,第262页。

⑦ 熊月之:《中国近代民主思想史》,第481页。

⑧ "在上海中国国民党本部的演说",载《孙中山全集》第5卷,第262页。

⑨ "在广州中国国民党恳亲大会的演说",载《孙中山全集》第8卷,第280页。

关[1]，也与中国古老的“仁人志士”“圣人”救国传统相连。后一点尤其值得注意。1903 年 12 月孙中山在檀香山演讲时提到，最先起来发动革命的乃是“圣人”，比如周武王[2]。1905 年 8 月孙中山在东京中国留学生欢迎大会的演说中，明确表达了这样的自我角色定位：

> 百姓无所知，要在志士的提倡；志士的思想高，则百姓的程度高。所以我们为志士的，总要择地球上最文明的政治法律来救我们中国，最优等的人格来待我们四万万同胞。[3]

这种当仁不让的“仁人志士”乃至“圣人”自任姿态，跟 1897 年与宫崎寅藏和平山周等人笔谈时的心态一脉相承。只不过在 1897 年的时候，孙中山的政治声望还不够高，作为一名寄人篱下的政治流亡者，他在接纳了自己的日本友人面前，还不敢明确宣称自己就是足以担当救国大任的“豪杰志士”。而到了 1905 年中国同盟会成立之际，他的革命领袖声望已经确立起来，因而可以在公开场合毫不掩饰地宣示自己作为救国志士的自我期许。

由此可见，作为革命派代表人物的孙中山，虽然全身心地拥抱西方共和传统，但其政治理念仍未摆脱根深蒂固的中国传统认知。这种政治认知的核心，就是认为极少数圣贤、先知、仁人志士才有能力把握国家的方向，因而有资格为普通民众决定他们的命运[4]。这是西方共和传统在中国“落地”时的土壤，也是外来共和概念在中国的接受过程中产生变异的重要原因。注意到孙中山在 1905 年极力鼓吹共和时所依凭的“百姓——志士”认知框架和圣人治世的传统领袖模型，他后来的思想为何会发

① 孙中山的这种性格倾向，可以通过青年和老年时期的两个事例得到体现。一是 1895 年筹划广州起义，时年 29 岁的孙中山提出的起义方案，盲目乐观和冲动色彩很明显，因而兴中会另一名骨干谢缵泰认为孙中山就是一个轻率的莽汉，并给孙中山起了一个绰号“孙大炮”（李恭忠：“青年孙中山的革命想像——1895 年广州起义再探”，《社会科学研究》2005 年第 1 期）。二是 1924 年孙中山在广州演讲三民主义，在关于民族主义的第六讲，他谈到中国应该如何学习外国、迎头赶上，举了一个具体的例子：工业革命以后，每家工厂都自己烧煤发电，都需要建高炉、雇人手，铁路运输压力也大，而在当时，美国正在研究建设中央电厂，集中供电，这样各家工厂无需自己烧煤发电，整体经济效益可以得到提高。孙中山说，中国要学习外国，就要把握这种最新的趋势，迎头赶上，而不要去走别人走过的老路（“民族主义第三讲”，载《孙中山全集·第一集·民族主义》，上海三民公司 1927 年版，第 100 页）。

② 《孙中山全集》第 1 卷，第 226 页。

③ 同上书，第 281 页。

④ 孙中山这种“圣人救世”心态，或许也跟他的基督教信仰有关，不过从他的公开表述来看，还是与中国传统关系更密切。相比之下，梁启超虽然也以启蒙精英自任，但却已经摆脱了这种“民之父母”的传统政治理念，正如萧公权所言，“似乎比较接近英国传统的自由主义……不相信真理绝对……反对‘民之父母’的政治观”（“萧公权先生序”，载张朋园：《梁启超与清季革命》，第ⅷ页）。梁启超与孙中山在这一点上的差异，颇值得进一步探究。

生巨大转变，也就容易得到理解。众所周知，孙中山后来提出了一套关于人之分等的理论，把人划分为先知先觉、后知后觉和不知不觉三个等次，并主张以先知先觉的革命领袖去“训育”众多不知不觉的国人，使之成长为真正合乎资格的国民。也就是说，孙中山打算把“假共和”弃之一边，从根本处入手，“把国家再造一次”[①]。孙中山身故之后，国民党打着他的旗号实施“党国”体制，“共和”事实上被束之高阁。

五、结语

从 republic 到“共和”的概念之旅，体现了西方共和传统与中国本土知识资源在近代中西文明交汇背景下的艰难对接。这一对接过程，既是知识领域的概念输入和转化问题，又是政治领域的行动选择问题。

一方面，晚清知识人对西方共和概念的了解和表述，首先是一个知识领域的跨文化互动问题。共和作为一种来自西方的古老传统，“名”与“实”之间的关系本来就很微妙。面对这一陌生而复杂的传统，当时人免不了援引本土传统知识资源作为参照和对应。在这种情况下，他们对西方共和概念的认识长期呈现名与实依违不定的特征。日本知识人最早采用汉字“共和”来翻译 republic 一词。19 世纪 80 年代初期，近代意义上的汉字“共和”词汇通过日文中介传入中国。戊戌维新失败之后的几年里，梁启超等人又借助于日文书刊，对作为一种政体类型的共和概念以及相关学说作了系统介绍。到了 1903 年前后，近代共和概念已在中文语境中流行开来，与革命潮流互为推演，并逐渐与中国古典“共和”划清了界限。

另一方面，来自西方的共和概念在中国的辗转传入，又是在救亡图存的急迫形势下匆匆展开的，从一开始就未停留在学理层面，而是与现实政治领域的吁求紧密相连。由此，汉字“共和”与英文概念 republic 的名实对接，就不仅仅是知识领域的跨文化互动问题，还是政治领域的“yes or no”问题。“共和”表述日益呈现为两条相互竞争的路径。作为改革派代表人物的梁启超，一度鼓吹直接的革命行动，但很快回归言论家、启蒙者的角色，尽量持稳健态度，侧重于从学理层面探究共和概念的要义，更多考虑到西方共和传统与中国社会文化的适应性问题，在行动方面主张缓行共和。作为革命派代表人物的孙中山，则始终以行动家自任，相对于知识和学理而言，他更强调实际行动，追求跨越式的政治变革，主张速行共和。

知识领域的问题与政治领域的问题交织在一起，使得西方共和传统在中国的输

① “中国国民党第一次全国代表大会开幕词”，载《孙中山全集》第 9 卷，第 97 页。

人呈现为概念与制度的落差，或者说“名”与“实”的疏离。一方面，共和概念的传播过程颇为迅速，两种相互竞争的“共和”表述一度互为映衬，“共和”迅速成为辛亥前后令人耳熟能详的新名词。虽有个别守旧人士搬出“共和行政”这一中国古典来曲解 republic，却并不妨碍略显含混的近代共和概念迅速确立其在现代中国政治话语体系当中不容置疑乃至熟视无睹的地位。另一方面，由于文化传统、社会现实以及发展时序等方面的巨大差异，西方共和制度的移植过程不如革命派当初想象的那样顺利，未能达到预期效果，以至于被视为“假共和”，甚至原本持乐观态度的孙中山也彻底感到失望。一度在清末“共和”话语竞争中落于下风的梁启超等人阐述的共和阶段论、共和条件论，尤其是自治习惯与“共和真精神”之间的关系问题，此时反而显得令人深思。

文本

“四元为体”与“五行为用”

——从邵雍《皇极经世》到利玛窦《乾坤体义》的历史转折

徐光台[*]

刘洪君　译

一、引言

明末耶稣会士入华传播基督教义，引入西学，使得西方亚里士多德自然哲学与中国气(qi)的自然哲学(natural philosophy of qi)，或耶稣会士的亚里士多德—托勒密世界观与儒者的理学世界观遭遇[①]。中西存在两种不同历史传统的物质理论，中国士人用阴阳五行说来构建世界观，耶稣会士遵循亚里士多德四元素说。为了解利玛窦(Matteo Ricci，1552—1610)是如何在西方四元素和中国五行间建立一种新的关联，本文试图探究其历史背景与发展。

在1996年发表的一篇论文中，笔者指出在《乾坤体义・四元行论》末尾，利玛窦视四元素为“体”，五行为“用”，以及四元素为“源”，五行为“流”[②]，使他成为首位使用“体/用”和“源/流”两个类比来构建四元素说与五行说间新关系的人。

笔者认为利玛窦在《乾坤体义》中使用“体/用”和“源/流”是一种跨文化的借用或

---

* 台湾“清华大学”通识教育中心及历史研究所教授。

① 徐光台：“儒学与科学：一个科学史观点的探讨”，台湾《清华学报》1996年新26卷，第369—392页，特别在第382—385页。

② 徐光台：“明末西方四元素说的传入”，台湾《清华学报》1997年新27卷第3期，第347—380页，特别在第369页；利玛窦：《乾坤体义》卷787，文渊阁四库全书复印本，台湾“商务印书馆”1983年版，第766—767页。

挪用，其背后或许存在着以下四个值得深入探讨的有趣问题：

一、从中西交流史的角度来看，前述声称不像是利玛窦自创的，那么是什么历史背景容许利玛窦进行所谓跨文化的借用或挪用“体/用”和“源/流”类比呢？

二、过去是否存在着一个类似的传统，容许利玛窦得以进行所谓跨文化的借用或挪用？

三、如果存在一个这样的传统，是谁起始该传统？“体/用”和“源/流”两个类比又是如何被关联在该传统的历史发展中？

四、利玛窦是如何接触到“体/用”和“源/流”两个类比，接着他又是如何进一步借用或挪用这两个类比？

在耶稣会罗马学院，利玛窦接受亚里士多德体系自然哲学的教育，并学会了如何与对手进行说服的辩驳论证[①]。如果中国已经存在一个像“四□为体，五行为用”的类似传统，容许利玛窦较容易通过跨文化借用或挪用它，来构建他的“四元(素)为体，五行为用”，那么笔者有必要厘清该传统的起源与历史发展，以及其与利玛窦的历史关联。

在一个偶然的机缘下，笔者发现在利玛窦之前已经存在一个“四□为体，五行为用”的传统，它始自北宋哲学家邵雍。邵雍(1011—1077)，字尧夫，谥号康节，著有《皇极经世》[②]。在其子邵伯温(1057—1134)对此书的注释中，有段非常关键的文字，指出“四象为体，五行为用”[③]。此一线索引导笔者着手追溯邵雍《皇极经世》和利玛窦《乾坤体义》间的历史渊源。

“体/用”和“源/流”是中国传统的两个范畴，它们的意义随着不同的作者在不同脉络而有所不同。“源/流”容易理解，因为每条河流都有其源头。从时间的顺序来看，先有源，后有流。至于“体/用”，利玛窦视土水气(air)火四种纯元素为“体”，它们构成了地球领域内的万物，五行则是四元素的“致用”。

在本文中，笔者将着重探究始自邵雍的水火土石为四象(四体)，五行是其“致用”

① Lloyd, G. E. R. Adversaries and Authorities: *Investigation into Ancient Greek and Chinese Science*, New York: Cambridge University Press, 1996, chap. 2;徐光台:“明末西方教育的传入及历史反思”,《台湾东亚文明研究学刊》2004 年第 1 卷第 2 期,第 77—104 页,特别在第 88—90 页。

② 有时亦称《皇极经世书》,关于《皇极经世》或《皇极经世书》版本的研究,参看 Arrault, Alain, *Shao Yong* (1012—1077), poète et cosmologue, *Memoires de l'Institut des HautesÉtudes Chinoises*, *vol*. 39. *Paris*: *Collège de France*, *Institut des HautesÉtudesChinoises*, 2002, pp. 43 - 50。本文将采用《道藏》中邵尧夫的《皇极经世》以及《文渊阁四库全书》中的《皇极经世书》复刻版。

③ 邵雍:《皇极经世》卷 51“观物内篇之一”,李一忻点校,九州出版社 2003 年版,第 346—347 页。

的这层关系。西方学者常常用“本体/功能”(substance/function)来翻译“体/用”[①]。陈郁夫则视太极为本体,由之衍生出动、静[②],继而衍生出阴、阳、刚、柔以及太阴、太阳、少阴、少阳、太刚、太柔、少刚、少柔八类[③]。根据安妮·伯德韦斯特(Anne D. Birdwhistell),邵雍的“体”指的是“能被感知外在的事物”,“用”是“事物展现出来的活动”[④]。她用“form or appearance(形式或现象)”和“activity or function(活动或功能)”来翻译“体/用”[⑤],并在现象感知层面分析邵雍关于天地“forms(形式)”的概念,以及在异于感知的“气”的层面来分析邵雍关于天地“activity(活动)”的概念[⑥]。有时她也会将“image(像)”用作“form(形式)”或“entity(实体)”的同义词[⑦]。因此,本文采用“substance(本体)”来翻译“体”,“appearance(现象)”或者“image(像)”来表“象”,“form(形式)”表“形”,“function(功能)”和“activity(活动)”表“用”。在一些《皇极经世》的评释中,“体”和“用”的涵义复杂,英语缺乏对应的词汇,因此笔者并没有将它们译为英语,而是保留了“体”“用”的称法,对于“理”字也是如此处理。

在本文中,笔者将呈现三个重要的发现。首先,邵雍是一位先驱者,在《皇极经世》中通过象数之学的推测,他用四象取代五行,赋予数“四”比“五”更高的优先性,从而发展出一套自己的宇宙哲学。其次,邵雍强调“四”优于“五”的传统,被其子伯温与后来的评释者相继阐述。他们使用“体/用”类比,历史推理,生理的(或生理的—伦理的)论述来联结“四象”和“五行”的关系。第三,在利玛窦入华传播基督教义时间,他也熟悉了中国的四书五经,并有很多机会与中国士人讨论自然知识。通过他们,利玛窦可能已接触“四象为体,五行为用”的说法,并在跨文化的借用或挪用中,将其发展为“四元(素)为体,五行为用”,或“四元(素)为源,五行为流”。借着“体/用”和“源/流”两个类比,他成为首位建立西学与中学间关系者。

二、邵雍以四象挑战五行

在邵雍之前,阴阳五行说早已成为中国解说宇宙万物变化之公认学说。然而,主

---

① 参见 Wyatt, Don J, *The Recluse of Loyang: Shao Yung and the Moral Evolution of Early Sung Thought*, Honolulu: University of Hawai'i Press, 1996, pp. 339-340。

② 陈郁夫:《邵康节学记》,天华出版事业有限公司 1979 年版,第 32 页。

③ Birdwhistell, Anne D, *Transition to Neo-Confucianism: Shao Yung on Knowledge and Symbols of Reality*, Stanford, California: Stanford University Press, 1989, p. 104。

④ Opcit, p. 153。

⑤ Opcit, pp. 316-317。

⑥ Opcit, p. 101。

⑦ Opcit, p. 104。

要基于他对《易经》的研究，邵雍在《皇极经世》中提出一个非常重要的翻转，从五行转换到地之四象——水火土石。

1. 公认的阴阳五行说

最初阴阳和五行的概念是各自独立发展的。老子用阴与阳来解释宇宙的演变，他主张道生混沌未分的气，是为“道生一”，接着“一”分化为阴气和阳气，是为“一生二”。天地人产生于阴气和阳气的相互作用，称为“二生三”。而后从天地人形成宇宙万物，名为“三生万物”①。

在战国时代末，阴阳和五行在《吕氏春秋》一书中被系统地联系起来②。西汉时期，京房(公元前77—前37)在其易学研究中，采用阴阳五行说来说明卦爻象的变化与人事之吉凶③。换句话说，通过与易卦中的爻象与气(qi)的结合，阴阳五行说和《易经》紧密地联系起来④。

直到北宋，阴阳五行说仍是公认的学说。例如，在道学或理学中，周敦颐(1017—1073)采用阴阳五行来解释宇宙的形成。从太极的一产生阴阳二气，阴阳二气进而生五行，再由五行生万物。在《太极图说》中，他用阴阳五行说阐释了这个被公认的宇宙生成与变化见解：

> 无极而太极。太极动而生阳，动极而静。静而生阴，静极复动。一动一静，互为其根。分阴分阳，两仪立焉。阴变阳合，而生水火木金土。⑤

然而，如下一小节将揭示的，与周敦颐同时代的邵雍，他开启了一个新的传统，用数“四”去挑战已被接受的“五”行说。

2. 邵雍以四象取代五行

宋代周敦颐和邵雍两位知名学者是受道教影响的显例⑥，都可以溯源到陈抟

---

① 老子：《老子道德经河上公章句》卷3“道化第42”，王卡点校，中华书局1993年版，第168—169页；Wing-Tsit Chan (tr. & comp.), *A Source Book in Chinese Philosophy*, Princeton: Princeton University Press, 1969, p. 160。

② 朱伯崑：《易学哲学史》卷1，蓝灯文化事业股份有限公司1991年版，第38页；徐复观：《两汉思想史》卷2，台湾学生书局1990年版，第17—22页。

③ 朱伯崑：《易学哲学史》卷1，第153、169页。

④ “……通过卦气说，阴阳五行哲学框架被建立起来，……《易经》被看作是自然世界和人类社会的缩影，阴阳变换，相生相克都遵守相应变化法则，这些法则由八卦图和384个爻或线来描述。”同上书，第174页。

⑤ 周敦颐：《太极图说》，上海古籍出版社1992年版，第6—8页。

⑥ Fung Yulan, *A History of Chinese Philosophy*, Trans. By DerkBodde, 2 vols. Princeton: Princeton University Press, 1952, vol. 2, p. 434。

(871—989)[①]。在《太极图说》中,周敦颐创作的是象学而不是象数学,因为书中“只以象来描述宇宙创造的历程,而不诉诸数。”[②]而邵雍却把象学和象数学融合成一套形上学体系[③],其中他以地之四象来取代五行,在象数学上从“五”转折向“四”。

根据佟·J. 瓦特(Wyatt)的看法,与汉儒相比,邵雍是第一个以数为其哲学核心的中国哲学家[④]。他在其他两方面与汉代的象数学者有别:(1)汉代象数学者为个人或政治事务在卜筮系统中使用数,邵雍则志在用数来建构一个形上学系统;(2)不像汉代象数学者任意使用数,邵雍以《易经》研究为其象数学的依据[⑤]。

在不同的情境下,邵雍和希腊哲学家毕达哥拉斯(Pythagoras)都强调数的重要性。不同于米利都学派(Milesian)自然哲学家们的物质一元论,毕达哥拉斯专注于数学,以数为万物的原理。邵雍则强调数的奥秘意义,也就是象数之学,将数和宇宙及人类历史的变化联系在一起[⑥]。事实上,邵雍的象学和象数学源自李之才(980—1045)[⑦]。邵雍早年随父母搬到河南共城,当时受陈抟影响的李之才正好是共城令。在邵雍约三十岁时,李之才听说邵雍勤学孝顺,就主动教他先天易学[⑧]。对邵雍而言,“先天”虽与“后天”彼此关联,却有着不同的意义。其中有两点与本文有关且是重要的。一是时间上的不同:“先天”通常比“后天”在时间上存在的早。另一为“先天”指的是先于现象世界的,接下来的才是后天,以先于现象世界的抽象结构为现象世界的模型[⑨]。

邵雍在三十九岁时移居洛阳,直至过世。《皇极经世》是他作品中最重要的一部。陈荣捷认为此书有三个基本观念:第一,存在着支配宇宙的最高的理。第二,这些理能够以数的形式解读。第三,最客观的知识是以物观物,从事物的角度来看待事物[⑩]。

---

① 陈抟和周敦颐以及陈抟和邵雍的关系,参见 Arrault, Alain, *Shao Yong, poète et cosmologue*, Memoires de l'Institut des HautesÉtudes Chinoises, vol. 39. p. 85 的两幅图。

② Fung Yulan, *A History of Chinese Philosophy*, p. 452。

③ Ibid., pp. 452 - 453。

④ Wyatt, Don J, “Shao Yung: Champion of Philosophical Syncretism in Early Sung China.” Unpublished Ph. D. Dissertation, Harvard University, 1984, p. 59。

⑤ Ibid., pp. 56 - 59。

⑥ Ibid., pp. 61 - 62。

⑦ Fung Yulan, *A History of Chinese Philosophy*, pp. 452 - 453;陈郁夫:《邵康节学记》,第 1 页。

⑧ 陈郁夫:《邵康节学记》第 14—15、173、1 页;陈郁夫:《邵雍》,载王寿南主编:《中国历代思想家》第 9 册,台湾“商务印书馆”1999 年版,第 97 页。李之才和邵雍的关系详见 Wyatt, Don J, *The Recluse of Loyang: Shao Yung and the Moral Evolution of Early Sung Thought*, pp. 20 - 22, 42 - 43。

⑨ Birdwhistell, Anne D, *Transition to Neo - Confucianism: Shao Yung on Knowledge and Symbols of Reality*, pp. 84 - 85。

⑩ Wing - Tsit Chan (tr. & comp.), *A Source Book in Chinese Philosophy*, p. 481。

与汉代象数学者和周敦颐一样，邵雍认为宇宙万物是由气构成的。气可分为两类，一类是未分化的与不可见的，另一类则是在构成可感知的现象时，可被觉察的。接受五行说的士人，用阴阳五行来解说宇宙的演变，邵雍与他们的不同之处在于数是他哲学的核心。对他而言："宇宙的变化源自神，它产生数，由数生象，由象生个别事物。"①例如，易数与宇宙演变有关，其中天地的形成，以及宇宙的起始到结尾经历一个终始循环，都在阴阳的盈亏转化过程中进行：

易之数，穷天地始终。或曰：天地亦有始终乎？曰：既有消长，岂无始终？天地虽大，是亦形器，乃二物也。②

在所有的数字中，"四"是最重要的。对邵雍而言，天地万物与人事皆各有其理。对事物最好的认知是客观的，换言之，观物是"观之以理"，而不是观之以心，或观之以眼③。他相信大自然和人类都有相互聚集的趋势，特别是以"二"或者"四"的形式聚集在一起④。其中数四是最重要的，依此他将所有的自然与人为事物分为四类⑤：

明显地受到《易经》的影响，其中太极生太阴、太阳、少阴、少阳四种宇宙力，他以四为基础来分类所有现象。因此有天之四体（日、月、星、辰），地之四体（水、火、土、石），四类生物（兽、鸟、草、木），四种感官（眼、耳、鼻、口），四种改变世界的方式（真理、美德、工作、努力），四种类型的统治者，四种天命等等。⑥

邵雍的宇宙论受到佛教的影响，他认为每个宇宙的循环过程类似佛经中的不断

---

① Wing - Tsit Chan (tr. & comp.), *A Source Book in Chinese Philosophy*, p. 481。

② 邵尧夫：《皇极经世》卷12下"观物外篇下"，载《道藏》第23册，上海书店、文物出版社、天津古籍出版社1996年版，第450—3页；邵雍：《皇极经世》卷13"观物外篇上"，文渊阁四库全书复印本，第802—803卷，第1063页。

③ 邵尧夫：《皇极经世》卷11下，"观物篇52"，第432—1页；邵雍：《皇极经世》卷12，"观物外篇62"，第1050页。邵雍认为"物"不仅包括材料物质，也包括天地人事。参见陈郁夫《邵康节学记》，第18页。

④ Birdwhistell, Anne D, *Transition to Neo - Confucianism: Shao Yung on Knowledge and Symbols of Reality*, p. 73。

⑤ Wyatt, Don J, "*Shao Yung: Champion of Philosophical Syncretism in Early Sung China.*" Unpublished Ph. D. Dissertation, Harvard University, 1984, p. 61；余敦康：《汉宋易学解读》，华夏出版社2006年版，第262页。

⑥ Wing - Tsit Chan (tr. & comp.), *A Source Book in Chinese Philosophy*, p. 481。

轮回的四劫：成、住、坏、空①。陈郁夫认为，邵雍可能受到佛经《俱舍论》的影响，提出一个先前未曾出现于儒家学说的看法②。冯友兰则指出，邵雍不是直接受《俱舍论》的影响，而是来自著名禅师宗密(780—841)《原人论》，它是一本从儒、释、道三家来比较人生的著作。当他谈论四个不断轮回的劫时，不是只提《俱舍论》，还将它与儒家和道家进行比较。因此这本书对道学家，尤其是邵雍，有很大的影响③。尽管邵雍以一种佛家的观点来看不断轮回的四劫，可是他也根据《易经》六十四卦或卦象与阴阳盈亏变化的关系，用卦气说来解释每个宇宙循环中发生的事情。一个宇宙循环始于复卦，终于坤卦④。

一个宇宙循环，从起始至结尾，可用元、会、运、世四个长短不等的时段来表达。一世有 30 年，一运有 12 世，一会有 12 运，一元有 12 会。因此，一会有 10800 年，一元有 129600 年。每一元中，“开天”发生在第一个会，即子会，从 0 到 10800 年之间；“地辟”发生在第二个会，即丑会，也就是 10801 到 21600 年之间；21601 到 32400 年之间的寅会出现“生人”。他还将从唐尧至他那时代的中国史列入宇宙编年表中，以突显世之治乱⑤。

在宇宙论的天地部分，邵雍提出四象挑战五行。就实在的理论面而言，他使用象与数来系统化人类经验⑥。在他关于象与数的理论顺序中，地之四象——水，火，土，石——与五行抵触。

在邵雍的思想中，一切都源自道或太极。由太极而生阴气或阳气两股主要的力，进而在宇宙演变中形成天地。天地形成的历程可用《易经》中气的动与静，以阴、阳与刚、柔的形式来表达⑦：

> 天生于动者也，地生于静者也。一动一静交，而天地之道尽之矣。动之始则

① Wyatt, Don J, *The Recluse of Loyang: Shao Yung and the Moral Evolution of Early Sung Thought*, p. 66; Fung Yulan, *A History of Chinese Philosophy*, vol. 2, p. 474。陈荣捷评论道：“一个世界胜过另一个世界的观念明显受到佛教影响，因为佛家认为存在无穷个世界，而中国轮回的观念指的是当前世界的历史兴衰。”Wing-Tsit Chan (tr. & comp.), *A Source Book in Chinese Philosophy*, p. 487。

② 陈郁夫：《邵康节学记》，第 17 页；陈郁夫：《邵雍》，第 97 页。

③ 冯友兰：《中国哲学史》下册，台湾“商务印书馆”1993 年版，第 793—795 页。

④ 同上书，第 840—849 页。

⑤ Fung Yulan, *A History of Chinese Philosophy*, vol. 2, pp. 468-469, 474-476；高怀民：《邵子先天易哲学》，乐天书局 1997 年版，第 3 章。

⑥ Wyatt, Don J, *The Recluse of Loyang: Shao Yung and the Moral Evolution of Early Sung Thought*, p. 66。

⑦ Birdwhistell, Anne D, *Transition to Neo-Confucianism: Shao Yung on Knowledge and Symbols of Reality*, p. 103; Wing-Tsit Chan (tr. & comp.), *A Source Book in Chinese Philosophy*, p. 482。

阳生焉，动之极则阴生焉。一阴一阳交，而天之用尽之矣。静之始则柔焉，静之极则刚生焉。一柔一刚交，而地之用尽之矣。①

在介绍宇宙演变中形成天地的过程后，邵雍转向以阴、阳，动、静，刚、柔分化的方式，构成天之四象和地之四体：

动之大者，谓之太阳；动之小者，谓之少阳；静之大者，谓之太阴；静之小者，谓之少阴。太阳为日，太阴为月，少阳为星，少阴为辰。日月星辰交，而天之体尽之矣。静之大者，谓之太柔；静之小者，为之少柔；动之大者，谓之太刚；动之小者，谓之少刚。太柔为水，太刚为火，少柔为土，少刚为石。水火土石交，而地之体尽之矣。②

尽管邵雍并未创造"四体"这个语词，但其中蕴含着日月星辰是天之四象，水火土石是地之四体的思想③。唐君毅认为引文说明邵雍的思想已经发生用地之四象取代五行的关键转变④。事实上，在由其学生整理的《观物外篇》中，邵雍提到了"地之体数四"或"地体数四"⑤。

关于天之日、月、星、辰的变化，与地之水、火、土、石的转换，邵雍是这样说明的：冷热变换，昼夜交替是由天之四象日、月、星、辰的运行造成的，而雨、风、露、雷则是源自地之四体水、火、土、石的作用。天之四象与地之四体完成了天地的变化：

日为暑，月为寒，星为昼，辰为夜。寒暑昼夜交，天之变尽之矣。

水为雨，火为风，土为露，石为雷。雨风露雷交，而地之化尽之矣。⑥

在指出地之四体以后，邵雍在《观物外篇》的后面两段中，将金、木排除在地之四

① 邵尧夫：《皇极经世》卷11上"观物篇41"，第420—3页；邵雍：《皇极经世》卷11"观物篇"，第1031页。

② 邵尧夫：《皇极经世》卷11上"观物篇41"，第420—3页；邵雍：《皇极经世》卷11"观物篇"，第1031—1032页。

③ 唐明邦：《邵雍评传》，南京大学出版社1998年版，第162页；Wing - Tsit Chan (tr. & comp.), *A Source Book in Chinese Philosophy*, p. 481。

④ 唐君毅：《中国哲学原论：原教篇》，台湾学生书局1990年版，第35页；陈郁夫：《邵康节学记》，第29页。

⑤ 邵尧夫：《皇极经世》卷12上"观物外篇"，第433—1，433—2页；邵雍：《皇极经世》卷13"观物外篇上"，第1052—1053页。

⑥ 邵尧夫：《皇极经世》卷11上"观物篇41"，第420—3，421—1页；邵雍：《皇极经世》卷11"观物篇"，第1032页。

体外，因为他相信金、木源自地之四体。而金和木一旦遇到火，就会有(熔化的)金和(点燃的)木：

> 五行之木，万物之类也；五行之金，出乎石也。故水火土石，不及金木，金木生其间也。①
>
> 金火相守则流，火木相得则然，从其类也。②

值得注意的是，金、木属于五行，却被邵雍排除在地之四象以外。因此，与公认的五行说相对照，邵雍毫无疑问开创一个偏好"四"优于"五"的新传统，引发了四象和五行间不相容的问题。稍后，其子邵伯温阐述此一问题，为四象和五行间的关系提出一种新的诠释。

三、邵伯温的关键评释

邵雍直到四十五岁才结婚，四十七岁那年长子伯温诞生③。由于伯温经常与邵雍一起参加其朋友的活动，并记录于《河南邵氏闻见前录》中④，而在历史上留名。公元1077年，邵雍过世，享年六十七岁。留下尚未出版的《皇极经世》文稿给二十一岁的伯温，后来他为之作评释。根据陈郁夫的看法，伯温虽不聪明，他的评释却对后世学者理解《皇极经世》非常有用⑤。例如，邵雍做了一个非常复杂的宇宙年表，将中国历史的很多细节纳入其中，伯温将其大为简化⑥。

在本文前页(196页)注②的引文中，邵雍以地之四体水、火、土、石挑战五行，在这段重要引文后面，邵伯温提供一段关键的评释：

> 或曰：《皇极经世》舍金、木、水、火、土而用水、火、土、石，何也？〔邵伯温〕

① 邵雍：《皇极经世》卷14"观物篇下"，第1079页；余本：《皇极经世观物外篇释义》卷3"观物外篇3"，明嘉靖四十四年青州府杜思重修本，国家图书馆1565年版，第47a页。

② 邵尧夫：《皇极经世》卷12上"观物外篇"，第442—3页；余本：《皇极经世观物外篇释义》卷3"观物外篇3"，第49a页。

③ Wyatt, Don J, *The Recluse of Loyang: Shao Yung and the Moral Evolution of Early Sung Thought*, p. xi。陈郁夫认为伯温出生的时候邵雍是四十五岁，参见陈郁夫《邵康节学记》，第2页；陈郁夫：《邵雍》，第90页。

④ 邵伯温：《河南邵氏闻见前录》，广文书局1970年版。

⑤ 陈郁夫：《邵雍》，第90页；陈郁夫：《邵康节学记》，第32页。

⑥ 冯友兰：《中国哲学史》下册，第846—847页。Fung Yulan, *A History of Chinese Philosophy*, vol. 2, pp. 471－472；陈郁夫：《邵康节学记》，第79—80页。

曰：日月星辰，天之四象也；水火土石，地之四体也，金木水火土者，五行也。四象四体先天也，五行后天也。先天，后天之所自出也，水火土石，五行之所自出也。水火土石，本体也，金木水火土，致用也。以其致用，故谓之五行，行乎天地之间者也。水火土石，盖五行在其间矣。金出于石，而木生于土。有石而后有金，有土然后有木。金者，从革而后成；木者，植物一类也。是岂舍五行而不用哉？五行在其间者，此之谓也。《皇极经世》用水火土石，以其本体也。《洪范》用金木水火土，以其致用也。皆有所主，其归则一。①

在这段引文里，邵伯温将传统五行说降低到次要的地位。他提出“日月星辰，天之四象也；水火土石，地之四体也”。笔者认为，邵伯温是首位对邵雍在本文前页（196页）注②的关键引文提出新诠释者，其中有两个重要的面向应加以强调：

第一，邵伯温是首位用“体/用”类比来表达四体和五行关系者。尽管邵雍视水、火、土、石为地之四体，他似乎还没有将五行当成它们的致用。这点却被邵伯温表明，他宣称水、火、土、石是本体，五行明确地成为它们的致用。

就邵雍“先天”和“后天”见解而言，无论是依照时间的先后顺序，或是先验现象、抽象结构和现象世界间的彼此关系，邵伯温都明确将地之四体（或象）归为先天，五行归为后天。由于先天是后天的来源，地之四体（或象）为先天，因此它们是五行的发源。如将地之四体（或象）和五行对比，不难发现金、木不在四象之中，而源自四象。邵伯温将邵雍先天与后天的见解和“体/用”联系起来，从而将金与木排除在地之四体以外，并明确指出金源于石与木生于土。

第二，邵伯温开始采用历史证据来解释为什么五行是地之四体的致用。根据邵雍的说法：“开天”发生在第一会子会中，接着是第二会“地辟”和第三会“生人”。依此，“地辟”比“生人”早许多，遑论《尚书·洪范》记录人们日常生活基本元素的五行。

《洪范》篇记载，金、木、水、火、土是在第三会“生人”之后才产生的，明显晚于第一会“开天”和第二会“地辟”，因此五行被认为是后天的，而不是先天的事物。此处邵伯温用历史证据推论出金、木、水、火、土比已经出现在第二会的地之四体晚很多，使他成为首位用《洪范》篇作为历史证据，来证明五行的出现远晚于地之四象者。以此方式，邵伯温在“先天”与“后天”，“体/用”和其与四象和五行间的关系作了一个类比。

① 胡广等奉敕撰：《性理大全》卷9“皇极经世书3·观物内篇之一”，京都中文出版社，1981年据明永乐十三年刻本复印，第167页。

四、宋代学者的回应

宋代学者对邵雍的关键文本与邵伯温的评释有何回应?《四库全书总目提要》记载:在邵雍之后,"王湜著《易学》,祝泌著《皇极经世解起数诀》,张行成著《皇极经世索隐》。"[①]因此本节主要介绍王湜、祝泌和张行成对《皇极经世》的回应。此外,由于朱熹对邵雍的地之四象见解与邵伯温的评释有所回应,吾人不能忽略这位理学的集大成者。

1. 王湜的调和回应

王湜活跃于南宋时期(1127—1279),晚年对邵雍解读《易经》产生很大的兴趣[②]。他著有《易学》,采用邵雍太极生阴阳,阴阳生四象,四象生八卦的观点,认为邵雍并没有叛离先贤之道:

> 或问:"康节先生衍四象数,有诸乎?"曰:"为此说者,不知先生者也。易有太极,是以生两仪,两仪生四象,四象生八卦。圣人既以天一,地二,天三,地四,天五,地六,天七,地八,天九,地十,备两仪数而衍之。降此而衍四象,以自异于圣人,岂康节之意乎?"[③]

据王湜所述,邵雍的著作中日月星辰源于天,而水火土石本于地,都遵循"一生四"的规则。因此,严格来说,"日月星辰合而为天"和"水火土石合而为地"都是一生四,一四相加为五,"合之则二五取十",正好与天、地之大数相符[④]。此处他在"四"和"五"之间进行调和。

至于地之四象,王湜认为邵雍用"四象"或"四形"这样的名字仅仅是由于方便,并没有刻意地去强调。吾人如寻求实在,天有四象,地有四形,将四形与四象相合,则天地共有八象:

> 惟其以二四为数,……在物则为日月星辰水火土石。世人但见日月星辰为四象……,故因名之曰所衍者四象数也。不知日月星辰,所谓在天成象;水火土

① 《钦定四库全书总目》卷108子部18,"术类1·皇极经世书12卷",中华书局1997年版,第1422页。

② 王湜:《易学》卷805"易学序",文渊阁四库全书复印本,第668页。

③ 同上书,"论康节先生衍数",第682页。

④ 同上。

石,所谓在地成形。若以在天者为四象,则在地者当为四形。若形象一名,则合天与地当为八象,亦不可为四象也。康节之意,岂如是乎?愚故曰:为此说者,不知先生者也。①

简言之,王湜试图在四和五之间进行调和。他认为邵雍用四象之名仅仅是由于方便,无意强调四象。

2. 祝泌评释中的两点贡献

祝泌晚年自号“观物老人”。他对象数之学以及《皇极经世》中的《观物外篇》非常感兴趣,为此写了两本著作:《观物篇解》和《皇极经世解起数诀》②。在《观物篇解》中,他对《皇极经世》的进一步认识作了两点贡献:第一,他解释了“体/用”的相对含义;第二,他起始了为“体/用”和生理现象间建立一个类比。

尽管邵伯温将邵雍先天和后天见解与“体/用”类比加以联结,但他着重于水火土石为本体,而五行是其致用这层关系上。祝泌的先天和后天见解是相对的,如本体和致用的关系一样。祝泌在这方面有其进展。

关于《观物内篇》,祝泌不仅认可邵雍日月星辰为天之四象,水火土石为地之四体的想法,而且还进一步探求《皇极经世》中“体/用”的相对意义:

> 自太极之判,以阴阳刚柔为天地之用,乃体之用也。自阴阳刚柔分太少,生为八卦,为天地之体,乃体之用也,今曰日月星辰交,而天之体尽;水火土石交,而地之体尽。③

太极为本体,由此而产生气之动与静,通过阴阳与刚柔的形式来表达,在宇宙演化中形成天地之致用。因此,天地之致用是太极的“体之用”,阴阳与刚柔的盈亏转化被视为是使天地之致用得以全面发展之体,或是“用之体”。

在用太极、阴阳、刚柔等观念来阐述清楚“体/用”的意义,以及阴阳与刚柔的盈亏转化与四象的关系后,祝泌引入一个生理类比的论述,将四象和《洪范》中提到的五行加以联结。祝泌用子宫、胚胎与婴儿的生理论述,来联结四象和五行的关系,特别是木与土、金与石的关系。若将地之四体为水火土石与五行相比,则只有石土,而无金

① 王湜:《易学》卷805“易学序”,文渊阁四库全书复印本,第668页。
② 祝泌:《观物篇解》卷805,文渊阁四库全书复印本;祝泌:《皇极经世解起数诀》卷805,文渊阁四库全书复印本。
③ 祝泌:《观物篇解》卷5,“皇极经世11”“外物篇51”,第141—142页。

木。从母体孕藏子胎的关系来看。在土与木的例子里，土为母体，木为土之子，在未见木之前，它是可孕的子胎。石与金的情况中，金藏于石中，就好比石为母之腹体，是金的胞，将其藏于其中。

> 水火土石交，则水有四位……，火有四位……，土有四位……，石有四位……，而为十六矣，非地之体尽于此乎？《洪范》以水火木金土五行为造化之用。此于五行，有石土而金木者。木为土之子，有土而无木，母孕子胎也。石者金之胞，有石而无金，子藏母腹也。①

简言之，祝泌不仅强调了“体/用”的相对意义，还延伸“体/用”类比，将四象与五行间关系和子宫、胚胎与婴儿的生理类比加以关联，进而解释土与木、石与金间的体用关系。

3. 张行成延伸邵伯温的诠释

张行成对《易经》的造诣颇深，他曾写过几本相关的书，其中有两本是《皇极经世索隐》和《皇极经世观物外篇衍义》。《钦定四库全书总目》中的一段概述记载：“行成于邵子之学用力颇深，以伯温之解于象数未详，复为推衍其意义，故曰索隐，于邵子一家之言，亦可谓有所发挥矣。”②换言之，他试图详述《皇极经世》中邵伯温没有发现的隐义。以下将从他的两本书里各挑一例，来看张行成是如何详述邵雍的四象与五行观念。

基于邵雍的先天和后天观念，以及“体/用”和四象与五行间的类比后，通过处理天之四象和地之四体间相互作用的改变，张行成试图在他的《皇极经世索隐》中进一步做出“以体用用”和“以用用体”的区分，以揭示《皇极经世》的隐义。“以体用用”就是以体为用。四象是先天的致用，四象见而太极隐。“以用用体”就是以用为用。五行生出现象世界，是为后天。它们是地之四象的致用，无论五行怎么变化，其源头都在四象：

> 此言天地之体既立，复因体起用而生变化也。《经世》言四象，不取五行者，何也？先天因用成体而用，体天用地也。后天因体起用而用，用地用物也。以用用体，用在体外，如人之用器也。以体用用，用在体内，如器之用物也。是故先天

① 祝泌：《观物篇解》卷 5，“皇极经世 11”“外物篇 51”，第 142 页。

② 《钦定四库全书总目》卷 108 子部 18，“术类 1 · 皇极经世索隐 2 卷”，第 1423 页。

用四象者，五也，一在四外，以一包四。天以太极用四象，四象见而太极隐，故以体为用也。后天用五行者，九也，五在四内，以四包五，地以四象用五行，五行变而四象居，故以用为用也。①

张行成在《皇极经世观物外篇衍义》中对196页注⑥与197页注①引文做了评论。他对第196页注⑥引文评论到，五行（金、木、水、火、土）和六府（金、木、水、火、土、谷）都是生活的必需品：

水火土石所以共为地也。五行取其日用，故去石而言金木。金能从革，木能曲直，而石则无变，故也。若六府又言谷，则草类之养人者，亦得自名于一用也。②

至于张行成对第197页注①引文的评释，他在五行相生相克和妻子与丈夫，以及母亲与孩子的关系上，作了一个生理的—伦理的关系的类比：

火克金，故相守，则金流；木生火，故相得，则木然。金流则夫刚而妇顺；木然则子盛而母衰。③

4. 朱熹对邵雍四象的看法与其对邵伯温的负面回应

朱熹提倡阴阳五行说，他对邵雍《皇极经世》中的地之四象提出评论，并对邵伯温的评释给予负面的回应。

(1) 朱熹主张四象与五行都来自于一（理或太极）

朱熹站在公认的太极、阴阳和五行学说这一边。对于天地万物的生成与变化，朱熹承袭周敦颐的见解，主张由太极为一，生阴阳二气，进而生五行，产生万物。"《通书》一部，皆是解太极说。这道理，自一而二，二而五。"④

《朱子语类》有一卷"邵子之书"论邵雍的著作，反映朱熹熟悉邵雍《皇极经世》。如他所述："康节之学，其骨髓在《皇极经世》。"⑤《皇极经世》是本论易的书，朱子认为

① 张行成：《皇极经世索隐》卷804，卷上"观物内篇之一"，文渊阁四库全书复印本，第6页。
② 张行成：《皇极经世观物外篇衍义》卷804，卷5"观物外篇中之中"，文渊阁四库全书复印本，第134页。
③ 同上书，第126页。
④ 朱熹：《朱子语类》卷94"周子之书""通书"，黎靖德编，王星贤校，中华书局1999年版，第2389页。
⑤ 同上书，卷100"邵子之书"，第2553页。

它与《易经》的差异在于:“《易》是卜筮。《经世》是推步,是一分为二,二分为四,四分为八,八分为十六,十六分为三十二,又从里面细推去。”①他称邵雍采用的方法为“康节之数,则是加倍之法”②。

朱熹也知道“太极生两仪,两仪生四象”是邵雍研究《易经》的精髓:

> 某看康节《易》了,都看别人底不得。他说[太极生两仪,两仪生四象],又都无玄妙,只是从来更无人识。③

不过,对于邵雍以万物是从四象中产生的,朱熹认为其实只是阴阳而已:

> 问:“先生说邵尧夫看天下物皆成四片,如此,则圣人看天下物皆成两片也。”曰:“也是如此,只是阴阳而已。”④

为何朱熹会如此自信呢?由于他根据阴阳来考虑所有事物盛衰消长的过程,他认为邵雍采用四加诸所见事物,因而建立一个理与数间的整齐关系:

> 康节其初想只是看得[太极生两仪,两仪生四象]。心只管在那上面转,久之理透,想得一举眼便成四片。其法,四之外又有四焉。……盖理在数内,数又在理内。康节是他见得一个盛衰消长之理,故能知之。……然自有《易》以来,只有康节说一个物事如此齐整。⑤

然而,朱熹视四象与五行都归于理一或太极。《朱子语类》有一条记载,一位弟子注意到周敦颐《太极图说》与《易经》中万物源自的方式不同,以及张载(1020—1077)《西铭》关注阴阳和《尚书·洪范》关注五行的不同。朱熹并没有回答这些不同点,只强调它们都来自于一(理),存同去异:

> 问:“太极图自一而二,自二而五,即推至于万物。易则自一而二,自二而四,

① 朱熹:《朱子语类》卷94“周子之书”“通书”,黎靖德编,王星贤校,中华书局1999年版,第2547页。
② 同上书,第2546页。
③ 同上书,第2545页。
④ 同上书,第2547页。
⑤ 同上书,第2546页。

自四而八，自八而十六，自十六而三十二，自三十二而六十四，然后万物之理备。《西铭》则止言阴阳，《洪范》则止言五行，或略或详皆不同，何也？”曰：“理一也，人所见有详略耳，然道理亦未始不相值也。”①

(2) 朱熹以生理的类比将五行置于四象之前

朱熹既支持阴阳五行说，也不反对四象学说。但他在一次与弟子暖的讨论中援引了一个生理的类比，在时间上将五行置于四象或四体之前。他用母亲从怀胎到产出孩子来比喻“太极生两仪，两仪生四象”。阴阳和五行代表了孕育期，五行阶段胚胎还在母亲的子宫，而四象则是孩子已经从母亲的子宫生出来了。这个类比意指五行在时间顺序上先于四象：

> 暖问太极、两仪、五行。曰：“两仪即阴阳，阴阳即是气，五行是质。‘立天之道，曰阴曰阳；立地之道，曰柔曰刚’，亦是质。又如人，魂是气，体魄是质”。暖云：“‘太极生两仪，两仪生四象’，此如母生子，子在母外之义。若两仪五行，是子在母内。”曰：“是如此。阴阳、五行、万物各有一太极。”②

(3) 朱熹对邵伯温的负面态度

在邵伯温过世前四年，朱熹诞生。看来他们没见过面。在《朱子语类》中，朱熹毫不掩饰他对邵伯温评释《皇极经世》的负面态度。

在一段朱熹和弟子叔器的对话里，反映两人都熟悉邵雍的地之四象见解。叔器一开始问石是不是金，最后他将问题转向邵伯温的评释，问老师朱熹个人对邵伯温评释《皇极经世》有何看法：

> 叔器问：“经世书‘水火土石’，石只是金否？”曰：“它分天地间事物皆是四：如日月星辰，水火土石，雨风露雷，皆是相配。”又问：“金生水，如石中出水，是否？”曰：“金是坚凝之物，到这里坚实后，自拶得水出来。”又问：“伯温解经世书如何？”曰：“他也只是说将去，那里面曲折精微，也未必晓得。康节当时只说与王

---

① 朱熹：《朱子语类》卷94“周子之书”“通书”，黎靖德编，王星贤校，中华书局1999年版，卷94“周子之书”，第2386页。

② 同上书，第2377—2378页。

某，不曾说与伯温。模样也知得那伯温不是好人。”①

在最后的问答中，朱熹对邵伯温评释的看法中有两个重点：首先，朱熹强调“康节当时只说与王某”，伯温不是邵雍传授《皇极经世》的对象。他认为邵伯温注解只是表面说说而已，不见得懂《皇极经世》中精微曲折的内容。其次，朱熹认为从外表的行为模样来看，邵伯温不像是位好人，这点涉及人身攻击。

如陈郁夫指出，邵伯温注解对后代学者理解《皇极经世》相当有用。而朱熹在邵伯温死前四年诞生，应该没见过伯温本人，对他人格的批评缺乏依据。

总之，整体而言，宋代学者对邵雍文本与邵伯温评释的回应分为两种不同方式。一种是王湜和朱熹试图在“四”和“五”之间找到折中之道。另一种则是祝泌和张行成强调四象作为本体，五行为其致用。在邵伯温评释的基础上，他们进一步详述四象和五行间的差异。在下一节中，吾人将审视明代学者的回应。

五、明代学者的回应

前面已提到水火土石是地之四象，五行为其致用。这些见解在明代通过胡广(1370—1418)编的《性理大全书》②，以及朱隐老和黄畿(1464—1513)的评释而流传。

1. 朱隐老的评释

吾人对朱隐老所知甚少。据其《皇极经世书说》记载，他是洪武年间(1368—1398)朱善的父亲。朱隐老活跃于元明之际。他认为先前学者未能掌握《皇极经世》的精义，因此，他着眼于此书之义理③。

尽管《皇极经世书说》出版的确切时间不详，但可确定的是在洪武年间已为人所知④。比较可惜的是，不像本文第三节记载邵伯温对《皇极经世》那段关键文本的评释，朱隐老未对该段文本作出评释。不过，关于《观物外篇》中196页注⑥与197页注①两段引文，他的评释表达他对地之四体与五行间关系的见解。

① 朱熹：《朱子语类》卷94“周子之书”“通书”，黎靖德编，王星贤校，中华书局1999年版，卷100“邵子之书”，第2547页。值得注意的是朱熹对邵伯温并不一直都持批评态度。一段朱熹和弟子的谈话中，当邵伯温被指责记录错误时，朱熹则是站在伯温一边。同上书，卷1“理气上”“太极天地上”，第10页。

② 有时也称《性理大全》，本文采用的版本是1981年据明永乐十三年刻本复印的《性理大全》。

③《钦定四库全书总目》卷110“术数类存目1”“数学”，子部20，“皇极经世书传8卷”，第2272页；朱隐老：《皇极经世书说》明刻递修本，载《四库全书存目丛书》卷56—57，台南庄严文化出版社1995年版，第204页。

④ 台北“国家图书馆”保存的《皇极经世书说》是洪武时期的一个修订版本。

在对第196页注⑥引文的评释中，他说明了为何将金木排除在地之四体以外：

地之四象，东南则水，西北则石。水石之间，有土有火。火其气也，而藏于石。土其体也，而际于水。水火土石，其初本一，分而为二。其中本二，分而为四。四象之中，无金与木。……若夫气藏于石，则有火；质藏于石，则有金。质言金，气言火，其归不同，而皆出于石，此四象之所以无金木也。①

换言之，水火土石为地之四象，金木不在其中。五行只是四体的致用。值得注意的是，在对与第197页注①引文的评释中，以类似先前学者的方式，朱隐老建构一个生理—伦理的论证，以夫妇与母子两种伦理或亲属关系，来类比五行中"火克金"的相克与"木生火"的相生关系。笔者认为，他将金火既相守又有"火克金"的关系比喻为夫妇之相克，火木既相得又有"木生火"为母子之相生：

地之四象有水火土石而已，无金与木。此忽以金木言之，盖金生于石，木生于土，四象其体，五行其用也。以用言之，金与火相守则流，然不流，则无以成熔冶之功；木与火相得则然，然不然，则无以成烹饪之功。其流也，有以见夫妇之相克；其然也，有以见母子之相生。生克不同，其类一也。②

地之四体指的是水火土石，不包括由其而生的金木。然而一旦谈及地之四体的致用时，石隐而金木彰显，因而成为金木水火土的五行。

2. 胡广的贡献

和朱隐老相比，胡广未对《皇极经世》作任何评释。身为廷臣的他，主要的贡献在传播邵雍的《皇极经世》和邵伯温的评释。在明成祖(1403—1425)的命令下，胡广带领一批学者编修《性理大全书》，于永乐十三年(1415)完成。

《性理大全书》中有7卷是关于邵雍《皇极经世》的。胡广不仅录入了《观物内篇》和《观物外篇》，还附加了邵伯温的评释——《邵伯温解》。由于《性理大全书》是一部理学著作合集，其中讲的义理是科举考试必备，任何想要参加科举考试的人都要参考这部书。因此，它对邵雍《皇极经世》与邵伯温的评释在明代的流传起了实质的贡献。最重要的是，它传递了本文第三节末介绍邵伯温的两个重要评释。此外，它也收录了

① 朱隐老：《皇极经世书说》下篇，卷4"观物外篇"，第131页。
② 同上。

朱熹与弟子叔器的对话，除了最后一句以外①。

3. 黄畿的评释

黄畿，世称粤洲先生，是黄佐(1489—1566)的父亲。因为在科举考试中落榜，黄畿决定返家照顾双亲，专心研究《易经》。在《皇极经世书传》中对《皇极经世》作评释。

和朱隐老一样，黄畿也对出自《观物外篇》的第196页注⑥与第197页注①引文提出评释。关于第196页注⑥的引文，黄畿的评释大体上和朱熹一致②，至于第197页注①的引文，两人则有不同见解。朱熹在他的评论里既用了“体/用”概念，又作了生理的—伦理的类比，而黄畿则直接声称金和木分别来自于石和土，强调水火土石是地之四象，五行则是其致用：

> 地之四象，水火土石。然金生于石，木生于土。四象其体，五行其用也。金火熔冶则流，火木烹饪则然。③

综言之，从明初到明中，朱隐老、胡广和黄畿相继对邵雍《皇极经世》和邵伯温的评释作出回应，一致强调水火土石是地之四体，五行是其致用。

六、利玛窦对中国典籍和五行说的认识

1583年，利玛窦随罗明坚((Michael Ruggeri，1543—1607)到广东肇庆传播基督教义。最初他们身着袈裟，建仙花寺。1589年8月，利玛窦迁移至韶州。在这里，他认识瞿汝夔(1549—1612)，并了解儒士比佛僧更受到官员的尊重。于是他接受瞿汝夔的建议，开始着儒服④，学习儒家经典，并与士人对话。或许从其中知晓五行说。

身为外国人，利玛窦不能独自了解中国儒家典籍，因此请中国老师教他四书和六经⑤。据曾和利玛窦见过面的李贽描述，利玛窦能说中文，会写汉字，遵守中国礼仪，曾请老师教他熟知四书和六经评释的意义⑥。

---

① 胡广等奉敕撰：《性理大全》卷13“皇极经世书7”，第242页，完整对话请参考本文第198页注②的引文。

② 黄畿：《皇极经世书传》，明嘉靖二十三年黄佐刻本复印本，载《四库全书存目丛书》卷57，卷8“观物外篇下·以会经运生物用数8”，庄严文化出版社1995年版，第452页。

③ 同上。

④ 根据宋黎明的考证，着儒服一说有待商榷，更确切的应该是居士服或者术士服，关于利玛窦易服改名可参见宋黎明《神父的新装：利玛窦在中国1582—1610》，南京大学出版社2011年版，第119—123页。——译者注

⑤ 利玛窦：《利玛窦全集》第3册，刘俊余等译，光启出版社、辅仁大学出版社1986年版，第209页。原本有六经，汉朝之前遗失《乐经》致使现存五经：《诗经》《尚书》《易经》《礼经》和《春秋》。

⑥ 李贽：《续焚书》卷1，中华书局1974年版，第92页。

在学习四书后，在1591年末利玛窦开始将它们翻译成拉丁文。他不是第一个试图翻译四书的人，在他之前，罗明坚曾试过，但未成功①。1593年12月10日，利玛窦给罗马耶会总会长阿奎维瓦（P. C. Acquaviva）神父的信中，提到他正在将四书译为拉丁文。已完成三部，正在翻译第四部②。一年后，在另一封信中透露将完成译稿③。1599年8月14日的另一封信里，指出五年前的译作有助于未来入华传教士④。

利玛窦也积极学习经书。在1595年11月4日写于南昌的一封长信里，利玛窦描述到中国的科举考试侧重四书和六经。每一个考生都要选择六经中的一经作为自己在科举考试中的主修⑤。值得注意的是，五行最早在《尚书》出现，而后在《易经》与其评释中常被使用。

1595年6月，在无法获准居留南京后，利玛窦回到南昌居住三年。瞿汝夔介绍他认识很多南昌名流，其中之一是章潢（1527—1608）。他是瞿汝夔的老师，也是庐山旁著名学术重镇——白鹿洞书院的院长。

章潢学承王阳明（1472—1529），他既熟悉中国经典与其评释，同时也比其他士人对西学来得开明。在其死后才出版的《图书编》（1613）中，留有利玛窦的影响。利玛窦曾绘制世界地图《舆地山海全图》，最初由王泮在肇庆出版，稍后在南昌再版。《图书编》有"舆地山海全图"和"九重天图"两幅图⑥，这两幅图能看出利玛窦五大陆和九重天的理念。

在《图书编》中，章潢对邵雍《皇极经世》有所论评。其中收录"皇极经世先天数图"，以及诸多衍生的图⑦。它也述及邵雍对《易经》的研究⑧。此外，章潢并没有忽略五行说，在这方面他似乎承自王廷相的见解：

> 则是以金木为水火土三者之所生而有矣，近世王子衡又祖其说，以为天一生

---

① Lundbaek, Knud, "The First Translation from a Confucian Classic in Europe." *China Mission Studies* (1550—1800) Bulletin 1: 1 - 11, 1979; D'Arelli, Francesco, "Michele Ruggieri S. L.: L'apprendimentodella lingua cinese e la traduzione Italinadei Si shu(Quattro Libri)." *Annali*54(4): 479 - 487, 1994。

② 利玛窦：《利玛窦全集》第3册，第135页。

③ 同上书，第3册，第143页。

④ 同上书，第4册，第258页。

⑤ 同上书，第3册，第209页。

⑥ 章潢：《图书编》卷968—972，文渊阁四库全书复印本，台湾"商务印书馆"1983年版，卷16，第33页；卷29，第553—554页。

⑦ 同上书，卷8，第257—259页。

⑧ 同上书，卷8"皇极经世总论"，第269—270页。

水等语，乃纬书之词，儒者不当援以入经。[①]

王廷相(1474—1544)，字子衡，善于使用历史证据来延续邵雍起始批判五行说的传统。章潢认为王廷相对五行说的批评在细节上既清楚也正确[②]。

南昌时期，利玛窦显然已经注意五行说。章潢为他提供很多和他及其弟子讨论的机会[③]。在与他们讨论过程中，利玛窦一方面开始了解他们的宗教和自然哲学见解，另一方面或许收集到对五行说不同的评释，改进他对五行说的认识。1595 年 11 月 4 日，在一封写给克阿奎维瓦神父的信中，利玛窦对五行说有下列记载：

他们不知空气是什么，我们说有空气的地方，他们却断言该处是空的。通过加入金和木，去除气，他们认为有五个元素：金、木、水、火、土。更糟的是，他们开出的细节是这些元素彼此相生，可以想象他们传授此一见解的基础是多么薄弱，由于这是他们先贤传下来的学说，没人敢去抨击它。[④]

此外，利玛窦教授中国士人自然哲学，提供他许多机会以四元素说与士人所具的五行说交流。在 1605 年 5 月 10 日一封从北京写给他父亲的信中，利玛窦提到他每个工作日有一到三节课，教中国士人自然知识或是给年轻的耶稣会士上中文课[⑤]。吾人不禁要问，当利玛窦介绍西方观念，例如四元素说，中国士人会是单纯地接受它而不偏好五行说吗？如果士人对此有回应，那么在南昌或者稍后在南京利玛窦和中国士人间曾对五行说和四元素说进行过讨论。利玛窦在南京教中国士人自然知识，或许留下一些与士人间有关四元素说与五行说间的讯息：

中国士人讲授五个不同的元素，然而源自古代以外，并没有提供任何其他的基础。没有人对此怀疑，或甚至提出疑问。这五个元素是金木水火土。更奇怪

① 章潢：《图书编》卷 968—972，文渊阁四库全书复印本，台湾“商务印书馆”1983 年版，卷 22“五行总论”，第 347 页。

② 同上书，第 348 页。

③ 利玛窦：《利玛窦全集》第 3 册，第 283 页。

④ Bernard, *Matteo Ricci's Scientific Contribution to China*, Trans. by Edward Chalmers Werner, Westport, Connecticut: Hyperion Press, Originally published as *L'apportscientifique du pèreMatthieu Ricci à la Chine* by H. Vetch in Beijing, 1973, p. 48。《利玛窦全集》中的翻译简短些：“他们相信天是空虚的，星体在其中运行。对空气一无所知，知五行；不知空气，而把金、木放在五行之中……”利玛窦：《利玛窦全集》第 3 册，第 209 页。

⑤ 利玛窦：《利玛窦全集》第 4 册，第 283 页。

> 的是，他们传授的是这些元素是彼此相生的。因为他们看不见空气，对空气一无所知。他们认为空气所在的空间是空虚的……利神父……告诉他们恰好只有四个元素，不多也不少，彼此拥有相互矛盾的性质，并教他们哪里是每个元素所在处。就三个所在处较低的元素而言，他们无意反对，但是很难相信火位于天之下，认为它应该占据地球领域的很大部分……关于这个问题，利神父用中文写了本评释，在其中他废弃五行，建立四元素，并标明每个元素所在，还附上图说。这本评释引起了极大的关注，印制了很多份，和他的其他作品一样广受赞誉。[①]

为了说服中国士人，利玛窦还写了一个小作品——《四行论略》，先后出版于1599年和1601年[②]。不幸的是，它已失佚，部分出现在1602年的《万国坤舆全图》(1602)[③]与《两仪玄览图》(1603)[④]中。吾人不知道上述两图引用《四行论略》的是全部还是部分，但可以肯定的是这些引用并没有明显攻击五行说的地方。

如果有人将上述两图引用的《四行论略》部分与《乾坤体义》中《四元行论》相比较，不难发现它们的文字非常相似，只是后者包含更多的细节，以及批判五行说的论述。由于利玛窦熟悉亚里士多德四元素说，同时又受过西方辩驳的训练，一旦他在与中国学者的交流过程中掌握先前批判五行说的论据，他就会立论去批判五行说。吾人不知道利玛窦是否与章潢讨论过《皇极经世》，看起来似乎也没有证据能证明利玛窦曾经读过它，尽管它与他反驳五行说并没有太大的关联。根据李贽的说法，利玛窦读过中国所有经典[⑤]。然而，笔者认为利玛窦不太可能读过所有中国经典，但可以肯定的是，至少他非常熟悉四书五经，以及包括《性理大全书》在内的其他一些著作，因而熟悉经书评释中有关反驳五行说的论证，这些都有助于他收集批判五行说的论述

---

① Ricci, Matteo, *China in the Sixteenth Century: The Journals of Matthew Ricci 1583—1610*, *Trans. from the Latin by Louis J. Gallagher, with a foreword by Richard J. Cushing, New York: Random House*, 1953, *p*. 327。

② Bernard, Henri S. J, "Les adaptations Chinoisesd'ouvrageseuropéens: Bibliographiechronologiquedepuis la venue des portugais *à* Canton jusqu'*à* la Mission Française de Pékin 1514—1688, Deuxièmepartie: Essai de répertoireméthodique." *MonumentaSerica* 10: 309 - 388, 1945, pp. 319 - 320。德礼贤(Pasquale D'Elia)认为它就是《四元行论》，后成为《乾坤体义》中的一节。参见 FontiRicciane: *Documentioriginaliconcernenti Matteo Ricci e la storiadelle prime relazionitra 'Europa la Cina* (*1579 - 1615*). Editi e commentate da Pasquale M. D'Elia〔德礼贤〕, Roma: La LibreriadelloStato, 1949, pp. cxxviii, 51 - 52(note 3), 165, 285。

③ "四行论略记载……"参见利玛窦《利玛窦中文著译集》，朱维铮编，香港城市大学出版社2001年版，第228页；黄时鉴、龚缨晏《利玛窦世界地图研究》，上海古籍出版社2004年版，第31页。

④ 黄时鉴、龚缨晏：《利玛窦世界地图研究》，第34页。

⑤ 李贽：《续焚书》卷1，第92页。

资料，下一节将要讨论他对五行说的挑战。

七、利玛窦以四元素说挑战五行说

利玛窦从未接受中国传统的气和阴阳五行说，同时他似乎也没有写过任何关于地之四象的文章。然而，他所受的教育帮助他了解过去批评五行说的资料，以及中国学者尝试建立四象和五行关系的努力。通过文字修辞以及学术推论他把这些论据重新整合，在《乾坤体义》中，他以四元素说挑战并最终取代五行说。在《四元行论》篇末，通过跨文化借用或挪用“体/用”和“源/流”类比，利玛窦将四元素比作“体”或“源”，五行则为“用”或“流”。

1. 利玛窦对五行说的批判

无论利玛窦在华学到什么，他都会运用在罗马学院训练过的士林哲学分析方法来重新整理。为了以四元素说取代五行说，首先他得对五行说进行批判。运用士林哲学方法，利玛窦从几个不同的角度来批判五行说。

(1) 质疑五行说的五行相生顺序

根据五行说的五行相生顺序，每一行都是由另一行所生，例如，木生火，水生木等等。学习亚里士多德四元素说的利玛窦，无法接受后儒提出的五行相生说：

> 后儒言水而木，木而火，火而土，土而金，夫乃曰：木由水生，火由木生，土由火生，金由土生，水由金生耳。此说诚难顺之。[①]

基于他自身的经验，利玛窦建构了几个论证来驳斥五行相生说。明中叶王廷相曾言：“夫木以火为气，以水为滋，以土为宅，此天然之至道。”[②]根据日常生活经验，利玛窦指出一棵树的生长不仅要种植入土，还需要供给阳光和空气，因此，木不能仅由水生成。借着士林哲学的分析，他批判五行说缺乏证据：

> 夫木兼有火土，何独由水生？而火土未生时，木安得自成乎？夫物相生，宜今无异于昔也。然今水无土，无太阳之火，莫能生木；木乃先有种入土后，以水

① 利玛窦：《乾坤体义》卷787，文渊阁四库全书复印本，第761页。
② 王廷相：《王廷相集》卷4，卷37“杂著”“大论21首”“答闫玉华杂论5首”“金木非造化之本”，中华书局1989年版，第670页。

> 淋，以太阳和，下生根，上萌芽，而长成树。则古并如是，何无据考而殊之乎？[①]

一个类似的论证如下：当初只有水，而尚未有土、木与金时，要使用什么样的器皿，才能储藏水呢？“初未有土、木、金，则独水用何器藏之乎？”[②]

其次，利玛窦用亚里士多德四元素说来批判五行相生顺序中的谬误。以“水生木”和“木生火”为例，根据亚里士多德四元素说，水有两种性质——湿和冷，火则是干和热。利玛窦认为木从水中继承冷的性质，而又产生具有热性质的火，冷热本是截然相反的对偶性质，因此这是自相矛盾的：

> 又木如生火，则木性至热；水，以吾常视，凝冻则冰，本至冷；以至冷生至热，是理不通矣。[③]

因而根据亚里士多德学派的理论，五行相生顺序并不能成立。

第三，关于《易经》评释中采用数与五行相生加以联结，利玛窦质疑二者间的关联。如某一评释所述：“天一生水，地二生火，天三生木，地四生金，天五生土。”在用士林哲学方法分析五行相生和天地相应的数字的关联后，利玛窦认为这些关联是无稽之谈：

> 今曰金生水，则金四当先于水一矣；曰木生火，则木三当先于火二矣；曰土生金，则土五当先于金四矣。火二虽居土五之前，然隔三四，何以生土？木三虽居水一之后，然隔火二，何以承生于水一乎？是其序均非义矣。[④]

再一次运用士林哲学方法，利玛窦发现在传统的阴阳中，五行相生和天地相应的数字之间并没有联系。

(2) 以生理的—伦理的类比论述来辩驳五行说

如前所述，在耶稣会士来华之前，祝泌、张行成以及朱隐老就已经运用“母亲—婴儿”和“丈夫—妻子”的比拟来建立四象和五行说之间的关系。利玛窦也使用生理的—伦理的类比论述，不过在方式上与先前有两点不同：一是他用生理的—伦理的

① 利玛窦：《乾坤体义》，第761页。
② 同上。
③ 同上。
④ 同上。

论述来批判五行说的内在矛盾。二是他选择儒家五伦之一的“父亲—儿子”关系为例，将它向上延伸一代，扩延为祖父、父亲和儿子间的关系。

根据五行相生的顺序，有水生木，以及木生火。然而依照五行相克的顺序，水克火。于是利玛窦乃将水、木、火间关系与祖父、父亲、儿子间关系之间作一类比加以联结，质疑五行相生与五行相克会造成两个矛盾的结果：

> 水既生木，而木生火，水乃祖，火乃孙，何祖〔孙〕如此不像？何其祖如此不仁，恒欲灭孙也耶？[1]

笔者认为这段引文中存在着两个精心设计的质疑，蕴含着有关亚里士多德自然哲学与中国理学（包含五行说与儒家伦理）传统遭遇下的两个论证。基于亚里士多德自然哲学，利玛窦使用士林哲学方法来建构下面两个论证批判与理学结合的五行相生与相克说。

首先，我们从“何祖〔孙〕如此不像？”这个质疑开始。根据亚里士多德自然哲学，自然有其内在的引导原理或内在目的，每一代都会将此遗传给下一代。在生命的传承中，雌性贡献胚胎所需的质料，雄性则提供引导生命的原理[2]。因此，在生产后代的过程中，雄性扮演主导角色。生命引导原理将祖父的形式或面像传给父亲，再由父亲传给儿子，于是祖父和孙子间应该仍存在着某种相像。然而，根据利玛窦对五行说的诠释，水表祖父，具有冷与湿的性质；火表孙子，含热与燥的性质。因此，对利玛窦而言，水火分别代表的祖孙间，具有全然对立的性质，不可能享有相似性质或形式。

其次，是对“何其祖之如此不仁，恒欲灭孙也耶？”的质疑。根据儒家伦理，祖父应对孙子仁慈，因此对利玛窦而言，无法理解为何祖父（水）如此不仁，总是要毁灭孙子（火）呢？如上一段所述，祖父和孙子具有截然相反的性质。就像水克火一样，祖父（水）不仅未如他所应对孙子的仁行，反而总是想要摧毁他的孙子。

2. 利玛窦以四元素说取代五行说

如前所述，邵雍之后，许多中国士人将金和木排除在地之四象之外，利玛窦也是如此。在《四元行论》中，利玛窦借用中国术语“行”来引入亚里士多德四元素中的三个：水、火与土，称它们为“元行”或纯元素。由于许多事物不能简单地由金、木构成，根据亚里士多德自然哲学，金、木不能被视为元行：

---

① 利玛窦：《乾坤体义》，第 761 页。

② Aristotle, *On the Generation of Animals*, In Jonathan Barnes(ed.), *The Complete Work of Aristotle*, Princeton: Princeton University Press, 1984, book 1, chap. 21, 729b 1ff, pp. 1132ff。

所谓行者，乃万象之所出，则行为元行，乃至纯也，宜无相离，无相有矣。故谓水、火、土为行，则可。如以金、木为元行，则不知何义矣。试观万物之成，多不以金、木焉，如人虫鸟兽类是也，则金、木不得为万物之达行也。[①]

自然地，利玛窦也想引入第四个亚里士多德元素：气（air），希望以其来取代中国传统观念的“气”（qi）。因此，在《乾坤体义》中，为了挑战中国士人传统观念的“气”（qi），对此他提出截然不同的诠释。

首先，利玛窦不同意儒家将气（qi）和德行联结在一起。由于利玛窦曾将包括《孟子》在内的四书译为拉丁文，他知道孟子主张君子可通过养气来提升自身德行。也许为了不将此“气”与空气混淆，利玛窦指出空气是一种元行，与孟子所提到的“气”不同[②]。

其二，利玛窦反对五行源于阴/阳的说法，他意欲用四元素说来取代之。由于中国学者相信天空是空虚的，利玛窦想要劝说他们接受亚里士多德的四元素说，特别是四元素中包含“气”这种元行。他举出了四个例子来证明气的存在[③]。

1. 如舟能浮于水上，鸟能飞是因为它们依赖空气[④]；2. 人和动物的生存需要呼吸空气[⑤]；3. 从物体撞击发出声音，能证明空气的存在[⑥]；4. 利玛窦提到黄勉斋，他是朱熹的弟子兼女婿。根据利玛窦的阐释，黄勉斋是位气充实论者（plenist），他认为天地之间并没有一处是真空的。事实上，我们周围都是空气。在冬天，人一旦脱了衣服马上就能感识到寒冷的空气。一个有两扇对门的房间，其中一扇门的摆动，会造成另一扇的运动[⑦]。

没有中国士人的指引，利玛窦不可能知道黄勉斋写过什么，遑论引用他的话语。因此我们能得出，利玛窦与中国士人的互动为他提供了很多机会来收集有利于四元素说与不利于五行说的依据。

(3)“四元（素）为体/源，五行为用/流”

最后，值得注意的是，利玛窦开创性地借用或吸纳“体/用”和“源/流”两个类比，来处理四元素说和五行说间的关系。他也是首位西方学者努力研究究竟是四元素或

---

① 利玛窦：《乾坤体义》，第761页。
② 同上书，第764页，“今所谓气者于孟子对志之气不同”。
③ 同上书，第763页。
④ 同上。
⑤ 同上书，第763—764页。
⑥ 同上书，第764页。
⑦ 同上。

是五行出现得较早，他认为在时间上四元素、人类和五行的出现有一个先后的顺序：四元素最早，人类其次，五行最后出现。

利玛窦理当对《圣经》非常熟悉。在其首篇《创世纪》中，记述上帝创造天地万物与人，其中苍穹将地上的水与天空中的水分离。在《乾坤体义》中，利玛窦明确指出上帝在创世纪的开初便创造出四元[①]，而在第六天才创造人类，因此比人类出现得更早。

利玛窦也知晓《尚书》。在人类诞生后，不同国家和地区开始有自己的历史。《尚书》记载了从尧、舜，到夏、商、周的重要施政历史。在尧、舜传奇的统治时期，出现一场大洪水，鲧被派去治水。根据《洪范》篇记载，鲧因误用金、木、水、火、土而治水失败[②]，被舜放逐，并起用鲧的儿子禹来取代他。禹因治水成功，舜邀他为国家作大计。在《大禹谟》篇第一段，禹提到一个好的君王应该关心百姓的生活，调控好六府——水、火、金、木、土和谷，因为它们是百姓生存的基本要素[③]。在利玛窦之前，张行成和王廷相都曾思考过五行、六府与日常民生的紧密关联。王廷相发现《禹贡》中最早提到六府，《尚书・洪范》篇则最早提到五行，而它们都是民生的必需品[④]。

对利玛窦而言，《尚书》为他提供书面的证据，暗示五行或六府的出现比人类来得晚，遑论四元素了。因此，他得出以下的结论是不足为奇的：

> 吾观古唐虞开物，大禹陈谟特以与谷列之为六府。只云其切于民生者，未尝谓水火金木土为元行质，万物之本也。[⑤]

这与始自邵雍的水、火、土、石为四象，而五行为其致用的说法，在某种程度上相似。通过上一节的分析，笔者相信利玛窦确实受到传统“四象为体，五行为用”见解的影响。他不仅借用或吸纳此一见解，还将它转化为“四元(素)为体，五行或六府为用”，如〔与他对话的〕中国士人的表述：

> 吾意贵邦所谈四元行，是乃五行、六府之体焉。我古唐虞谓五行、六府，是乃

① 利玛窦：《乾坤体义》，第762页。

② “箕子乃言曰：我闻在昔，鲧堙洪水，汩陈其五行。”参见《尚书正义》卷12“洪范第6”，载阮元校刻《十三经注疏》，中华书局1991年版，第187页。

③ 同上书，卷4“大禹谟第3”，第135页。

④ 王廷相：《王廷相集》卷33“杂著”“辩12首”“五行辩”，第597页。

⑤ 利玛窦：《乾坤体义》，第761页。

四体之用焉。世儒欲混之，而不分体用，真不可矣。①

“源/流”是另一个经常使用的类比，意指是每条河流皆有其源头。再者通过对“源/流”的类比推理，利玛窦将“四元(素)为体，五行为用”转为“四元(素)为源，五行为流”。这样，五行就成了四元素的致用：

兹行也，溯其源，则四之以立体；别其流，则五之以达用。②

在 1612 年出版的《泰西水法》中，熊三拔(Sabbatius de Ursis，1575—1620)响应利玛窦，宣称土水气火是元行，它们构成了宇宙万物③。

八、结语

明末，在亚里士多德自然哲学与中国“气”的自然哲学或者说耶稣会士的亚里士多德——托勒密世界观与儒家理学世界观的遭遇中，出现了四元素说和五行说的竞争。不仅利玛窦反映过这两个学说间的关系，熊明遇(1579—1649)④和方以智(1611—1671)都曾对此进行讨论。

在《物理小识・四行五行说》中，方以智提出了这样一个问题：

问：中国言五行，泰西言四行，将何决耶？愚者曰：岂惟异域，邵子尝言水火土石，而略金木矣。地藏水火，分柔土刚土，为土石也。朱隐老曰：四为体，五为用。金石同体，言金而石隐矣。⑤

方以智，自号愚者，为明遗民。在上面的引文中，他指出自邵雍开启地之四象的传统，将金木排除在外，而朱隐老则强调“四象为体，五行为用”。也就是说，“四象为

① 利玛窦：《乾坤体义》，第 764 页。

② 同上书，第 766—767 页。

③ “昔者造物主之作天地万物也，如大匠之作宫室器用也。……造物之主伟大全能，能以无为有，其始有之物为元行。元行四：一曰土，二曰水，三曰气，四曰火，因之以为体，而造万物也。”参见熊三拔《泰西水法》，李之藻辑：《天学初函》卷 3，卷 5“水法或问”，台湾学生书局 1965 年版，第 1549 页。

④ 徐光台：“明末清初中国士人对四行说的反应——以熊明遇《格致草》为例”，《汉学研究》1999 年 17 卷第 2 期，第 1—30 页。

⑤ 方以智：《物理小识》卷 867，卷 1“天类”“四行五行说”，文渊阁四库全书复印本，第 759 页。

体，五行为用”有其自身的历史，可以回溯到邵雍。依此，在揭示了邵雍开启的另类传统，以及其与利玛窦的历史关联后，笔者拟阐明本文具有以下几个重要的历史意义。

第一，根据陈郁夫的看法，对照于佛学，邵雍以先天易图为儒家发展出一个非常特殊的形上学。[①] 笔者认为，邵雍开创性的形上学有一个非常特殊的侧面，就是他对数四的强调。在《皇极经世》中这样做，邵雍完成一个非常重要的象数学转折，从而开启了以地之四象取代五行的传统。它为利玛窦提供预先的背景，容许他在17世纪初加以借用或挪用。

第二，在处理四象与五行关系时，涉及两种类比模式。一种是“体/用”类比，另一为生理的（或生理的—伦理的）类比。邵伯温是首位用“体/用”类比，并结合先天与后天见解，来建立四象和五行间关系的人。稍后祝泌和张行成强调“体/用”的相对意义。祝泌率先用生理的类比将先天/后天的阴阳与刚柔的盈亏转化与四象和五行间关系联系起来。

第三，在建立四象和五行关系时，邵伯温亦是首位使用《尚书·洪范》作为历史证据来反映五行的出现晚于四体的人。借着《尚书》中蕴含的历史证据，张行成认为先有四体，而后去除石，加入金木，形成五行。由于谷的有用性，后来将它加上五行，构成六府。明朝中期，王廷相指出《洪范》最早提到五行，《禹贡》最早记载六府。

第四，当耶稣会士传入亚里士多德自然哲学，使他们的气（air）论与理学家的气（qi）论遭遇，对比五行说，四元素说成为一个另类学说。利玛窦的焦点在四元素说与五行说间的竞争，而不是四体与五行间的关系。归因于邵雍起始一个批判五行说的传统，通过儒士的教导，与章潢和其弟子的讨论，以及他教授中国士人自然哲学的过程中，利玛窦不仅知悉《尚书》和《易经》研究中关于五行说的记载，与过去对五行说的批判，以及四体与五行间的辩驳论证。利用士林哲学分析，利玛窦搜集有利于四元素说的证据，批判五行说，并完成跨文化的借用与挪用来支持他的论证。

第五，在晚明西学输入中国的过程中，利玛窦是首位西方学者起始一个意理的修辞，他以“体/用”和“源/流”两个类比的措词，来构成西学与中学间的关系。

事实上，在明清之际学界流行西学中源说，以及晚清提倡中体西用论以前，基于邵雍学说的传承，利玛窦通过跨文化借用或挪用“四象为体，五行为用”，将其转化为“四元（素）为体，五行为用”，他成为一个先驱者。事实上，他是首位假定西[方四行为]体中[国五行]用的人。此外，当他从“体/用”类比移向“源/流”类比，他还提出了西[方四行为]源，中[国五行为]流。

---

① 陈郁夫：《邵康节学记》，第168—169页。

在 17 世纪初，利玛窦提出“西方四元（素）为体，中国五行为用”，或“西方四元（素）为源，中国五行为流”，他是首位对西学与中学间关系起始一种新的诠释上冲突的人。此处该强调的是，在任何西学中源说出现之前，利玛窦已经突显了“源/流”问题，以及西学与中学间前者较后者优位的问题。与后来流行的西学中源说观点相反的是，利玛窦强调西[方四元（素）为]源和中[国五行为]流，也就是西源中流。事实上，在究竟是西学中源，还是西源中流，哪一个发生得较早，在此一意理争战中，他可能是扣动第一枪者。

“福音”概念

——17—19世纪汉译《圣经》文本研究

闵心蕙*

随着巴别塔的倒塌，言语不通的人类失去了他们曾经最为通神的力量①。

一、“福音”新释

明清之际，耶稣会士将一系列新名词、新概念传入中土，其中，“福音”(cvangclism/gospel)是重中之重。作为基督教②在华传播的核心教义，“福音”分取汉语中“福”的嘉美之意，“音”指消息言论。就基督教义而言，“福音”狭义地指《新约圣经》的开篇《四福音书》，广义地引申为社会中有益的言论和利于众人的嘉音。考虑到中西文化的差异，“福音”带有强烈的中国传统文化色彩、契合中国人的信仰心理，但它能对等诠释西方基督教的经典教义吗？带此问题，本文聚焦于明清之际福音概念的生产、运用与传播。

学界普遍认为福音是认知基督教问题的一把钥匙。前辈学者深耕于基督教文献的史实考证与文本梳理，但对福音概念生成流变过程中的复杂性关注不足。天主、上

---

* 南京大学历史学院博士研究生。

① 《圣经·创世纪篇》讲述了上帝改变了人类的语言和口音，人类因此互相猜忌、各执己见，最终他们所建立的地上王国巴别塔轰然倒塌(《圣经》创世纪 11：1—4)。

② 此处，基督教为包含新教、天主教、东正教的广义宗教，若无特别说明，下文同。

帝、宗教等相关概念历来为学界所重视，研究方法可主要归于以下两种路径。一是语词翻译过程中的“观念旅行”，即从跨文化的视角讨论概念谱系的形成，如日本学者柳父章对“神”“上帝”等概念的翻译所做的开创性研究①，孙江对“宗教”概念和传教士中国宗教观的考察②。二是集中讨论礼仪之争和译名冲突，如从《圣经》文本考察译名的误读及其在中国本土文化中的接受③。

以“福音”概念为中心的研究仍然阙如，因此爬梳与厘清此译名背后概念的历史十分必要。本文将运用德国概念史的理论与方法：所有概念都是历史集合体，虽然基本概念会出现含义的反复，但它不应该被永恒的观念或问题所限制，因此，每一个基本概念都有潜在的历史性变化④。语词（word）和概念（concept）之间本应具备可通约性（commensurability），但在具体的使用中，往往旁生歧义。支撑语言存在的文本成为勾连语词和概念的媒介。福音概念的译介在保持本真性和适应新语境之间左右摇摆，在跨文化和跨语际的实践中日渐丰满。

本文试图借鉴天主、上帝、宗教等上位概念的研究范式，对“福音”这一下位概念做历史语义学的梳理⑤。简言之，福音译介与传播历经三个阶段：在早期耶稣会士的《圣经》文本中，福音概念被音译为“万日略”，以“万日略”为主，“福音”为辅，则延续到了17世纪末；此后，《圣经》文本的普及，尤其是“二马译本”的出现，标志着“福音”译词的正式确立。在对历时性与共时性文本的分析中可见“福音”概念最终定型。

福音这一译词的初诞，与汉译《圣经》密不可分。由此需考察明清之际耶稣会士的神学著作和18世纪以来的《圣经》汉译本。虽然这些译本成文年代不一，文体各异，但其内在义理的同源使理解汉语福音概念变迁成为可能。下表即本文所使用的

① 柳父章：《ゴッドと上帝——歴史のなかの翻訳者》，东京筑摩书房1986年版；《「ゴッド」は神か上帝か》，东京岩波书店2001年版。

② 孙江：“翻译宗教——1893年芝加哥万国宗教大会”，孙江、刘建辉主编：《亚洲概念史研究》第1卷。其他相关研究有陈熙远：“宗教——一个中国近代文化史上的关键词”，《新史学》（台北）2002年第13卷第4期。村田雄二郎：“東アジアの思想連環——清末中国の「宗教」概念受容”，三谷博编：《東アジアの公論形成》，东京大学出版会2004年版，第223—244页。

③ 参见Marshall Broomhall, *The Bible in China*, San Francisco: Chinese Materials Center, 1977. 钟鸣旦：《可亲的天主——清初基督徒论“帝”谈“天”》，何丽霞译，光启出版社1998年版；李天纲：《中国礼仪之争——历史、文献和意义》，上海古籍出版社1998年版；吴义雄：“译名之争与早期的《圣经》中译”，《近代史研究》2000年第2期；赵晓阳：“译介再生中的本土文化和异域宗教：以天主、上帝的汉语译名为视角”，《近代史研究》2010年第5期；相关研究颇丰，在此不做赘述。

④ Reinhart Koselleck, Stichwort: Begriffsgeschichte, in *Begriffsgeschichten*, Frankfurt am Main: Suhrkamp, 2006, pp. 99—105。

⑤ 德国概念史（Begriffesgeschichte）研究中，基本概念（Grundbegriffe）也可称为上位概念，是政治和社会中不可或缺、无法替代的重要概念。与之相对的次一级概念可视为下位概念，下位概念是透视上位概念形成、发展与演变的重要基础，本文所要探讨的“福音”即可视为此类概念。

文本[①]：

表 1　早期天主教与基督教传教士信仰著作与《圣经》译本

成书年代	题　名	作者、译者	文体
1630—1632(?)	《口铎日抄》	艾儒略	深文理
1635	《天主降生言行纪略》	艾儒略	深文理
1636	《圣经直解》	阳玛诺	浅文理
1704(?)	《四福音书》、《保罗书信》	白日昇	深文理
1800(?)	《古新圣经》	贺清泰	官话
1810(1811)	《此嘉音由呀嘞所著》	马士曼	不明[②]
1822	《新旧约全书》	马士曼	深文理
1823	《神天圣书》	马礼逊	深文理
1823	《神天新遗诏书》	马礼逊	深文理
1834	《救世主耶稣新遗诏书》	郭实腊	深文理
1839	《救世主耶稣基督行论之要略传》	郭实腊	浅文理

二、“Evangelium”=“万日略”？

本节将围绕“福音”这一新名词的出现，分析 17—18 世纪四位天主教传教士的五个文本，以及在拉丁文词源“Evangelium”的汉译问题上所展开的论争。这些译本在时代背景、内容择取、语词翻译和修辞文理等方面各具特色，而音译还是意译，是当时传教士们翻译福音概念面临的首要难题。

1. 以译为述——《口铎日抄》与《天主降生言行纪略》

己卯年(1639)正月的一个主日，福建温陵，意大利耶稣会士艾儒略(Giulio Aleni，1582—1649)[③]召集教友，欲行新春瞻礼，历经两年蛰伏的他以“除旧布新”“天国之

---

① 《圣经》译本在语体上可分为三类，深文理、浅文理与官话。深文理译本被称为文言译本，是早期传教士翻译所用的主要语体；浅文理译本又称半文半白译本，浅显易懂，受众广泛；官话译本即口语体译本，涵盖白话和方言两类，随着 20 世纪初白话文运动的推广，深浅文理的《圣经》译本终被官话译本所取代。

② 因马士曼译本内容难辨，佶屈聱牙，其文理难作判断。

③ 有“西来孔子”之美誉的意大利耶稣会传教士艾儒略(GiulioAleni，1582—1649)，被视为继利玛窦、罗明坚之后的第二代来华传教士，自 1613 年正式进入内地传教至 1649 年去世，艾儒略都未曾离开过中国。

赏”的比喻，意图重振教友的信心。[①] 正月十三日，艾儒略论圣人灵迹，圣发斯定、圣若未大两兄弟不顾异端迫害，舍身救主，“在生愿舍生不愿背主，死后必在主前享受永福”[②]。五日后，艾氏则以天国葡萄园的故事重提末日审判：

> 十八日瞻礼，先生（也作司铎）曰：“今日《万日略经》，载吾主耶稣设譬云：有一富翁召工营葡萄林，晨召者约营工至晚，定以一钱之值。已而午召者亦然。日将晡，出见有闲嬉竟日者。问其故，曰：‘无人召工耳。’富翁曰：‘我有葡萄林，方召工营之。尔可往治，不负尔劳。’佥欣然趋赴。比晚主翁酬工各钱一，初召者以为主翁赏赉无等矣。主翁曰：‘我约尔一钱，今如数，未尔亏也。若彼者，无所事事，我怜而收用之，是我法外之意耳，于尔辈何与。’”[③]

上文出自《口铎日抄》，为艾儒略所著经典[④]。其中多次出现的《万日略经》，即今日的福音书，是口铎者反复引用、劝诫信徒、警醒世人的重要文本[⑤]。就目前所见文献材料，艾儒略当为译介汉语“福音”概念的第一人。

艾儒略著述颇丰，其入闽后至福建教案爆发的十余年间，出版著作达15种之多，他擅长利用这些著述教导归化民众，因其德才兼备、化民成务，被时人尊称为艾先生。艾先生“每为人解罪，风雨不辞，旦暮不辞，疫病不辞，临解之时，必恻然慈悯，咨嗟叹

① 1637年11月，秋冬之际，福建地区反教气息渐趋浓厚。起因为一位名叫王春的人向福建督抚军门沈犹龙告发宁德县一位吴姓已故官员家中窝藏有四名夷人，福建教案爆发。福建提刑按察司张贴告示，个中言辞颇为激烈：“稔闻邪教害人，烈愈长乎。祖宗神祖不祀，男女混杂无分，丧心乖伦莫此为甚。且呼群引类，夜聚晓散，觊觎非分之福，懒惰生业之营，卒至妄萌鼓乱，名陷逆党，身弃法场……除将天主教首杨（阳）玛诺、艾儒略等，驱逐出境，外合行出禁谕，为此示仰军民人等知悉。以后各宜力行忠孝，保守身家，不得妄习无为、天主邪教。”出现在此布告上的西夷并非之前被抓获的马方济、阿瑙博、多明我，而是教首杨（阳）玛诺、艾儒略。不走运的艾儒略只得暂避泉州，直到1639年方才再次露面，进行公开活动。参见徐世荫“提刑按察司告示”，载徐昌治：《圣朝破邪集》卷二，第36—37页。参见金程宇主编《和刻本中国古逸书丛刊·32·子部·杂家类》，凤凰出版集团2012年版，第167—170页。

② 《口铎日抄》第8卷第7页，“论圣人灵迹”，载钟鸣旦、杜鼎克编：《耶稣会罗马档案馆明清天主教文献》第7册，利氏学社2002年版，第540页。

③ 《口铎日抄》第8卷第8页，“论天国之赏先后如一”，载钟鸣旦、杜鼎克编：《耶稣会罗马档案馆明清天主教文献》第7册，第541—542页。

④ 此书辑录了三百余则教内外人士的对话，描绘了明末天主教在福建地区的传播图景。学界普遍认为《口铎日抄》的最早成书时间为1632年，但由于不同版本之间的差异较大，该书可能经历了一个相对较长、不断修订的成书过程。“口铎者何？……觉世之洪音也。日抄者何？……录之以惠同好者也。”《口铎日抄·林一俊序》，载钟鸣旦、杜鼎克编：《耶稣会罗马档案馆明清天主教文献》，第11页。

⑤ 如“十八日瞻礼，先生（也作司铎）曰：今日《万日略经》，载吾主耶稣设譬云……”，《口铎日抄》第8卷第8页，“论天国之赏先后如一”，载钟鸣旦、杜鼎克编：《耶稣会罗马档案馆明清天主教文献》第7册，第541页。

息，以动人悔心，或有语言不通，叙事失次者，尤倾心谛听”①。艾氏所著《天主降生言行纪略》(1635)为记载《圣经》四福音书故事的译述作品，也是最早讲述耶稣生平事迹的汉译文本②，全书开篇《万日略经说》是继《口铎日抄》后研究“福音”概念的重要文本：

> 造物主圣教，有古经，有新经。古经乃天主未降生启示先圣，令传溥世，即以将降生事旨豫详其中。新经乃天主降生后，宗徒与并时圣人纪录者。中云万日略(译言好报福音)经。即四圣纪吾主耶稣降生，在世三十三年，救世赎人，以至升天，行事垂训之实，诚开天路之宝信经也。此经出于天主，录于四圣，及后诸教宗，与圣教公会准定，明示普天下，尊信为天主真典者也。③

此处，“万日略”是“Evangelium”一词的音译，取“好报福音”意。“经”是记载耶稣降生、受难、复活、升天事迹的真典。艾儒略认为《万日略经》有“砭世之金针”与“训人之大道”，是四圣共奉的信典，即今天的《四福音书》。前述《口铎日抄》常征引《万日略经》，可见艾氏对福音书的喜爱。艾儒略中文造诣极高，他为何要生造“万日略”这一略显拗口的音译词，并以“福音”作为“万日略”的解释说明。重审《天主降生言行纪略》这一文本，或许能管窥艾儒略的翻译动机。

> 今将四圣所编，会撮要略，粗达言义，言之无文，理可长思，令人心会身体，以资神益，虽不至陨越经旨，然未敢云译经也。④
>
> 此降生纪略，止约识吾主耶稣所经之迹，与所垂之训而已……吾主耶稣事实，原系四圣所纪，彼详此略，有重纪，有独纪者。兹特编其要略，不复重纪详尽，若夫全译四圣所纪，翻经全功尚有待也。⑤

上述两段引文可视为艾儒略对《天主降生言行纪略》一书的定位，艾氏援引《约翰

---

① 李九功、沈从先、李嗣玄：“西海艾先生行略”，载钟鸣旦、杜鼎克编：《耶稣会罗马档案馆明清天主教文献》第12册，第255页。

② 台湾学者潘凤娟在“述而不译？艾儒略《天主降生言行纪略》的跨语言叙事初探”(《中国文哲研究集刊》2009年第34期，第111—167页)一文中厘清了艾儒略在汉语语境中重构天主降生故事的“译述”特点。另参见潘凤娟《西来孔子艾儒略：更新变化的宗教》，橄榄文化2002年版。

③ 艾儒略：“天主降生言行纪略·万日略经说”，载钟鸣旦、杜鼎克编：《耶稣会罗马档案馆明清天主教文献》第4册，第23—24页。

④ 同上书，第29页。

⑤ 艾儒略：“天主降生言行纪略·凡例”，第37—38页。

福音》末节对《圣经》的看法，指出此书是对四福音书的摘录。不敢妄言“译经”，不仅因为此经之特殊，也因为他深知摘录与翻译全经的差异，故自称“西极耶稣会士艾儒略译述”。纵观全书，艾儒略开创了一条“以史代经”重构天主降生故事的新方式，以译为述，看似述、实为译，其所译并非经书，而是历史。可见，艾儒略生造了“万日略”这一对福音以另类诠释的译词，是他希望将个人诠释融入汉语语境的叙事中。

2. 文本新释——阳玛诺《圣经直解》

> 除将天主教首杨(阳)玛诺、艾儒略等，驱逐出境，外合行出禁谕，为此示仰军民人等知悉。以后各宜力行忠孝，保守身家，不得妄习无为、天主邪教。[①]

1614—1615年，中国日本区长卡尔瓦略命阳玛诺(Emmanuel Diaz Junior, 1574—1659)[②]巡视当时业已存在之诸传教所，宣布不久撤销之戒条，以算术或其他科学教授华人，惟福音不与焉[③]。从费赖之的这段描述中，可看出彼时福音在华传播的环境尚不成熟。而上述对阳玛诺[④]的“通缉令”，亦体现其处境之艰难。1616年南京教案爆发，阳玛诺与王丰肃、谢务禄等传教士一同被捕，所幸其提前返回南雄，进而有朝廷责问其是否已逃脱之谕告。“因其精谙神学，熟习语言文字”，温厚和蔼，知人善任的阳玛诺颇受人爱戴，1623年，阳氏被授为耶稣会中国副区长[⑤]，1627年后，阳氏的传教经历更为扑朔迷离，原本客居南京的他被逐，迁居松江、杭州、南昌等地，直到1637年前后，阳玛诺来到艾儒略一手开创的福建教区，没想到不久即爆发仇教风波，阳玛诺被误以为天主教教首惨遭驱逐，在华传教可谓一波三折。

相较于同时代的其他传教士，阳玛诺可考事迹很少，但撰译校订之书颇丰。其中最负盛名的莫过于《天问略》，该书收入李之藻所辑《天学初函》。《四库提要》将《天问略》与熊三拔所著《表度说》视为次第相承、互为表里之书，此书颇受科学史研究的青睐[⑥]。

---

① 徐世荫：“提刑按察司告示”，载徐昌治：《圣朝破邪集》卷二，第36页。参见金程宇主编《和刻本中国古逸书丛刊·32·子部·杂家类》，第168页。

② 阳玛诺，字演西，葡萄牙籍耶稣会传教士，是早期耶稣会传教士在华活动时间最长的一位。“因其精谙神学，熟习语言文字”，温厚和蔼，知人善任的阳玛诺被授为耶稣会中国副区长，参见费赖之《在华耶稣会士列传及书目》，冯承钧译，中华书局1995年版，第110—111页。

③ 费赖之《在华耶稣会士列传及书目》，第110页。

④ 阳玛诺(Emmanuel Diaz Junior, 1574—1659)，字演西，葡萄牙籍耶稣会传教士，1610年前后来华，与艾儒略同期进入中国，在华传教近半个世纪，是早期耶稣会传教士在华活动时间最长的一位。据费赖之考，阳玛诺本与李玛诺原名同，故以老(Senior)与幼(Junior)二字区别。参见费赖之：《在华耶稣会士列传及书目》，第110页。

⑤ 费赖之：《在华耶稣会士列传及书目》，第111页。

⑥ 阳玛诺在书中首次向国人介绍了伽利略望远镜及其观测成果，宗教范畴下的科学新知进入中国。

与前人转译福音书不同，阳玛诺的《圣经直解》[①]几乎"直译"了福音书中的经文。全书以天主教的主日和瞻礼[②]为线索，遵循释名、引经、解经、箴言的体例，解经的篇幅往往是原典的几倍。徐宗泽评价此书"文理古雅，诚一本好书"[③]。陈垣则认为阳玛诺的《圣经直解》《遵主圣范》采《尚书》谟诰体，与寻常著述不同，足以显其高古也[④]。

阳玛诺始终强调自己并无全译四福音书的意图，不过是译述旧闻，抒发胸臆。"用是吾主不胜矜怜，自天降诞，在世敷教，以醒沉迷，殆难殚述，而其要之又要者，宗徒传之，后圣衍之，名曰'圣经'，中藏奥旨，盖千六百三十余年于兹矣。不佞忘其固陋，祖述旧闻，着为《直解》，以便玩绎。大率欲人知崇天主，从其至真至正之教，无汩灵性，以全所赋之道，务使人尽和睦，世跻雍熙，公享福报，此则解经意也。"[⑤]他以中国传统的经典重新诠释《圣经》，文体修辞颇有古风。在文本新释的叙事框架下，阳玛诺是这样诠释"圣经"与"福音"概念的：

> "圣经原文谓之阨万日略，译言福音，乃天主降生后，亲传以示世人者，即新教也。"[⑥]

阳玛诺的诠释，颇有将"圣经""阨万日略""福音"相等同的意味。这一叙事方式虽有偏颇，但阳玛诺有他自己独特的考量，"虽圣史各有所载，同归一理，则圣经犹一也。"[⑦]各经同归一理体现了阳玛诺试图弥合语词的内在差异性，将其纳入统一的论述体系中。然而，阳玛诺的叙述不乏前后矛盾之处，上文将"圣经"等同于"阨万日略"，下文却将"阨万日略"视为"圣经"的一部分：

> "终问阨万日略，与圣经，何以异？曰：圣经，公名也。或天主亲口所论，或

---

① 《圣经直解》由阳玛诺翻译，郭居静等校订，该书版本众多，成书最早为1636年北京版。李奭学指出《圣经直解》在晚明耶稣会证道故事中颇为独特，其对神话故事的诠释可视为"解经之作"。参见李奭学《中国晚明与欧洲文学：明末耶稣会古典型证道故事》，联经出版公司2005年版，第200—215页。

② 阳玛诺解释，每七日立一主日，即虚、昂、星、房太阳之日也，如圣诞前主日、后主日，复活前主日、后主日等；瞻礼则为主日之外，谢天主、庆圣母、贺圣人的特殊仪式。

③ 徐宗泽：《明清间耶稣会士译著提要》，上海书店出版社2010年版，第17页。

④ 陈垣："再论《遵主圣范》译本"，《语丝》1925年11月16日第53期，第9—16页。

⑤ "圣经直解·自序"，载徐宗泽：《明清间耶稣会士译著提要》，上海书店出版社2010年版，第17—18页。

⑥ 阨万日略更接近拉丁文Evangelium的发音。阳玛诺：《圣经直解》卷一，张西平等编：《梵蒂冈图书馆藏明清中西文化交流史文献丛刊》第一辑第17册，大象出版社2014年版，第458页。

⑦ 阳玛诺：《圣经直解》卷一，张西平等编：《梵蒂冈图书馆藏明清中西文化交流史文献丛刊》第一辑第17册，第467页。

> 天神代主所传，或先知圣人得天主默照所示。俱称圣经。而命圣史纪载，以诏后世者，乃称阨万日略，而为圣经之一分。①

如何理解“阨万日略”与“圣经”的关系？此处“圣经”实指与古经相区别、记载福音故事的新经，而“阨万日略”是“圣经”所含的下位概念，但有时可“以偏概全”，隐喻《圣经》文本传递出的好消息。

“圣经”“阨万日略”“福音”三者在概念上有别，“阨万日略”与“福音”的关系非常微妙，可视作同一概念的两个不同面向，四圣史所记“福音书”被比作“阨万日略”，而《圣经》所载耶稣拯救世人的好消息被喻为“福音”②。阳玛诺并未对“福音”和“阨万日略”的概念加以严格框定，但他注意到教义层面上“福”的重要性，如其花大量笔墨阐述的“八福”。“福”让人恒美至善，崇敬天主，“福音”则为耶稣复活后拯救世人的好消息，“避永苦、享永福”的教义恰恰契合了中国信徒求福免祸的心理。与“阨万日略”相比，“福音”译词渐渐占得上风。“福音”概念逐渐从四福音书的范畴扩展至整个《圣经》文本，这也是阳玛诺译本与前述艾儒略译本的很大不同。

3. 文本普及——白日昇译本

以“万日略”为主，“福音”为辅的用词现象延续到了17世纪末。1693年，巴黎外方传教会士颜珰(Charles Maigrot, 1652—1730)在福建长乐发布七条禁令，其核心为禁用“天、天主、上帝”等字样形容天主教的万物之主，改用音译名“陡斯”(Deus)，甚至禁止一系列祭孔祭祖行为。这一行径招致耶稣会士的强烈不满，礼仪之争一触即发③。同为巴黎外方传教会传教士，白日昇(Jean Basset, 1622—1707)④的态度本应与颜珰保持一致，但1701年他公开质疑颜珰的“七条禁令”，因不愿卷入差会之争，白日昇主动请缨，远赴四川布道。

白日昇入蜀后，经年致力于翻译《圣经》。但1707年白日昇的突然病逝，使得他和助手徐若翰合译的《圣经》，在行进至四福音书、使徒行传与保罗书信时戛然而止。

---

① 阳玛诺：《圣经直解》卷一，第467页。

② “或问，称福音者何？圣基所答曰，凡吾主所许众罪之赦，圣宠之升，诸德之聚，与人生时，获登天主义子之高位，逝后，必免永苦，享永福，诸如此类，备载圣经，故称福音也。”阳玛诺：《圣经直解》卷一，第458页。

③ 有学者强调礼仪之争的核心并非仪式而为译名，争论的焦点是“上帝”和“天”等中文译名是否恰当，因此礼仪之争更为恰当的表述方式应为译名之争。参见宋黎明《神父的新装——利玛窦在中国(1582—1610)》，南京大学出版社2011年版，第291页。

④ 白日昇又名巴设，囿于资料限制，学界关于白日昇生平的介绍极少，本文参考了朱菁：“汉译新约《圣经》‘白徐译本’研究”，北京外国语大学博士学位论文，2014年；谭立铸：“从圣经的确立看基督信仰与中国文化的问题——关于法国传教士白日昇的‘中国福传建议书’”，《世界宗教研究》2015年第5期。

现存白日昇译本分四福音书合编本与四福音书单列本，本文拟参照成书时间最早的罗马本（意大利罗马卡萨纳特图书馆馆藏本），尝试将1704年白日昇所译《四福音书》与前述阳玛诺《圣经直解》做文本比较：

《玛窦攸编耶稣基督圣福音》第十一章（白日昇）

若翰既居囹圄，闻基督之行，使厥徒之二，往询之曰：尔为必来者乎，抑尚他望乎。耶稣答之曰：归告若翰，以攸闻攸见，瞎者明，瘸者行，癞者净，聋者听，死者复活，贫者受福音。①

《经圣玛窦》第十一篇（阳玛诺）

维时若翰居囹圄，闻契利斯督异行，召二徒往询曰：尔其当来人，抑尚望他来。耶稣语曰：归告若翰，以攸闻、攸见，瞎者明，聋者听，瘫者行，癞者净，死者活，贫者受教福音。②

上述两个译本除"基督"译名不同，以及《圣经直解》在开篇使用"维时"二字增强节译的叙事感外，文本差异较小。两译本是否共同参考了某一底本，抑或白日昇本参考了阳玛诺本，目前尚不可考。但白日昇译本是现存最早的《新约圣经》汉译本，白徐二人逐字逐句对照原文，以期准确、忠实地再现《圣经》思想。而《圣经》汉译也逐渐摆脱了早期节选、意译式的翻译，开始大规模地集中于直译。

在白日昇四福音单列本中，"福音"一词共出现20次，作名词使用的"福音"指耶稣基督拯救世人的好消息。白日昇并未直接音译"万日略"，而选择了与中国文化更有亲和力的"福音"，来对等翻译西方原有的宗教语汇。笔者推测，"福音"一词的选定与使用极有可能受到四川文士徐若翰的影响，徐对白日昇译本的成书至关重要，他了解"福"字在中国传统文化中蕴含的和美之意，而"福音"既能准确地传达基督教教义，又能积极地响应中国信徒的心理需求，可谓两全其美。"福音"译词在18世纪初期的《圣经》文本中开始普及，而白日昇译本将会对一个世纪后的新教传教士的《圣经》汉译工作产生决定性的影响。

4. 回归与遗弃——贺清泰之《古新圣经》

《圣经》译本的影响力不仅与文本的翻译相关，更直接地体现在其普及范围。前述白日昇译本在辞章、义理上堪称18世纪汉译《圣经》的巅峰之作，但其价值与影响

① 白日昇：《玛窦攸编耶稣基督圣福音》第十一章，1704年版，第22页，http://bible.fhl.net/gbdoc/ob/。
② 阳玛诺：《圣经直解》卷一，第479—481页。

在成书之初即被埋没，各差会对待汉译工作的态度与神学思想的差异，对于译本的流传起到了决定性作用。随着1800年耶稣会传教士贺清泰[①]（1735—1813?，Louis Antoine de Poirot）《古新圣经》的问世，官话直译风潮兴起。

《古新圣经》为一部文白兼备的集大成之作，徐宗泽所著《明清间耶稣会士译著提要》开篇即收录《古新圣经》，译者贺清泰用浅近的文言、混杂北方官话，完成了庞杂的《圣经》汉译工作，此书完全按照《圣经》的文本本意，不图雅驯[②]。在夹杂着"呢""么"等语气词及儿化音的北京土白中，"万日略"重回《圣经》文本，与"福音"并驾齐驱：

> ……用如德亚话纪了此经，名万日略，此名恰好，若解万日略的意，即福意。[③]（天主）……也要赐己福音我们，能有比这福的音么？此福音事，不单在万日略经内，还因是天主圣神的特工。[④]

"福的音"这一表述虽显口语化，却贴近市井百姓的日常生活。贺清泰对"福音"与"万日略"译词的内涵与外延做了明确区分："万日略"指经名，特指四福音书；"福音"不仅是万日略经所载好消息，更是天主降生带给世人的嘉美之言，福音概念外延的扩展继承了阳玛诺译本的特色。在《古新圣经》的文本中，"万日略"取代"福音"成为全书通用的固定译词，现对比如下。

表2　白日昇四福音单列本所见"福音"与贺清泰《古新圣经》所见"万日略"

篇章	白日昇《四福音单列本》	篇章	贺清泰《古新圣经》
玛窦攸编耶稣基督圣福音第四章	耶稣遍游加利辣，教训于诸会堂，且宣国之福音，且痊民之诸疾病。	圣徒玛窦纪的万日略第四篇	耶稣走遍加里肋亚，那方公所，讲天国的万日略，疗愈诸病。（注解：万日略名的解，即福信，论天国的万日略，即天国近了，即是将要开天堂门的好信。）

① 1773年，教宗克雷芒十四世发布敕令，解散耶稣会，其在华传教事务由遣使会接管，因而，贺清泰也可称为遣使会士。他自幼在罗马长大，21岁时加入耶稣会，他精通满文、中文、拉丁文，擅长作画，供职清廷内府，早年颇得乾隆圣宠，曾官至六品。

② 贺清泰："《圣经》之序"，载徐宗泽：《明清间耶稣会士译著提要》，第15页。

③ 贺清泰：《古新圣经》，圣徒玛窦纪的万日略序，1800年版，第201页，http://bible.fhl.net/gbdoc/ob/。

④ 贺清泰：《古新圣经》，圣徒玛窦纪的万日略序，1800年版，第202—203页。

续 表

篇章	白日昇《四福音单列本》	篇章	贺清泰《古新圣经》
麻耳谷攸编耶稣基督圣福音第一章	又曰：时候已得满，而神之王近到，而悔罪，并信福音也。	圣史玛尔谷纪的万日略第一篇	说，满了时候，天主的国近了，你们当痛悔，当信万日略。
麻耳谷攸编耶稣基督圣福音第十六章	普游天下，宣福音于万有，凡信而领洗者，全救己也。	圣史玛尔谷纪的万日略第十六篇	你们普天下去，传与众人万日略，凡有信我的，也受洗，得救自己。
（下略）			

由表2可知，两译本在文理、修辞等方面截然不同。就文理而言，白日昇译本文辞优美，以深文理叙事为主，颇受中国士大夫阶层的喜爱；贺清泰半文半白的浅文理表述，及浓重的北方官话色彩，多为下层民众所接受。两译本使用的译名也各有特色，白日昇译本以“神”解释“Deus”，这一翻译为后来新教传教士采纳，贺清泰则延续耶稣会士的策略，选用“天主”译词。在“Evangelium”如何翻译的问题上，贺清泰回归艾儒略、阳玛诺的选择，以“福信”(好消息)诠释“万日略”。《古新圣经》序言中的一段话描述了贺清泰对待译经的态度：

> 翻译《圣经》的人，虔诚敬慎，惟恐背离《圣经》本意，《圣经》大道即错乱了。那翻译的名士，也知道各国有各国文理的说法，他们不按各人本国文章的文法，守全按着《圣经》的文本本意，不图悦人听，惟图保存《圣经》的本文本意。自古以来，圣贤既然都是这样行，我亦效法而行。①

由此可大致了解贺清泰对译经所秉持的审慎忠实、不取悦于人的原则，他因循前人，回归“万日略”的译法其实更符合《圣经》原典的初衷。但因《古新圣经》从未刊行，流传不广，此后“万日略”最终湮没无闻。

“福音”概念形成之初的音译词“万日略”经历了生成、传播并最终湮灭的过程。从艾儒略以译为述、以史代经的翻译策略，到阳玛诺直译文本、以经解经的诠释方式，早期天主教传教士对《圣经》汉译并未倾注太多精力，传教重点也不在翻译工作上。白日昇译本与贺清泰译本虽各以“福音”和“万日略”诠释Evangelium，但因流传有限，

① 方豪：《中国天主教史人物传》第三编，宗教文化出版社2007年版，第546页。

译本自身的价值与传播效能并不相称。上述五个具有代表性的文本，揭示出自明末以来，《圣经》文本从节译、音译转向全译和意译的翻译趋势。最终，早期被用来诠释“万日略”一词的“福音”概念后来居上，逐渐成为汉译《圣经》的既定用词，并在19世纪初新教传教士的文本中得到真正普及。

三、“福音”概念的确立

17世纪末18世纪初，围绕“Evangelium”如何翻译所展开的论争告一段落，此后，“福音”概念在马士曼（Joshua Marshman，1768—1837）与马礼逊（Robert Morrison，1782—1834）所译《新约圣经》中逐渐定型，二马译本被奉为汉译《圣经》之经典与权威，下文拟对二马译本中的“福音”做一简要梳理。

1. “嘉音”与“福音”

1799年10月，马士曼[①]历经五个月的海上漂泊，远渡重洋，自塞兰坡登陆，开启了在印度的传教事业，这位传教士终其一生在印度传教，从未踏足中国[②]。但作为《圣经》汉译史上“二马之争”的当事人，他与“福音”概念的译介和传播密切相关。

1810年，第一个新约《圣经》单行本《此嘉语由呀啡所著》问世，随后《此嘉音由呀嘞所著》出版，上述两译本即为人熟知的《马太福音》与《马可福音》。从福音书名便可看出两译本的晦涩难懂，彼时马士曼手头并无可参考的底本，人名、地名、神学词汇多由马士曼与助手拉撒尔（Joannes Lassar，1781—?）生搬硬译。

“福音”在此被译为“嘉语”“嘉音”，“嘉”与“福”同样带有好消息、好运气之意，马士曼选用“嘉”字，应与助手拉撒尔有关，拉撒尔自幼学习中文，受粤语方言影响很深，“嘉语”“嘉音”在粤语中颇为悦耳，极有可能是马士曼初学中文之时，边学边译之作。虽然中西言语相异，语音有别，翻译水平及准备工作的不足造成了此译本的诸多缺陷，但马士曼对“福音”概念的理解与翻译基本到位。

马士曼很快改变了自己的翻译风格与策略，其《若翰所书之福音》(1813)及《圣经

① 马士曼与沃德（William Ward，1769—1823）、凯瑞（William Carey，1761—1834）并称为“塞兰坡三杰”（Serampore Trio），他们开启了基督教在印度的传播。参见 John Clark Marshman, *The Life and Times of Carey, Marshman, and Ward, Embracing the History of the Serampore Mission vol. I*, London: 1859。

② 伟烈亚力（Alexander Wylie，1815—1887）在《1867年以前来华基督教传教士列传及著作目录》中高度评价马士曼的贡献，将其作为第一人进行介绍。Alexander Wylie, *Memorials of Protestant Missionaries to the Chinese: Giving a List of Their Publications and Obituary Notices of the Deceased*, Shanghai: American Presbyterian Mission Press, 1867, p. 1。

新旧约全书》(1822)中的译名与后来的通用译名大多吻合。学界对二马译本的关系已有诸多考证,多数学者认为马士曼与马礼逊译本高度相似的原因在于两人共同以白日昇译本(斯隆本)为蓝本,并不存在谁抄袭谁之说①。马礼逊本人也不讳言,自陈其所译《新约全书》参照了一个天主教神父的手稿②,只是在马礼逊——来华新教传教士第一人的光环笼罩下,学界对马士曼的关注较少。现试对马士曼的《此嘉音由呀嘞所著》、《圣经新旧约全书》,及马礼逊的《神天新遗诏书》做一节译比较:

表 3　马士曼、马礼逊译本中的“嘉音”与“福音”

章:节	马士曼《此嘉音由呀嘞所著》(1810)	马士曼《圣经新旧约全书——马耳可传福音书》(1822)	马礼逊《神天新遗诏书——圣马耳可传福音书》(1823)
1:1	嘉音之始,乃从意苏口记口时口度神之子也。	耶稣基利士督神子福音之始也。	耶稣基利士督神子福音之始也。
1:14	呸嘎(约翰)被人囚于监牢之后,意苏来于架利利亚,宣扬神邦畿之嘉音。	且若翰被收入监后,耶稣来加利利宣神王之福音。	且若翰被入囚后,耶稣来加利利宣神王之福音。
1:15	曰,时已至矣,神之邦畿,又将矣,尔等忏悔而信其嘉音也。	又曰:时候已得满而神之王就至尔悔罪,并信福音也。	又曰:时候已得满,而神之王近到,而悔罪,并信福音也。
(下略)			

从表 3 可以清晰地看到马士曼早期译本与后两个译本的不同,集中于对人名、地名及专有名词的译介。马士曼用词艰涩,但由于其成书时间更早,文本价值极高。“二马译本”被普遍视为近代新教传教士《圣经》汉译之滥觞,《圣经》文本从节译到全译的过程中,“福音”译词也从四福音书扩展到整个文本。前述白日昇选用“福音”来表述耶稣传达的好消息,马士曼与马礼逊同受此影响,保留并延续了“福音”一词的翻译,随着二马译本的经典化,“福音”译词得以确立,并成为一个既定的概念。

2. 英华、华英字典所见“福音”

语词、概念既定化的另一个表现是,其被字(词)典收录与记载。字(词)典对于语

---

① 学界已对二马译本的关系做过详细考证,参见马敏“马希曼、拉沙与早期的《圣经》中译”,《历史研究》1998 年第 4 期;谭树林:“《圣经》‘二马译本’关系辨析”,《世界宗教研究》2000 年第 1 期;赵晓阳:“二马圣经译本与白日昇圣经译本关系考辨”,《近代史研究》2009 年第 4 期。

② “伦敦传教会给我在伦敦博物馆所藏天主教神父中译手稿,是我在翻译中文《新约全书》的依据。”参见马礼逊夫人《马礼逊回忆录》,顾长声译,广西师范大学出版社 2004 年版,第 153 页。

词的解释往往简单明晰，一目了然，具有较高的权威性，也象征着语词使用在文本中的固化。19世纪以来，基督教新教传教士编纂的英华、华英字典逐渐增多，这些字典不仅是传教士学习中文、了解中国社会风俗的必备工具书，也为《圣经》汉译工作带来了诸多便利。二马译本问世后，"福音"概念在马礼逊及后人编纂的华英、英华字典中得以成型。

1815—1823年间马礼逊编纂的三部六卷本《英华字典》为第一部英汉、汉英字典，该字典采用英汉对译的方式。马礼逊《英华字典》对"Gospel"给出了明晰的译词——"福音"，指好消息、早期耶稣会士传布的福音，以及传道和传福音的活动，凸显了"福音"概念的实践色彩①。继马礼逊之后，麦都思（W. H. Medhurst，1796—1857）《英华字典》将"福"释为极好的、幸运的、快乐的，麦都思对"福"的认知更进一步，以古汉语中的"害盈福谦"解释福祸之间的此消彼长②。五年后，"Gospel"的对应译名添列"嘉音"一词③。

19世纪70年代，罗存德在麦都思字典的基础上，编纂了颇具权威、对各国影响深远的《英华字典》（1866—1869）。罗存德字典中，"福音"概念的意涵得到扩展，并呈现出三个面向——传道宣教层面的福音，宗教信仰层面的福音和被视为真理信条的福音④。同时，"Glad"条目之下的"glad tidings"，罗存德并未将其直译为"好消息"，而是代以"福音"⑤，可见到19世纪中叶，"福音"概念及其扩展意涵逐渐确立，此后，福音使用的范围越来越广，但仍以基督教教义与实践作为基础。

表4　英华、华英字典所见"福音"及其译词

字(词)典	作者 成书年代	原词	解释
《英华字典》 A Dictionary of The Chinese Language	马礼逊 1822	Gospel	1. happy tidings, the Roman Catholic missionaries express by 福音 2. To preach or promulge the gospel, 宣福音

① Robert Morrison, *A Dictionary of The Chinese Language*, Macao: Printed at the Honorable East India Company's Press, 1822, p. 192。

② W. H. Medhurst, *Chinese and English Dictionary*, Batavia: Printed at Parapattan, 1842—1843, p. 673。

③ W. H. Medhurst, *English and Chinese Dictionary*, Shanghai: Printed at the Mission Press, 1847—1848, p. 634。

④ W. Lobscheid, *English and Chinese Dictionary*, Honkong: Printed and Published at the "Daily Press" Office, 1866—1869, p. 909。

⑤ W. Lobscheid, *English and Chinese Dictionary*, p. 898。

续 表

字(词)典	作者 成书年代	原词	解释
《华英字典》 Chinese and English Dictionary	麦都思 1842—1843	福 Fuh	Excellent, good, fortunate, provided with everything, happy, to render happy, to bless 害盈福谦
《英华字典》 English and Chinese Dictionary	麦都思 1847—1848	Gospel	福音,嘉音
《英华字典》 English and Chinese Dictionary	罗存德 1866—1869	Gospel; to preach the Gospel; Gospel-truth; he takes it for Gospel	福音、嘉音; 宣传福音; 福音真道; 他实信之
《英华字典》 English and Chinese Dictionary	罗存德 1866—1869	Glad glad tidings	福音
《英华大辞典》	颜惠庆 1908	Gospel	n. 1. Good tidings,福音,嘉音;as, to preach the Gospel,宣传福音 2. A history of the life and doctrines of Christ,福音书(耶稣事迹历史及道理) 3. A selection of one of the Gospels for use in a religious service,做礼拜时福音书中摘读之一段书;as, the gospel of the day,是日所应读之福音书 4. Anything agreed to be true,真事;as, gospel-truth,真理 a. 1. According to the gospel,依福音的,遵照福音的 v. t. 2. To instruct in the gospel,以福音训诲;to fill with sentiments of religion,种道于人心中,传道

续 表

字(词)典	作者 成书年代	原词	解释
《英华大辞典》	颜惠庆 1908	Gospeller	n. An evangelist,传福音者;the priest who reads the gospel at the altar,读福音书之教士 Gospel - gossip n. One over - zealous in lecturing his neighbours on religious subjects,喜以教规责备邻舍之人

由表4可知,从《圣经》文本到英华字典,“福音”概念的尘埃落定,标志着其在语词层面上的固化,作为“Evangelium”的对等译词,“福音”既传递出了四福音书原有的嘉美意涵,也契合了中国信徒对“福”的追求。在“福音”译词的确立过程中,虽然一度出现了“万日略”一般的音译,或“嘉音”等同样表征好消息的意译,但最终,英华字典仍以“福音”为主,字典的权威和普及使得“福音”译词的面向日益宽广,使用日渐普及,并最终从语词走向概念。

四、从语词到概念

二马译本标志着福音译词的确立,英华、华英字典象征着其使用的普及,福音概念成型后,其在后续文本中的变化也要关注。此外,早期文本的考察对象多为汉译《圣经》,随着文言分离趋势的日益明显,传教士对文本的编纂逐渐走向地方化,随之而来的是官话译本和方言著作的大规模涌现。在这一背景下,福音概念的传播与接受效果如何?

1. 历时性视野下的汉译《圣经》

荷兰宣道会传教士郭实腊(Karl Friedrich Gutzlaff, 1803—1851)的《救世主耶稣新遗诏书》是目前颇为稀有、学术价值极高的《圣经》汉译本[①]。太平天国的《新旧遗诏圣书》便是对郭实腊译本的重新修订,两译本相似程度极高[②]。委办译本是19世纪40年代十余位传教士倾十余年的翻译成果,虽然由于各差会及传教士间的分歧,委办译本最终未能达成统一中文译本的初衷,但此译本仍是《圣经》汉译史上的重要

① 郭实腊:《救世主耶稣新遗诏书·马太传福音书》,新嘉坡坚夏书院藏版,1839年版。

② 《新旧遗诏圣书》,太平天国癸好三年新刻本,1853年版。

里程碑，掀起了《圣经》汉译之新潮[①]。同时比较这三个成书于19世纪40—60年代的译本，有助于在历时性层面对“福音”概念的变迁做一梳理。

郭实腊与太平天国译本均选用“嘉音”一词，委办本一致选定“福音”。可见，二马译本虽为新教传教士《圣经》汉译之滥觞，但“福音”在文本中的普及不是一日之功，仍然有一个传播与接受的过程。细察19世纪40—60年代的译本，与“福音”搭配的语词越来越多，比之二马译本呈现出更为丰富的面向。如郭实腊译本中的“神国之福音”[②]“基督之福音”[③]，委办译本中的“上帝国福音”[④]，等等。这些与“福音”搭配的短语揭示了“福音”在文本中的历时性变化，以及“福音”指代的多元化。

2. 官话译本中的“福音”

19世纪中叶，福音从语词到概念的另一个转向表现为出现了大量通俗文本。早期传教士所译《圣经》，并未采用官话(白话)，他们认为官话(白话)不够严谨，有失《圣经》的权威性[⑤]。但面对文言分离的趋势，《圣经》文本与传教实践之间产生了龃龉，传教士们不得不编纂一些方言译本与著作，来应对布道所需。

1728年，雍正下令定北京官话为正音，洪武正韵的南京官话时代就此结束，但在18—19世纪的很长一段时间里，南京官话的使用范围与流行程度仍然很广。如1856年由麦都思、施敦力合译的《新约全书》是首部以官话译成的汉语《圣经》(下文称南京官话译本)，其中不乏“福音”一词的身影。

> 瞎眼的就能够看见，折脚的能够行走，麻风的能够洁净，耳聋的能够听见，死亡的能够复活，贫穷的能够听福音。[⑥](马太福音11：5)
>
> 约翰用许多说话，解劝安慰人，报好消息给百姓听。[⑦](路加福音3：18)

南京官话译本与委办译本的出版时间非常接近，在上帝、基督、福音等译名和人名、地名的使用上保持了高度的一致。但其文理和语体发生了较大的改变，原有的文言韵

① 《新旧约全书》，委办译本，香港英华书院，1855年版。

② “约翰监禁之后，耶稣至加利利地，宣神国之福音云。”参见郭实腊《救世主耶稣新遗诏书·马可传福音书》，第2页。

③ “使我自耶路撒冷至以吕哩古周围四方，遍宣基督之福音。”参见郭实腊《救世主耶稣新遗诏书·圣差保罗寄罗马人书》，第18页。

④ “约翰幽囚后，耶稣至加利利，传上帝国福音。”参见委办译本委员会《新旧约全书·马可福音传》，第18页。

⑤ 如马礼逊曾经认为白话“有口语化的粗俗”倾向，所以他放弃了使用白话来翻译《圣经》。In William Milne, *A Retrospect of the First Ten Years of the Protestant Mission to China*, Malacca, 1820, p. 89。

⑥ 麦都思、施敦力等：《新约全书》(南京官话译本)卷一，江苏松江上海墨海书馆1856年版，第10页。

⑦ 麦都思、施敦力等：《新约全书》(南京官话译本)，第51页。

律被打破，定语修饰成分的增多使得口语化色彩加重。出现了以白话“好消息”解释“福音”的现象，这也是“好消息”首次出现在《圣经》汉译本中[①]。由于南京官话译本直接将文言译本进行转译，不太注意语言的铺陈和辞章的修饰，因而其历史价值远高于文本价值。十余年后问世的北京官话译本，译文流畅，辞章通达，“不易为别的译本所胜过”[②]，这一译本真正实现了白话从口语体向书写体的转变。“福音”一词在文白对照中的含义变化不大，但文本中的“福音”由繁入简，走向口语化。

3. “福音”与《圣经》三字经

相较于形式固定、体例严谨的《圣经》，18 世纪 20 年代以后陆续出现了一些套用中国传统文体的布道小册，其中最具代表性的便是圣经三字经与七言诗[③]。最早尝试编纂圣经《三字经》之一的是英国新教传教士麦都思，早在 1823 年，他便在巴达维亚编印出版了《三字经》，共 17 页，948 字[④]。笔者未能得见麦都思早期的《三字经》译本，本文所举是 1856 年墨海书院《三字经》本，共 17 页，960 字：

> 自太初，有上帝，造民物，创天地，无不知，无不在，无不能，真主宰。
>
> 我信之，可得救，凡尔众，无富贫，必悔罪，信福音，改前非，向真道，如是者，为从教。[⑤]

圣经《三字经》的文本内容大同小异，但其内含的传教方式十分特别。卫三畏认为“以《三字经》形式撰写的成千上万本基督教真理册子，在中国的教会学校中得以传布，并产生了良好的效果”[⑥]。与直接阐述教义的宣教作品和读起来略显枯燥乏味的《圣经》文本相比，《三字经》的文体更利于传教士布道和信徒记忆，其行文讲求平仄押韵，对识字的要求也不高，基本教义概念能够以浅显易懂的方式呈现。这类《三字经》文献沿袭了中国传统《三字经》所发挥的启蒙幼学的社会功用。随着浅文理白话译本的

---

① 早期除使用“福音”“嘉音”译词外，也使用“好音”“嘉名”“佳音”等词。

② 贾立言：《汉文圣经译本小史》卷一，冯雪冰译，华文印刷局 1944 年版，第 71 页。

③ 相关研究参见 Evelyn Rawski, Elementary Education in the Mission Enterprise, in Susanne Wilson Barnett and John King Fairbank, eds, *Christianity in China: Early Protestant Missionary Writings*, Cambridge: Harvard University Press, 1985, pp. 135 - 151。黄时鉴：《〈三字经〉与中西文化交流》，载《黄时鉴文集Ⅲ：东海西海——东西文化交流史(大航海时代以来)》，中西书局 2011 年版，第 45—61 页。

④ 参见司佳“麦都思《三字经》与新教在华及南洋地区的活动”，《学术研究》2010 年第 12 期。

⑤《圣经三字经》，上海墨海书馆 1856 年版，第 1a，8a 页。

⑥ S. Wells. Williams, *The Middle - Kingdom: A Survey of the Geography, Government, Literature, Social Life, Arts, and History of The Chinese Empire and Its Inhabitants*, vol. 1, London: W. H. Allen, 1883, p. 530。

流行，与《圣经》相关的通俗文本层出不穷，此后，“福音”逐渐脱离单一的宗教文体，被赋予了更多的政治和社会意涵，也反映了基督教在华不断增强的影响力。

五、结语

17—19 世纪《圣经》文本对“福音”的译介揭示了“福音”概念的确立过程。相较于天主、上帝等上位概念，有关“福音”译介和使用的争议较少，汉语语境中的“福音”并非一个语义剧烈变动的概念。明末耶稣会士来华之际，对“福音”这一新名词的诠释大多停留在翻译层面，尤其着眼于对《新约圣经》开篇四福音书的节译，就语词的翻译而言，无论是被放弃的“万日略”抑或昙花一现的“嘉音”“嘉语”，都不如“福音”来得贴切。

其中最显著的变化发生在 19 世纪初，二马译本的诞生标志着汉语语境中“福音”译词的正式确立，“福音”取代“万日略”“嘉音”等，成为基督教专用语词。19 世纪末，随着与“福音”相关的英华字典的出版和通俗译本的普及，“福音”译词的受众日益扩大，汉语语境中的“福音”被赋予了强烈的实践性色彩，真正完成了从语词到概念的转变[①]。一度被选择性翻译的“福音”，几经变迁，最终成为基督教在华传播的重要概念，以及普通信徒走进基督教的基本门径。

时人之所以选择“福音”作为对等译词，不仅因为它是一个被创造的新兴语词，概念的混淆和误用较少，更考虑到“福”在中国传统文化中所具备的深厚内涵，带有中国式信仰色彩的“福音”更贴近中国人礼神致福的信仰结构。然而，“福音”概念的翻译也体现了诸多局限性，相较于“万日略”，“福音”是一个自明的、被创造的本土性译词，这其实是对语言和概念之间可通约性的内在否定。巴别塔的倒塌隐射出语言自身的局限性，“福音”便是对“Evangelium”的失真性译介。无怪乎，“宗教史中一半以上不易理解的难题，都是由于以现代语言解释古代语言，以现代思想解释古代思想，因而经常发生误解而产生的，当词语涉及神明时尤为显著”[②]。

---

① “福音”概念在具体语境中的实践并非本文讨论的主题，但克服了翻译困境的“福音”概念，在 19 世纪末 20 世纪初走出《圣经》文本，脱离个体的实用主义层面，成为一个被广泛使用的社会概念。然而，进入社会语境的“福音”概念也变得愈来愈模糊，在逸出原有的宗教范畴后，“福音”逐渐成为社会上有益众人的言论与好消息，摆脱固定文本语境的“福音”概念将面临更多不可知的含义变化和语用转型。

② Max Müller, *Introduction to the Science of Religion: Four Lectures Delivered At The Royal Institution, Two Essays On False Analogies And The Philosophy Of Mythology*, Oxford: Longmans Green Co., 1882, p. 32。

从“造化机论”到“培种之道”：通俗性科学在近代中国的传播

唐　权*

一、引言

近代以来流布于中国社会中的性知识，就内容而言，大致可分为两类：一为本土的（或已经本土化的）性爱之术，记载于佛道两教的典籍和中医著作之中；一为新舶来的性科学，主要见于一些西学书籍。自19世纪末到20世纪前期约三十年间，中国社会在性领域所出现的一个重大变化，简言之就是后者作为理解人的奥秘及改良社会的理论武器，被积极引进和广泛传播，最终取代前者而成为知识界的主流话语。借用文学研究者彭小妍的表述，不妨说近代中国知识人曾经发动过一场“性启蒙运动”。[①]本文试图探求的问题是，这场运动所带来的新知识内容究竟为何？

概观中文世界里的性话语，不难发现无论是内容还是表达方式，皆因时期不同而呈现出极大差异。而发生变化最显著的时期，首先出现在20世纪初。如李伯元（1867—1906）在《南亭四话》中记录一则逸话云：

浙江某文社，多课诗钟。一日有滑稽子，以某相与妇人生殖器为题，其拔居

---

* 华东师范大学外语学院副教授。

① 彭小妍：“性启蒙与自我的解放——‘性博士’张竞生与五四的色欲小说”，《文艺理论研究》1995年第4期。关于近代中国新知识建构的概括性论述，可参见沙培德、张哲嘉“现代中国知识：全球化与在地化”，沙培德、张哲嘉主编：《近代中国新知识的建构》，“中央研究院”2013年版，“导言”第1—19页。

首选者一联云：“一国尽称和事老，大家俱是过来人”。[①]

“生殖器”一词是舶来的和制汉语，清末时被称为新名词。一群文人兴致勃勃以之为题，举行诗会，在今天虽不免令人惊诧，但当时却属趋新应时之举，甚至有报纸也在推波助澜[②]。此则逸闻透露的信息是，清末不少读书人对于性的近代语汇已经毫不陌生。而李伯元不带道德谴责色彩的平淡笔调，亦反映出时人对于舶来的性知识，持有相当开放和宽容的态度。

“生殖器”作为流行新语闯入汉诗园地，不妨看作是西方的近代知识经由日本，被大规模介绍给国人这一时代浪潮中泛起的一朵浪花。清末知识人所热烈拥抱的，当然并不仅仅是“生殖器”一个词，还包括它背后的庞大知识集合体。张仲民近年来对晚清出版文化的研究显示，涉及“生殖医学”这一主题的书籍在清末出现过不少。张氏通过爬梳报刊文献中的广告，已整理出包括五十余种书名的“生殖医学书籍书目”，令当时的性话语群露出了冰山一角[③]。这些出版物的主旨，多是向读者介绍和普及今天被划归为“性”这一领域的各类相关知识，其内容庞大而驳杂。西方的性科学在19世纪70年代首先被介绍到日本，明治时期一般称“造化机论”，而现代日本学者则多以“开化性科学”（開化セクソロジー）或“通俗性科学”（通俗セクソロジー）称之，以区别于后来大正时期流行的“通俗性欲学”。20世纪初，中国知识人将前者引进国内，数年间风靡一时。就书籍的出版体裁而言，清末的性科学书与其日本前辈一样，皆为面向一般读者的通俗启蒙读物。本文所关注的对象，正是这些清末的出版物，我把其中的性知识集合统称为“通俗性科学”。

关于西方性科学在近代中国的传播，民国前期周作人（1885—1967）、张竞生（1888—1970）等人的介绍和提倡，以及《性史》（1926）出版后国内论坛及图书市场的热闹喧嚣，是广为周知的事实。相比之下，在李伯元生活的时代，国人接受性科学洗礼的那一幕，在今天可以说已被完全遗忘。个中的原由，民国知识人的缄口默言是不可忽视的一点。周、张等人对于斯妥布思女士（Mary Carmichael Stopes，1880—1958，或译司泼托夫人）《结婚的爱》（*Married Love*）、蔼理士（Havelock Ellis，1859—1939）《性心理学》（*Psychology of Sex*）等西文著作虽然交口称赞，但对属于前一个时代、带有强烈日本色彩的著作群却绝不提及，仿佛后者从来不曾存在。这种有意的漠

① 李伯元著，薛正兴校点：《南亭四话》，载《李伯元全集》4，江苏古籍出版社1997年版，第219页。

② 光绪三十年（1904）七月初一刊《同文沪报》亦同样以“生殖器”为题，公开向读者征求诗钟联语。参见张仲民《出版与文化政治：晚清的卫生书籍研究》，上海书店出版社2009年版，第245页。

③ 张仲民：《出版与文化政治：晚清的卫生书籍研究》，第184—188页。

视，到底是因为他们对清末流入的通俗性科学持彻底否定态度的缘故，还是因为同时期排日风潮的影响，尚有讨论余地(如本文第四节所示，张竞生对性的理解就颇似清末人，但他本人却不向读者交代这一点)。

导致通俗性科学被后世遗忘的另一个、或许是更主要的原因，应和“性”这个汉字符号有关。因为在清末文献中，完全看不到这个字作为 sex——即在生物学上是指基于身体的雌雄区分，在日常生活中则一般被理解为与性行为相关的人的行动或是行为的集合——对译语的使用实例。当时的流行语中，代替“性”出场的大致有“淫”“生殖”“色情”“男女交合”等语汇。“性科学”一词自然也未诞生，“传种改良”或是“婚姻进化”，以及本文题目中出现的“培种之道”等字眼才是带有时代色彩的表达。同时，介绍通俗性科学知识的出版物虽多，但在清末的新学书目中，它们并没有被划为单独一科，而是多被归类于“全体学”或“生理学”的栏目。总之，无论是语言表达还是学科定位，清末人对性科学的理解和后世之间有一条深深的鸿沟。

回顾汉字“性”与 sex 之间互译关系之确立，可以说经历了一个漫长过程。最早把二者联系在一起的，是幕末时期的日本学者。据齐藤光考证，堀达之助(1823—1894)所编的《英和对译袖珍辞书》(1862)一书中，sex 已经被解释为“种族、性、同门之人”。不过在其后的很长时期里，二者在日语中的关系并不固定，sex 经常被译为“色”或是“淫”，而“性”则有时也作为 nature 的对译语被使用(如以“性法”翻译 Natural Law)。直到 1900 年前后，意为 sex 的“性”才开始在各类作品中大量出现，而这种对应关系真正实现最终的安定化和规范化，则要等到 20 世纪 20 年代以后。齐藤氏还指出，“性”字本来有“本质”“本性”“心灵”等正面含义，这使得它在作为 sex 的对译语时，也自然地披上了一层“科学”和“客观”的色彩。该字最终被大多数日本人接受，在各类著作尤其是辞书中替代了“色”“淫”等其他汉字译语。这一过程，被齐藤氏称为“性”的“文化的标准化”①。

中文里“性”作为 sex 对译语的用法，无疑来自日语。而“性”的“文化的标准化”现象，在中国大致出现于 20 世纪 10 年代末期。如周作人在一篇介绍西方性科学著作的文章《爱的成年》(1918)中，已经使用了诸如“两性问题”“性的进化”“性欲”等词汇，且没有加任何特别解释②。20 世纪 20 年代初期，留法归来的张竞生作为哲学教

① 齐藤光：“‘性欲’の文化的標準化”，《京都精华大学纪要》1994 年 1 月第 6 号，第 161 页；齐藤光：“《性科学・性教育编》解説”，载齐藤光编：《性と生殖の人権問題資料集成》，东京不二出版 2000 年版，第 27 卷，第 2—4 页。

② 周作人：“爱的成年”，《新青年》1918 年第 5 卷第 4 号，转引自周作人著文，钟叔河编订：《知堂书话》上册，中国人民大学出版社 2011 年版，第 326—328 页。

授在北大讲学时，曾把“从科学上研究生殖器如何得到最美妙的触觉，与心理上如何得到交媾时的乐趣”的学问称为“闺房术”，其课堂讲义—即风行一时的《美的人生观》(1925年初版)—中还没有使用“性”字①。但到了1926年初，当他在杂志上撰文，号召读者写出个人“性史”的时候，要求投稿者不但要介绍自己的“性量大小”，还要把交媾对象的“性欲状况、性好、性量、性趣等，请代为详细写出来”，以作为“‘性学问’的材料”②。张氏对“性”字的使用表现出强烈偏好，这一方面可看作是他为了增强自己文章的科学色彩而采取的一种策略；另一方面，也不妨说从这时起，“性”概念的使用已经不局限于留日归来者。他所说的“性学问”，应和“闺房术”一样都应当是 sexology 或 sexual science 的早期译例。这个词民国时又被简化为“性学”，一直使用到今天。

概言之，近代中国有两代知识人——津津乐道“生殖器”的清末人和呼吁“‘性欲是一切’，才是我们真正的学问”的民国人③——曾经先后热烈拥抱过西方的性科学。这两代人所接受的性知识各自包含了哪些内容？它们之间哪些地方有连续性？哪些地方又存在断裂？迄今为止的研究中，还没有人尝试给这些问题提供一个答案④。

本文的焦点集中于清末，具体来说，就是1900年前后的数年间。我尝试以当时的出版物为线索，去接近隐藏在“生殖器”话语背后的知识世界。这项作业之所以成立，主要得益于两方面的先行研究：一是大陆学者在书志学和文献整理方面取得的

① 张竞生：《美的人生观》，三联书店2009年版，第41—42页。

② 张竞生：“一个寒假的最好消遣法——代‘优种社’同人启事”，《京报副刊》1926年1月5日第375号，第14页。

③ 张竞生：“介绍一个大问题——男女关系”，《京报副刊》第375号，第9页。

④ 关于近代中国“性”领域的概述性论述，有刘达临：《20世纪中国性文化》，三联书店2000年版，以及Susan Mann 的 *Gender and Sexuality in Modern Chinese History*，日文版：小浜正子、Linda Grove 监译:《性からよむ中国史—男女隔離・纏足・同性愛》，东京平凡社2015年版。前者为社会学者的著作，较少实证性的历史考察。后者从女性史立场出发，企图全面展示近代中国的性/性别系统，特别深入讨论了女性隔离规范的消灭过程，堪称野心之作。不过两书均未触及“性”概念在中文世界如何成立，以及清末中日之间围绕性科学的文化传播。关于西方性科学如何被国人接受的问题，黄克武、彭小妍、李贞德等台湾学者已经探讨过一些个案。黄氏通过分析民国前期《申报》的医药广告，指出当时存在“性的病因论”的认知，即把纵欲过度所导致的精液浪费视为诸病之源。参见黄克武“从申报医药广告看民初上海的医疗文化与社会生活，1912～1926”，《中央研究院近代史研究所集刊》1988年第17期下册，第162—170页；彭氏围绕张竞生有一系列研究，其中涉及性科学的，除了前述“性启蒙与自我的解放——‘性博士’张竞生与五四的色欲小说”，尚有以下几篇论文值得参考。关于民国知识界性欲话语的分析，有两篇论文:“五四的新性道德——女性情欲论述与建构民族国家”，《近代中国妇女史研究》1995年第3期，第77—96页；“张竞生的性美学乌托邦：情感教育与女性治国”，载李丰楙主编：《文学、文化与世变》，“中央研究院”中国文哲研究所2002年版。关于民国知识人的性知识来源，有“张竞生的《性史》：色情还是性学?”，《读书》2005年第8期，第156—161页。李氏的研究，则以民国时期生理卫生教科书为对象，分析存在于其中的文化与社会的力学关系，如性与生殖的拉锯与消长、国家权力与作者和书局之间若即若离的竞合、教本的多样性以及其中所反映的男女性差。参见李贞德“二十世纪前半期中国生理卫生教育中的性、生殖与性别”，载祝平一主编：《卫生与医疗》第四届国际汉学会议论文集，“中央研究院”2013年版。以上三氏考察的时段，均为民国前期。

业绩。除了前述“生殖医学书籍书目”提供了按图索骥的指南，一些尘封已久的著作如杨翥著《吾妻镜》(光绪二十七年序)，近年来也被发掘出来并得到正面评价。[①] 二是日本学者在本国性科学史领域取得的丰硕成果。尤其是关于明治时期“造化机论”的研究，自木本至的名著《手淫和日本人》(《オナニーと日本人》，1976)问世以来，上野千鹤子、齐藤光、赤川学等当代学者皆各有贡献。他们整理出版的史料集，以及所澄清的史实和提出的创见(详见第二节)，可以说奠定了东亚地区性科学接受史研究的基础。

以下的论述由四部分构成。各部分的考察重点，分别是甲午战争以前直接自西方传入的性知识、明治日本的“造化机论”、清末流行的通俗性科学著作、作为性爱基本原理的“电气说”。由于相关数据难以搜尽，以及个人知识范围的局限，此项研究仅仅算得上是对通俗性科学传播史的轮廓所作的一个粗略勾勒。我关注的层面一方面在于发掘中日两国在知识交流领域中被埋没已久的史实，同时我也希望借助这些史实去打开一扇窗口，以探索近代中国人精神世界中的某些侧面，其中自然包含那些曾热衷于拿“生殖器”吟诗联句的骚人墨客。

二、通俗性科学传来前史

英文中 sexology 一词的初出时间相当晚，大致是在19世纪60年代。[②] 不过，在19世纪的性科学里面，实际上包含着大量渊源古老的知识。其中最基本和主要的，不必说是关于男女生殖器官的结构与功能的解剖学知识，以及涉及性的病理的知识。而这些知识最早进入中国的时期，众所周知并不是清末。因为，当早期来华的西方传教士们尝试向中国人介绍西方学术时，就已经提及它们。所以在考察清末中日间围绕通俗性科学的知识交流之前，有必要首先回顾更早时期的情形。

关于人体解剖知识的介绍，最早见于明末清初来华天主教传教士的性学著作(此处的“性学”，指“费西伽”(physica)一门，即格物之学)。其中涉及解剖学的著作，主要有艾儒略(Giulio Alenis，1582—1649)著《性学觕述》(1623年序)，邓玉函(Johann Terrenz Schreck，1576—1630)著《泰西人身说概》(1634年以后)，由邓玉函、罗雅谷(Jacobus Rho，1593—1638)和龙华民(Nicolas Longobardi，1559—1654)三人合著《人身图说》(抄本)等汉文著作，以及巴多明(Dominique Parrenin，1665—1741)应康

① 王宝平：《中国における〈吾妻鏡〉の流布と影響》，《古文书研究》2002年第55号，第85—86页；张仲民：《另类的论述——杨翥〈吾妻镜〉简介》，《近代中国妇女史研究》(台北)2007年第15期，第195—210页。

② 赤川学：《セクシュアリティの歴史社会学》，东京劲草社1996年版，第397页。

熙皇帝的要求，自1698年起历时5年以满文编译的《钦定格体全录》。这些著作中的知识，主要反映了欧洲16世纪以来在解剖学上取得的成果。[①] 就其中涉及男女生殖系统的论述而言，我想有两点值得注意：

第一是专门用语的翻译。由于中国和西方在身体观和知识体系上的巨大差异，如何传达中文里不曾有过的各类概念与认知，是首先必须面对的挑战。传教士们苦斗的结果，是一系列全新用语的发明。如《人身图说》中有"男女内外阴及睾丸并血脉二络""论睾丸曲折之络与激发之络""论女人子宫"等许多章节，皆详论生殖器官的构造和功能。据范行准在《明季西洋传入之医学》中的研究，这些章节中常常出现的"质具"一词，实指男子的精液或是女子的经血；与之相关的"质具络"则为生殖器动脉和静脉之总称；又有"激发之络"一词，指的是男子之输精管，或是女子之输卵管；至于"曲折之络"，指的是男子之副睾丸。说到"睾丸"，则不但男子有，女子亦有；所谓"女子睾丸"乃是对卵巢的称呼。而这一系列语汇背后包含着一个理念，即男女在生殖器官上并无本质不同。[②]

传教士的新语发明，借用赤川学的分析框架，可以称为知识"言语化"的尝试。[③] 如果要普及一种知识，则需要在"言语化"的基础上进一步作"通俗化"的努力。对于后者，早期来华传教士们似乎没有显示出兴趣。因此上述知识尽管进入了中文世界，但对于明清时期的读书人来说，其内容之艰涩难懂，几无异于鸟言侏离。嘉道年间安徽人俞正燮(1775—1840)是少有对《人身图说》做出正面响应的学者。他曾略带夸张地感叹说："此书在中国二百年矣，未有能读之者。"没有读懂的人群中当然也包括俞正燮本人，因为在研读完《人身图说》之后，他竟然得出了"中土人睾丸二，彼土睾丸四"的结论。[④]

明末清初西学书籍的另一个特色，是传教士们对"性"的表现极为谨慎。也许是惧怕得到"诲淫"的坏名声，他们在自己的著作中，没有插入任何一幅表现男女外阴部

---

① 关于汉文解剖学书与西方著作之间的关系以及中国国内相关研究的综述，可参见牛亚华"《泰西人身说概论》与《人身图说》研究"，《自然科学史研究》2006年第25卷第1期，第50—65页。

② 范行准著，牛亚华校注：《明季西洋传入之医学》，上海人民出版社2012年版，第97，114—116页。另外，关于这个问题，董少新亦有详细分析，参见《形神之间：早期西洋医学入华史稿》，上海古籍出版社2012年版，第344—354页。

③ 赤川学把涉及性的知识向社会传播的过程分为四个步骤：一是言语化，即一种知识经过少数专家的议论，通过一些专业术语的发明而令其得以成立的过程；二是通俗化，即这些专业术语通过杂志或是文学等媒体，向一般人传播的过程；三是社会问题化，即新知识在被实践的过程中与其相关的事项，作为社会问题显现；第四是国语化，即已经被通俗化的知识作为正统的国民言语，被记录进各类辞书的过程。参见赤川学《セクシュアリティの歴史社会学》，第56页。

④ 俞针对西方解剖学的评论，参见其所著《癸巳类稿》。相关内容转引自董少新：《形神之间：早期西洋医学入华史稿》，第346页。

的图解。不但插图颇为粗陋的汉文著作如此，即使是那部满文的《钦定格体全录》也不例外。后者包含数十幅精美插图，皆取自同时代欧洲的解剖学著作。对照两边的插图可知，巴多明在编译过程中，对于原图作了一系列大胆改动。如原本是正面裸体的男子，其腰间被加上了一条惹眼的遮羞布(图 1)；而对于女子身体正面的描绘，则用拉长皮肤的办法来悄悄掩盖外阴部(图 2)。与之相应的是，文字说明也同样显得小心翼翼。因为对于男女外阴各个部位名称的详细解说，在所有书籍中都是找不到

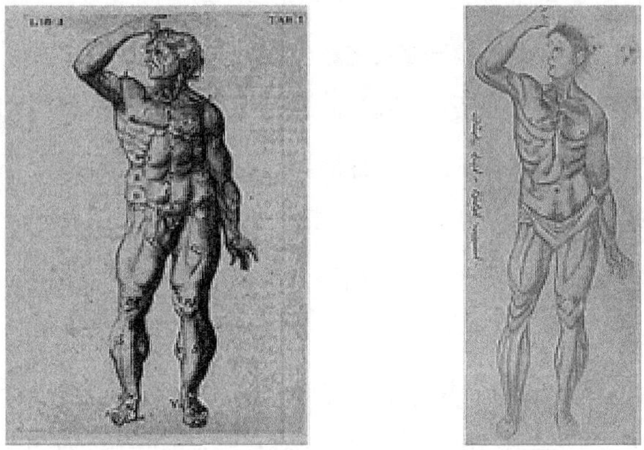

图 1　男子人体图之比较

左：Caspar Bauhin（1560—1624）著《解剖剧场》（*Caspari Bauhini Basileensis Theatrum anatomicum*，1605，国际日本文化中心野间文库藏），p. 9

右：巴多明，《格体全录》〔1698—1703 年写就，转引自 *The Manchu Anatomy and Its Historical Origin*（Taipei：Li Ming Cultural Enterprise Co.，1981)〕，p. 2

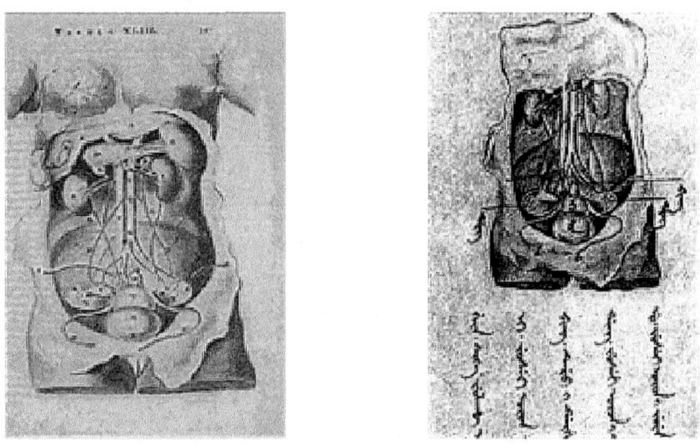

图 2　女子人体图之比较

左：Thomas Bartholin（1616—1680）著《人体解剖学》（Thomæ Bartholini Anatome ex omnium veterum recentiorumque observationibus，1673；国际日本文化中心野间文库藏），p. 251

右：巴多明，《格体全录》，转引自 *The Manchu Anatomy and Its Historical Origin*，p. 156

的。据渡边纯成介绍，《钦定格体全录》一书中凡指男子阴茎之处，皆用满语 ergen—其意为“生命力”——来委婉表达。[①]

关于明末清初解剖学在中国社会的传播，还有一点需要提及，即内容上最为充实的两部著作—《人身图说》和《钦定格体全录》，实际上都不曾出版过，而仅以抄本的形式小范围流传。所以这两部著作的读者群，无疑极为有限。从以上三点——传教士们对于解剖学知识通俗化努力之阙如、对于性表现之谨慎回避和解剖书传播范围之狭窄——不难想象，明清之际来华传教士所带来的性知识，几乎没有在中国社会掀起任何波澜就被冷落在旁了。

如果说《人身图说》等西学著作是性知识传播的第一波，那么第二波的传播也同样依附于汉译解剖学书籍。不过后者的编译者，已经变成 19 世纪中期以后来华的新教医学传教士。在 1850 年之后的近半个世纪里，他们共留下了十种左右以“全体”命名的解剖学著作。[②] 其中有代表性的作品，有合信(Benjamin Hobson，1816—1873)的《全体新论》(1851)、柯为良(Dauphin William Osgood，1845—1880)著《全体阐微》(1881)，[③]以及德贞(John Dudgen，1837—1901)著《全体通论》(1886)等书。在这类著作中，出版时期既早且在中国社会引起相当反响者，则首推《全体新论》。

作为一部企图利用近代医学来改变中国人的传统观念和信仰的著作，合信在《全体新论》中用了五节的篇幅——分别题为“外肾经”“阳精论”“阴经”“胎论”“月水论”——来介绍人的生殖系统。也许是从前辈传教士著作的失败中接受了教训，合信的文章十分注重语言的通俗化和表述的形象化。如“外肾经”中介绍睾丸的构造与功能云：

> 外肾俗曰卵子，粤东土语曰春子。为生精之府，延嗣之经。阉之割之，音容顿改，生育之权绝矣。位悬两胯当中，双垂肾囊之内。肾囊者……(下略)

在接下来的具体说明中，合信大量使用比喻，以追求说明对象的可视化。如说男子的“卵子形如鸟蛋而扁”，其内部则“间分十余层，仿似葵扇之纹”，至于精管，则是“状若行蛇”等等，皆是以文学性的表现来加强文章的通俗性。[④] 对于“阴经”即女子

---

① 渡边纯成：“满洲语医学书〈格体全录〉について”，《满族史研究》2005 年 6 月第 4 号，第 50，54 页。

② 高晞：《德贞传》，复旦大学出版社 2009 年版，第 325 页。

③ 柯为良：《全体阐微》，福州圣教医馆光绪七年(1882)版。

④ 合信：《全体新论》坤册，日本早稻田大学图书馆藏，越智藏版，安政 4 年(1857)刊，第 27 页。此日本刊本为广州惠爱书局刊本的翻刻，与原中国刊本相比，少“造化论”一节。又，在海山仙馆丛书版(咸丰辛亥刊)中，“粤东土语曰春子”被置换为“古人亦呼为睾丸”。

生殖系统的说明，合信也同样是不惜多费笔墨在行文中植入俗语和比喻。如解释女子初次与男子交合时，“膜破微有血出，故俗曰破身”。在介绍子宫时，说其“状若西红柿，颇似葫芦上截”、而“子核”（卵巢）则是“形如雀卵”等等。在追求知识的通俗易懂方面，合信可以说是煞费苦心。

《全体新论》带给中国读者的解剖知识，除了合信在华友陈修堂帮助下创造的一系列全新术语，就性知识的内容而言，我认为有两个地方值得注意：一是他说的“阳精”或“精”，已经不同于《人身图说》中的“质具”，而是指通过显微镜才能看到的“状若蝌蚪而尾长游行甚疾”的“活物”，即精子。与此相应，该书也介绍了女子体内的“精珠”，即今天所说的卵子。合信在这里告诉中国读者的，不必说是直到今天还在通用的生理常识，即精子卵子结合的成孕受胎之理。①

《全体新论》带给中国读者的另一个新知识，是关于纵欲过度、手淫及性病。合信在“阳精论”一节中有如下记述：

> 夫精者，化生甚难，耗失甚易。少年血气未定，百体未坚，若纵情恣欲，轻则有虚弱之忧，重则有夭孬之患。戒之在色，养身莫善于寡欲也。若手淫自泄，伤身更甚，每有青盲聋懵之症。至于拥妓宿娼，花柳之害尤酷。伤残身体，毒及妻孥。不知自爱者，谁为惜之。②

这段话中的“少年血气未定”和“戒之在色”出自《论语》，“养身莫善于寡欲也”出自《孟子》。对清代读书人来说，皆是再熟悉不过的圣人语录。但是，合信为这些圣人语录所提供的解说，特别是强调手淫之害的说明方式，却不是中国式的。事实上“手淫”二字未见于比《全体新论》更早的中文文献，我断定它应该是合信专门为 onanism 或 masturbation 所苦心铸造的对译语。顺带一提，有一本题为《色香歌》的中日辞书，与《全体新论》的成书年代相距大约不远。这部辞书作为江户后期日本人编纂的汉语学习教材，其特色之一是收入了许多涉及性器官和性行为的汉语通俗语汇。其中有一个俚词是“五姐作缘”，被解释为“弄阴茎之事”。中国人在接受语意凝重的“手淫”

---

① “阴经”一节中有论及成孕与受胎，其文云：“凡夫妇交媾，男精泄入子宫，透于子管。子管即把罩子核，子核感动，精珠迸裂。阴精与阳精交会，自子管之尾而入。在管内渐结薄衣为胚珠，是为成孕。由是子管渐大，胚珠渐行，数日之内行至子宫。子宫接之，血入渐多，预生新膜，又生胶粒以塞子宫之口，是谓受胎。”合信：《全体新论》坤册，第29b页。

② 合信：《全体新论》坤册，第28a—b页。

之前，这种轻佻和带玩笑含义的语汇大约才是对自慰行为的一般称呼。[①]

上面这段引文的知识背景，当是彼时风靡欧洲的、以手淫为诸病之源的医学观念。18世纪以来，由于一本题为《俄南之罪》（*Onania*，1716）的匿名畅销小册子之问世，再加上号称“莱芒湖畔的名医希波克拉底”的瑞士医生提索（Samuel August Tissot，1728—1797）旁征博引的论证，手淫在欧洲成为令人谈虎色变的恐怖病症。提索撰写了一部探讨手淫病因的名著，即《论俄南之罪》（*L'Onanisme*，法文版初版1760年）。这部以严肃科学著作面貌出现的著作，被认为是近代以来的第一部性科学专著。合信所述“夫精者，化生甚难，耗失甚易”，令人联想到提索的体液理论。这种理论把人体内的体液按其重要性排序，而精液作为人体之精华，则位于体液排行榜的最顶端。借用提索的名言，就是“失去一盎司精液，相当于失去四十盎司血液”。另外，“手淫自泄、伤身更甚，每有青盲聋懵之症”的看法，同样也符合当时欧洲人的常识。按照让·斯丹热（Jean Stengers）在《自慰：一种巨大恐惧的历史》一书中列出的清单，18—19世纪时欧洲医生认为因手淫所导致的诸多病症之中，即包括感官系统方面的病症，如视力和听力的变弱，或是完全失去视觉和听觉，同时还包括神经系统方面的病症，如歇斯底里、痉挛、痴呆、低能和精神错乱等等。[②] 这些观点直到19世纪末以后，始有学者指摘其为无稽之谈。而在合信的时代，它们是被毫不怀疑地当作真知灼见来信奉的。

《全体新论》初版的发行量，据说为1200部。与合信有过直接交往的王韬（1828—1897）在其日记中写道，这部著作问世之后，一度出现了“远近翕然称之，购者不惮重价”的情形。在合信去世后创作的《英医合信氏传》中，王韬还发出感叹云：“噫。合信氏虽寂寞于当时，必显扬于身后。其所著五书，今已风行海内，不胫而走，没世之称可为操券也已。”扣除文字中的溢美成分，《全体新论》自问世后被许多中国人读过，这大概是不争的事实。[③]

不过，就该书中的性知识而言，究竟在多大程度上给同时代的中国读者带来冲

---

① 作者不明，《色香歌》，载古典研究会编，长泽规矩也解题：《唐人辞书类集》第4集，东京汲古书院1971年版，第111页。

② 关于Onania，参见Michael Stolberg《自涜道徳改良性病商売——“オナニア”（1716）の諸源泉とその歴史的文脈に関する考察》（上），齐藤光译，载井上章一编：《性欲の研究　エロティック・アジア》，东京平凡社2013年版，第149—154页。关于提索《论俄南之罪》一书中的体液理论，以及18—19世纪欧洲人的手淫认识，参见让·斯丹热（Jean Stengers）、安娜·凡·内克（Anne Van Neck）《自慰：一种巨大恐惧的历史》，巫静译，湖南文艺出版社2009年版，第17—19，89—102页。

③ 关于《全体新论》在清代的社会影响，可参见吉田寅的详细讨论。吉田寅：《中国キリスト教初期医療伝道史研究——ホブソン著中国語医学書の一考察》，《立正大学文学部研究紀要》1996年3月第12号，第97—100页；方行、汤志钧整理：《王韬日记》，中华书局1987年版，第111页；王韬：《弢园文录外编》，上海书店出版社2002年版，第278—279页。

击,却依然值得怀疑。原来男子"外肾经"和女子"阴经"的构造是如此奥妙,原来人乃是从"阳精""精珠"之结合而来,原来手淫竟然是可使人变盲变聋和变傻的恶习……,诸如此类的惊叹和感想,也许是合信极其渴望听到的。但在鸦片战争以后,最早睁眼看世界的那一代中国读书人所留下的文字纪录中,我还没有找到一句。为了让中国人接受西方的解剖学知识,医学传教士们在知识的言语化及通俗化方面付出了相当多的努力,但却未获得回应。即便是对西学有强烈关心并且不吝把最大赞辞送给合信的王韬本人,也没有留下只言词组回应《全体新论》中的性知识。自负为风流才子的他,其实并非对性知识不感兴趣,但其留下的唯一相关著作,却只是一册未刊的《璇闺秘戏方》。该书为春方媚药集,其中记录的都是作者认为对追求"老阴还童"或是"大壮元阳"有灵验效果的各类处方。[①] 这些处方展示的,不必说依旧是中医和方术的世界,而与近代生理学无缘。

晚清第一代启蒙者并未对西书中的性知识感到兴趣,这一现象也许可以从下面几个方面来解释:第一,这些知识几乎完全依附于解剖学著作。由于解剖学与中国人的传统观念严重冲突,有许多清人——哪怕像薛福成(1838—1894)那样的开明之士——是从根本上对其持否定态度的。他们或斥之为"胔骼堆中、杀人场上"的医道,或把人体骨骼标本的制作看成是无比"惨酷之事"。[②] 第二,记录这些知识的解剖学书常常带有强烈的基督教色彩。解剖学在西方的发展与基督教息息相关,而传教士们在著述时也往往并不掩盖这一点。如《全体新论》中"灵魂妙用论""造化论"等章节的存在,即是最好的注脚。对于固守儒家教诲的读书人来说,对洋教的反感或许会阻碍其吸收解剖学知识。第三,传教士们所传授的性知识范围,简言之就是只包括两部分,即作为生殖的性和性的病理,而完全不涉及性爱原理和应用技术。换句话说,就是说缺少了快乐的性这一部分,因此这些新知识并不能满足读者的全部需求。王韬一方面盛赞合信普及西医知识的功绩,但另一方面依然醉心于春药秘方的收集,其理由或许正在于此。

相对于王韬等人的漠视,同时代的日本人存在着完全不同的反应。众所周知,合信五书问世后,在极短时间内被输出到日本。尽管受到汉方医和佛教僧侣的严厉攻击,这些著作在兰学者中间却极受好评。如广濑元周(1833—1885)就把这五部著作

① 王韬:《璇闺秘戏方》手稿,载《苕华庐日记》第2册,"中央研究院"傅斯年图书馆藏,文件名:wt—c—08.doc。感谢潘光哲教授慷慨提供该手稿的数据。

② 清人陆懋修斥王清任《医林改错》云:"是教人于胔骼堆中,杀人场上学医道矣"。转引自董少新:《形神之间:早期西洋医学人华史稿》,第311页。薛福成在《出使英法意比四国日记》一书中,记录其参观伦敦博物馆人体骨骼标本后的感想云:"拙哉西医。中国之良医,亦能推动人之窍穴脉络,而百无一失。然不必亲验死人,亦未尝为此惨酷之事也。忍哉西人也。"转引自高晞:《德贞传》,第354页。

评为内容上"皆取确证，为看破汉医凿空张虚之说，论理卓绝，述汉人之所未云"的快心之作。[①] 以《全体新论》为例，其普及速度之快，可以说远超中国。具体来说，自安政四年(1857)即由二书堂出版了和刻本，明治七年(1874)更出现了题为《全体新论译解》的两种同名和译本，分别刊行于东京和大阪。四年之后，又出现了面向一般读者的普及版，即由松井惟利翻译的《通俗全体新论》(1878)。至于合信的其他几种著作，也同样都是各有和刻本和译解本刊行。[②] 综上所述，从 19 世纪 50 年代末到 19 世纪 70 年代前期的十余年间，日本迎来了堪称"合信五书热"的时代。

日本自江户中期即开始积极吸收西洋医学知识，并最终发展出一套与汉学和国学鼎足而立的新学术体系，即兰学。接受解剖学知识的土壤，可以说早已存在于日本社会。事实上，幕末明治时期的日本学者对于合信著作的探讨相当积极，除了对其中的专门名词与日本人自己发明的术语进行同定作业(例如，阐明"子管"与"喇叭管"、"子核"与"卵巢"之间的对应关系)之外，也包括讨论"阳精论"中出现的手淫有害论。不过，手淫对于明治初期的大多数日本人来说，还是一个陌生概念。在出版于大阪的《全体新论译解》(1874)中，作者高木敹叔敵依据《左传》的记载，把"手淫"二字判读为"宣淫"之误。[③]

高木留给后世的著作，大多是《随园文萃》《修身要言》之类的汉学书，可知其人本非兰学者。如果不是因为墨守中国古典，或者事先对兰学著作有所涉猎的话，他其实能够找到手淫的含义。因为在同时期的兰医中，如绪方洪庵(1810—1863)、惟准(1842—1909)父子，就已经多次使用过该词。[④] 一个与近代医学无缘的汉学家，却兴致勃勃地参与解剖书的翻译，乃至对手淫作门外汉式的解说，这件事却正好反映了明治时期日本人对西洋性知识的关注。不难想象，以介绍性知识为主的西学书籍进入知识人视野的时机，在 19 世纪 70 年代的日本已经先于中国成熟了。

三、明治日本的造化机论

性科学正式输入日本的标志，一般认为是明治八年(1875)《造化机论》乾坤两册在东京的出版。这部著作是一个住在横滨的医生千叶繁(1834—?)对美国人善亚顿

① 合信原著：《妇婴新説和解》，广瀬元周和解，京都石田忠兵卫 1874 年版，"题言"。

② 关于合信五书在日本的翻译出版情况，吉田寅有十分详实的讨论。吉田寅：《中国キリスト教初期医療伝道史研究——ホブソン著中国語医学書の一考察》，第 100—108 页。

③ 高木敹叔敵：《全体新論譯解》，大阪文荣堂・宝文轩 1874 年版，第 74—75 页。

④ 赤川学：《明治の"性典"を作った男　迷の医学者・千葉繁を追う》，东京筑摩书房 2014 年版，第 31 页。

(James Ashton,生卒不详)所撰《自然之书》(*The Book of Nature*,1861)的节译。"造化机"一词当是译者的自创,在书的开头部分即"阳经论"中,它是这样出场的:

> 男子得继嗣之机关,乃附着于体外之二物。一曰阴茎,一曰睾丸或外肾,又竣竣合称"セニタルス"。睾丸为两核一囊所包裹,自耻骨(又云交骨)部下垂。其酿造精液之功用,犹如女子卵巢之熟卵。实可谓造化之妙机也。①

文中的"セニタルス",是原著中 genitals 的音译。尽管杉田玄白(1733—1817)在《解体新书》中已经使用了"阴器"一词,后来大槻玄泽(1757—1827)更改进为"生殖诸器"(《重订解体新书》,1826 年),但千叶繁皆弃而不用。其另创新词的动机,是因不满前人译词的准确性,还是为了更好传达英文原著中的基督教色彩,今已不得而知。不过有一点可以确定,即该书中出现的"外肾"和"阴经"两个词是直接继承自《全体新论》,同时"阳经"这个词也可看作是对合信使用过的"外肾经"一词的改进。因此我推测千叶繁以"造化机"来意译 genitals 时,其灵感也许同样是来自《全体新论》。因为后者常常把基督教的神灵称为"造化"或是"造化主",不但书中涉及传教内容的地方有三十余处之多,甚至有一节的标题即为"造化论"。

《造化机论》带给日本人的真正冲击,不仅在于用语上的创新,而更在于其中所包含的许多闻所未闻的知识。以下不妨仔细检视一下此书的内容,以呈现 19 世纪性科学传播到东亚地区时的最初面貌。

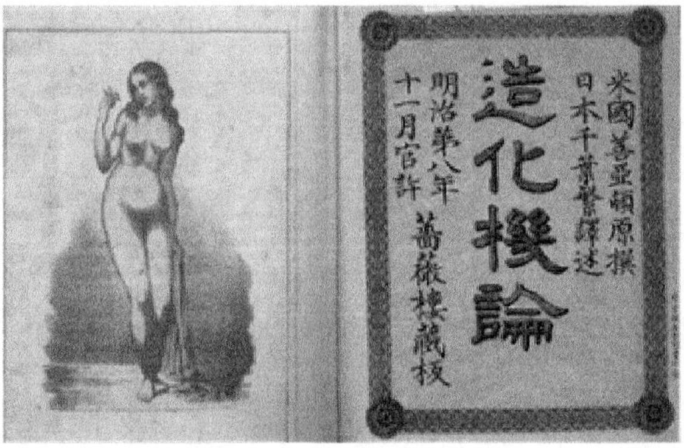

图 3 《造化机论》乾册(1875)扉页

日本九州岛岛大学图书馆江崎文库藏

① 善亚顿原著:《造化機論》,千叶繁译述,东京稻田佐兵卫发卖 1875 年版,第 1 页。影印版载齐藤光编:《性と生殖の人権問題資料集成》第 27 卷,第 2 页。

除了扉页之上颇为香艳的插图(英文原题为 UNIMPREGNATED FEMALE FORM,即未孕女子之图。图 3)和目录,正文部分共有十八条。前三条是系统地介绍生殖器官的解剖学知识,包括“第一条阳经论”“第二条精虫论”和“第三条阴经论”。这部分的编排方式与《全体新论》相类似,但无论是解说之精细,还是篇幅之长大,都远远超过后者。尤其值得关注的,是书中所附插图的冲击性视觉效果。这些插图皆为占据整页的大幅彩色细密铜版画,在对男女外阴部形态的逼真展示中,不但“阴囊”“龟头”“处女膜”“左阴唇”等部位被一一标出,甚至阴毛也都是描画得根根清晰且形态各异。至于“第二条精虫论”中的插图,也同样是精致而细密。它不但向读者呈现了精子和卵子在显微镜下的形态,同时还描绘了精卵结合瞬间的生动情形(图 4)。

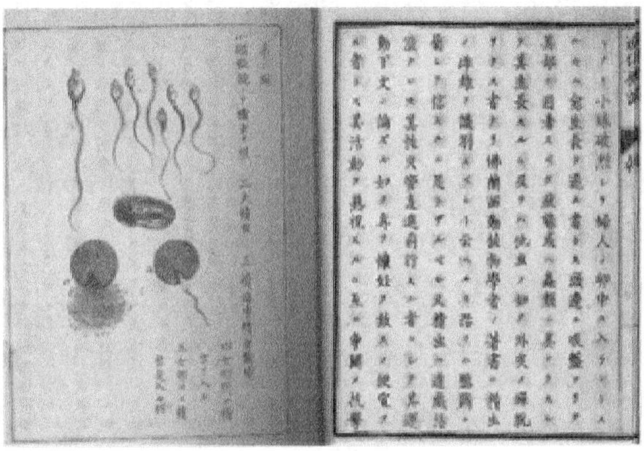

图 4　《造化机论》乾册(1875)中的插图

《造化机论》乾册,第 10 页,日本九州岛岛大学图书馆江崎文库藏

“第四条情欲之论”是有关情欲和性高潮的解释说明。“情欲”在这里被解释为产生于男女阴部之“引力”——一种人的“言语思虑”不能左右、科学家也难以测量的强大力量。作者认为这种引力乃是神的赐与,目的是让人类无需特别学习即可自行繁衍和生生不息。因此他又把这种力量称为“自然之爱感”,同时推导出“吾侪”之义务,在于“负有人类繁殖之任”。不过,对于同时代科学家们作出的另一种解释,善亚顿也不持否定态度。他介绍说科学家认为男子为阳极,女子为阴极,男女之间的互相感应乃是一种“动物磁石力”发生作用的结果。这种理论的根据来自一个法国人的实验,即某“动植物学著述者”曾经给一对壮健的少年男女施以药剂,令二人半身麻痹之后再蒙其面而脱其衣,同时令二人阴部“轻触”。实验的结果,是二人皆出现“情感”发作的现象。善亚顿毫不怀疑“动物磁石力”说的正确性,甚至还更进一步补充说:“此自然引力之触及阴茎,殆如电气。引力之外,尚有神经之感力,亦辅助交接之道也。”

“情欲之论”的另一个重要观点，是全面肯定性的快乐。“交合之快美，殆如癫痫之发作，又如电气之激动。其令心体无不产生感觉，故精神为之恍惚，以致视而不见，听而不闻”。对于这种颇带文学色彩的渲染，作者当然有其自认为正当的解释，即男女双方在交合时，能否获得“快美”是决定后代身心健康的一件大事。如果男子在交合时心有旁骛，则其儿必然“拙劣”。那些“古今旷世的人杰”之所以往往生于父母之“私通野合”，就是因为其双亲交合之时，不但互相“一意爱恋”且“倾尽精力”的缘故。作者甚至还搬出亚里士多德的名字，强调先贤已经指出，如果有“丑陋异状”及其他残疾之婴出生的话，其根源皆在于父母交合之“不全备”。总之，男女双方只有真正获得性的快乐，才能生育出聪明健康的后代。也许是受善亚顿这种观点的影响，千叶繁在翻译 orgasm 时特意选择了一个十分美好的词汇，定义男女“同室中快畅之极度”的概念，被他称为“佳境”。

按照法国学者阿兰·柯尔本（Alain Corbin）对 19 世纪西方的新婚指南书的研究，在精子被发现之后的很长时期里，甚至到了 19 世纪末，西方社会也依然存在着对女子性高潮的古老信仰。医生们认为女子获得性的痉挛，乃是生殖过程中必不可缺的一环，因此她们获得快乐被看作是完全正当且值得赞美的。从《造化机论》的内容来看，善亚顿正是这样一个女子性高潮必要论的鼓吹者，而千叶繁的翻译也十分忠实地传达了他的思想。不过，柯尔本也指出，同时代的西方卫生学者当中其实存在着不同意见，他们视女子的性能力为危险之物，不承认妻子的任何主动性。而且随着女子自动排卵的生理机制在法国七月王政时期被发现，女子在性交中的痉挛被认为无益之物的思想也开始抬头。① 当然，上述危险论和无用论的观点，在《造化机论》中完全没有被提及。

在情欲论之后，作者又带领读者进入生殖技术和遗传学的世界，内容上包括“第五条怀妊论”“第六条胎儿男女之论”和“第七条胎儿生长论”三部分。其中“怀妊论”首先介绍月经的原理，之后不但指出女子受孕的时间是在月经停止后七天至十天内，同时也介绍了安全期的存在，指导读者如何“自在”地避孕。按照上野千鹤子的考察，这部分的内容正确而详细，尤其是其中提到的避孕法远远早于荻野久作（1882—1975）根据同样原理于 1924 年发明的周期法，而前者却被后世遗忘了。② 不过，在接

① アラン・コルバン（Alain Cobbin）：《新婚夫妇の小聖書》，载デュビー、コルバン、アリエスほか著：《愛と結婚とセクシュアリテの歴史　増補・愛とセクシュアリテの歴史》，福井宪彦、松本雅弘译，东京新曜社 1993 年版，第 217—219 页。

② 上野千鶴子：“解説”，载小木新造、熊仓功夫、上野千鶴子校注：《風俗　性》，东京岩波书店 1990 年版，第 528—529 页。

下来指导读者如何自主控制婴儿的性别时，善亚顿的学说就显得十分天真烂漫了。他虽然批判了前人的臆说(如妇人交媾完毕如卧于男子右侧可生男儿，卧于左侧可生女儿之类)，但他本人提出的新学说——胎儿的性别取决于母亲怀孕后夫妇爱情之深浅，多欲之女子产女儿，寡欲之女子产男儿，若夫妇爱情不多不寡，则生男生女皆有可能——在今天看来，也同样令人莞尔。此外，他还告诉读者，如果妇人怀孕后与其他男子同居，那么婴儿出生后必不肖其生父而肖其新欢。这里的遗传知识，大致可看作是感应遗传说(telegony)的旁流了。

以上为《造化机论》乾册的内容，同书的坤册由以下篇目构成："第八条早年交媾之害论""第九条妄淫之后害论"和"第十条耽淫之害论"三节集中讨论性的病理，作者在这里举出许多实例，警告读者房事过早或是过度(包括手淫)，将导致如"神经全体总崩坏"之类令人胆寒的疾病。另外，作者在第九条后面还特意增设"房事之位置"一节，重点讨论交媾时应该采取何种体位的问题。作者宣称，除了他称之为"自然位置"——女子仰卧且双脚伸直，或者脚略略提起——的体位，其他如"彼此直立"或是"隔山取火"之类，皆是"淫夫"或"下等之人"玩弄其妻并可导致"妇人苦痛之病"的邪道。随后的三节——"第十一条论志意及才智""第十二条论资质之区别"和"第十三条婚姻及性质自然之理"中，作者又依据古老的体液说，把人按照天生的体质区分为神经质、黏液质、多血质、胆液质四类，讲解各种体质的人之间相生相克的原理以及应该如何结婚匹配。"第十四条气力之强弱论"与"第十五条生命寓在及长寿论"的内容皆涉及大脑，包括大脑的病变以及脑底深度与寿命长短的关系。"第十六条怀妊之鉴定论"与"第十七条产征及诞生论"的内容如其名目所示，大约都可以归入产科学，而最后的"第十八条滋养强壮药"则是药学知识的介绍，文中登场的是"野麻叶""磷""硝石""斑猫"等几种药物，作者认为它们皆有催淫效果。

作为传入东亚的第一部以近代用语和逻辑来全面阐述"性"的里程碑式作品，不难看出《造化机论》的内容实际上相当驳杂。除了解剖学上的知识，还旁及情欲论、妊娠出产之机制、遗传学、性交技术、手淫过度之害、男女婚姻匹配之原理，乃至基督教的性道德等领域。虽然此书堪称是各类性知识的一大集合体，但奇妙的是日文译者偏偏没有给原著中常见的 sex 一个统一的对译词，而是相当恣意地使用诸如"欲火""淫情""交媾""房事"这样文学色彩甚浓的传统词汇，来表达原著中的 sexual desires 或 sexual intercourse 等概念。不仅如此，译者甚至在译文中还加入了诸如"隔山取火"和"弄五孃"这样的汉文俚词。这些撩人的字眼，可以说把英文原著——一本面向即将结婚的美国青年男女带有道德说教的科普读物中所带有的淫靡气息，更作了一番强化。

《造化机论》的文体，和同时代的其他严肃著作一样，为使用片假名的生硬汉文调。因此如果没有良好的汉文素养，想要读懂此书也非易事(尽管如此，该书到 1908 年为止仍然刊行了 16 版之多)。千叶繁在该书出版后不久即着手改写，并于翌年以《通俗造化机论》(1876)为题出版。新版使用的是更接近口语的和文体，同时也把原来的片假名改为柔和的平假名。不仅如此，作者还不辞辛苦地给书中几乎所有汉语词汇标注了假名，以显示其读音或是解释词义。简单的词如“阴经”，被标注为“おんなのもの”(女人之物)。而对于“佳境”这样的重要概念，则右边标注“かきゃう”释其音、左边标注“ココチヨキコト”(快活之事)释其义。至于书的销售价格，也由原来的 80 钱降至 65 钱。总之，被柯尔本称为“新婚夫妇的小圣经”的西洋通俗读物中的性知识群，在经过编译者千叶繁的一番努力之后，开始了其在日本社会风行的历程。

《通俗造化机论》问世之后，千叶繁又再接再厉，把美国人扶德(Edward Bliss Foote，1829—1906)超过 900 页的大著 *Medical Common Sense* 抄译编写成了另外两部新著，分别题为《通俗造化机论二编》(1877)和《通俗造化机论三编》(1879)出版。从这时开始，其他日本人也不甘落后开始加入这一领域的翻译、编著和出版。于是如《造化秘事》(1876)、《通俗生殖器论》(1878)、《通俗造化生殖论》(1879)等书名雷同的作品，如雨后春笋般涌现，由此开启了一个通俗性科学书出版热的新时代。从 1875 年到明治末期的约三十余年间，根据石川一孝的统计，这类书籍的出版总数为 322 种，其中书名带“造化”二字的著作即超过了 50 种，堪称壮观。“造化机论”四个字，到后来也由书名变为普通名词，成为明治时期通俗性科学读物以及这类书中出现的各类性知识的总称。上野千鹤子以这类著作诞生于文明开化期，所以又把其中的知识集合命名为“开化性科学”。①

对于造化机论的文本群，上野氏还曾经作过以下分类：第一，翻译翻案类。这类著作多来自英美文化圈，有浓厚的基督教性道德气息。译者一般不告诉读者原典是何书，而多采用“译述”“编述”“编纂”等策略，通过翻案、加笔、改窜等方法积极介入到文本内部。第二，上述翻译翻案类的通俗大众版。这类著作通俗易懂，内容上有实践应用篇的倾向，所以带有生殖技术实用书的色彩。其中出现的一些实用技术如“自在举男儿生女子之法”“令妇人生爱慕之奇法”等，颇有商业炒作之嫌。第三，融合基督教性道德与日本传统性规范的性哲学启蒙书。这类著作尽管受到译著的影响，却用日本式的表述加以改造，最典型的表述就是“人生之最大快乐在于一夫一妇”。另外，这些书中也不再举西方的事例，而代之以日本人耳熟能详的“秦皇隋帝”或是《伊势物

① 石川一孝：“明治造化機論年表”，观音寺市丸三书房 2013 年版；上野千鶴子：“解説”，第 518 页。

语》等。同时装饰书籍的人物插图也不是译著中常见的亚当和夏娃，而换成了日本神话中的人类始祖伊奘诺兄妹。在同时期国粹主义思潮的影响之下，夫妇和合的定位从“男女之义务”上升为“对国家之义务”。第四，处于江户时代以来形成的传统性文化延长线上的读物。这类作品虽然也频频使用“造化”之类的新词，但文体和内容都更接近江户时期文人的游戏笔墨。其中出现的生殖技术，如介绍如何生出“忠孝之男子”或是“贞操之女子”等，则有吸引读者目光的应时炒作之嫌。最后，在上述四类著作之外，江户时期贝原益轩（1618—1714）所著《养生训》（1712 年成书），作为对抗“洋风”的“先哲金言”也重新受到关注，19 世纪 70 年代末以后有一系列相关著作问世。[①]

造化机论的内容驳杂且文本众多，关于其中的情欲论述，赤川学作过非常精致的分析。他的一个重要指摘，是指出造化机论中的“情欲”概念与大正时期以后的“性欲”概念之间的重大区别。“性欲”概念是两义的，不但被看作是身体和心理的问题，同时也被看作精神和心灵的问题；但是造化机论中的“情欲”则精神侧面十分稀薄，更多的是与男子性器官联系在一起。在“无睾丸则无酿精管，无酿精管则无精液，无精液则情欲不起”等论述的背后，存在着一种“性器官乃是情欲发生之因”的共识，赤川氏将其命名为“情欲的性器还原说”。在此认识之下，“交合的快美”或“佳境”被赋予的价值仅在于其对生殖之必不可缺。另外，在讲述女子情欲时，造化机论一边强调其派生于生殖器官，一边也常常谈到爱情的作用，认为只有男子通过“温言亲嘴”让女子感到爱情，才可引发后者的情欲。[②]

除了“情欲的性器还原说”，在造化机论中大放异彩的，还有电气说。这种理论在木本至《手淫和日本人》中被戏称为“爱与性的物理学”，又被命名为“性感电气说”。而赤川学则将其细分为“三种电气说”和“阴阳二电气说”，且将二者定位为造化机论特有的认知（episteme）。[③] 善亚顿在《造化机论》中提到的以男子为阳极、女子为阴极的“动物磁石力”，大致即与“阴阳二电气说”相类。不过在造化机论著作群中，自千叶繁译述扶德原著的《通俗造化机论二编》以下，有许多著作津津乐道的是“三种电气说”。这种学说认为男女交合时会有三种电气产生，分别是人身电气、舍密电气（“舍密”是荷兰语 chemie 的音译，后来改称“化学电气”）和摩擦电气。这里不妨以一部后出的造化机论著作——细野顺纂译《男女交合造化机新论》（1888）为例，以见其概。这部书在同类著作中是介绍电气说最为详细的作品之一，而且后来传到中国且出现

① 上野千鶴子：“解説”，第 522—527 页。

② 赤川学：《セクシュアリティの歴史社会学》，第 100—104 页。

③ 木本至：《オナニーと日本人》，东京インタナル株式会社出版部 1976 年版，第 77 页；赤川学：《セクシュアリティの历史社会学》，第 104—106 页。

了至少两种中文译本(详见下节)。编纂者细野顺自称“帝国医科大学卒业生”,其人经历不详。

按照细野的介绍,所谓人身电气又叫肉身电气,天地间的动物中以人为最多。交合时这种电气会从全身“凑合”到阴部,于是就产生了“快味”。不过该电气有积极、消极之别,所以快感亦因之有大小。如果男女间人身电气异质,则快味“殊深”。反之,如果男女间电气为同质,快味则将化为乌有。所谓化学电气,则是一种由物质间的化学反应所产生的电气。因为男子阴部聚集酸性物,女子阴部聚集盐基性物,所以交合时二物发生混合与抵抗,可助快味的电气于是又生焉。至于摩擦电气,本来也是分布于全身的。其最多之处,男子在阴茎的龟头部,女子在挺孔即阴核部。如通过“手淫”或是“股间淫”摩擦这两个部位,虽然也会产生“一时之快美”,但因为只能产生一种电气,所以将给身体带来大害。①

从细野的解说可知,三种电气说的特别之处,是利用一系列物理学和化学的专门用语,为男女交媾的奥秘提供了一种带有科学色彩的解释。从这种理论出发,人的各类性活动在得到完美诠释的同时,也被重新排序。简单地说,就是产生电气种类的多少,成为衡量某种性活动的存在价值的指针。夫妇之间的交合,由于可令三种电气全部产生,因此位于性爱排行榜的顶端。而其他的性活动,特别是诸如向娼妓买春、同性之间的性爱或者手淫等,则因为只能发动部分电气,而被看作是对身体和精神均有大害的危险恶习,所以在性爱排行榜中只能排在下面。

电气说除了可以用来贬损那些与生殖无关的性活动,还可用来解释社会现象。如与《男女交合造化机新论》内容上大同小异的《男女自卫造化机新论》(武藤忠夫著,1895)一书,就是把电气说和体质说相结合,从各种体质的男女之间吸引力不同以及交合时产生电量不同的角度,“科学”地解释了男女间为何有通奸和私奔现象的发生。②

电气说在日本广泛传播的背景因素之一,是1882年制定的刑法。在这部法律中,一夫一妻第一次被纳入了正式的法律条文。上野氏和赤川氏均认为,电气说的观点有浓厚的科学色彩,其在现实社会中所发挥的作用,是给“一夫一妇及夫妇和合的意识形态提供了一种生物学上的依据”。③

造化机论问世之后带给明治时期日本社会的影响可谓深远。与其同时勃兴的,

① 细野顺纂译:《男女交合造化機新論》,东京聚荣堂1888年版,第176—178页。所谓“股间淫”,是指男子以阴茎在对方男子的两股之间摩擦取乐,日语俗称“すまた”,明治时期流行于青少年中。

② 水城学人校阅,武藤忠夫著述:《男女自衛造化機新論》,东京嵩山堂1895年版,第52—53页。

③ 上野千鹤子:“解説”,第518页;赤川学:《セクシュアリティの歴史社会学》,第106—107页。

众所周知是著名的自由民权运动。木本至的研究表明，这场运动中最著名的斗士植木枝盛(1857—1892)就是造化机论的狂热读者，他的追求男女平等和肯定性爱一致等激烈主张，皆与其对性科学的孜孜探求密切相关。①

不过对于更多的普通日本读者来说，造化机论是兼具知识启蒙和助淫两种功能的读物。一本刊于京都的题为《我乐多珍报》的杂志在1880年2月曾经出过“读造化机论”特集，其中有两首狂诗，一云“独握龟头读机论，知得精虫作子孙。造化奇妙感心至，始识手淫弱心魂”；一云“玉门画的妙，世人谁不欣。近眼来一见，此是何等纹”。可以说皆活写一些日本读者阅读造化机论的实际情形。

与读者的口味变化相关联，造化机论带给日本出版业的影响可以说是一喜一忧。对于部分传统出版业者来说，造化机论的到来几无异于灭顶之灾。前述“读造化机论”特集中还有一首狂诗云：“书生闲居独自乐，后家处女又穴濡。春画淫本今无在，唯看造化机论图”。其反映的正是明治十年代“春画本废而造化史兴”的世相。② 而对于出版西学著作的业者来说，造化机论的存在无异于可带来利润的摇钱树。因此在他们的宣传话语中，存在着强调其科学性一面的倾向。由东京书籍商组合事务所出版的《东京书籍出版营业者组合员书籍总目录》是东京地区的书商们制作的最早的联合销售书目，也是今天《图书全国总书目》的前身。在明治二十六年(1893)刊的该书目初版中，造化机论所处的位置，是“第一门医学”中“生理学”下面的“通俗”，且被放在学校用的各类教科书之后。另外还有部分同类著作，则被收到“卫生学(养生书)附看病学”之中。③ 不难想象，即使到了19世纪90年代以后，有相当多的造化机论出版物仍然是被宣传为有用的医学书，被摆放在书肆店头销售的。

不过在明治政府看来，这些著作却是可能给社会的良风美俗带来危害，令人头痛。其实早在1879年7月，前田喜三郎著《男女交合论》就被指定为禁书第一号，为当政者取缔造化机论之滥觞。④ 在此后的三十年间，这种取缔的力度不断加剧，同时取缔范围也不断扩大。木本至认为明治政府在取缔过程中采取的是一种“洋尊和卑主义”策略，即对于西人的译著大致多是网开一面，但对于日本气息浓厚的作品则予

① 木本至：《オナニーと日本人》，第96—107页。

② 所谓狂诗，是指内容以滑稽为主，且大量使用日语俚词的一种日本汉诗体裁。这里引用的三首汉诗，皆出自《我楽多珍報》(东京柏书房复刻2008年版)1880年2月第30号中的《读造化机论》特集，第107—108页。“春画本废而造化史兴”一句，参见于《東京新誌》中的明治十二年(1879)事物盛衰记，转引自赤川学：《セクシュアリティの歴史社会学》，第82页。

③ 东京书籍出版营业者组合事务所：《東京書籍出版営業者組合員書籍總目録》，东京明治文献复刻1975年版，第3—11页。

④ 石川一孝：《明治造化機論年表》，第3页。

以无情处罚。到了大正二年(1913)的时候,取缔终于全面升级,包括千叶繁《造化机论》在内的所有同类书籍皆被指定为禁书。①

造化机论最终被全面取缔,其背景之一是日本学界对其评价的变化。虽然流行日久且著述者众多,但造化机论在日本始终只是作为一种通俗知识流行于市井。到了明治后期,随着在大学等近代教育机构接受过专门训练的学者登上论坛,他们之中有一些人开始把造化机论作为假想敌,从正面质疑其可信度。如医学者富士川游(1865—1940)于1900年发表在《儿童研究》杂志的一篇论文中(《关于学龄儿童的色情》),就强烈批判"通俗的生殖机论"之"记事不确",同时警告说"无医学知识之人不宜阅读"这类书籍。②

富士川游的警告,当时到底有多少日本人接受,今已不得而知。但可以确认的一点是,造化机论在日本经过二十余年的流行,到20世纪初已经显露一些垂暮残败景象了。不过对于同时代的中国知识人来说,富士川游的声音似乎还太遥远,以致没有人听到。在他们眼中,造化机论中的各种知识不但内容上看起来新鲜奇特,而且其中还似乎蕴藏着可以拯救国难的秘策。于是当东学开始大行其道之后,造化机论作为其中的显学,迅速登上了中国这个新舞台。

四、造化机论之东学西渐

甲午战争后的十余年间,面对"国地日割、国权日削、国民日困"的现实,中国知识人已不再把关心局限于如何改造外部社会。如何改造中国人自身,在他们眼中也成为紧要课题。借用梁启超(1873—1929)在《医学善会叙》(1897)中的表述,就是"不求保种之道则无以存中国"。③ 在此种共识之下,与"种"息息相关的各类新学知识均受到广泛关注,其范围涵盖了生理学、卫生学、进化论、优生学乃至体育等许多领域。而涉及性话语的出版物,也有不少夹杂于其中。

在清末知识人中,对于中国人在性领域必须建构新的学问这一点最早作出明确阐述的,是谭嗣同(1865—1898)。在其代表作《仁学》(完成于1896年前后)中,他有

① 关于明治政府对造化机论的取缔,参见木本至《オナニーと日本人日本人》,第125—127、145页。关于造化机论类书籍的禁书目录,参见内务省警保局编"自明治二十一年至昭和九年禁止单行本目録",载《発禁本関係資料集成》,东京湖北社复刻1977年版,第55—79页。

② 转引自赤川学:《明治の"性典"を作った男:迷の医学者・千葉繁を追う》,第209—210页。

③ 康有为:"保国会章程",姜义华、张荣华编校:《康有为全集》第四集,中国人民大学出版社2007年版,第54页;梁启超:"医学善会叙",转引自赵洪钧:《近代中西医论争史》,学苑出版社2012年版,第2版,第64页。

如下主张：

> 俗间妇女，昧于理道，奉腐儒古老之谬说为天经地义（中略）而不知男女构精，特两机之动，毫无可羞丑，而至于人间隙也。中国医家，男有三至，女有五至之说，最为精美，凡人皆不可不知之。若更得西医之精化学者，详考交媾时筋络肌肉如何动法，涎液质点如何情状，绘图列说，毕尽无余，兼范蜡肖人形体，可拆卸谛辨，多开考察淫学之馆，广布阐明淫理之书，使人人皆悉其所以然。徒费一生嗜好，其事乃不过如此如此，机器焉已耳。①

谭嗣同创作《仁学》的目的，是冲破笼罩在中国社会中的重重网罗。他梦想建立一门新的"淫学"，以打破伦常中重男轻女的"暴乱无理之法"。引文中"男有三至""女有五至"的说法，见于光绪二十二年(1896)刊的医书《秘本种子金丹》上卷(叶天士著)。这部书是以中医的气血和脏腑理论，探讨男女如何才能在交媾时使男子之肝气、心气、肾气与女子的心气、肝气、肺气、脾气、肾气至于各自的阴部，以达到"情洽意美，无不成胎"的效果。② 值得关注的是，谭嗣同一方面认可西洋医学的价值，但另一方面对于传统的房中理论仍然信心十足。"最为精美"的四字评语，可以说正是这种信心的写照。《仁学》中所描绘的"淫学"发展蓝图，简单地说，就是把房中术与解剖学知识进行嫁接，之后再通过"淫学之馆"和"淫理之书"普及到千家万户。

谭嗣同在1893年和1896年曾两次访问上海，在沪期间通过传教士傅兰雅(John Fryer, 1839—1928)，接受了西学的洗礼。《仁学》第四十六节中出现的"进种之学"一词，也显示他对严复提倡的优生学有相当兴趣。③ 在察觉时代动向这一点上，谭嗣同可以说极为敏锐。只可惜他后来舍身取义，在进一步充实其"淫学"构想之前便过早离开人世。

几乎就在谭嗣同构想"淫学"的同一时期，维新派领袖康有为(1858—1927)却提出不同见解。在晚清知识人中，他是首先意识到造化机论的存在并为之呼吁的人。事实上，康在19世纪80年代就开始关注日本的新学，留下了四十余篇阅读日译西书目的笔记。④ 戊戌变法开始以后，他除了立即上书请求广译日本书(《请广译日本书

---

① 该书最初连载于梁启超主编《清议报》，1899年。转引自谭嗣同著，印永清评注：《仁学》，中州古籍出版社1998年版，第102页。

② 土屋英明："中国の性愛文献　百六十三"，(东京)《東方》2010年3月第357号，第22—23页。

③ 坂本弘子："中国的优生思想与翻译"，载王中忱等主编：《东亚人文》第1辑，三联书店2008年版，第311页。

④ 康有为："笔记"，载姜义华、张荣华编校：《康有为全集》第一集，第193页。

派游学折》,1898年6月1日)之外,还刊行《日本书目志》一书以展示东学之“精要”,并于1898年8月19日将该书进呈御览。就我所知,这是造化机论在中文世界的首次登场。

《日本书目志》十五卷共介绍了日本的新学著作计7725种。这些日本书籍没有按传统的经史子集分类,而是被分为十五门。在位于卷首的“生理门”中,收入了下面这些属于造化机论的著作。

造化怀妊论　一册　四分
造化机论　一册　七分
订正增补　通俗造化机论　一册　岩本吾一编　三角五分
通俗男女造化机论　小本　一册　岩本吾一辑　八分
通俗生殖器论　一册　长谷川竹叶　译　七角五分
男女交合新论　一册　桥爪贯一　译　一角
男女自卫论　一册　三宅虎太　译　一角八分
普通生理学　二册　江马春熙　著　一角
夫妇互之务　一册　涉谷如铁　著　四分
妇女性理一代鉴　一册　堀诚太郎　译　三角
生理及卫生　一册　儿岛文茂　辑　一角二分

上面这些著作被康有为命名为“生理学通俗十一种”,列于“生理学学校用二十三种”教材之后。另外在生理门下面的“卫生学三十八种”的栏目中,还收有下面两书,从书名看也是属于造化机论系列的。

子育必携　产育造化机论　一册　浅利保正　著　一角
男女交合论　一册　六分

康有为在《我史》(即《康南海自编年谱》)光绪二十二年的记录中,有“至是年得日本书甚多,乃令长女同薇译之,稿乃具。又撰日本书目志”之语,翌年又云“日本书目志成”。[①] 可知该书大致编纂于1896—1897年间。不过王宝平已经指出,康氏的编

① 茅海建:《从甲午到戊戌:康有为〈我史〉鉴注》,三联书店2009年版,第181—185、282—283页;康有为著,楼宇烈整理:《康有为自编年谱(外二种)》,中华书局1992年版,第33页。

纂工作，实际上是全面依靠一部日本的图书销售书目，即前述《东京书籍出版营业者组合员书籍总目录》。[①] 对照两书中的造化机论部分，不难发现上述13种著作，无论是分类方法还是排列顺序，皆是一模一样。康有为针对原书所作的改动，不过是把作者的名字用全名标出(如用“长谷川竹叶”替代原书目中的“長谷川”)、把书的定价改为中国式(如用“七角五分”替代“定价七十五钱”)、把书名中的假名改为汉字(如用“夫妇互之务”替代“夫婦互ノ务”)以及删除原书目中的出版商名字。

《日本书目志》的抄袭痕迹虽然明显，但书中的按语则无疑是康有为本人的思考结晶。这些按语有的来自19世纪80年代后期的读书笔记，有的则是重新撰写的。它们被附加在每一类书目的后面，内容反映康对该学术领域的评价。“生理学通俗十一种”后附的按语内容如下：

> 《易》曰：天地之大德曰生。《书》曰：往哉生生。乾端坤倪，鸿濛屯蒙，呈露文明，皆赖人为。人之明智首出者，皆欲穷造化之故、万物之理，至于有生之自来，乃罔知之，舍近而图远，明人而昧己，岂不戾哉！凡学，有可通，有可不通。如生理之学，近取诸身，人皆有之，凡学者所宜，尽人明之。吾《素问》少发其源，泰西近畅其流，鳖杰儿氏、兰氏、歇儿蔓氏，大唱元风，兰氏阐析尤精矣。日本尽译其书，施之学校，行之通俗，源之造化，达之男女。由受形之器推其天命之精，盖为物理学之源，心灵学之本。由此以入于哲学，则四通六辟，小大精粗，其运无乎不在矣。若其学校通俗之书，训蒙问答教科，条理曲备，生理图及达儿敦氏生理书，卫生学尤精矣。老子曰：人之大患在吾有身。既来之，则安之。通其理，卫其生，盖人道之本、治学之始哉！[②]

这段评论值得瞩目的地方，一是文章大量引经据典，却完全没有提到造化机论的具体内容为何，因此我推测康氏没有接触过这类著作。二是作者把造化机论与学校用生理学教科书相提并论，这明显是受到《书籍总目录》中对书籍分类排列方式影响的结果。同时该目录还令他误认为日本学校在向学生教授造化机论中的知识。三是对造化机论的正面评价，如“物理学之源，心灵学之本”或是“人道之本、治学之始”云云，几乎达到了恣意的程度。从结果来说，在日本人关于造化机论的各种话语之中，最终左右这位维新领袖认识的，是日本书商的宣传。

---

① 王宝平：“康有为《日本书目志》出典考”，《汲古》2010年6月第57号，第13—29页。

② 康有为：“日本书目志”，生理门第一，载康有为撰，姜义华、张荣华编校：《康有为全集》第三集，第267页。

《日本书目志》出版后不久，维新运动即受到挫折，康本人也被迫流亡国外。改革运动虽受到沉重打击，但西方的性知识为强种救国所必需的观念，却开始被国人普遍接受。大约从20世纪初开始，造化机论开始被翻译引进，数年之中甚至还出现了一个出版热潮。以出版物的形态而言，流通于清末图书市场的造化机论大致说来有四类，即日文版、日文版的中译本、日本人的汉文编纂本以及中国人的编纂本。以下不妨略观其大概。

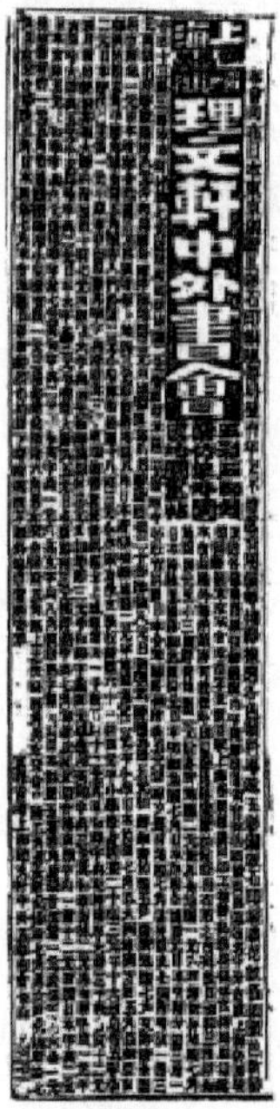
理文軒中外書會

图5　理文轩中外书会的日本书销售广告，《申报》1901年6月21日

关于直接引进的日文版，查《申报》的广告栏可知，在上海从事此项生意的有理文轩书庄和日清书馆两家书肆。其中理文轩书庄为英商，其正式名称是理文轩中外书会，位于四马路第一楼后门对面，书肆主人名叫戎文彬。日清书馆为东商，位于三马路朝宗坊口。从1901年5月开始，这两家书肆均在《申报》上刊登单独的或是联合的日本书籍销售广告，并一直持续到翌年。在这两家书肆的广告中，造化机论类的书籍占有相当大的比重。

图5是理文轩中外书会单独刊登在《申报》(1901年6月20日)上的图书销售广告。广告中的文字告诉读者，理文轩在东京设有“五彩石印铜版书局”，除了经营印刷业，也“批发外国书籍地图画谱法帖”。广告文的后半部分，是“新出有用之书”的书单。从排列得密密麻麻的文字中，可以辨认出以下内容：“《日清韩三国详细地图》等地图类商品计二十九种、《小学修身训画》二十幅等学校用挂图以及世界各国皇帝像、日本历代天皇像等图画类商品计六种、罗布存德著《华英字典》等辞书类书籍计二十八种、造化机论著作九种，其他书籍(《日本风俗》)一种”。其中，造化机论类书籍的书名和定价如下：

生植器新书　一元五角

普通妊娠论附小儿养育法　一元三(角)

通俗造化机论　六角

男女交合机论　五角

无上之快乐　四角

男女交合新论　五角

男女造化机论　七角

男女造化机新论　七角

男女交合秘诀　五角

除了单独的广告，理文轩也与日清书馆刊登联合广告。如刊登于1901年12月17日《申报》的广告中，造化机论类的书籍——广告主在书单前特意加上了“东洋新到”四个字——同样与小学读本以及各类辞典地图一起出现在商品名单中。这些书籍共计11种，书名和定价如下：

〇男女交合秘密法二角〇男女交合造化机论七角〇男女交合机新论七角〇无上之快乐四角〇男女交合新论五角〇绘像交合新论七角〇通俗男女造化机论七角〇男女快乐交合秘密论七角〇通俗男女交合新编五角〇男女生殖机论四角〇普通妊娠论附小儿养育法一元三角。①

从上述广告可知，至少有十余种日文版造化机论在上海的图书市场上流通。由于造化机论的书名大多雷同（如题为《男女交合新论》的书在日本就至少出现过4种），因此这些著作中有的难以确认其具体所指。不过有一点是明确的，即无论是理文轩还是日清书馆，都是把这些书与学校教育类出版物同时引进，且放在一起堂而皇之地销售。如果富士川游有机会来上海看见书肆中的这种景象，定然会大吃一惊吧！

从上面书单来看，进入中国的造化机论原版著作在内容上缺乏统一的方向性，质量上也是良莠不齐。其中既有专讲生理学的严肃著作，也有宣传基督教性道德的伦理书，还有继承江户性文化传统的文人戏作。属于最后一类的典型作品，是《男女交合无上之快乐》（即广告文中的《无上之快乐》，1898年大阪梶尾商会刊）。该书首题“东都爱情散史校阅，浪速艳情笑史著”，序言部分的作者则署名为“快乐无上人”。同时，从该书的“色之道”“春心”“鸳鸯之梦”等章节名称，即不难察知书中内容之偏于文艺且笔调轻佻，与以传授知识为目的科普著作完全不可同日而语。

顺带一提，就在理文轩热销上述图书的同时，其店主戎文彬因为贩卖“淫书”，于1901年9月被租界当局罚洋廿元并登报谢罪。从戎的谢罪文可知，租界当局之所以惩罚他，是因为理文轩曾卖出了一部《古今奇观》，而不是因为出售包括《男女交合无上之快乐》在内的那十余种造化机论。② 后者混在教育类书籍当中，以新知识载体的面目登场，在晚清的书籍市场上可以说是畅行无阻的。

① “五彩地图书籍大减价批发”，《申报》1901年12月17日。

② 戎文彬：“知我谅我”，《申报》1901年9月10日。

清末读书人中到底有多少人购买或是读过这些日文版的造化机论，今已不得而知。不过从孙宝瑄(1874—1924)的日记中，可以窥见当时的一部分读书人对造化机论原版书的关心程度。孙氏生于官宦世家，所交皆一时俊杰。20世纪前后的数年间，他寓居上海，一边随日本人佐伯某和松林某(东本愿寺上海别院僧人)习东文(据孙氏自己的说法，其学习目的是为了"习阅哲学书")，[①]一边以极大的学习热情广泛涉猎各类新学书籍，其中自然也包括原版的造化机论。如《忘山庐日记》辛丑年(1901)7月13日条云：

> 蚤。购得东文书数种，曰《普通妊娠法》，渡边光次著；《男女造化新论》，武藤忠夫著；《生植器》，美国佛栗智国著。又《日本新地图》《万国新地图》两册。[②]

这里提到的三部著作，皆见于上面理文轩的广告。其中渡边光次著《普通妊娠法》有诚之堂书店刊本，初版时间不详，其改订增补版至1904年时已经出至第15版。[③] 武藤忠夫著《男女造化新论》，有明治二十八年(1895)刊本(青木嵩山堂发卖)，该书封面题写"医学士水城学人校阅武藤忠夫著述男女自卫造化机新论"。至于美国佛栗智国著《生植器》，当是指由东京博文馆出版的《生殖器新书》(一名："既婚未婚男女必读婚姻案内"(米国医学博士ホリック著，日本医学士守矢亲国译，1897)。这几部书对于初学日语的孙宝瑄来说，应该不是能轻易读懂的。事实上，他也没有在日记中留下关于它们的任何评论。

孙宝瑄作为日语初学者，要读懂原版造化机论的难度虽然可想而知，但其购书热情并未因此减弱。在翌年即光绪二十八年10月30日的日记中，他再次留下了购书记录。令人感兴趣的是，这一次他在日记中留下了自己的读后感：

> 夜，观剧，忽厌倦，遂闲步至第一楼品茶。买书二种：曰《吾妻镜》，曰《男女交合无上之快乐》(中略)。《男女交合无上之快乐》，日本人著，与《交合新论》略同。其中有云：男子精虫，为山中之金银；女子精卵，为海底之珠玉。皆可至宝者。颇有悟境。[④]

---

① 孙宝瑄：《忘山庐日记》上册，上海古籍出版社1983年版，第302、362、414页。

② 孙宝瑄：《忘山庐日记》上册，第384页。

③ 原书未见。同志社大学图书馆藏有该书的订正第三版(1900年刊)，国文学研究资料馆(东京)有该书第15版。

④ 孙宝瑄：《忘山庐日记》上册，第598页。

引文中提到的《男女交合无上之快乐》相关内容，见该书第十九章“山中之金银与海底之珠玉”，“金银”“珠玉”云云不用说皆为文学比喻。对于孙宝瑄这样的清末读书人来说，比起那些意思上介于可解不可解之间的新名词，修饰性的文学辞藻不但好理解，而且内容上也似乎容易引起共鸣。他把“颇有悟境”的赞辞送给一部带有江户文人笔墨游戏风格的作品，我想理由也正在于此。

流通于清末图书市场的造化机论中的第二类著作，是日文版的中译本。这类译著在当时泛滥一时，由于书籍市场之无序，其中包含相当一部分劣作——坊间的书贾为射利取盈，而将已刊书籍肢解割裂或是改头换面后的产物。真正被完整介绍给中国读者的造化机论作品并不多，就我所知主要有下面几种。

译成中文的时期既早、流传也最广泛的著作，是法乌罗（フアゥラー）原著、桥爪贯一（？—1884）翻译的《男女交合新论》。该书原题《男女之义务》，1878 年获得明治政府的版权许可，翌年由东京春阳堂刊行。1887 年春阳堂将该书改题翻刻，至 1892 年时已出至第 9 版，1912 年 2 月以后始被日本官宪列为禁书。桥爪贯一号松园，为明治时期知名报人，以翻译各类启（卷首松园主人：“男女交合新记叙”。）蒙书著称，其译著数量达到一百六十余种之多。据他在《男女交合新论叙》中的介绍，此书为“西歷一千八百七十五年米国骨相学大博士フアゥラー氏の著述するクリエチフ、エンド、セキシュアル、サイエンス”一书中的生殖编的抄译。[①] 此书的英文原著，当为美国人 Orson Squire Fowler（1809—1887）著 *Creative and Sexual Science, or Manhood, Womanhood, and their Interrelations*（1875）。该英文原著超过千页，桥爪的日译本在内容上与英文原著究竟有怎样的对应关系，尚待今后研究。

《男女交合新论》最早的中译本，是由忧亚子翻译，横滨的清议报馆发行的刊本，发行兼编辑人为冯镜如。[②] 译者忧亚子是清末留东学生中的活跃人物，他在这一时期的成果除了这本《男女交合新论》，还翻译了政治小说《累卵东洋》以及增补梁启超的《和文汉读法》。忧亚子与梁启超关系极近，据夏晓虹的考察，其人有可能是罗普（字孝高，1876—1949）。罗氏亦为康有为弟子，与梁启超是万木草堂时代的同学，1897 年赴日留学。受到康氏青睐的造化机论，首先由其自认擅长日文的弟子翻译介

① Flower 的日文译名，除用片假名外，也使用汉字译为“发乌罗”，中译则为“法乌罗”。本文中除引文外一律作“法乌罗”。卷首松园主人：“男女交合新論叙”，载法乌罗原著：《男女交合新論》，桥爪贯一抄译，东京春阳堂 1888 年第 5 版。

② 1901 年 6 月发行的《清议报》第 83 册有该书的发售广告，其内容如下：“此书系忧亚子译自美人法乌罗所著书。其中言男女闺房之事，进种改良之方，导人以爱乐，戒人以淫欲。间附精工图绘，文词畅达，议论新奇，诚为人不可不读之书也。现托本馆代售，每部取实价三毫五仙，外埠加邮费六仙”。《清议报》5，中华书局影印本 1991 年版，第 5236 页。

绍给国人，可以说是顺理成章的事。①

令人惊讶的是，《男女交合新论》在横滨甫一问世，国内就迅速出现了其他版本。1901年7月1日的《中外日报》上登载有《戒淫养生男女种子交合新论》的发售广告，广告文中作者题为“美国法乌罗、日本神田彦太郎”，销售地点则为理文轩和日清书馆。② 另外在徐维则编《增版东西学书录》(1902)中，有“男女交合新论一册　上海日清书馆印本”的记录，作者则题为“美法乌罗著，日本神田彦太郎、王立才编辑，忧亚子译”。③ 从书志信息推测，国内的这两个版本大致是清议报馆版的修订版。

《男女交合新论》是惟一被收进《增版东西学书录》的造化机论著作。编者徐维则将其归类到“全体学二十一附心灵学”之中，并说该书“首论精神之爱，中论交合之要，终论妊娠之源，其阐发制造儿女之法可谓透辟。读此书于强种改良之道深为有益，世人每作淫书视之则大谬也”，可以说给予了相当高的评价。此书在清末民初时的异本之多，堪称壮观。据中国文学研究者武田雅哉介绍，该书的异名计有《男女卫生交欢论》《男女爱情合欢新论》《绘图房中术》《男女交合秘要新论》《男女秘密种子奇方》《生育指南房中术》等多种。④ 在中国国内销售旧书的“孔夫子旧书网”上，我还另外找到《男女快乐卫生法》《男女交合卫生新论》《绘图摄生种子奇方》等其他版本。⑤ 本文我所使用的版本中，还有民国三年(1914)仲夏由上海文益书局总发行的《男女新法卫生秘要新论》(上海图书馆藏)。此版本卷首有十余幅插图，皆取自细野顺纂译《男女交合造化机新论》的中译本，而正文部分题为“男女交合秘要新论　美国法乌罗著　支那忧亚子译”，内容上包含了《男女交合新论》的全部章节。

就《男女交合新论》的内容而言，如果拿中文版与日文版对照，不难发现中文译者所作的一些重大改动。日译本带有强烈的基督教性道德色彩，如题为“第七　父母たるべき者は。未生兒の為めに。其才徳行状を修養すべし”(将为父母者，为未生儿当修养其才德行状)一节中云：

母たらんとする者は、上帝母躰を以て、設生の主と為し、月信を以て、設生

① 罗普有“任公轶事”一文，云“任公欲读日本书，而患不谙假名，以孝高深通中国文法者，而今又已能日文，……因著有《和文汉读法》行世”。参见夏晓虹《晚清的魅力》，百花出版社2001年版，第77—78、90—91页。

② 张仲民：《出版与文化政治：晚清的“卫生”书籍研究》，第151—152页。

③ 徐维则：“增版东西学书录”，载熊月之编：《晚清新学书目提要》，上海书店出版社2007年版，第124页。

④ 武田雅哉：《桃源郷の機械学》，东京作品社2005年版，第276页。感谢武田教授提供《男女秘密种子奇方》《男女卫生交欢论》的文本。

⑤ 孔夫子旧书网：www.kongfz.com(检索日期：2013年12月5日)。

の期を知らしめ、此霊妙なる事業を託し給ふことを感佩し。良人の協助を得て。相共に勵精盡力し。女子たるの義務を完くすべし。[1]

（大意）将为母者，当感佩上帝设此灵妙之事业。盖上帝以母体为设生之主，又令月信告知设生之期也。当得良人之协助，共相励精尽力，以遂女子之义务。

按照上野千鹤子的说法，在日本的造化机论著作群中，几乎原封不动地引进19世纪美国清教徒式浪漫爱情意识形态的代表作，首推这部《男女交合新论》。[2] 法乌罗在书中的主张，概括地说就是强调爱·性·结婚的三位一体以及“精神之爱”与“肉体之爱”的一致，同时动用各类知识来证明其主张是有科学依据且合理的。但是在中译本中，上述基督教性道德的色彩被严重冲淡不说，甚至连日译本中随处可见的“上帝”两个字也都不知去向。忧亚子在“第七胎教非臆说”中，对上述引文是这样意译的：“将为母者，当思月信；天生女子，自有义务；宜励精尽力，不愧贤助之名。”[3]

另一部受到晚清人士重视的造化机论著作，是东京博文馆刊的《生殖器新书　全一名　既婚未婚男女必读婚姻案内》（即孙宝瑄购买的那部《生植器》）。此书为Frederick Hollick（1818—1900，日人曾译其名为“哈犁克”）著 *The Marriage Guide, or Physiological and Hygienic Instructor, for the Married, or Those Intending to Marry, Both Male and Female* 的日译本。据译者守矢亲国介绍说，Hollick 乃是“有名的生殖器病专门之大家”，该书在美国曾重版达五百次之多。[4]

这部著作的中文版有两种。我寓目过的一种是由嘉定的日新书所于光绪二十八年（1902）印行的《生殖器新书》前后编（美国霍立克著，宝山仇光裕口译，上海王建善笔述）。据序言作者范熙庸介绍说，译者之一的仇君是“明于西国医理而又精西文者”，而王君则是“明于中国医理而又精中文者”，且两人“从事于中西医学皆有十有余年”。[5] 因此这部书可以看作是清末医学界对造化机论的反应。虽然此译本完全没有提到日译本的存在，但对照两者，不难发现中译本里出现的新名词（包括书名）几乎都取自守矢的日译本（图6）。顾燮光在《译书经眼录》卷之五中收入此书，盛赞其为

① 法乌罗：《男女交合新論》，第41页。

② 上野千鹤子：“解説”，第525页。

③ 法乌罗：《男女交合秘要新论》（该书封面题《男女新法卫生秘要新论》，诱民子译文益书局1914年版，第25页。

④ ホリック：《生殖器新书》“例言”，守矢亲国译，东京博文馆1897年版。

⑤ 范熙庸：“生殖器新书·叙言”，载霍立克：《生殖器新书》，仇光裕、王建善译，嘉定日新书所1902年版，第3页。

“卫生强种之秘籍”，又云其“所论卵珠精虫各理足与《交合新论》参观”。①

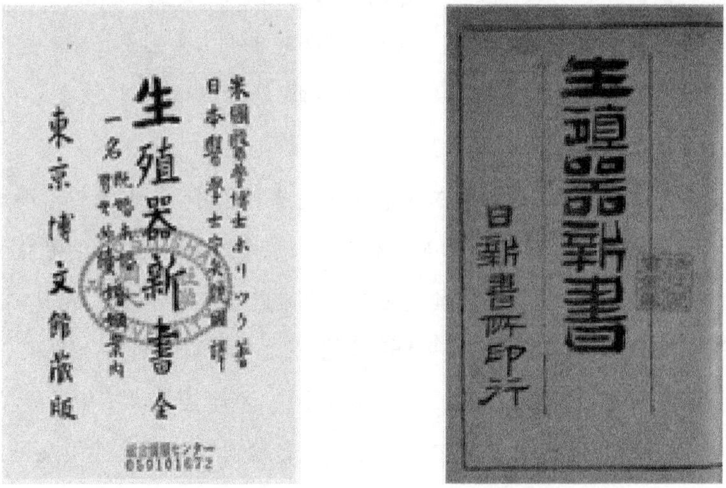

图6 霍立克著《生殖器新书》的日文版和中文版书影

左：守矢亲国译，1897年，同志社大学图书馆藏
右：仇光裕口译，王建善笔述，1902年

日文版《生殖器新书》还有另外一种中译本，题为《婚姻指南一名既婚未婚男女必读》（全一册），由横滨的启智书会刊行于1903年，著者的名字被表记为“美国医学博士夫里德力荷历”。中译者为诱民子，其生平不详，大约是留东学生圈中的人物。此译本我尚未寓目，它的发售广告见于当时的报纸或是出版物书后。广告文特别强调插图的存在，又说此书内容“美绝快绝”，为“斯学之绝唱”云云，可以说十分夸张。②

《生殖器新书》之外，由“卫生研究社”于宣统元年（1909）刊行的《生殖器之研究》（上、下册）也是霍立克原著的生理学书。此中译本内题“美国医学博士霍立克原著，译述者日本医士伊沢德，复译者云间姚昶绪”，明确显示其为日译本的转译。日译本《生殖器の研究》（求光阁书店刊）出版于明治三十九年（1906），其问世后仅仅两年，即被迅速转译为中文。

与霍立克有关联的作品，另外还有一种亦流传甚广。其日文版原题《学理實驗色情衛生　男女の秘密》，作者题为“ホリック、春梦楼主人译”（发行人福永舍次郎、1908年刊）。该书最初的中译本是光绪三十四年刊《学理实验色情卫生　男女之秘

① 顾燮光：“译书经眼录”，载《晚清新学书目提要》，第316页。
② 松本安子：《男女婚姻卫生学：一名少年男女须知》，诱民子译，横滨启智书会1902年版，书后广告。

密》(美国医学博士霍立克著，日本春梦楼主人、中国鹅湖少年译述，发行所：外埠各书局、分发行所：改良小说社、鸿文书局)。到了民国后，又出现了“中国卫生研究会”的改订版。后者题为《男女之秘密》，曾再版多次(上海图书馆藏其第四版，民国十一年刊)。就内容而言，此书记述日本情况的章节颇多(如“鸡奸为战国时之恶风”“新渡户博士之理论”等)，且有浓厚的猎奇色彩(如“东西美人之不同”“阴毛之研究”等)，因此可断定是盗用霍立克名义的伪作。该书在日本出版不久旋被禁止发卖，但其中文版却呈现大肆蔓延之势。

除了从日译本转译西方人的著作，还有一些由日本人编纂的造化机论，在清末时亦有翻译。这一类作品，我想可以举出三种。一种是细野顺纂译的《男女交合造化机新论》(1888)，此书的中译本据张仲民调查有两个版本，即《普通男女交合造化机新论》(出洋学生编译所，1902 年)和《造化机新论》(商务印书馆，1903 年)。顾燮光《译书经眼录》卷之五“全体学第十四”收入了后者，并评论此书内容与《生殖器新书》略同，“其言胎产、婚配、乳儿各说，甚多至理”。[①] 第二种是《男女生殖健全法》，内题“妇人科专门博士宫田守治阅　产婆松本安子著”，有东京中央看护妇会刊本(1900)。此书的中译本题为《男女婚姻卫生学：一名少年男女须知》(日本女医士松本安子著，诱民子译)，横滨启智书会刊(1902)。此译本问世后相当受欢迎，至 1906 年已经发行到第五版。第三种是藤根常吉纂译《生殖卫生论》(东京：吐凤堂书店，1899)，中译本则题为《婚姻进化新论》，日本藤根常吉撰，无锡丁福同译，上海文明书局编，最早刊于光绪二十九年(1903)。《生殖卫生论》的特色之一，是日本作者使用了当时尚属新潮的“性爱”概念，这在造化机论类著作中殊为罕见。不过翻译者丁福同完全没有理解该词的含义，把原书序言中“而して人間社会の根本たる者、彼の性愛を除きて何かある、然らば則ち性愛を以て、人間社会の心となすも、豈不可なりとせむや”(人间社会之根本者，性爱之外尚有何物耶。然则以性爱为人间社会之心，岂非不可乎)一句，意译为“而人间社会之根本，得其心而心能宰物，与失其心而心为物制。其得失之间，所关匪浅鲜也”。[②] “性”概念在清末时尚未进入中文世界，此可为一证。

清末读书人能接触到的第三类造化机论，是日本人的汉文编纂本。这类作品似乎只出版过一种，即《男女卫生新论一名　延寿得子法》(上海：新智社，1903)，该书

① 张仲民：《出版与文化政治：晚清的“卫生”书籍研究》，第 186 页；顾燮光：《译书经眼录》，卷之五“全体学第十四”，载《晚清新学书目提要》，第 315 页。

② 藤根常吉纂译：《生殖卫生论》序，东京吐凤堂书店 1899 年版，第 1 页；藤根常吉撰：《婚姻进化新论》“绪言”，丁福同译，文明书局 1903 年版，第 1 页。

内题“清国上海日本博爱医院院长宫崎德太郎校阅，清国上海日本博爱医院副院长绵贯与三郎编著”。木本至在《手淫和日本人》中提及此书，认为手淫有害论的理论背景在日本从基督教的正邪观转化为“大日本帝国的重要训育意识形态”之后，这部在上海出版的著作便成为“伸向支那大陆的压制者之手”。[①] 不过从《申报》广告可知，该书实际上是上海的出版社“特嘱精通华情之日本良医数名合力编撰”的产物，因此不能忽视中国人在其中的推动作用。[②] 此书中文版未见，我寓目过的是日文版（日本国会图书馆藏），题为《延壽得子　婦人と男子の衛生》。此日文版内容相当充实，从“第一章男子生殖器之解剖”到“第二十五章论避妊及堕胎”，凡300余页，并附有插图53幅。其中的一个特别之处，是作者所举事例中第一次出现了中国人的身影。“第七章结婚之注意事项”提到上海人高某与其妻琴瑟相和却多年未育，后蓄一妾，结果当年即举一男儿。而其妻后来与仆人私通，不久亦生一男儿，于是家庭内部从此起了“大波乱”。

绵贯医生利用这个事例讨论夫妇相合与否的问题，他在介绍西人的学说——男女双方“爱情之不一致”乃是导致不孕的主因之后，从生理学的角度指出双方“生殖器之大小形状不相符合”亦可导致不孕。[③]

流通于清末图书市场的造化机论类出版物中的最后一类，是中国人自己编写的通俗读物。这类编纂本的出现时间意外得早，和上述译著几乎同时。可以归入此类的出版物有两种，一是《传种改良问答》，另一是《吾妻镜》。

森田峻太郎纂《传种改良问答》，有商务印书馆光绪二十七年（1901）刊本。日本人的造化机论著作群中，找不到森田峻太郎这个名字，因此我极为怀疑它是留日学生的笔名。这种怀疑的依据，同时也来自下面几点：一是作者的口吻不似日本人，如书中提到的美洲中国街“秽恶悉仍上海城内”，或是“女人去缠足之累”等话题，皆是彼时中国读书人的关心所在。二是书中出现的新名词中，不但有“传种改良”“择种留良”等清末流行语，甚至还有“泡蛋”“子管”等非日本人发明的生理解剖学名词。与千叶繁《造化机论》的时代不同，明治20年代（1888—）以后的日本已经建立起完整的近代医学教育体系，造化机论的作者们大都拥有“医学士”头衔。因此让他们使用一个时代以前的、且来自中国的解剖学名词的可能性极小。在这些新名词当中，有一个奇特的词是“生元”。作者森田的解释是：“男精生于睾丸，藏于精囊，内有动物，形如蝌蚪，名曰生元”。类似论述也见于下述《吾妻镜》，不过该词被写作“生原”。我推测这个词

① 木本至：《オナニーと日本人》，第144页。

② “男女卫生新论一名　延寿得子法”，《申报》1903年6月30日。

③ 绵贯与三郎：《延壽得子　婦人と男子の衛生》，上海新智社东京分局1905年版，第73—74页。

的来源可能是细野顺《男女交合造化机新论》中的一句，即“精液は生殖の原素にして睾丸より分泌し白色の液体なり”（精液乃生殖之原素，为睾丸分泌之白色液体）。①清末的一些读书人似乎把细野所说的“生殖之原素”误解为精虫的名称，才使用“生元”或“生原”的。

《传种改良问答》分为七章（总论、论男女生育期、论婚姻、论交媾、论妊娠、论产、论小儿期），皆以一问一答的形式构成。这或许是受日本的《男女交合得失问答》（武部泷三郎翻刻，1886）一类作品影响的结果。书中涉及的内容相当广泛，属于造化机论中常见的性知识——包括决定夫妇能否琴瑟相合的体质说、情欲的性器还原说和阴阳二电气说等等——皆有提及。这部作品的一大特色，是有关手淫的论述相当多。书中的“问手淫之害”“问手淫之迟早”“问东西各国之男女至十三四岁，亦有犯手淫者否”“问中医治童子虚弱症，何以无一人明言其犯手淫者”等章节，皆反复强调手淫导致的恐怖后果，作者甚至耸人听闻地说：“支那犯手淫而夭折者甚多，惜乎未知此治法也”。② 此书的出版，标志着自提索以来盛行于欧美的手淫有害论，经由日本转口后，又一次在中国大陆登场了。

另一部由清人撰写的著作，是江苏海门人杨翥的《吾妻镜》（杭州图书公司刊）。该书有光绪二十七年（1901）自序，但作者友人孙宝瑄在《忘山庐日记》中记录的购买时间是翌年10月30日，因此该书大致出版于1902年前后。关于此书内容、作者情况和社会反响，已经有张仲民论文《另类的论述——杨翥〈吾妻镜〉简介》可参考。就该书在通俗性科学传播系谱中的位置而言，我认为有以下两点值得关注。

一是该书的创作背景。杨翥没有日本留学的经历，其新学知识皆来自于在杭州日文学堂的学习。这所学堂由日本京都的东本愿寺创办于1899年，堂长伊藤贤道毕业于东京大学文学部，是一个声称“以日华洋三学陶铸育成天下有用人才”的野心家。该学堂的教育内容是把日本中学五年的课程缩为三年，在籍的学生不但要学习日语，同时也要接受包括生理学、卫生学在内的所谓“普通学”教育。另外，伊藤在医疗方面也十分热心，不但在校内设立医疗所，甚至还聘请日本女医来作诊疗，这在当时的杭州成为话题。③ 杨翥撰写《吾妻镜》的时期，正好与杭州日文学堂的全盛期重合，因此可以说该书是日本佛教界在华开展近代教育事业的产物。

二是《吾妻镜》在内容上的偏重。按照作者自序中的说法，这是一本专讲“培种之

---

① 森田峻太郎纂：《传种改良问答》，商务印书馆1901年版，第4页；细野顺纂译：《男女交合造化机新论》，第38页。

② 森田峻太郎纂：《传种改良问答》，第7页。

③ 高西贤正：《東本愿寺上海開教六十年史》，东本愿寺上海别院1937年版，第79—80、313页。

道"的著作。所谓"培种之道",作者认为是"治人之学"与"治心之学"之基本。[①] 从这种认识中,不难看到康有为的影响。此书正文有38章之多,但内容均极为粗略,全文不过6000字左右。与翻译类出版物明显不同的一点是,书中涉及生殖器解剖和妊娠生育过程的介绍特别贫乏。作者认为值得教授读者的解剖知识,似乎只有一件事,即人体中存在精子和卵子,其他内容皆被省略了。但就是在少得可怜的知识介绍中,却还是错误百出。如"种子"一节云"男子精中有动物,名曰生原,形如蝌蚪,列五百条,长一寸",简直到了令人失笑的地步(图7)。[②] 因渴望强种救国而倾心于通俗性科学的清末读书人当中,真正能认真对待解剖学知识的人似乎并不多。

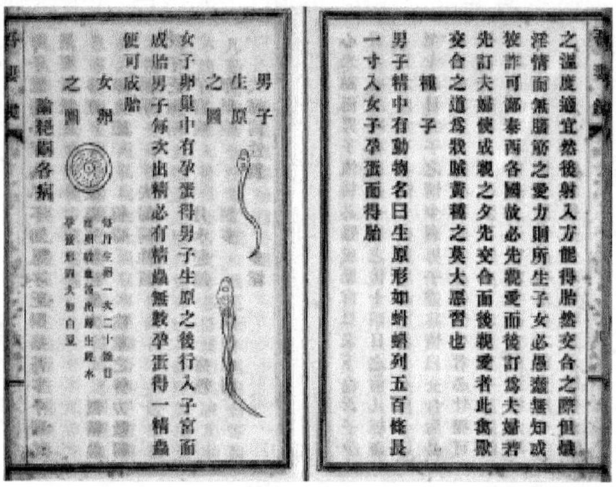
之溫度適宜然後射入方能得胎然交合之際但憑
淫情而無腦筋之愛力則所生子女必愚蠢無知或
狡詐可鄙泰西各國故必先親愛而後訂爲夫婦若
先訂夫婦使成親之夕先交合而後親愛者此禽獸
交合之道爲戕賊黄種之莫大惡習也
種子
男子精中有動物名曰生原形如蝌蚪列五百條長
一寸入女子孕蛋而得胎

男子生原之圖
女子卵巢中有孕蛋得男子生原之後行入子宮而
成胎男子每次出精必有精蟲無數孕蛋得一精蟲
便可成胎
女卵之圖
論絕嗣各病

图7　杨翥《吾妻镜》(光绪二十七年序)的插图页

不过《吾妻镜》中也有作者全力推介的知识,这就是电气说。三种电气说和阴阳二电气说在书中同时登场,这在其他著作中极为罕见。杨翥甚至还断言"不明电学之理者,不能深知男女相爱之因也"(详见下节)。总之,这是一部受到电气说感染的清末学子所留下的有趣记录。[③]

以上的列举,大致涵盖了清末通俗性科学的主要著作。不难看出,它们与明治日本的造化机论关系密切。甲午战争之后东学开始风行中国,上述出版物可以说是这一时代潮流的最初结晶。就种类而言,虽然总共只有十余种,但如果考虑到再版、盗

① 杨翥在《吾妻镜》卷首自序云:"治人之学,治心而已。治心之学,培种而已。是书专讲培种之道,惟求辞达,简而无文。读者不以其不文而弃之。光绪二十七年中国江苏海门杨翥序。"参见《吾妻镜》,杭州图书公司,出版日期不详。

② 杨翥:"种子",参见《吾妻镜》,第5页。

③《吾妻镜》的书名来自镰仓时代的一部日本史书,该书17世纪中叶传入中国。杨翥为何借用这三个字作书名,亦是中日文化交流史的有趣题目。相关的考察可参见唐权《吾妻鏡の謎　清朝へ渡った明治の性科学》,京都国际日本文化研究センター2014年版,第59—66页。

版的大量存在以及出版商利用报纸的大肆广告炒作，其产生的影响实在不可小觑。于是随之而来的问题便是，通俗性科学的传播到底给中国人的认识带来了怎样的变化呢？

五、近代中国知识人和电气说

按照赤川学对89种日文著作的调查，关于造化机论涵盖的性知识范围，大致可以归纳为12项，即男女内外生殖器的形态和功能、妊娠出产的过程、情欲淫欲论、夫妇相性、生殖器病、性感染症、手淫之害、过淫之害、早婚之害、股间淫之害、性交技术。[①] 清末虽然只引进了部分造化机论著作，但在当时的文献中，涉及上述内容的话语（虽然有的仅为只言片语）大致也都可以找得到。不过，全面考察通俗性科学的影响，无疑将是一项浩大工作。在本节中，我把考察对象局限为一项，即作为性爱基本原理的电气说。根据赤川学的分类，它是情欲淫欲论的一部分。作为通俗性科学知识群中最富时代特色的一种认知，无论是在日文还是中文的性科学文献中，皆受人瞩目。

电气说包含两种不同的学说，即三种电气说和阴阳二电气说。前者认为男女间完美的交媾过程将会发生三种不同的电气，即人身电气、舍密电气（后称"化学电气"）和摩擦电气。而后者则认为男子带有阳电，女子带有阴电，男女之间的交媾实际上就是阴电和阳电发生碰撞的过程，其原理与电池发电并无不同。两种学说均自19世纪70年代即进入日本，在造化机论著作群中被频繁介绍。不过从清末中国人对待这两种学说的态度中，却可看到明显的差异。

关于三种电气说，日本文献中最早和最详细的论述见于扶德著、千叶繁译述的《通俗造化机论二编》(1877)。在"论交合之快乐基于电气"一节中，扶德强调男女"合欢共乐之时可发三种电气，而单身独乐之时惟发一种电气"，后者令神经疲劳太甚，因此"交合与手淫的利害损益之区分全在此一事"。[②] 依据三种电气能否同时发动来区分各种性行为优劣的论调，在明治前期的造化论中十分常见。不过到了明治中期以后，这种论调已经有了微妙变化。论者经常只有在解释某一特殊的性现象时，才会让电气说突然登场。如细野顺在《男女交合造化机新论》中，虽然很忠实地介绍了三种电气说的内容，但仅用该理论来解释股间淫之害。

---

① 赤川学：《セクシュアリティの歴史社会学》，第91页。

② 千叶繁译述：《通俗造化機論二編》，稻田佐兵卫刊1877年版。复刻版载齐藤光解说：《近代日本のセクシュアリティ　第一卷　通俗性欲学以前》，东京ゆまに书房2006年版，第32页。

《通俗造化机论二编》在清末通俗性科学的文献里未被提及，当时的中国知识人似乎不知道该书的存在。在包含三种电气说说明文字的著作中，被翻译成中文的只有前述细野顺纂译的《男女交合造化机新论》。而清末知识人中主动介绍这一学说的，就我所知只有杨翥。在《吾妻镜》书中《论男女相爱即磁石之理》一节中，他有如下说明：

> 吸铁石因电气有阴阳而相吸，男女亦因电气而相吸。其交合时生电气三种：一摩擦电，即摩擦而生；一酸碱电，即男女精中二味制成；一化合电，即二物化合而生。电气有浓淡，爱力亦因之而浓淡。电浪有大小，快味亦因之而大小。电之至数有迟速，呼息因之而迟速。不明电理者，不能深知男女相爱之因也。

上面出现的"摩擦电""酸碱电""化合电"，根据文中解释来理解的话，应分别对应日文中的"摩擦电气""化学电气""人身电气"。值得注意的是，杨的兴趣仅仅局限于三种电气的名称，紧跟在后面的"电气有浓淡""电浪有大小"云云，实际上都不是三种电气说中的常套话语。同时由三种电气说推导出来的各种性行为优劣排行以及一种电气伤身之事，他也都没有提及。

相比之下，阴阳二电气说在中国似乎受到了更多的青睐。提倡此学说的重要著作，正是在日本和在中国均流传甚广的《男女交合新论》。在该书"交媾须用全身之力"一节中，作者法乌罗提到了阴阳二电气说的原理。忧亚子的译文如下：

> 交媾时男女两性之电气（男为阳电，女为阴电）必互接而底于均平，与用器发电无以异也。然人之电气随各人而多少，或倍焉或十倍焉。至交媾时，有增进一倍之势者，有增进十倍之势者。①

引文中"男女两性之电气"为误译，日文原文说的是男女互带"反性的电气"。阴阳二电气说之不同于三种电气说，除了强调男女所带电气性质相反，还有一点就是重视电气的发生数量。电量当然是越大越强越好，因为这对怀胎起着决定作用。在该书最后一节（"妊娠说"）中，法乌罗告诉读者女子能否怀孕取决于两个条件，一是子宫的吸引力，一是电气的引力。关于后者，他强调说"生命因电气而生，故男女之电气充

① 法乌罗：《男女交合秘要新论》（该书封面题《男女新法卫生秘要新论》），忧亚子译，文益书局1914年版，第17页。

足，精虫卵种自能凝合"。[1]

法乌罗的上述学说，在清末的其他通俗性科学著作中不断被重复和敷衍。如森田峻太郎在《传种改良问答》中先是惊叹"人之牝牡生殖器，蕴蓄阴阳二电。其互换之神妙，不可思议"。后在回答行房之益时，又说"男有阳电，女有阴电，阴阳二电互相补益。故合宜之交媾，务令电气不致空散，均平而各得其所。则男女之身心，皆得壮强补益，而不致倦劳损害。故男子爽敏之脑力每生于闺房之行乐，古今豪杰英迈之士之剧使心神也，必行房一次，以养成其气力。（中略）女子亦然，交媾之后，容受精液与阳电，故身益强健而元气愈充"。[2] 杨翥在《吾妻镜》中也说"夫男女交合，阴阳两电互相流通，故有益无损。彼娼楼妇女，交合多而电气淡，阅人多而爱力薄，男子盛欲以交合，必得不偿失"。[3] 杨尽管也介绍了三种电气说，但在论及诸多具体问题——如男女私奔的原因、夫妇关系之能否和谐、多淫之害、夫妇以外的性行为（股淫、手淫、买春、强奸、梦遗、留精）之害、聪明者好色的理由、女性"外交"（与异性交往）的正当性、股间淫之害、结婚年龄的选择的时候，毫无例外地用电气之有无以及电量之浓淡强弱作为是非善恶的判断标准。简言之，杨翥在《吾妻镜》中对阴阳二电气说的适用范围作了最大限度的扩展。

对于清末人来说，把阴阳二电气说作为一种认识工具加以吸收，其意义当然不限于求知欲和好奇心的满足。因为通过这种学说，似乎能发现中国人羸弱的根源。不难想象，"阴电""阳电"之类的新名词自然也会出现在清末知识人的社会改造言论里。蔡元培（1868—1940）曾作过一段洋洋洒洒的论述，堪称"保国保种"文脉下活用这一学说的典型事例：

> 而体交之事，限于男与女者何也？曰男子之欲，阳电也；女子之欲，阴电也。电理同则相驱，异则相吸。其相驱也，妨于其体也大矣；其相吸也，益于其体也厚矣。相吸之益，极之生子，而关乎保家，且与保国保种之事相关矣。然而，异电之相吸也，必有择焉，何则？凡体者，皆合众质点而成者也。一体有一体之性质，虽析之极微，而一点之性质与一体同，此人与物之公例也。是故其体有强弱之差

[1] 此处译文与原文内容略有出入。原文为"抑生命は陰陽電気の力に因て生ずる者にして。男女の爱情より孕胎に至る迄。尽く其力に出ざる者なし。"（抑生命出于阴阳电气之力，自男女之爱情至成孕怀胎，无不依赖其力者），参见法乌罗《男女交合新论》，第57—58页。本文使用的版本《男女交合秘要新论》（上海图书馆藏）因该部分已残缺，这里的引用来自无出版地无出版时间的海盗版《男女卫生交欢论》，第12页。

[2] 森田峻太郎纂：《传种改良问答》，第1、12页。

[3] 杨翥："论股淫手淫宿娼强奸梦遗留精等同一害身之事"，参见《吾妻镜》，第9页。

者，其所发电力有多寡久暂之差；其神志有智愚之差者，其所发电以成器之性，亦有灵蠢之差，此理之必不可易者也。（中略）是故男女质性不同者，其所生子亦与之为不同，及其所生子之生子也，又有不同矣。呜呼，此人之所以同种而渐趋于异者也。且也，驳性所生之子，其神志不完全矣，甚者，体魄亦不完全也。呜呼！体魄不完全，具耳目者皆知之；神志不完全，则我国所素不讲，而孰知夫弱国弱种之胥由于此也乎！①

上面这段引文见于《夫妇公约》一文。原文为手稿，《蔡元培全集》编纂者将写作时间推定为1900年3月。此时中文的通俗性科学出版物尚未问世，则蔡的电气说知识可能直接获取自日文原著。当然还有一种可能，就是这篇文章的创作时间应当稍晚一些。不管是哪种情况，有一点是无疑的，那就是在20世纪初的中国，阴阳二电气说对许多读书人——哪怕是头脑睿智的学者——都是极富吸引力的。

不只是蔡元培及向往新学的人士，对于稍微保守一些的读书人来说，电气说也同样有吸引力。在这方面，孙宝瑄是一个极好的例子。孙虽然广泛涉猎新学，但同时也笃信佛学，因此新学知识和宗教信仰在他的头脑里呈现出一种互不排斥的共生状态。例如，生理学中关于精子和卵子的知识，在他看来不过是重复了天台宗教义里的胎发生论。② 对于电气说，孙也并没有像蔡元培那样，从强种保种的角度考虑，而是企图把它融入既有的认知中。在1903年的一篇日记中，他记录了自己的如下心得：

人，阳也；鬼，阴也。人之中又分阴阳。男，阳也；女，阴也。男女交感而成孕。然当男女交感之时，即人鬼交感之时，是以有转轮投胎之说也。人鬼何以交感？曰：天地凡相反之物，每相吸合。观于男女相悦，由阴阳二电之相感而知之矣。阴不能包阴而能感阳，阳不能感阳而能感阴，彼人鬼亦犹是也。唯人鬼交合而结胎，而成人。故人为半阴半阳之质。③

这里值得注意之处，一是生死轮回观念与阴阳二电气说在文中并置，作者把它们都看作是解释世界和人的存在状态的理论依据，二者并无高下。二是阴阳二字在行

① 蔡元培："夫妇公约"，载中国蔡元培研究会编：《蔡元培全集》第1卷，浙江教育出版社1996年版，第102页。

② 孙宝瑄云："凡男女媾精，精中有微生物曰精虫，此近日全体学大明，为人所恒言。而佛书中已先有之，《大论》云，身内欲虫，人和合时，男虫白精如泪而出，女虫赤精如吐而出，骨髓膏流，令此二虫吐泪而出"。参见《忘山庐日记》上册，壬寅年(1902)三月十三日条，第503页。

③ 孙宝瑄：《忘山庐日记》上册，癸卯(1903)年四月十五日条，第678页。

文中的含义，既在传统思想的层面上被使用，同时也混入了法乌罗的电气概念（孙曾经在理文轩购买过《男女交合新论》的中译本）。孙的这段日记，暗示了电气说流行的一个原因，即该学说与中国人的传统观念之间，存在着明显的亲和性。

这种亲和性不仅表现“阴”和“阳”的概念上，就是“电气”这个词本身，在清末读书人听来，也有不同于今天的独特回响。“电气”概念之被介绍到中国，就我所知，始于合信的自然科学入门书《博物新编》（初版 1855 年）。该书的初集有一节题为“电气论”，作者是这样向中国读者介绍这种神奇之物的：

> 大地之体有气，曰电。杂赋于流形之内，无物不有，无时不然，与生气绝不同类，聚则为电为火，静则散藏于密，其本原之质，内具阴阳二性。阴阳者非牝牡雌雄之义，得造化中庸之道，不偏不倚，无过不及。若器物之中，一为孤雌，一为独阳，则阴者必合于阳，阳者必合于阴，务必彼此会合，一气调和。①

这段说明的知识背景，当是电气流体说。在电子被发现之前，这是西方人对电气的一般认识（电气流体说又分为二流体说和一流体说，法乌罗的阴阳二电气说当敷衍自前者）。不过，读到这段文字的清末读书人会怎么理解呢？大约只会把“电气”直接想象成中国哲学中的“气”吧。电气的出现，曾给清末中国人的日常生活带来巨大变化，也给当时的思索者带来无限惊奇和遐想。在他们眼中，电气不但是拥有无限可能性的新能源，更是带有本源性和灵性的神奇物质。如谭嗣同在《仁学》中说“以太”就是“电”、就是“爱力”，又说“脑为有形质之电”，“电气通天地万物人我为一身也”。如果追根溯源的话，这种电气观当来自合信“大地之体有气，曰电”的说明。② 对于原本就以“三至”“五至”等各种“气”的运行来解释性爱原理的中国人来说，接受阴阳二电气说几乎无所障碍。

在日本，随着明治时代的结束，三种电气说和阴阳二电气说也迅速销声匿迹。个中的缘由，一方面是因为日本官宪的压制，如前所述，大正初年造化机论类著作全部被划为了禁书。不过还有一个重要原因，即号称“性欲三剑客”的羽太锐治（1878—1929）、泽田顺次郎（1863—1944）和田中香涯（1874—1944）在明治末年崛起，开创了大正时期以“性欲”话语为中心的所谓“普通性欲学”时代。在两方夹击下，造化机论很快退出了日本人视野。

---

① 合信：《博物新编》，东京老皂馆 1874 年版，第 50 页。

② 谭嗣同著，印永清评注：《仁学》，第 73、84 页。关于清末人眼中的电气和以太，中国文学研究者武田雅哉有极为精彩的分析，参见武田雅哉《桃源郷の機械学》，第 274—287 页。

中国在进入民国以后，性科学的传播则呈现一派混沌局面。一方面，接受过近代高等教育的知识人开始自西方直接引进性科学专著，《结婚的爱》及《性心理学》等著作的介绍和翻译，可以说是这一时期的成果。另一方面，来自日本的影响依然强大。不过引进对象已经不再是造化机论，而换成了"通俗性欲学"方面的著作和文章。[①]与日本不同的是，通俗性科学在民国时期虽然已经变得陈腐，但在很长时期内却没有从中国人的视野中完全消逝。所以就性知识的流通而言，民国时期可以说是诸说杂陈的时代。

民国以后依然推崇电气说的人物，无疑首推张竞生。还是在北京大学教授美学的时代，他就把"闺房术"作为"美的体育"中的一环，强调"生殖器运动时则一切官骸皆发电气的作用"。而男女交合之所以是"周身最精微、最完全、最快乐的运动"，也是因为"细至一毛一发也生了电气在那里颤动"的缘故。[②] 在《性史》一书中，张氏让电气说再次登场，并以之为评价男子间性行为的价值尺牍：

> 我们常看了许多书及听了许多人的话说：谓男子喜男性，因为屁股比阴户紧扣，这个可见阴户松弛是间接助长好男色的原因。但屁股的臭屎味，又无多大的活动力与各种电气，断不能与阴户的稍具有生气者比赛。故请阅者注意，把阴户讲究得好，不但男女得到交合的和谐，并且可以铲除这个变态的、臭味的、无意义的、非人道的、甚至鸟兽所不为的后庭把戏。[③]

在张氏的眼里，男性间的性行为之所以令人不齿，原因之一在于不能发出"各种电气"。如前所述，这种论调正是三种电气说的常套。从这里的记述来看，张竞生对该学说有相当的了解。

有点巧合的是，与上一辈的电气说鼓吹者杨翥一样，张竞生真正推崇的其实也不是三种电气说，而是阴阳二电气说。他写过一篇相当长的文章，题为《第三种水与卵

---

① 以羽太锐治为例，他除了有"新马尔萨斯主义与性的道德"（《妇女杂志》1921年第7卷第7期，幼雄译）等多篇论文被翻译成中文并刊登在国内杂志上，涉及性欲学的专著也至少有两种在国内翻译出版，其中一种是《性欲教育之研究》(1923)。《性史》第二集收入的志霄女士自传《我的性经历》后面的编者按语中，有对该书的大量引用和介绍。参见张竞生编著《性史 1926》，大辣出版公司 2005 年版，第 207—211 页。另一种是收入妇女问题研究会丛书的一之译，《性爱研究》，新宇宙书店 1928 年版。另外，根据实藤惠秀监修，谭汝谦主编，小川博编辑：《中国译日本书综合目录》，中文大学出版社 1980 年版，可知他还有两部著作也在民国年间翻译出版。这两部著作分别是黄孤飘译：《身之肥瘦法》，启智书局 1945 年前版，式隐译：《避妊要领》，上海妇女问题改造社 1928 年版。

② 张竞生：《美的人生观》，第 41—42 页。

③ 张竞生编：《性史 1926》，第 110—111 页。

珠及生机的电和优种的关系(又名：美的性欲)》,登载于张氏离开北京大学后在上海主编的《新文化》杂志第一卷第二期(1927)上。如题目所示,作者把“生机的电”和其自创的“第三种水”并列,显示其重视程度。“生机的电”四字未见其他著作,我颇怀疑这也是作者本人的自创新语。关于“生机的电”的详细解说出现在该文的第三部分,也就是在介绍完“第三种水”的种种妙用以后,作者用饶舌的笔调把读者带入了一个奇妙的电气世界：

> 大凡交媾时,男器觉得美妙处,在阴道的收缩灵动,与有电气。(中略)但其最妙处乃在将丢之际,觉得阴内热气密布,此时阴道内变为“电气的区域”。大凡热就生电,热为电的母,电为热的子。但女子此时所生的电为阴电,与男子的阳电互相吸引。此时男女似合成为一气不能分开,即是两电流互相沟合的缘故。又普通的阴户,尤其是生过子及稍年老者,都犯松放之病,在发生电之时,不但不会松放,而且觉得甚紧凑,因为电气烘干壁膜与吸引阳电的缘故。
>
> 至于第三种水丢时的妙处更难言了。平常女子不过女子耳,此时伊是电化的仙人了。伊此时不但自己发电,并且授男子以电。也如男子射精,同时自己发电,同时给与女子以电一样,这确是“电”的问题。最妙处这不是物理化学无机物的电,乃是生理的有生机的电。此种电的作用甚大。他能把身体与精神变为活泼泼的有生气。这样电化的结果,其身体和精神甚好。①

张竞生的电气谈义在这里如洪水般滔滔而下,《新文化》当期杂志中从第 35 页一直持续到第 48 页,读来几令人头痛。就篇幅长度而言,惟有《通俗造化机论二编》中扶德关于三种电气说的介绍可与之媲美。张氏对于“生机的电”的认识,大致可总结为以下四点。

首先,关于男女之间的性行为,都可以用“电”的原理来阐释。如引文所示,张氏十分忠实于阴阳二电气说。他认为男子的阴茎就像“电杅”,需要全力拨动女子的“电盘”始能“发电”。依靠性的接触而产生的电气被张氏命名为“欲电”,于是男子之精与女子之第三种水自然就都变成“欲电的一种排泄物”。至于爱人之间握手或是目光交错也是发电行为,不过那是电浪在空中传达的“无线电”了。

其次,通过“电化的交媾法”所产生的电气,对于男女双方的身心皆极为有益。这

① 张竞生:“第三种水与卵珠及生机的电和优种的关系”。又名:“美的性欲”,《新文化》1927 年第 1 卷第 2 期,第 35—36 页。

本来也不是什么新学说，张氏的独到之处，一是发明了一个新名词"电益"，来专门指称这种益处；二是用传统房中术里的阴阳采补观念来比附电气说，他告诉读者，只要能发动电气即可带来相当于"采阴与采阳"的功效。

再次，"生机的电"和优种息息相关。按照张氏的说法，在男射精女出第三种水的状态下——也就是在男女"全身最电化的时候"，双方的电气对流，"每每传给卵珠及精虫一些电气，当这两物聚合之后即发生电气吸推现象，故胎孩的强壮与父母发电的大小也有关系"。

最后，要使"生机的电"达到"最高等的度数"，男女需要从"情爱"和"美感"二事着力。这一方面是因为"有情爱的两性能产生极大的电力"，同时也因为男女在作"电的接触"时，只有彼此让对方感受自己的美感，才能做到"平时冲动与临时起劲"。

这篇论文最后的结论，自然是"电化的性交之作用大矣哉，第三种水之作用大矣哉"。作者在正文之后还特意添加了数行附言，告诉读者该文已经作为"性欲丛谈"之一出了单行本，零售一角。同时他本人还准备把这篇力作"拟译为外国文，以便各国性学家商榷，而使他们知道中国人对此重要问题，也有相当的发见"。虽然张氏自得之情溢于言表，不过细究其中的知识背景，可知其主张基本不离妊娠的性高潮必要说和阴阳二电气说。换句话说，也就是没有超出19世纪性科学的范围。张氏有在欧洲长期留学并取得学位的经历，除了身边唾手可得的清末通俗性科学书，他直接自西文著作—譬如19世纪的新婚夫妇指南类书籍—获取灵感的可能性更大。其大胆露骨的笔触以及《新文化》杂志中喜用裸女插图的版面设计(图8)，都令人联想到善亚顿的 *The Book of Nature*。

1927年是张竞生创作最旺盛的时期，共留下了约三十篇文章。其中详述其性学观点的作品有两篇，除了《第三种水与卵珠及生机的电和优种的关系(又名：美的性欲)》，还有一篇题为《性部呼吸！》(续编改题为《性部与丹田呼吸》)。两篇长文甫一问世，即遭到了各方的口诛笔伐。如周作人批评张氏已堕落为"道教的采补家"，潘光旦(1899—1967)等人则痛斥第三种水之说违背生理学常识。潘氏另外还讽刺张氏根本没有优生学的智识，却奢谈优生方法，"真是大惑"。[①] 不过令人意外的是，这些正面批判的严肃文字有一个共同点，就是全都避开"生机的电"不谈。张的论敌们到底认

① 周作人："时运的说明"，载周作人著，钟叔河编：《上下身：性学·儿童·妇女》，湖南文艺出版社1998年版，第177页；潘光旦："《新文化》与假科学——驳张竞生"，《性杂志》1927年第2期，第8页。与潘光旦持同样立场的批判文章，就我所知还有以下两篇：周怿昭："评张竞生博士的所谓美的性欲的前半部——即第三种水与卵珠……的关系"，载《新女性》1927年第2卷第5期，第543—552页；倩倩："第三种水的研究"，《性杂志》1927年第2期，第1—12页。

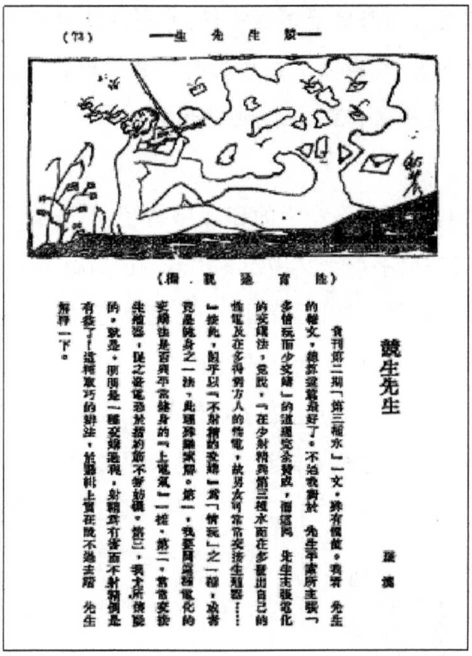
競生先生

图 8　张竞生主编,《新文化》杂志的版面

《新文化》卷 1 期 4(1927)

为阴阳二电气说荒谬到不值一提,抑或因其他原因而避谈,其中的机微颇有考察余地。①

当然,攻击"生机的电"的文字,在当时也不是没有出现。如下面的文章就是一个例子：

> 其中最荒谬绝伦的要算男女生殖器的电气了,他老先生说,当交媾的时候,女子生殖器能发生阴电,男子生殖器能发生阳电,哈哈,亏他想得出,附会得上,我想他很深切地中了中国旧时男为阳女为阴的谬说,就硬把电气上加以阴阳等冠词了。可惜张先生读得太多了,连最简单的发电原理都没有明白呀！你交媾时,你既然知道有水分排出的——而且有阿大阿二阿三阿四等兄弟般的名称——那么试问电气在物体潮湿时候可以摩擦出来吗？除非你老先生的阳具像

① 如张竞生论敌之一的周建人早在 1922 年时也曾撰文宣传电气说,与张氏后来的主张颇相呼应。周氏引英国人贝尔(C. E. Pell)的学说,云两性细胞中的电力有"零""电气高紧张"以及"最高紧张"之分,又云两性的生育能力随电气的紧张的程度历级而增,直到生育力最富之度为止。周甚至还借贝尔之口说,如果搞清电气与受精的奥理,其功之伟大,"连该恺撒与拿破仑的成绩便算不得什么了"。周建人："电气生理学与生殖",《东方杂志》1922 年第 19 卷第 1 号,第 111—112 页。

琥珀棒一样,你家夫人的腔像干猫皮一样,才得发生电气,才得使金箔验电器来证明,果能照你这样讲,现在大家正愁电气厂罢工的时候,请你和你的夫人到电器公司代替那模和透平机,他们正欢迎着你呢。①

这段引文来自题为《呜呼! 张竞生的卵珠!》的短评,登载于性学研究社编《性杂志》第一期(1927),作者的名字在正文中没有出现(在目次中被记载为"瀚")。从内容来看,这位身份不详的作者既不知道阴阳二电气说是清末时的舶来品,似乎也不了解动物体内存在电气的生理学常识。而且语近谩骂,文字格调卑下。以后世眼光观之,"瀚"的批评其实缺乏说服力。不过这篇短评倒是暗示了另一个事实,即20世纪20年代后期国内的性学论坛上,完全不知道电气说为何物的论客已经登场了。

图9 林竞志画:《电流一缕系住心儿两片》

原载《时代漫画》1934年第9期,引自沈建中编:《时代漫画》上,第113页

电气说最终何时从中国人的视野中消失? 这个问题我还没有找到最终答案。张竞生于1929年再度游历法国,回国后偃旗息鼓,以一介地方文人终世。以我的寡闻,20世纪30年代以后的国内论坛上似乎再也没有人公开主张电气说了。不过在鲁少飞(1903—1995)主编的《时代漫画》第九期(1934年9月20日发行)中,有一幅题为《电流一缕系住心儿两片》的漫画(图9),却令人有久违之感。作者林竞志给这幅作品添加了下面的文字说明:

异性相遇,电流施放,吸引而眷属成焉。然物极必反,久之,热者冷矣,于是有赖乎储电池传布之力。②

漫画作者的意图,似乎是揶揄男女爱情之短暂。不过,把两性情感的发生描述为人体内"电流施放"的结果,则显示阴阳二电气说的幽灵依旧还在徘徊。在性科学传播史上,这张讽刺画也许算得上是该学说留在国人心中最后的残像吧。

① 瀚:"呜呼! 张竞生的卵珠!",性学研究社:《性杂志》1927年5月1日第1期,影印版载《民国珍稀短刊断刊》上海卷58,全国图书馆文献缩微复印中心2006年版,第28572—28573页。

② 林竞志:"电流一缕系住心儿两片",鲁少飞主编:《时代漫画》1934年第9期。引自沈建中编《时代漫画》上,中国社会科学出版社2004年版,第113页。感谢彭小妍教授告诉我此漫画的出处。

六、结语

西方性科学在近代中国社会的传播，是一个曲折悠长的故事。从19世纪后期至20世纪前期，有三代知识人先后登场，每一代人中流行的性知识各有不同。在最早睁眼看世界的第一代人中，如王韬等人尽管对西学已经多有接触和了解，但没有记录显示他们的关心已延伸到西学中的性知识领域。相比之下，经历过甲午战争冲击的第二代人则完全不同，在康有为、谭嗣同等人为未来中国勾画的蓝图中，涉及性的新学知识已经占有一席之地。20世纪初的国内图书市场上，面向一般读者的生理学启蒙书籍接连问世。这些书尽管没有使用“性”这个汉字符号，但主要内容皆围绕生殖器构造、婚姻关系、男女交合原理乃至生殖器病等话题展开。在本文中，我把出现在这类书籍中的知识群统称为“通俗性科学”。进入民国以后，随着执五四新文化运动牛耳的第三代知识人登上论坛，他们开始直接阅读西文的性科学书并使用诸如“性欲”“性道德”等新概念。尽管如此，清末通俗性科学中一些特有的性知识，在民国时期仍然没有完全丧失影响力。

本文主要目的是追寻通俗性科学自日本输入中国的传播轨迹。其受到国人瞩目的契机，是甲午战争以后笼罩在读书人群中的强烈思变情绪。在“改造人作为改造一切的基础”这一理念的驱使之下，[①]通俗性科学被宣传为有益于强种强国的新知，相关书籍的出版一时有泛滥之势。这种情形的出现，原因大致来自三个方面：一是清末知识人的幻视。他们根据一些片断的信息，把通俗性科学理解为“心灵学之本”和“治学之始”，希望利用其来改良社会和个人。二是合法性的获得。通俗性科学的书籍中虽然有“美绝快绝”的文字与插图，但清朝官宪事实上并未阻挠和压制其出版发行。同时，在传种改良的口号以及一系列充满科学色彩的新名词的魅惑下，拥有和阅读这些书籍，在当时成为一种时髦。在清末的文学作品中，关于这方面的情形有生动描写。如蹉跎子在小说《最新女界鬼域记》中描写道，自《男女新交合论》(一个影射法乌罗《男女交合新论》的书名)出版后，“海内外新旧两派一体特别欢迎”，而上海的租界里更是出现了“几位有名望的美男秀女，那个不人手一书”的情形。[②] 与此相关联，第三个原因则来自商业利润的驱动。“上海所卖新翻东文书，猥聚如粪壤。但立新名于报端，作数行告白，在可解不可解间，便得利市三倍”。严复(1854—1921)在1902

① 黄金麟：《身体·历史·国家：近代中国的身体形成(1895—1937)》，新星出版社2006年版，第36页。

② 蹉跎子：《最新女界鬼域记》第四回，转引自张仲民：《出版与文化政治：晚清的“卫生”书籍研究》，第251页。

年的观察，可以让我们了解通俗性科学的书籍泛滥及盗版横行的背景。①

清末通俗性科学的直接源头，是明治时期风靡日本社会的造化机论。不过本文中我亦指出，初期的造化机论著作与来华传教士的汉译医书关系密切。在千叶繁的译著中，一些解剖学术语如"外肾""阴经"等语汇的使用，乃至"造化机"一词的发明，都可以看到合信《全体新论》的影响。因此中日之间围绕通俗性科学的交流并非单向的，而是存在着知识的往还。

本项研究还显示，在康有为等维新派人士的提倡之下，清末的知识人以多种方式——日文版的直接阅读、日文版的翻译、请日本医生用汉文编纂，以及中国人自己的编写——积极引进和吸收了造化机论中的知识。不过，在这个过程中没有人试图去把握造化机论的来龙去脉，也没有人去认真鉴别其内容上的良莠，这使得造化机论的引进带有很大的随意性。具体来说，就是引进对象多是日本明治中后期的坊间流行读物，其中甚至有《男女交合无上之快乐》《男女之秘密》之类的戏作和伪作。对于造化机论中有代表性的严肃著作（如千叶繁的译著系列），清末的知识人反而从未加以关注。

值得注意的是，清末知识人在引进造化机论的过程中，表现出相当明确的取舍态度。造化机论中有不少涉及基督教性道德的话语，如对上帝造人的赞美以及对一夫一妇制的拥护。但在中文译著中，这种基督教色彩基本上都被抹去。清末通俗性科学的译者或作者中，使用笔名的人不少，如忧亚子、诱民子、森田峻太郎、中国鹅湖少年等。从这些名字来看，其主人似乎并没有近代医学的专业背景（只有《生殖器新书》译者之一的仇光裕算得上例外，他是中文作者中惟一被称为"明于西国医理"的人）。因此不难理解，有关生殖器的生理学知识在一些著作中有被轻视的倾向，且错误百出。反倒是那些带有浓厚思辨色彩的学说，如手淫有害说、决定夫妇和睦与否的体质说，以及作为性爱原理的电气说等，受到了介绍者们的推重。

通俗性科学的著作在清末时曾被广泛阅读，其影响不可小觑。一方面，这些著作中的新知识取代了以"气"及"三至""五至"等概念来解释性爱及生殖原理的传统认识，成为了主流知识。李伯元的小说《文明小史》（成书于1903—1905）第十九回中，描写一个趋新人士姚文通因为家乡的妻子难产，赶紧在上海购买《传种改良新法》《育儿与卫生》等书，"带了回去，以作指南之助，免为庸医旧法所误"。② 在姚文通眼中，"旧法"和"庸医"并列，已成为该抛弃的对象。李伯元的这段描写，可以说正反映了性

① 1902年严复致熊季廉信，转引自黄克武：《惟适之安：严复与近代中国的文化转型》，社会科学文献出版社2012年版，第107页。

② 李伯元著，熊飞校勘：《文明小史》，江西人民出版社1996年版，第157页。

知识发生更替的清末世相。不过，细究时人的记述，则不难看出通俗性科学之所以受新旧两派的一体欢迎，其中关键是其内容显然与传统认识之间存在着亲和性。在孙宝瑄等人的眼中，电气之阴阳两极与中国人精神世界中的阴阳观念、生理学中的精子卵子与佛经中的“身内欲虫”并无本质不同。我想这种亲和性亦是通俗性科学未受官宪打压的重要原因之一。

另外，黄克武曾论及的清末“新语战争”——即和制汉语与和其他译语的竞赛——在通俗性科学的领域亦有展开。随着造化机论的引进，日本人发明的解剖学用语被原封不动地引进，并开始在国内流行，最终驱逐并替代了来华医学传教士所著解剖学著作中的许多语汇。这类例子不胜枚举，如合信使用过的“外肾”和德贞使用过的“阳生具”（均指男子的生殖器）、柯为良使用过的“阴茎”（此为 clitoris 的对译语），在现代中文里已经完全成为死语。不仅是传教士发明的语汇多被废弃，就是像“卵子”这样汉语中原有的俗语，今天还有多少人知道其本意是指男子胯间的物件呢？

最后，通俗性科学流行所带来的影响，也波及到传统学术的世界。典型的事例是叶德辉（1864—1927）出版《双梅景暗丛书》（1903）。叶氏在该丛书收入了多种古代中国的房中书，如《素女经》《洞玄子》等。这些在国内久已散逸的古文献，辑自一部日本平安时代的医书《医心方》。该书通过杨守敬（1839—1915）的介绍，在 19 世纪末始为国人所知，故叶氏的工作自然有保存国故的意义。不过，从《新刊素女经・序》中可知，叶氏费力辑书的真正动机实际上来自通俗性科学书籍的刺激。① 正如造化机论的泛滥曾激发明治时期的日本人去重新发现江户时期养生著作的价值一样，《生殖器新书》《男女交合新论》等通俗性科学书的流行，也促使清末的一些知识人开始思考固有的房中理论在中国文化中的位置。

造化机论在日本由于有官宪的取缔和学者的驳斥，其从盛到衰的过程十分清晰。相比之下，通俗性科学在中国的传播轨迹，特别是其最终淡出国人视野的经过，则依然模糊不清。有一点是明确的，即其影响并不限于清末，而是波及到了民国。由于内容的驳杂，因此必须针对通俗性科学中的每一项内容学作分别的深入考察，才可能了解其全貌。本文仅仅追踪了电气说在清末和民国年间的传播轨迹，至于说到手淫有害说、决定婚姻成败的体质说，以及关于生殖器的病理等其他性知识话语，在同一时

① 叶德辉在《新刊素女经・序》中云：“今远西言卫生者，皆于饮食男女之故推究隐微，译出新书如生殖器、男女交合新论、婚姻卫生学，无知之夫诧为鸿宝。殊不知中国圣帝神君之胄，此学已讲求于四千年以前，即纬书所载孔子闭房记一书。”叶德辉撰辑：《双梅景暗丛书》，叶德辉刊印 1903 年版。这里提到的三种著作，当是霍立克的《生殖器新书》、法乌罗的《男女交合新论》和松本安子的《男女婚姻卫生学》。关于叶德辉及其《双梅景暗丛书》与日本的关系，深泽一幸在论文“葉德輝の《双梅景闇叢書》をめぐって”（《言语文化研究》2012 年第 38 号，第 67—91 页）中有深入考察。

期是如何被国人理解和接受的，有待未来进一步研究。

通俗性科学话语中生命力最长久的部分，大约是其中的生理学知识。从《申报》上的医药广告可知，即使在张竞生退出论坛之后的很长时期里，“霍立克”这个名字依然在中文读者中享有号召力。从1928年到1942年，上海的百灵药社曾先后发售“真空疗肾机”“真空水治器”等号称包治男子一切生殖器病的神奇仪器。在该社的广告文中，这些仪器被介绍为“美国医科大学生殖器科学长医学博士霍立克”的发明。[①] 如果《生殖器新书》或是《生殖器之研究》等刊行于清末的著作已经过时且无人阅读的话，上海的商贾大概也不会借用这个名字大做广告。甚至在抗战胜利以后，霍立克的名字也依然出现在报刊之中。在一份充满猎奇内容的上海娱乐小报《香雪海》中，即有《两性医学讲座（节录美国霍立克著生殖器学）》的连载。我只看到过该连载的第四部分《女子外阴部》，内容为介绍女子割礼习俗。这篇文章刊登于《香雪海》革新第17期，发行时间为1947年6月10日。此时距离《生殖器新书》中文版的刊行已有近半个世纪之久，而两年之后，中国社会就迈入“禁欲反性”的新时代了[②]。

附记

本文的构想，最早来自于参加井上章一教授主持的“性欲的社会史”共同研究（京都：国际日本研究中心，2010—2012）。在持续三年的研究会上，井上章一、刘建辉、齐藤光、古川诚、梅川纯代诸氏赐教尤多。本文的部分内容，曾在精华大学（京都）和新泻大学以及日文研的市民讲座上作过口头报告，分别得到申昌浩、武藤秀太郎、锦仁、佐野真由子诸氏不少有益的建议。另外，承蒙黄克武所长惠予我“中研院”近史所访问学人的资格，使我可以接触到台湾丰富的学术资源，同时还有机会得以向彭小妍教授当面求教。如果没有张仲民、武田雅哉、潘光哲三位的无私馈赠，则本文的中文文献无疑将大为逊色。在此谨向上述诸位以及提出中肯批评意见的匿名评审者表示感谢。文中所有表述如有不妥之处，责任均在作者本人。本文能最终完成，还得益于作者在井上章一教授指导下，担任外国人研究员期间（2013.9—2014.8），国际日本文化研究中心所提供的卓越研究环境。此文亦是我在日文研图书室的苦斗纪念。

2015年7月23日识，时在九州大学伊都校区

① “真空疗肾机”，《申报》1928年10月24日。

② “禁欲反性”是李银河考察新中国性话语后作出的概括，参见李银河《新中国性话语研究》，上海社会科学院出版社2014年版，第333页。

书评

19 世纪历史的全球史书写

——对奥斯特哈默《世界的演变》的几点认识*

李雪涛**

一、奥斯特哈默其人及《世界的演变：19 世纪史》一书

于尔根·奥斯特哈默(Jürgen Osterhammel，1952—)是公认的德国全球史学者，现为德国康茨坦茨大学(Universität Konstanz)近现代史教授。1970 年他高中毕业后就读于德国马堡、汉堡、卡塞尔等大学，以及英国伦敦政治经济学院(The London School of Economics and Political Science)。正是在伦敦时他选择了有关中华帝国和英帝国的题目。1980 年他在卡塞尔大学递交了有关英—中两国在第一次世界大战后的经济关系的博士论文。1982—1986 年奥斯特哈默在伦敦的德国历史研究所莫姆森(Wolfgang J. Mommsen，1930—2004)手下任学术助手。1986—1990 年他在弗莱堡大学政治学系担任学术顾问。1990 年奥斯特哈默做完他的教授资格论文后，在哈根的远程函授大学任欧洲以外历史的教授，一直持续到 1996 年。1996—1997 年他在柏林高等研究院(Wissenschaftskolleg zu Berlin)任研究员。1999 年他被任命为日内瓦高级国际关系学院大学(Institut Universitaire des Hautes Études Internationales)国际关系史的讲座教授。同年他也被聘为康茨坦茨大学近现代史教

---

* 感谢德国国家科学院列奥伯蒂纳(Leopoldina)院士、杜塞尔多夫大学原校长腊碧士(Alfons Labisch)教授、中国社会科学院外国历史研究所的景德祥研究员在很多方面的帮助和启发。

** 北京外国语大学历史学院教授。

授，迄今他一直在德国南部博登湖（Bodensee）畔湖光山色的小城过着悠闲自在的学者生活。

2009 年奥斯特哈默出版了这部《世界的演变：19 世纪史》（*Die Verwandlung der Welt. Eine Geschichte des 19. Jahrhunderts.* C. H. Beck, München 2009）①，出版后受到学界的一致好评。很多著名历史学家纷纷在业界报刊上发表文章，积极评价奥斯特哈默在本书中所取得的成就。当年北德意志广播电台（NDR）的文化频道因此授予这部著作最佳非虚构作品的年度奖（Sachbuchpreis für das beste Sachbuch des Jahres 2009）。2010 年奥斯特哈默获得莱布尼茨奖（Leibnizpreis），2012 年他被选为德国国家科学院列奥伯蒂纳（Leopoldina）院士，2014 年荣膺不列颠科学院院士。2014 年他还获得德国语言与文学科学院颁发的弗洛伊德学术散文奖（Sigmund - Freud - Preis für wissenschaftliche Prosa）。2017 年本书获得著名的汤因比奖（Toynbee Prize）。2014 年 7 月 17 日德国总理默克尔（Angela Merkel, 1954—）60 岁生日的时候，在总理府所进行的正式活动中，特别邀请了奥斯特哈默做了有关全球史的生日演讲（Festrede）。

他的著作中，除了这部《世界的演变：19 世纪史》之外，《亚洲的去魔化》（*Die Entzauberung Asiens. Europa und die asiatischen Reiche im 18. Jahrhundert.* Beck, München 1998. 台北：左岸文化 2007）也已经出版了中文译本。社会科学文献出版社也正在准备出版他的《从 18 世纪至今的中国与国际社会》（*China und die Weltgesellschaft. Vom 18. Jahrhundert bis in unsere Zeit.* Beck, München 1989）以及《中国革命：1925 年 5 月 30 日的上海》（*Shanghai, 30. Mai 1925. Die Chinesische Revolution.* Deutscher Taschenbuch - Verlag, München 1997）两本专著。

对《世界的演变：19 世纪史》这样一部原文有 1500 多页的巨著做出全面的评价基本上是不太可能的。因为 19 世纪包罗万象的历史，其内容是综合性的，涉及的知识范围太广，评论者不可能对一切知识领域都有足够的判断能力。翻译成中文的三厚卷，评论者很难通读全书，即便浏览一遍亦非易事。因此以下对这部书的一些观点，仅仅是管窥所及，提出来与大家讨论。

二、内容范围

在《世界的演变：19 世纪史》中，奥斯特哈默坦言，他的这部书并不是一部有关

① 此书英文版：*The Transformation of the World: A Global History of the Nineteenth Century.* Translated by Patrick Camiller. Princeton University Press, 2014。

19 世纪的百科全书，同样也没有“将提出某种独辟蹊径的宏大理论作为目标”[①]。一位历史学家在其著作中当然要界定其内容，因为谁都不可能研究和阐述一个多世纪中发生在所有大陆的全部社会、文化、科学和经济的事件。同时他也没有提出诸如彭慕兰（Kenneth Pomeranz，1958—）在《大分流》（*The Great Divergence*）中所提出的重大理论。他指出：“我之所以决定撰写一部有无数微小关联构成的历史，是因为与那些阐述宏大理论的著作相比，这类历史写作迄今较为罕见。”[②]

为什么恰恰是 19 世纪？实际上，你只要将这本书的目录放在眼前，就会发现，奥斯特哈默所描绘的 19 世纪图景，在很大程度上塑造了我们当今的世界。而之前的世界与我们的关联性并没有我们以往设想得那样强。从时间上来讲，奥斯特哈默在书中将 19 世纪置于“历史之中”，“并有意识地打乱年代，将时间轴的一端远远拉后到 1800 年或 1780 年之前，并让另外一段向前延伸，一直拉近到我们生活的今天。”[③]在本书中，奥斯特哈默的高超之处并不在于擅长“宏大叙事”，也不遵守事件的时间顺序。相反，他将世界发展到现代的丰富资料，归在了三大部分之中，亦即：近景（Annährungen）、全景（Panoramen）和主题（Themen）。下面又细分为 18 个主题，来做准确的阐述：

第一个主要方面是“近景”（实际上应当译为“路径”或“方法”），它又分为：

1. 记忆与自我观察
2. 时间
3. 空间

第二个主要方面是“全景”（每一个现实领域），它又分为：

4. 定居与迁徙
5. 生活水平
6. 城市
7. 边疆
8. 帝国与民族国家
9. 强权体系、战争和国际主义
10. 革命
11. 国家

① 于尔根・奥斯特哈默：《世界的演变：19 世纪史》“中文版序”，强朝晖、刘风译，社会科学文献出版社 2016 年版，第 4 页。

② 同上书，“中文版序”，第 4 页。

③ 同上书，“绪论”，第 5 页。

这两个主要方面又通过下列“主题”得到进一步的补充：

12. 能源与工业

13. 劳动

14. 网络

15. 等级制度

16. 知识

17. “文明化”与排异

18. 宗教

这三部分基本的逻辑关系是这样的：所谓“近景”的三章——记忆与自我观察、时间和空间，是后来需要讨论的内容的前提和基本参数。接下来在“全景”中，奥斯特哈默展示与之相关的8个现实领域。而在“主题”部分，作者则选择了具有针对性、选择性、文风偏向于全景式叙述的具体问题。

通过这种方式，最终这本1500多页的著作变成了一块巨大的马赛克，上面的每一块小石头都是为专门的全球史分析所提供的宝藏。这一点，柏林自由大学的社会历史学家于尔根·科卡(Jürgen Kocka，1941—)教授在《时代》(*Die Zeit*)上撰文认为，奥斯特哈默的这部著作是“一幅拼图式的时代画像”(ein mosaikartiges Epochenporträt)①。

这18个“主题”包含了范畴(例如：时间或空间)、问题领域(例如：边疆)、对转变的情况的调查(例如：生活水平)、进程(例如：革命)、结构(例如：城市或者国家)或者生产和再生产的定义范围(例如：劳动或者知识)。通过这种方式，可以避免由于仅仅对历史人物或轶事/叙事的外在逻辑分析，而无法触及到历史深层的弊端。

奥斯特哈默已经注意到了他的著作的“内容范围”(scope)。一般来讲，一部历史著作内容覆盖决定于全书的框架设计。他指出：“从这些‘全景’可以看出，尽管我并没有刻板地要求自己必须对世界所有地区都有所顾及，但是我力争做到不让自己所描绘的世界全貌出现大的遗漏。”②从方法论上来讲，寻求主从，兼顾纵横，在具体安排上既不是凌乱的支离破碎，又不是简单的一刀切。这样做便于从整个19世纪历史的发展全局出发做出综合的考察与深入的研究。

一般的世界史著作很少涉及的文化史、宗教史、知识史等方面的内容在奥斯特哈默的书中也都有体现。19世纪是各现代学科形成的时代，各学科分支及知识领域内

① 奥斯特哈默：《世界的演变：19世纪史》，书前收录对本书的评论文字。

② 同上书，“绪论”，第12页。

容在书中的均衡体现，也都可以认为是本书在知识领域的覆盖度高的体现。

三、内容处理

（一）全球史观

斯塔夫里阿诺斯(Leften Stavros Stavrianos，1913—2004)曾在《全球通史：1500年以前的世界》中指出："本书的观点，就如一位栖身月球的观察者从整体上对我们所处的球体进行考察时形成的观点，因而，与居住伦敦或巴黎、北京或德里的观察者的观点判然不同。"①

究竟有没有像所谓的从月球观察世界的方式，奥斯特哈默对此予以了否定。他指出：

> 世界史从来都不可能以一种完全局外人的立场书写，比如说从火星的角度。写作者总是以某种方式将目光"聚焦"于某一处。但是，倘若这种聚焦成为压倒一切的主题，倘若作者从欧洲中心主义、美国中心主义、中国中心主义或伊斯兰中心主义的视角来书写，那么他所写就的，不可能是一部真正的世界史。……当然，世界大背景下的民族史是无可厚非的，它是历史编纂学中一个合法的分支，但是人们决不能将它与世界史混淆。②

奥斯特哈默无意要撰写一部人类文明通史，他也根本不认为有所谓的完全局外人的立场存在，但他承认对历史进行全球性探索的方法(global approach)，这是他所谓"世界史"(Weltgeschichte，world history)的编纂方法。我想斯塔夫里阿诺斯本人之后对他所谓的"栖身月球的观察者"的身份也发生了怀疑，所以在后来再版的《世界通史》中他删去这句话。

奥斯特哈默认为，20 世纪 80 年代以来在学界逐渐流行的全球史的方法论，是历史学一个全新的开端。"……它是在人类对世界各地区历史的全面和高水平研究的前提下发展起来的。这些研究最迟是随着西方殖民帝国的终结开始的。早在'全球化'成为妇孺皆知的流行词之前，世界历史学研究便已在全球得到了普及。"③

---

① 转引自陈启能主编：《西方历史学名著提要》，江西人民出版社 2001 年版，第 599 页。

② 奥斯特哈默：《世界的演变：19 世纪史》"中文版序"，第 6 页。

③ 同上书，第 3 页。

尽管在 1800 年前后就有启蒙史学的“普世史”，作为德国学者的奥斯特哈默并不认为自己延续了某种民族传统，“也不代表任何独特的德国视角和立场”[①]。确实在行文中能看出他超强的驾驭不同语言文献的能力(除了英文之外，还包括德文、法文、中文等文献)，而这些能力对于很多英美的世界史学者来讲并非“理所当然”的。因为奥斯特哈默的理念是，“尽可能广泛地了解国际学术界的研究成果，对任何形式的世界史写作而言都是至关重要的基础。”[②]

奥斯特哈默引用了布罗代尔(Fernand Braudel，1902—1985)《论社会史观念》(*Zum Begriff der Sozialgeschichte*，1959)中的一段，具体说明了他的“互动”观念：“历史将统一这一切，通过无休止的交互作用，将这些近邻关系、这些边界共同体紧密联系在一起，并最终变成一个整体。”[③]在全球互动的今天，不仅仅在他的著作中体现了人类“互动”的观念，奥斯特哈默的不同的著作被翻译成其他种文字，特别是在中文世界享有众多的读者，这一事实本身也是互动的体现。“反过来讲，我也希望能够有尽可能多的中国最新学术成果被翻译成西方语言。”[④]因此，当代的历史研究也应当置于广阔的相互关系情景中来理解和考察，从互动中来相互理解，强调互动这互为主体。我想这一点也是奥斯特哈默所看重的。

(二) 如何超越欧洲中心主义

全球史的研究要求从思想观念、研究方法以及历史编纂等多个层面反思欧洲中心主义，乃至各种形式的中心主义。奥斯特哈默认为，要做到这一点，“不能通过全知的叙述者臆想的‘中立性’或自诩的‘全球性’视角，而必须通过对认知之相对性的有意识把握。”[⑤]“对认知之相对性的有意识把握”的德文原文为：ein bewusstes Spiel mit der Relativität von Sichtweisen[⑥]。这句德文的意思是：一场对视野相对性的自觉博弈。奥斯特哈默继续解释道：

> 在这一过程中不能忽视的问题是：究竟是谁在为谁而书写。假如一位欧洲(德国)学者的书写对象是欧洲(德国)读者，其文字必然会流露出相应的特点，因

① 奥斯特哈默：《世界的演变：19 世纪史》“中文版序”，第 3 页。

② 同上。

③ 同上书，“绪论”，第 9 页。

④ 同上书，“中文版序”，第 3 页。

⑤ 同上书，“绪论”，第 9 页。

⑥ Jürgen Osterhammel, *Die Verwandlung der Welt. Eine Geschichte des 19. Jahrhunderts*. München: Beck. 2009. S. 19。

为作者的预期、背景知识与文化惯性无一不受到地域的影响。这种相对性同时也会导致一个结果：认知的中心化倾向并不会因为真实的地位关系——或曰中心与边缘结构——而消除。这一问题既有方法论的一面，也有客观性的一面。从方法论来看，史料的匮乏有可能对良好意愿向历史公正性的转化形成阻碍；从客观性来看，在历史发展的长河中，世界不同地区之间的对比关系总是在不断地发生变化。①

因此，尽管研究者在内心之中存有将扩张时的西方与被殖民的非西方的关系看成是不同文化主体间的关系，但在具体实施过程中依然遇到奥斯特哈默所谓的方法论和客观性两方面的问题。在具体到19世纪的历史方面，奥斯特哈默也指出，这一世纪欧洲在全球历史中扮演着重要的角色，历史学家自然不能无视这些成就，而去一味强调非欧洲国家的重要性：

权力、经济实力和文化创新精神的部分，在每一个历史时期都是不同的。因此，从无视欧洲中心性的角度去构拟19世纪这一段历史，无疑是固执与专断的一种表现。没有任何其他一个世纪，能够像19世纪一样，以类似的程度接近于一个欧洲的世纪。②

因此，在奥斯特哈默看来，并不能将所有严肃地对待欧洲历史的做法，都认为是欧洲中心主义。

奥斯特哈默对马克思(Karl Marx, 1818—1883)晚年所预示的，在亚洲可能会出现偏离所谓人类"正常"发展路径的情况，即出现所谓的"亚细亚生产方式"(asiatische Produktionsweise)③，表示出了怀疑的态度。他不仅认为马克思的看法属于欧洲中心主义，法学家梅因爵士(Sir Henry Maine, 1822—1888)、社会学家涂尔干(Emile Durkheim, 1858—1917)和韦伯(Max Weber, 1864—1920)等对欧洲以外地区的关注所形成的理论都是"欧洲中心主义的"，只是这些观点大多以包容的而非排外的范式展现而已。奥斯特哈默认为，原则上这些学者相信非欧洲文明中的后起民族，不论肤色和信仰，都有能力适应社会进步的普遍模式。直到世纪末，根本且完全地否定"原始民族"(当时的说法)，有时甚至否定"东方民族"具备贡献"更高级文化成就"的能

① 前引书，"绪论"，第9页。
② 奥斯特哈默：《世界的演变：19世纪史》"绪论"，第9—10页。
③ 同上书，第1378页。

力——这些极端的思想都使现代化思想蒙受了种族主义的阉割[①]。

（三）新史料、新观念

由于19世纪的全球史是一个包罗万象的题目，欧洲乃至世界史学界对这些问题不断有新的认识，奥斯特哈默在书中除了依据以往的文献资料进行历史叙述（Historie）之外，也一再将最新的国际学界的研究成果——包括新的研究方法和视角的引进以及新的史料的发现——进行介绍和评判，同时也给出他自己的思考结果，从而使此书成为既有新史料又有新观念的具有思想深度的论著。通过这样有意识的处理，读者可以体会得到，历史本身在任何时候都不是一个完结的过程。

奥斯特哈默在书中列举了很多19世纪发生在全世界的文化史、生活史的例子，他希望通过对这些事例的关联和阐释，来认识一个作为整体的19世纪。在"生活水平"一章的"对瘟疫的恐惧与预防"一节中，奥斯特哈默不仅对作为传染病的肺结核在世界各国的传染情况做了介绍，同时也提到以肺结核感染者为主人公的小仲马（Alexandre Dumas d. J.，1824—1895）1848年的《茶花女》（*Kameliendame*，1848）以及托马斯·曼（Thomas Mann，1875—1955）的《魔山》（*Der Zauberberg*，1924）等文学作品[②]。在同一章有关餐馆的一节中，奥斯特哈默对当时各国的餐馆文化做了详细的描述，他甚至提到：1910年，英国的炸鱼薯条快餐店达到了2.6万家，每周消耗的食油超过1000吨。……从此以后，炸薯条逐渐演变成为英国工人阶级的标志性食物与英格兰民族豪放精神的象征[③]。

在"帝国与民族国家"一章中，奥斯特哈默谈到所谓的"帝国语义学"（Reichssemantik）时，对德国/普鲁士与法国之间的关系进行了说明。他认为，德/普—法之间的冲突是一场在欧洲最古老的民族国家之一与一个试图超越革命之邦的邻国之间展开的较量。德国历史与法国历史是彼此"纠缠的历史"（entangled histories），假如欧洲确曾有过这种历史的话[④]。实际上，以往以民族国家的方式来撰写的分开的历史是简化了的历史，而"纠缠的历史"（也被译成"交互史"）才是历史的常态！

有关帝国讨论的一些新的观点，奥斯特哈默也作了介绍。针对在19世纪在领土面积和人口数量上遥遥领先的英帝国，仅仅从成本与收益方面来看，究竟是"赚"还是

① 奥斯特哈默：《世界的演变：19世纪史》"绪论"，第1379页。
② 同上书，第348—349页。
③ 同上书，第437页。
④ 同上书，第777页。

"赔"了的问题，20 世纪 80 年代后半期，一个美国研究团队通过大量实证分析得出这样的结论：英帝国的所作所为从根本上来讲是一场挥霍金钱的浩大行动[1]。奥斯特哈默据此认为，这一结论彻底推翻了以往的马克思主义式的观点，即认为英国的帝国主义扩张视为"客观需求"所迫；在英帝国的领地上，帝国主义者大肆进行掠夺和盘剥，等等。这样的一个研究项目得出了另外一个相对更为精确的判断：英帝国最初在相当长的一段时间里，无疑给众多私人企业乃至整个英国经济带来了不少好处——通过利润的私有化和成本的社会化[2]。客观上来讲，英帝国的所作所为确实促进了全球化的发展。

作为 19 世纪工业化重要的动力，新能源的开采变得格外重要。1909 年，诺贝尔奖获得者、著名化学家奥斯特瓦尔德(Wilhelm Ostwald，1853—1932)认为，"每一次的文化骤变……都是由新的能源关系引起的"，"自觉的文化工作"要以"致力于获取自由能源"为己任[3]。奥斯特哈默甚至专门设了"能源体系：煤炭世纪"一章来具体讨论这个问题。19 世纪的工业文明有赖于化石燃料的开发，有赖于对从化石燃料中获取的能源进行越来越高效的技术和机械转化[4]。中国到了 1895 年后，大型组织的机械化采煤才开始[5]。由此我们可以清楚地认识到德国占领胶州的真实目的：为了给德国军舰补给能源。1897 年 11 月，三艘德国军舰突然驶进胶州湾，其后舰上官兵登陆并占领了青岛。之后他们希望在青岛为帝国海军建立一个或几个储煤站和军港。为了能使山东境内的优质煤顺利运到青岛，胶济铁路的设计自然也在计划之中。

第 16 章"知识——增多、浓缩、分布"我认为是全新的一章，是最具全球史的特征的，因为知识的迁移不可能遵循所谓民族国家的界限。其中有一些的新知识，也只有通过对 19 世纪历史的研究才可能获得的。一些专业名词，如"生物学"(Biologie)——1800 年才开始使用的专业术语，或"物理学"(Physik)直到此时才广为接受。科学家(德文中"Wissenschaftler"也是一个新词，英文中的"scientist"则是 1834 年才造出来的新词)成为一种独立的类型，与"学者"(Gelehrten)或"知识分子"(Intellektuellen，这也是 19 世纪才造出来的新词)相区分[6]。

在语言方面，奥斯特哈默认为，19 世纪全球化中语言的最大赢家是英语。1800 年前后英语在整个欧洲是受尊重的商业、文学和科学语言，但还绝不是无可争议的头

---

① 奥斯特哈默：《世界的演变：19 世纪史》"绪论"，第 870 页。

② 同上书，第 870 页。

③ 同上书，第 1221 页。

④ 同上书，第 1225 页。

⑤ 同上书，第 1228 页。

⑥ 同上书，第 1435 页。

号语言。然而到一个世纪后的1920年前后，英语就成了全世界具有文化权威、地理分布最广的语言①。

尽管大学产生于欧洲中世纪的修道院，但欧洲的大学在19世纪才进行了彻底的改革，然后以今天的形式在全世界传播开来。现代大学作为世俗知识的生产场所是在1800年后与欧洲单一民族国家的兴起紧密相随而产生的。奥斯特哈默认为，现代大学创立于柏林，其原型是1810年创办的柏林大学——它保留了一些从中世纪延续下来的仪式和象征，但它本质上是革命时代的革命性创新②。

在谈到现代大学特点时，奥斯特哈默认为，尽管欧洲国家，也包括后来美国的大学各具特色，组织形式也各不相同，但它们都有一个共同的特点，即在相当大程度上独立于政治当局③。在讨论有关中国大学的历程时，奥斯特哈默认为，在不认可大学是自治机构的所有国家，这是个艰难的过程，有些地方这个过程至今都未结束，而在鲜有公共讨论经验的地方则更是阻碍重重④。

奥斯特哈默将东方学（Orientalistik）与民族学（Ethnologie）归于有关他者文明（andere Zivilisationen）的科学。与后殖民主义者的看法不同，奥斯特哈默并没有将19世纪中的这些起源于殖民扩张的学科归于殖民科学的范畴。他不无道理地指出，从19世纪西方他者研究科学的发展来看，与其说是帝国主义对活跃的知识文化的侵入，不如说是推动了那个时代全球化的人文学科的建立⑤。

（四）有关空间

一般的世界史著作很少对一些司空见惯的名词作界定，而奥斯特哈默在“空间”一部分则对“远东”与“东亚”的概念进行了深入的探究。

“远东”（Ferner Osten）一词我们今天依然可以在欧洲或美国的一些与中国或日本有关的研究机构名称中偶尔会遇到。奥斯特哈默指出，“远东”“与‘近东’（Naher Osten）和‘中东’（Mittlerer Osten）一样，也是出自帝国主义的词典。这一术语反映了当时的一大潮流：从地缘政治和战略意义出发，对世界进行元地理学概念上的重新划分。”⑥他认为，19世纪末人们所提出的“远东”这一概念，其表达的含义是双重的：一方面，它是“东方”这一针对伊斯兰国家的传统说法在空间意义上的“东扩”。从

① 奥斯特哈默：《世界的演变：19世纪史》，第1440页。
② 同上书，第1462页。
③ 同上书，第1464页。
④ 同上书，第1467页。
⑤ 同上书，第1494页。
⑥ 同上书，第173页。

此，中日韩三国成为了广义“东方”的特殊代表，作为“黄种人”居住的东方，与自恃天赋异禀的西方相呼应。另一方面，“远东”在人们心目中成为一个地缘政治和战略意义上的概念。它的出现，是在以中华帝国为中心的传统世界秩序成为历史之后的事。

奥斯特哈默认为，在欧洲人的视野下，“远东”成为世界政治的一个亚体系。在这个体系中，欧洲的影响力依然重要，却无法像在印度或非洲一样，通过殖民占领的方式得到可靠保证①。他同时也从战略地位上对远东作了分析，强调了作为精神上“脱亚入欧”的日本在东亚的地位②。

奥斯特哈默同样认为，“东亚”(Ostasien)一词也不是我们之前想象的那样是一个一直在使用的中性词，实际上它最能清楚地体现欧洲空间语义学的变化。他认为，“东亚”概念往往被更多地应用于地理学和社会科学领域的区域研究之中，其次才是东亚语言学。不仅中、日、韩三门语言的结构完全不同，在自19世纪以来创立的汉学、日本学和朝鲜学中，并没有人花费精力去创造一个三者共属的“东亚”概念。奥斯特哈默指出，“东亚”概念的普及是在20世纪30年代之后，当时在美国崛起成为太平洋强国的背景下，如果继续使用以欧洲为中心的“远东”概念，难免有些不合时宜。于是人们开始尝试确立一个彼此认可的、以“儒家思想”为纽带的“中华文化圈”。奥斯特哈默认为，不论从历史还是从宗教、文化角度来看，这样的建构都是很成问题的③。

奥斯特哈默用所谓的“心理地图”(Mental maps)这一概念对空间观念的相对性进行了论述。“西方”(Westen)的范畴，大约就是受基督教影响的“价值共同体”，首先是作为“黄昏之地”(Abendland)而针对穆斯林的“东方”(Orient，意为“晨曦之地”)的，其后在1945年之后才指打上苏联烙印的无神论共产主义，再后来重新确定为是反“伊斯兰教”的。因此，在19世纪90年代之前，“西方”并未成为占主导地位的思想观念④。

(五) 有关人口与城市

在“定居与迁徙”一章中，奥斯特哈默对19—20世纪的人口变化做了非常详细的分析。在表4“世界主要地区的人口增长率(阶段平均值)”中，我们可以看到，中国在

① 奥斯特哈默：《世界的演变：19世纪史》，第172页。
② 同上书，第173页。
③ 同上书，第171—172页。
④ 同上书，第177页。

1820—1870年间的人口增长率为－0.12％，远远低于美国(2.83％)、拉丁美洲(1.26％)、俄罗斯帝国(0.97％)、西欧(0.69％)、印度(0.38％)以及日本(0.21％)[①]。在分析其中的原因时，奥斯特哈默指出，在之前的早期近代阶段，中国的人口增长率远远超出了欧洲和亚洲其他地区的平均水平。出现人口负增长的原因，并不是中国人的生育习惯发生了改变，而是由社会动乱造成的。1850—1873年，中国各地战乱带来的毁灭性后果，在整个19世纪世界史上是绝无仅有的。他历数了这些战乱：太平天国运动、反抗清政府的捻军起义的游击战、西北地区和西南云南省的回民暴动等。受太平天国之害最深的是华东和华中的5个省份(安徽、浙江、湖北、江西和江苏)，其人口在1819—1893年间由1.54亿锐减至1.02亿，一直到1953年人口普查时，这些省份的人口才重新恢复到1.45亿的水平[②]。奥斯特哈默的论述远远超出了19世纪的范围，一直延续到20世纪的中叶。就像是上述华东、华中地区人口的数字，我想对很多人来讲都是没有想到的。

我们一直认为，自18世纪60年代工业革命以来，欧洲的资本主义生产完成了从工厂手工业向机器大工业过渡的转变之后，西方的城市也迅速发展，其规模很快便超过了亚洲的城市。如果我们通过“城市化和城市体系”这一章来了解的话，当时的情况完全不是这样。

在前现代的1300年前后，欧洲城市只有巴黎能够跻身于全球10大城市之列，巴黎以第6名的位置名列杭州、北京、开罗、广州和南京之后，随后是非斯(Fes,摩洛哥古城)、镰仓、苏州和西安[③]。而到了1800年前后，世界10大城市中仍有6个是亚洲城市，如果算上伊斯坦布尔甚至会有7个：北京(110万居首位)、广州(80万居第3位)、伊斯坦布尔(57万居第4位)、杭州(50万居第6位)、江户(东京,49.2万居第7位)、苏州(39.2万居第9位)、大阪(38万居第10位)，而伦敦(90万)和巴黎(54.7万)分列第2和第5位[④]。甚至到了1820年前后，中国万人以上的城市有310个，而在1800年前后的欧洲(不包括俄国)有364个。中国城市的人口平均数量是4.8万，而欧洲是3.4万[⑤]。实际上，一直到19世纪三四十年代开始，欧洲城市化的速度才急剧加速[⑥]，迅速超过了中国和日本。

① 奥斯特哈默:《世界的演变：19世纪史》，第241页。
② 同上书，第241—242页。
③ 同上书，第484页。
④ 同上书，第485页。
⑤ 同上书，第487页。
⑥ 同上书，第488页。

四、19 世纪的世界与中国

由于奥斯特哈默既是历史学家，也是汉学家，因此他在书中不可避免地会将中国作为他的比较对象。对此他不仅直言不讳，并且认为这种比较也是全球史的重要方法论之一。在本书的序言中，作者在将自己的著作与贝利爵士（Sir Christopher Bayly，1945—2015）《现代世界的诞生》（*The Birth of the Modern World. Global Connections and Comparisons，1780—1914*. 2004）作比较时指出："贝利的学术出身是印度，而我是中国，这一点读者很容易就会发现；贝利关注的更多是民族主义、宗教和'身体实践'（bodily practices），这或许是他的著作中最精彩的段落。而在我的书中，则对人口迁移、经济、环境、国际政治与科学等问题进行了更广泛的探讨。"①由于中国自古以来就拥有一个以世俗政权、社会为主的文化，因此作为参照的坐标，对诸如政治、经济、知识等的研究，是恰当的。

正如史景迁（Jonathan D. Spence，1936—）所指出的那样：自 1600 年以来，"中国的历史与世界上任何一个国家一样，丰富而奇异。现在，作为一个国家，它也与其他国家一起投身到寻求稀有资源，展开贸易往来，扩展知识领域的行列。"②而据弗兰克（André Gunder Frank，1929—2005）《白银资本》一书得出的结论，到了 19 世纪初期以前，中国已经成为了世界上最大的贸易国③。

奥斯特哈默早在 20 世纪 70 年代便选择了中华帝国和英帝国作为研究的对象。他后来回忆道："当我初次涉足世界史领域时，我所选择的入门课题涉及人类历史上地域最广、机构最复杂的政治体当中的两个：中华帝国和英帝国。"④后来他的博士论文是有关中英经济在第一次世界大战后的关系。1983 年他出版了博士论文《在东亚的英帝国主义》一书⑤，全面研究了 1932—1937 年间英国对中国市场的影响情况。

也正因为此，奥斯特哈默专门为中国读者撰写了"中文版序"，而这是在德文和英

① 奥斯特哈默：《世界的演变：19 世纪史》，"序言"，第 5 页。

② 史景迁：《追寻现代中国：1600—1912 年的中国历史》"前言"，黄纯艳译，上海远东出版社 2005 年版，第 3 页。

③ 弗兰克：《白银资本：重视经济全球化中的东方》，刘北成译，中央编译出版社 2000 年版。

④ 奥斯特哈默：《世界的演变：19 世纪史》"中文版序"，第 1 页。

⑤ Jürgen Osterhammel, *Britischer Imperialismus im Fernen Osten. Strukturen der Durchdringung und einheimischer Widerstand auf dem chinesischen Markt 1932—1937* （= Chinathemen. Band 10）. Brockmeyer, Bochum 1983（Zugleich：Kassel, Gesamt—Hochschule, Dissertation, 1980：Britische Interessen auf dem chinesischen Markt,（1932—1937）。

文版中所没有的。在“中文版序”中他清楚地说明了自己的全球史观，同时也谦虚地认为，“今天，即便我未成为一位中国通，但我对中国的兴趣却丝毫未减。”[①]对于一位历史学家来讲，他的中文和中国文化的修养，实际上是他认识包括西方文明在内的世界历史的一个重要坐标。

在“中国人的空间观”中，奥斯特哈默特别介绍了第一位根据自己的亲身经历而撰写海外见闻的林鍼(1825—?)。“受外国花旗聘，舌耕海外”的林鍼于1847年从厦门出访纽约，在美国游历了一年半之后，于1848年回到家乡，创作了一本小书《西海纪游草》。奥斯特哈默认为，中国人对“西方”的最初印象并非来自欧洲，而是来自美国。“与欧洲游记作家的鸿篇巨制相比，这本书的内容略显单薄，但是作者从中透出的对美国物质文化和科技的浓厚兴趣与开放态度，却令人为之惊叹。林鍼在书中明确表示，希望中国能够对这些西方经验加以借鉴。”[②]

对1895年北洋舰队败给日本的原因，奥斯特哈默也提出了自己的观点。他指出了其中关键性的一条：中国的海军舰队由五花八门的各类舰船拼凑而成，而且分为四个独立舰队，分别隶属沿海各省的总督管辖。在需要动用舰队时，没有跨省指挥方案予以协调调遣[③]。也就是说，这场战争根本不是所谓中—日之战，而是日本同李鸿章的北洋水师的一场战争。无论如何，如果“从19世纪晚期的欧洲视角来看，中国的官僚制度已经成为前现代的、无法适应当代需求的一个典型”[④]。

奥斯特哈默同样比较了中国和日本的进化进程，他认为中国之所以没有像日本一样实行现代化的改革，最主要的原因有两条：其一是，在涉及边疆的问题方面，中国的高官重臣在对付各种外敌入侵方面比日本武士更有经验。其二是，在中国，官僚机构和其依存的根基——士绅阶层(gentry)，不像武士那样被严重削弱。因此，他认为，在日本的旧秩序崩溃时，中国的旧秩序没有经历太多引起时局动荡的变革，维持了稳定[⑤]。中国虽然依靠有经验的官吏和士绅暂时解决了帝国所面临的困境，这实际上仅仅是一个“假性解决”方案。同样的危机在日本却带来了影响深远的政治与经济转型，并将其引向了现代化。这样没有及时进行改革的清廷，最终还是没能经受得住率先革新的日本的坚船利炮。

① 奥斯特哈默：《世界的演变：19世纪史》“中文版序”，第1页。
② 同上书，第187页。
③ 同上书，第943页。
④ 同上书，第1148页。
⑤ 同上书，第1396页。

五、一个人的著作

"照菜谱试着做菜"，这是奥斯特哈默在本书的后记中的说法[①]。这本书尽管参考了无数前人的成就，但却成于一人之手。奥斯特哈默这部千余页的学术巨著，既没有第三方的资金，也不是什么项目成果，按照他的说法纯属"个人行为"，"因此无需被鉴定，无写总结报告之累"[②]。因此，像奥斯特哈默一样的学者至今依然在德国南方小镇过着教书、著述的学者生活，而不是像其他大学者一样扮演着"经理人"的角色：申请项目，管理项目，挂名做主编，穿梭于世界各地的政府部门和大学之间。

奥斯特哈默在书的"中文版序"中也提到了本书的阅读方法：他并不认为这样一部卷帙浩繁的巨著必须从第一页阅读到最后一页。"依照我的建议，读者虽然可以从头开始阅读本书，但不必给自己设定目标，要按照各章节的顺序通读全书。"[③]如果将奥斯特哈默所处理的 18 个专题中的内容看作是每一个专题的文献汇编的话，那么这样一部著作的结构显然是松散和开放的，因此奥斯特哈默指出，"即使没有读过前一章，也不会影响理解后一章。"[④]

奥斯特哈默尽管有中文的基础，但在这部著作中所引用中文的文献并不多。在有关"中国人的空间观"一节中，他介绍了《西海纪游草》的作者林鍼。在德文原文中，他将"林鍼"的名字写作"Lin Qian"（德文原书第 151 页）。尽管"鍼"字也有"Qián"的读音，但一般只用作姓，如春秋时的"鍼虎"。此处一般读作"Lin Zhen"。究其原因，奥斯特哈默所引用的是梅绮雯（Marion Eggert）有关晚清中国学者境外旅行的文章。梅绮雯的文章中，将"林鍼"写作了"Lin Qian"[⑤]。

六、有关翻译

整体上来讲，这是一部严肃的翻译著作。我认为，两位译者比较成功地将奥斯特哈默的这一巨著迻译到了中文的语境中来。我没有将原书和译本放在一起做严格意

① 奥斯特哈默：《世界的演变：19 世纪史》，第 1665 页。

② 同上书，第 1665 页。

③ 同上书，"中文版序"，第 6 页。

④ 同上。

⑤ Marion Eggert, Der Reisebericht", in: Wolfgang Kubin (Hrsg.), *Geschichte der chinesischen Literatur. Band 4. Die klassische chinesische Prosa. Essay, Reisebericht, Skizze, Brief. Vom Mittelalter bis zur Neuzeit*. München: K. G. Saur Verlag. 2004. S. 186。

义上的文本比较研究，只是在觉得有可能有问题的地方找来德文本对照一下而已。

当然在翻译的过程中也会有个别的问题：例如全书三大部分的 Annährungen，Panoramen，Themen 中文译者分别译作“近景”、“全景”和“主题”，其中“近景”比较成问题。Annährungen 是英文的 approches 的含义，在这里所指的是“路径”“方法”或“态度”。area studies 一般译作“区域研究”，而译本中作“地区学研究”（第 171 页），这在学界很少使用。

原书第 139 页有关“东亚”一词的讨论，有一句话是：eine historisch wie religionssoziologisch nicht unproblematische Konstruktion. 这句话被翻译为：“无论从历史还是宗教文化角度看，这一架构都是有很大疑问的。”（第 172 页）此处实际上可以更好地翻译为：无论从历史还是宗教社会学的角度看，这一建构都不是没有问题的。这里涉及的是对“东亚”（Ferner Osten）这一概念的“建构”（Konstruktion），而不是“架构”。此外，Religionssoziologie 是确切的“宗教社会学”，而不是一般意义上的“宗教文化”。

有个别的地方仅仅翻译了大意，不是很准确。例如原书第 143 页上的一句：

> Die Kategorie des，Westens “etwa，jener christlich geprägten，Wertegemeinschaft”，die zunächst als，Abendland “gegen den muslimischen，Orient“，dann nach 1945 erst gegen den atheistischen Kommunismus sowjetischer Prägung，dann erneut gegen，den Islam “abgegrenzt wurde”，findet sich als dominante Denkfigur nicht vor den 1890er Jahren.

中文译者将这一句话分为了三句话：

> 例如“西方”，也就是以基督教为核心的“价值共同体”。与其相对应的另一方，最早是伊斯兰“东方”，1945 年之后是苏联特色的无神论共产主义，再后来又重新变成了“伊斯兰世界”。1890 年之前，“西方”还远远没有发展成为一种占主导地位的思想观念。①

在此处，在讲到“西方”这一概念时，作者用了 Kategorie（范畴）——他在此讨论的是西方的“范畴”。Abendland 在德文中是“黄昏之地、傍晚之地”的意思，是从拉丁文

① 奥斯特哈默：《世界的演变：19 世纪史》，第 177 页。

“occidens sol”(落日)来的。而 Morgenland 在德文中是“晨曦之地、早晨之地”的意思,是从拉丁文“sol oriens”(上升的太阳)而来。在最后一句中,德文里所提到的并非 1890 年之前,而是在 19 世纪 90 年代之前。因此这一段的准确意思应当是:

> “西方”(Westen)的范畴,大约就是受基督教影响的“价值共同体”:首先是作为“黄昏之地”(Abendland)而针对穆斯林的“东方”(Orient,意为“晨曦之地”)而言的,其后在 1945 年之后先是针对打上苏联烙印的无神论共产主义,再后来重新确定为是反“伊斯兰教”的。因此在 19 世纪 90 年代之前“西方”并未成为占主导地位的思想观念。

这些尽管都是一些“细节”,但在阅读的时候,读者还是应当注意。

七、几点结论

奥斯特哈默多次强调自己并不想撰写一本 19 世纪的整体历史,但他用了 18 个主题将散乱的 19 世纪的历史成功地归在了三大部分 18 章之中。经常被人抱怨的欧洲中心主义在这里不复存在,以历史哲学为基础的目的论也不在起作用了,欧洲以外的过去也都被置于同等的地位,整个全球的历史在本书中真正交织在了一起。

奥斯特哈默所讨论的 19 世纪历史的出发点,并不是仅仅去考察过往历史的整体性,而是把重点放在了与现代时代的融合史上。正如本·理查森(Ben Richardson)在《南华早报》(*South China Morning Post*)上的评论所指出的一样,“奥斯特哈默令人信服的建构清楚说明了我们理解今日世界的方式在很大程度上取决于 19 世纪的制度和创新,……他最终编织出的这块难以想象的人类经验织锦既灵巧精致,又易于看懂。”①也就是说,奥斯特哈默在这部著作中所关注的是 19 世纪至今的全球进程,即在世界各地都在发生的日渐增进的相互关联性和彼此依赖性。

如果我们将 19 世纪的历史看作是欧洲与世界各地的关系史和互动史来看待的话,奥斯特哈默的努力无疑是成功的。历史的进程是相互关联的,是由各地区和民族的相互作用而构成的,并且这样的互动超越了民族的、政治的、地理的、国家的,乃至文化的边界,奥斯特哈默以跨地区、跨大陆,乃至全球规模的对事件产生影响的历史进程为对象,对 19 世纪与今天在时间轴上的关联性进行了考察。一部 19 世纪的历

① 奥斯特哈默:《世界的演变:19 世纪史》,书前评论。

史绝不仅仅是政治、军事的历史，由于奥斯特哈默的着眼点在于考察这一世纪如何塑造了我们今天的世界，因此他也更关注19世纪在知识、能源、网络等方面与今天的关联性：这是一个重大政治理念汇聚的时代，一个科学化的时代，一个铁路与工业的时代，是各大陆之间的大规模移民以及第一波经济和通讯全球化浪潮的时代，是民族主义和欧洲帝国主义向全球扩张的时代……。在奥斯特哈默的历史描述中，我们看到了今天世界的前奏。

相对于民族国家历史的单个分析结构，奥斯特哈默在本书中采用了更加宽泛的分析范式，确定了以全球为单位的历史研究方法。本书仅参考文献就有103页之多，参考了大概有2500种各种文字的图书，可见所涉及的领域之广。奥斯特哈默用自己的方式重新组织了这些知识和历史，这些全都成为他整体“世界的演变”的有机组成部分。

哥伦比亚大学荣誉教授、著名欧洲史学家弗里茨·斯特恩（Fritz Stern，1926—2016）在《纽约图书评论》（*The New York Review of Books*）上撰文认为《世界的演变》是“后冷战时代一部最重要、最具影响力的历史著作。它一经完成便成为时下经典……这部经典应是历史学家和政治上充满好奇心的世界公民的必读物”。[①] 我想，这样的一个说法是有其道理的。

① 奥斯特哈默：《世界的演变：19世纪史》，书前评论。

时间、空间与概念史

——读科塞雷克《概念史的实践：时间化历史，空间化概念》

杨　洋[*]

概念史(Begriffsgeschichte)兴起于20世纪后半期的联邦德国，适逢文化与语言在历史研究中的地位日益重要，且该研究领域专注于现代性问题的钩沉，概念史手法遂开始进入各国近代史学者的研究视野。近年来，汉语世界学者围绕概念史也累积了可观的讨论与实践，虽然时日尚浅，却渐有蔚为大观之势。一种学术实践的展开与深入，需要一个理论上的支撑面。科塞雷克是德国概念史研究的主要理论阐释者，对其著作的研读是恰当运用概念史方法的必要前提。

莱因哈特·科塞雷克(Reinhart Koselleck)是20世纪德国的史学大家，有学者称他是二战后德国最重要的历史学家之一。[①] 虽然科塞雷克的才华在其学术生涯的早期便已经充分地展露，但是他在概念史领域用功最勤、影响最大。[②] 由他参与编辑，并在很大程度上发挥了中坚作用的8卷本的《历史的基本概念：德国政治与社会语

---

* 河海大学公共管理学院讲师。

① 美国历史哲学家海登·怀特认为科塞雷克是"20世纪后半叶最重要的历史和史学理论家之一"，参见The Practice of Conceptual History. Timing History: Spacing Concepts by Reinhart Koselleck Review by: Stefan Berger, *Journal of Social History*, vol. 38, No. 1 (Autumn, 2004), p. 211。

② 科塞雷克在多个研究领域，包括历史认识论、语言学、历史人类学、社会史、法律史与政府史等方面都有相当的建树。

言历史辞典》是一部让人肃然起敬的巨著,并为他带来了赫赫之名[①]。读者眼前这本《概念史的实践:时间化历史,空间化概念》是科塞雷克的论文选集,共收录了他18篇论文。文集的内容虽不局限于概念史(比如,其中有专文讨论海登·怀特的著作*Tropics of Discourse*),却主要以概念史研究的理论与实践为对象。虽然没有整齐的结构,文集所选论文却基本上涵盖了科塞雷克概念史理论的几个主要方面。《历史的基本概念》尚没有英文与中文译本,对于想要直接了解科塞雷克的读者,英译本《概念史的实践》便具有了重要的参考价值[②]。

哲学是德国历史学家知识背景的一个重要构件,且科塞雷克最初的智识世界是在德国哲学重镇海德堡大学形成的。如此的知识背景使得科塞雷克的历史研究兼有史学的广博与哲学的深度。在这个意义上,科塞雷克不仅是一个史学家,而且是一个史学理论家。因而,他的概念史理论值得仔细玩味。当然,这并不是说科塞雷克构造了一个既完备又自洽的理论体系,而是说他的史学思想具有一定的内在逻辑关联。本文将主要围绕三个主题:自然时间与历史时间、空间化的概念、社会史与概念史,择取文集中的相关论文向读者作一介绍。

一、自然时间与历史时间

任何史学理论的背后,都会有一些有意识或无意识的元理论预设。比如,什么是历史?如何研究历史?从事实际研究的历史学家一般不会自觉地反思这类问题,科塞雷克却有意识地把元史学问题作为自己历史思考的出发点。科塞雷克的元史学思考围绕"时间"展开,他认为时间是理解历史与研究历史的关键[③]。

在《历史学需要理论》一文中,科塞雷克指出,历史学的自律意识在19世开始觉醒,并逐渐以一个学科的面貌展现在现代知识世界。历史学自律性问题的提出与理

① 科塞雷克早期作品有,思想史研究《批判与危机:资产阶级世界致病机理研究》,才华横溢却充满争议。由维纳·孔茨指导的任教资格论文《改良与革命之间的普鲁士:1791年至1848年间的土地法、管理和社会运动》,这部著作已经开始尝试把社会史、概念史与行政史结合起来,并为科塞雷克后来的概念史研究提供了丰富的资料。参见梅尔文·里克特《政治和社会概念史研究》,张智译,华东师范大学出版社2010年版,第45页。

② 有学者称科塞雷克的作品非常值得一读,"当你读过科塞雷克的作品后,你便不会像过去那样写历史了"。参见 The Practice of Conceptual History. Timing History: Spacing Concepts by Reinhart Koselleck Review by: Stefan Berger, Journal of Social History, vol. 38, No. 1 (Autumn, 2004), p. 213。

③ 有学者甚至指出,科塞雷克的整个学术生涯都在抽绎关于时间的理论。参见 John Zammito, "Koselleck's Philosophy of Historical Time(s) and the Practice of History", History and Theory, vol. 43, No. 1 (Feb., 2004), p. 125。

论化应该归功于新康德主义哲学。这一学派的核心观点认为，自然科学与历史学是截然两分的知识样式。李凯尔特将这一观点非常清晰地表述为，“当我们从普遍性的观点来观察现实时，现实就是自然；当我们从个别性和特殊性的观点来观察现实时，现实就是历史”[①]。换而言之，自然科学的目标是发现普遍规律，并用普遍规律来解释事实，而历史学的兴趣只是个别而独特的事实。虽然新康德主义哲学曾长期主导着该问题的讨论，但是，科塞雷克认为，该学派的回答已经不能令人满意。因为20世纪的自然科学和历史学都发生了很大的变化，特别是在波普尔主义科学哲学的影响之下，自然科学与人文学科之间那条似乎清晰可见的分界线已经渐渐地模糊难辨了。然而，在他看来，历史学似乎并没有意识到知识环境的变化。“知识世界的变化虽然几乎没有影响到实际的历史研究，却使得历史学被孤立起来。历史学需要重新考虑它在学术世界的位置了。”[②]面对新的知识环境，科塞雷克认为应对之道就在于通过建立与其他学科之间新联系以使历史学摆脱目前孤立的境地。当然，这并不意味着历史学必须被简单地同化为另一种知识样式，历史学不能以牺牲自律性为代价而换取理论上的创新。问题在于，如何在历史与理论之间求得一种反思的平衡。科塞雷克认为这个平衡点是“时间”。

在科塞雷克看来，历史学的研究对象并不清晰，至少没有政治学、经济学或社会学的对象那样清晰。因为，如果说历史的对象是历史，或者说是“历史本身”，那么这就意味着历史学应当把所有事物的历史都囊括于自己的研究范围，因为任何事物都有自己的历史。但是，科塞雷克认为对历史作如是的理解，丝毫无助于历史学家的工作。因为这个意义上的历史似乎什么都涵盖，又什么也涵盖不了。鉴于此，他假设，“只有发展出一个关于历史分期（periodization）或历史时段的理论，历史学才能被视作是一门普遍存在的学科。”[③]换而言之，科塞雷克意义上的历史学是以历史时段或“历史时间”为对象的。

科塞雷克在《时间与历史》和《历史时间与社会史》两文中阐释了自己的历史时间理论。历史时间的提出是相对于自然时间的。所谓自然时间（natural time）是一种客观存在的时间，比如，昼夜的更替与四季的轮回。历史时间（historical time）则是一种主观的时间，它与人类的社会文化相关，是人类意义世界的一部分。科塞雷克认为，历史时间总是与社会政治单位的活动、特别的行为、人的痛苦及其制度和组织等联系

① 参见李凯尔特《李凯尔特的历史哲学》，涂纪亮译，北京大学出版社，2007年版，第58页。

② Reinhart Koselleck, “On the Need for Theory in the Discipline of History”, *The Practice of Conceptual History*, Stanford: Stanford University Press, 2002. p. 1。

③ Opcit, p. 4。

在一起[①]。自然时间是一切历史时间的前提，历史时间无法超越自然时间的约束[②]。但是，历史时间的意义维度是自然时间所不具有的。比如，1789年、1917年与1949年不仅仅是一种自然时间的记录，其中饱含了丰富的政治社会意义，它们属于历史时间。科塞雷克指出，古代世界是没有历史时间意识的。在古代世界：1)事件发生在时间之内，或者说事件以时间为载体；2)时间变化的标准是外在的，比如以年份、王朝或年号来纪年，想想《春秋》与中世纪的大事记；3)人们经验与期待之间的落差几乎为零。直到近代早期，人们依然相信一条普遍的原则，即未来不可能带来任何新的经验。在这个意义上，过去与未来作为一个整体相关联并因此是可知的[③]。然而，自启蒙运动以降，人们的时间意识在这三个维度上都发生了根本的变化。1)时间不仅被单纯地视作是事件的载体，而且被视作是事件发生的介质，即时间被赋予能动性；2)人们试图从历史进程本身当中，推断时间的标准。比如，"中世纪""文艺复兴"与"现代"这样的范畴是从历史内部产生的。3)人们的经验与期待之间的落差或差异越来越大，未来成了开放的未知，失去了确定性与可预期性。比如，腓特烈大帝与霍尔巴赫男爵依然相信过去与未来基本上是一致的，对未来的预期可以从过去的经验中推论出来。然而，在康德与歌德那里，过去与未来之间已经产生了深刻的断裂。因此，科塞雷克认为历史时间是现代的产物。

在时间的这三个面向中，科塞雷克最看重经验与期待之间的关系，并且认为经验与期待是理解与阐释历史时间的钥匙。在科塞雷克看来，无论是时间还是历史时间，它们本身都是不可直接经验的，对它们的把捉需要借助于某种经验显现物或经验载体。科塞雷克意义上的经验与期待就是历史时间的经验显现物。他借用了一对人类学范畴——"经验的空间"(space of experience)与"期望的地平线"(horizon of expectation)——作为对经验与期待的理论表达。科塞雷克意义上的"经验的空间"与"期望的地平线"是作为一个整体的先验时间结构，在这个先验时间结构中过去、现在与未来将依据行动者对过去、现在与未来的交互考量而被再定义与再符号化[④]。换而言之，经验与期待之间的互动与张力在重新安顿与编排时间的同时也生成了历

① Reinhart Koselleck, "Time and History", *The Practice of Conceptual History*, Stanford: Stanford University Press, 2002. p. 110。

② Opcit, p. 106。

③ Opcit, p. 111。

④ 科塞雷克更为晦涩的语言表述为，在历史时间中过去与未来将以不同的速度涌入现在，并因而表现为"不同时代的同时代性"。参见科塞雷克为《历史科学基本概念辞典》撰写的"时间"词条，载斯特凡·约尔丹主编：《历史科学基本概念辞典》，孟钟捷译，北京大学出版社2012年版，第297页。

史时间[1]。科塞雷克相信，可以根据“经验的空间”与“期望的地平线”这对概念工具来解释历史时间。既然作为先验时间结构的经验与期待可以在经验层面显现与解释历史时间，那么不论是历史时间的能动属性，还是历史时间的结构属性，自然也可以根据经验与期待得到解释。历史行为的发生是基于行动者对经验与期待的权衡与预测。而对一个历史时段或者说时代特征的判定，则是根据经验与期待所组成的时间结构的变化。古希腊人的经验与期待不同于古罗马人，中世纪人的经验与期待也不同于文艺复兴时期人。因此，科塞雷克相信，作为先验时间结构的经验与期待可以把捉与解释历史时间。

二、空间化的概念

科塞雷克学派以概念史研究取向见重于史学界，他对概念的关注并非完全自出心裁，而是有方法论上的考虑。科塞雷克主张时间是敞开历史的关键，但是时间本身及其背后所蕴含的结构因素都是不可直接经验的，概念的功能正是作为时间与结构的经验显现物或经验载体。科塞雷克又发现概念的表达常常与“空间”有着紧密的关联。他指出，历史研究中有一个根本的困境，即历史学家常常借用空间词汇（spatial terms）表达具有时间意涵的概念（concepts with temporal meaning）。他认为此举有着深刻的人类学前提。人类的本能是将不可经验之物转化或翻译为可经验之物，所以人们倾向于使用可以直观的空间词汇表达不可直观的时间概念。如果历史学以历史时间为对象，那么这意味着历史概念的表达在很大程度上有赖于空间词汇。比如，折射（refractions）、摩擦（frictions）、进步（progress），甚至历史（history）概念本身都借自空间词汇。此外，科塞雷克史学理论中的重要方法论工具，如“经验的空间”与“期待的地平线”，以及“鞍型期”（saddle period）假设，都是以空间词汇表达时间概念的例证[2]。科塞雷克指出，同其他的研究样式相比，历史学的表述多是隐喻式的[3]。

出于对空间化概念的关注，科塞雷克不仅措意于时间概念与空间词汇的关联，同

① Reinhart Koselleck, “Time and History”, *The Practice of Conceptual History*, Stanford: Stanford University Press, 2002. pp. 112 - 114。

② “鞍型期”是指欧洲历史上的重要转型期，欧洲的社会、政治与思想在此间均发生了根本性的转变，并一步而进入现代世界。科塞雷克假设 1750 年至 1850 年是欧洲历史的一个鞍型期，虽然此时的欧洲仍然使用着旧有的语汇，但是期间的政治社会语言或者说概念的历史语义却发生了重大的变化，在此以后这些概念便获得了现代意义。参见 Reinhart Koselleck, “On the Need for Theory in the Discipline of History”, *The Practice of Conceptual History*, Stanford: Stanford University Press, 2002. p. 5。

③ Opcit, pp. 6,7。

时亦对概念的空间化表达有着浓厚的兴趣。在《战争纪念碑：建构幸存者的认同》一文中科塞雷克试图以战争纪念碑为例说明，一方面，自法国大革命以降，纪念碑固有的个人属性逐渐为民族国家的集体属性所取代。另一方面，纪念碑的意义不是由纪念碑本应指向的死者，而是由建造纪念碑的生者决定的。生者对死者之死的意义诠释夹杂了复杂的社会政治意涵，而这些具体的政治意涵却又在时间的长河中几经流转。

科塞雷克指出，以战争纪念碑作为提供政治认同的方式不会早于法国大革命。在法国大革命以前主要有两种纪念死亡的方式，一种是以隐喻的方式指称超自然的死亡，人们认为死亡并不是终结而是通往另一个世界的通道；另一种是从世界范围看，死亡因为死者在现实世界地位的高低不同而作出区分，从而使得死亡变得越来越个人化。这两种纪念死亡的方式是12至18世纪的普遍现象，它们虽然共同承认人人死而平等，却并不认为不同阶层的人应该得到同等规格的纪念。这样的观念随着15、16世纪出现于法兰西、英格兰和德意志的双层墓穴而广为流布①。直至18世纪，士兵们虽然开始出现在各处的胜利纪念碑上，但是仍然没有战争纪念馆。在等级社会中，商人或士兵是社会的最底层，社会不认为值得为之建纪念馆。

然而，随着现代历史的展开，战争纪念碑在两个方面发生了转变。首先，关于死亡的旧有的宗教意涵开始衰退，取而代之的是资产阶级的纪念仪式。在这种仪式中，出现了战争纪念馆的独特类型。自法国大革命、拉美独立战争以来，献给士兵的纪念馆的数量稳步增长，并且纪念碑开始走出教堂，移向了开阔的外部空间。不仅士兵的死亡本身是服务于政治的，对他们的纪念同样是服务于政治的——这就是战争纪念馆的任务——把有关士兵之死的记忆导向关注幸存者的未来。其次，战争纪念馆开始扩散，与等级社会的传统产生越来越多的分歧。实体的纪念馆，先前是为伟大人物建设的，现在要以全体的名义，把所有人包括进去。牺牲的士兵个人可以进入纪念馆，民主化与功能化相伴相随。死亡的特性，过去只和基督教的来世相关联，现在获得了政权所宣称的平等主义。所有死者的名字一个个地题刻在纪念碑上，或至少标记死者的数目，所以未来没有人会沉陷在过去中②。

虽然内容各异，但是所有的现代纪念碑在形式上却高度统一，且都指向一个共同的目标——构建与巩固对民族国家的认同，这是现代战争纪念碑的一个主要特质与政治功能。科塞雷克称之为“死亡表象的功能化”（the functionalization of the representation of death）。纪念碑庄严宏伟的空间存在，给人以强烈直观的视觉冲击，因

① Reinhart Koselleck, “War Memorials: Identity Formations of the Survivors”, *The Practice of Conceptual History*, Stanford: Stanford University Press, 2002. p. 289, 290。

② Opcit, pp. 291 - 293。

而成为民族国家对公民宣扬与进行政治认同教育的绝佳场域。每一个纪念碑的设计者与建造者都希望坚固的大理石可以帮助他们把特定的政治意图永恒化。然而，具有悖论意味的是，纪念碑虽然可以不朽，但是它内在的意义却在一代又一代人不断地再解释中一次次地流变①。比如，德国汉堡有一个二战时 76 步兵团的幸存者献给阵亡战友的纪念碑，上面刻着海因里希·勒弛的一句话，“德国必须存在，即使我们所有人都得死”，或者可以译为，“即便我们所有人都死了，德国也必须存在下去”(Germany must live even if we must die)。到了 20 世纪 70 年代中期，一些市政府官员却希望将这段文字抹去。几经周折，这段碑文最终被保留下来，因为参议院决定将其作为过去时代的见证②。76 步兵团纪念碑的建造原本是为了鼓吹狭隘的民族主义与爱国主义，后来却成为供人们反思战争罪行的纪念物。可见，唯一永恒不变的不是概念本身的意义，而是它的历史属性，不论其激烈地运动在思想中，还是完美地被艺术家投射到空间中。

三、社会史与概念史

科塞雷克的概念史在很大程度上是对经典社会史的修正与丰富，因而有必要比较社会史与概念史的异同。在《社会史与概念史》一文中，首先，不同于主流社会史对社会物质层面的强调，科塞雷克认为“概念”与“社会”同样重要，它们共同构成了“元历史预设”(metahistorical premises)。没有社会与概念的历史是不可设想的③。自启蒙运动以降，历史学家或是将历史变化还原为社会变化，或是将历史变化还原为概念变化，或是从社会与概念之间的相互阐发中去研究与解释历史。于是产生了三种历史研究模式：社会史模式、概念史模式与综合模式④。事实上，这三种历史研究模式的差异只是表面的，它们背后均预设了社会与概念的统一。由此而生出一种总体史的构想，即相信历史是一个统一的整体，且历史学家可以复原历史的全貌。进入 20

---

① Reinhart Koselleck, “War Memorials: Identity Formations of the Survivors”, *The Practice of Conceptual History*, Stanford: Stanford University Press, 2002. pp. 324 - 326。

② Opcit, p. 285。

③ Reinhart Koselleck, “Social History and Conceptual History”, *The Practice of Conceptual History*, Stanford: Stanford University Press, 2002. p. 23。

④ 属于第一种模式的历史学家有孔德、青年马克思(社会史)，属于第二种模式的历史学家有黑格尔(概念史)，属于第三种模式的历史学家则有维柯、卢梭或赫尔德。参见 Reinhart Koselleck, “Social History and Conceptual History”, *The Practice of Conceptual History*, Stanford: Stanford University Press, 2002. pp. 21，22。

世纪,总体史构想依然是年鉴学派第一代与第二代学人所追寻的目标[①]。

然而,科塞雷克不能接受总体史构想,他认为这是对社会与概念关系的误解。科塞雷克认为,社会与概念之间存在一种永恒的错置,因而不可能完全重合。原因很简单,即语言对社会的描述总是不完全的,语言描述无法完全覆盖社会现实。科塞雷克从两个方面——语言与当下经验,语言与过去经验——来验证这个陈述。首先,当我们身处"当下"并且试图认识"当下"时,"事件"或"行动"与"语言"虽然不可分割地联系在一起,但是我们仍然可以将"行动"与"语言"区分开。因为,"实际上所发生的事情显然并不能与诱发该事情的语言解释画等号"[②]。"当下"意味着可以拥有直接的经验,而在直接经验中我们可以轻易地注意到"行动"与"语言"之间的差异。比如,我叫喊着要革命,与我真的发动一场革命有着显然的区别。其次,当我们身处"当下"却试图认识"过去"时,由于"过去"无法直接经验,我们所能直接经验的只能是关于过去的语言性叙述。在这个意义上,语言获得了认识论上的优先地位。但是,说认识过去时语言享有认识论上的优先地位是一回事,说语言所记述的一切就是过去的经验却是另一回事。尽管我们假定语言关乎过去的经验,但是,语言与过去经验究竟处于何种关联之中,却有待进行批判的考察。因此,对社会与概念的统一预设是没有道理的,毋宁说社会与概念之间存在着一种永远难以消除的紧张关系,而概念史的研究旨向在很大程度上就是对这种紧张关系的揭示[③]。当然,社会与概念之间的紧张并不是绝对的,它们彼此需要,相互参验。通过对社会与概念、事实与语言的互读,我们可以获致更多的历史信息。

虽然社会史与概念史有着不同的本体论预设,它们在知识论上却有相似之处,它们都倾向于在"结构"中辨识与考量事件或概念。此处,科塞雷克有保留地引入了索绪尔对语言所作的"共时性"与"历时性"的区分。社会史被分割为事件与结构(event and structure),概念史被分割为言说(speaking and language)与语言。就"共时性"而言,无论是具体事件,还是具体言说的生成与被理解,都需要一定的结构性条件。具体而言,每一个事件都是独特的,但是这并不意味着这些独特的事件可以免于社会条

---

① 布罗代尔曾说道,"必须在历史的总构架中重新捕获、重新安置一切。因为不论有什么根本的困难、对立和矛盾,我们都应该尊重历史的统一——它也是生活的统一"。参见布罗代尔《1950年历史学的处境》,载《论历史》,刘北成、周立红译,北京大学出版社2008年版,第18页。另外,在彼得·伯克对布罗代尔的访谈中,后者说道,"一位忠实于吕西安·费弗尔与马塞尔·莫斯的教导的历史学家,总是希望看到全貌、看到社会的整体"。参见彼得·伯克《法国史学革命:年鉴学派》,刘永华译,北京大学出版社2006年版,第37页。

② Reinhart Koselleck, "Social History and Conceptual History", *The Practice of Conceptual History*, Stanford: Stanford University Press, 2002. pp. 25,26。

③ 参见科塞雷克为《历史科学基本概念辞典》撰写的"概念史"词条,第20页。

件与社会状况的约束。同样,不同的词语之间有着不同的意义与使用规则,但是同一个时代却存在共同的语境或语言,从而保证了交流的可能性。就“历时性”而言,无论是社会结构,还是语言结构,都有一个时间维度,即结构会发生历时性的变化[①]。对“结构”的预设,才使得对“共时性”与“历时性”的界分拥有了某种合理性。科塞雷克指出,不同于单纯指向事件、行动与言说的方法论路径,“社会史”和“概念史”表达了另一种方法论路径,一方面探究经久有效的、长时段的条件和状况,正是这种长时段条件和状况才使得特定的个体性事件或语言性言说成为可能;另一方面探究长时段的过程,而这些长时段的过程源于个体性事件与言说的累积[②]。当然,这并不是说没有一种个体性的历史,或者说个体性的历史不重要,而是说个体性的历史不是“社会史”与“概念史”的首要旨趣。结构以及结构的转变才是二者的真正兴趣所在。对于这两种研究取向而言,结构是在先的,结构(无论是社会性的,还是语言性的)使得事件与概念得以进入意义世界,得以被理解。然而,科塞雷克并不认为,结构与事件或者语言与言说之间是一种简单的决定论关系,毋宁说它们之间是一种互相解释的关系[③]。

综上所述,科塞雷克认为单纯的社会史与单纯的概念史都是失之偏颇的,因为历史在本体论上是不完整的。科塞雷克的概念史路径试图从“概念”入手,借助语言学工具对概念的历史语义进行分析,藉此发现概念背后语言结构与社会结构的变化。而语言与社会结构的变化,正是历史时间变动的表征。换而言之,概念史的研究逻辑是,历史学的研究对象是历史时间,历史时间本身是不可经验的,历史时间的显示需要借助经验载体,科塞雷克选定的经验载体是“概念”。当然,这样的逻辑重构未免过于简单,但是就大体上把握概念史理论而言,也不会有太大的错误。

四、科塞雷克的贡献与局限

首先,就历史时间而言,对时间命题的思索与探究一直是哲学家与物理学家的工作,虽然几乎所有的史学家都承认时间是历史的核心构件,却少有人像科塞雷克那样,从时间出发思考与确立历史学的自律性。然而,历史时间理论虽然新颖,却并非新得完全无迹可寻。科塞雷克认为新康德主义哲学对自然科学与历史科学的界分已

---

① Reinhart Koselleck, “Social History and Conceptual History”, *The Practice of Conceptual History*, Stanford: Stanford University Press, 2002. pp. 30,31。

② Opcit, p. 32。

③ Reinhart Koselleck, “Historical Time and Social History”, *The Practice of Conceptual History*, Stanford: Stanford University Press, 2002. p. 125。

经过时，虽然主张各异，但是同新康德主义者一样，他对自然时间与历史时间的区分，仍然是以自然与历史的二分为基础的。在这个意义上，科塞雷克的历史时间理论与布罗代尔对时间的论述亦有相似之处。布罗代尔与科塞雷克都反对旧史学对时间的一元设置。前者将时间分为三个层次：地理时间、社会时间与个人时间①。布罗代尔意义上的地理时间与社会时间恐怕与科塞雷克意义上的自然时间与历史时间并无实质上的差别。当然，二者的时间理论亦有不同。与布罗代尔不同，科塞雷克更多的是从时间本身的线性维度，即过去、现在与未来之间的关系，而非地理学的空间隐喻那里来论述历史时间的多元性。此外，我们可以非常明显地发现海德格尔哲学对科塞雷克历史时间理论的影响。在海德格尔那里，“此在”(Dasein)并不是已经完成的事物，而是展示为一种向死而生的过程。此在的过程性虽然是开放的，却不是任意的，它要为时间所限制。过去、现在与未来构成一个时间整体，“此在”正是在这个时间整体中来筹划自己的行动②。这个思路与科塞雷克的历史时间理论，即历史产生于经验与期望之间的张力非常相似③。

除此而外，科塞雷克的历史时间理论也招致了一些批评。科塞雷克认为现代社会经验与期待之间的差异越来越大，或者相关性越来越弱。有学者指出，其一，虽然相对于古代社会，现代社会的“未来”的确变得更为开放与不确定，但是，科塞雷克对经验与期待之间越来越疏远的判定是否有些夸大了。事实上，在任何时候过去与未来都是密切关联的。其二，历史时间理论以及概念史对历史中的变化部分的解释特别有力，却因而忽视了历史中相对静止的部分④。当然，科塞雷克认为历史学的对象是时间或历史时间，一方面是出于自己的研究兴趣，即解释历史变化，特别是解释德国社会由传统向现代转型这样的大问题。另一方面则是为了能够引入社会科学的方法。而这样的研究旨向就决定了他概念史理论的特殊性与局限性。说历史时间是历史的

---

① 费尔南·布罗代尔：《菲利普二世时代的地中海及地中海世界》(第一卷)第一版序言，唐家龙、曾培耿等译，吴模信校，商务印书馆1996年版，第8—10页。

② 关于此在的有限性或时间性参见海德格尔《存在与时间》，陈嘉映、王庆节合译，熊伟校，三联书店2006年版，第459—464页。另参见帕特里夏·奥坦伯德·约翰逊《海德格尔》，张祥龙、林丹、朱刚译，中华书局2002年版，第38，39页。

③ 当然，这并不是说科塞雷克简单地把海德格尔的哲学运用到自己的历史理论中，科塞雷克曾经明确地表示过，海德格尔，当然也包括伽达默尔，没有把自己的哲学改造得更适合于历史学的研究。参见Reinhart Koselleck, “On the Need for Theory in the Discipline of History”, *The Practice of Conceptual History*, Stanford: Stanford University Press, 2002. p. 1。另参见梅尔文·里克特《政治和社会概念史研究》，第48页。

④ 对科塞雷克“经验的空间”与“期待的地平线”的这两点批评，参见Anders Schinkel, “Imagination as a Category of History: An Essay concerning Koselleck's Concepts of Erfahrungsraum and Erwartungshorizont”, *History and Theory*, vol. 44, No. 1 (Feb., 2005), pp. 42—54。

一个重要范畴是一回事,说历史学只应当关注历史分期或历史时间则是另一回事。

笔者以为,科塞雷克可以有自己的研究旨趣,但是把历史的研究对象局限于时间与变化,似乎不妥。历史学的研究对象是人类过去经验与行为的集合,这样的界定虽然会让人以为历史学是"杂货铺",但是对过去,对所有过去的关注是由历史的内在逻辑决定的。历史不仅是一种知识样式,而且是一种人类经验模式,即关于人类过去的经验与对过去经验的认知。真正的历史研究应当是对人类过去整体(包括动与静两部分)的研究,而非对过去一部分的研究。

其次,科塞雷克的另一贡献是引起人们对空间化概念的关注。无论是传统的思想史研究,还是观念史研究,概念似乎被默认为只应该存在于文本与人们的思想中。科塞雷克却以艺术家的视角提请我们注意表达概念的空间词汇与空间载体。科塞雷克对空间化概念的研究,一方面极大地拓展了概念的外延以及我们对概念意涵的理解;另一方面也为艺术史研究开拓了一个新境,今后的艺术史可以围绕概念展开。科塞雷克以其广博的知识展示了概念史的丰富维度,他暗示我们不论哪一个知识领域,只要有概念的存在,就有知识考古的可能与必要。

五、概念史的中国语境

近年来,国内学者亦开始积极引介概念史,并且颇有成效。当然,也有学人指出,盲目引入概念史研究有可能忽视与牺牲中国知识的本土性格,而陷入某种西方中心主义的窠臼①。这样的忧虑不无道理,但是主张概念史的学者并没有忽视中国知识的本土脉络与近代中国知识生成的跨文化属性②。退一步说,即便中国概念史研究选择的是西方意义上的现代概念,这些概念的受容却是在近代中国完成的,其中不可能不包涵中西认知上的张力。换而言之,虽然这些概念出自西方,但是它们在中国语境中的实际意涵已经打上了近代中国社会与政治转变的烙印。

就研究的方法与实践而言,概念史的引入不等于简单地复制。科塞雷克式的概

① 参见贺照田"橘逾淮而为枳?——警惕把概念史研究引入中国近代史",载《中华读书报》,2008年9月3日。西方学者对概念史研究有如下的批评:1)对于一些概念而言,词典化的撰写与编排方式既不是最佳的,也不是最恰当的;2)概念史研究有一种"观念史的傲慢",即不屑于证明经典理论家的理论如何成为社会的代表,也不屑于证明经典理论家的学说如渗入日常的政治语言中;3)科塞雷克所构想的"概念"与"词语"是否能够截然分开。参见汉斯·恩里克·鲍德克"概念·意义·话语:重新思考《概念史》",载伊安·汉普希尔—蒙克等:《比较视野中的概念史》,周保巍译,华东师范大学出版社2010年版,第75,76页。

② 孙江:"概念、概念史与中国语境",载《史学月刊》2012年第9期,第9,10页。

念史应该被视作一个有用的工具，而不是目的本身。虽然概念史是德国学人的发明，它却不必只有一副面孔，它可以是复数的。抛开科塞雷克概念史的特有内涵，在一般意义上，概念史是以概念为对象而作历史的研究。概念史研究者可以分享一些基本的共识与信念，却不必画地为牢、固守单一的研究方法。否则将有可能窒息概念史研究的活力与创造力。事实上，目前世界范围内概念史实践确实是以多元姿态展开的。一些国家已经相继启动了自己的概念史研究计划①。即便是国内学界，治概念史的路数也并不局限于一家之言②。

中国概念史研究正方兴未艾，有学者已经就当前研究中面临的困难与存在的问题给出了建设性意见③。笔者以为，还可以补充一点，即增加对科塞雷克历史时间理论的关注与探讨。当下学界对概念史的讨论多集中于“概念”，却对“时间”着墨不多④。科塞雷克对时间的论述非常有哲学深度，且时间在他的史学理论中占有极重要的位置。对历史时间理论的深入探究，可以加深对科塞雷克与概念史的理解，在某种意义上甚至可以认为是把握科塞雷克史学理论的关键。此外，科塞雷克曾指出自己面临的三个挑战：1)我试图揭示在历史学上时间化是现代历史的开端，它今天被从一个与普遍变化相关的社会历史角度研究。2)我试图通过“事件”和“结构”的对立，从理论上揭示借助对不同时间的识别，可以在社会历史中展开工作。3)我使用了经验和期望元历史范畴，旨在揭示历史时间自身的变化如何在经验上被明明白白展示出来的⑤。上述挑战不仅仅是科塞雷克为自己设定的学术问题，也是每一个治概念史的学者所要面对的共同问题。

---

① 比如，荷兰启动了荷兰近代概念史的研究项目。参见伊安·汉普希尔—蒙克《比较视野中的概念史》，周保巍译，华东师范大学出版社2010年版，第17—20页。梅尔文·里克特则一直以来不遗余力地向英语学界介绍德国的概念史研究，并呼唤一部英语的政治与社会概念史。参见梅尔文·里克特《政治和社会概念史研究》，第215—240页。

② “在概念史方法论问题上，中国学界远未达成一致的看法，而是从思想史、观念史、文化史、学术史、社会史等不同源头出发，结合西方概念史研究的基本理念，形成了既密切关联、又各具特色的不同的研究路数”。参见李里峰“概念史研究在中国：回顾与展望”，《福建论坛·人文社会科学版》2012年第5期，第94、95页。

③ 方维规指出，概念史研究需要必要的学术装备，即相对完整的中西知识结构。李里峰则指出当下学界概念史研究的三个特点，即身份未明、时代未定与平台未建。并对未来中国概念史研究给出了建设性的意见。关于方维规，参见方维规“概念史研究方法要旨”，载《新史学》(第三卷)，黄兴涛主编，中华书局2009年版，第18—20页。关于李里峰，参见李里峰“概念史研究在中国：回顾与展望”，载《福建论坛·人文社会科学版》2012年第5期，第97、98页。

④ 对科塞雷克史学理论中“时间”的讨论，可以参见陈新“近10年西方史学理论界有关历史时间的讨论——兼评《关于时间的新形而上学》”，《江海学刊》2013年第1期，第155—157，159页。

⑤ Reinhart Koselleck, “Concepts of Historical Time and Social History”, *The Practice of Conceptual History*, Stanford: Stanford University Press, 2002. pp. 129, 130。

征稿启事

1.《亚洲概念史研究》由南京大学学衡研究院主办。

2. 刊载与语言、翻译、概念、文本、学科、制度和现代性等主题有关的论文和评论。

3. 除特约稿件外，论文字数以不多于30,000字为宜，评论以不多于20,000字为宜。

4. 热忱欢迎海内外学者不吝赐稿。请将电子稿寄至xuehengnju@163.com，或将打印稿寄至：南京市栖霞区仙林大道163号南京大学圣达楼学衡研究院收(邮编：210023)。

5. 文稿第一页请标示以下内容：文章标题、作者姓名、单位、电子邮箱、通讯地址。

6. 投寄本刊文章，凡采用他人成说，请务必加注说明，注释一律采用当页脚注，并注明作者、书名、出版信息及引用页码，参考文献另列于文末。

7. 本刊实行匿名评审制度。编辑部有权对来稿文字做技术性处理，文章中的学术观点不代表编辑部意见。

8. 投稿一个月之内未收到刊用通知，请自行处理。